THE X FILES™

JE VEUX CROIRE™

Le guide officiel n° 3
QUATRIÈME SAISON

AUX FRONTIÈRES DU RÉEL

éditions 3A

Andy Meisler écrit, entre autres, dans la rubrique télévision du *New York Times*. Il est le coauteur avec Cinthia Garvey de *The Secret Life of Cyndy Garvey* et de *I Am Roe : My Life, Roe v. Wade, and Freedom of Choice* avec Norma McCorvey. Il habite à Los Angeles avec sa femme.

Le guide officiel n° 3
QUATRIÈME SAISON

THE X FILES™

JE VEUX CROIRE™

AUX FRONTIÈRES DU RÉEL

Série créée par Chris Carter

Écrit par Andy Meisler

Recherches et documentation de Sarah Stegall

Traduit de l'américain
par Marie-Catherine Caillava

Adaptation par
Évelyne Azzola et Nadia Gontarbert

Éditions 84
84, rue de Grenelle 75007 Paris

Titre original :

The Official Guide to

THE X FILES™

I WANT TO BELIEVE™

Maquette intérieure : Hotfoot Studio

ISBN 2 -277-25030-9

Remerciements

Merci à toute l'équipe d'*Aux frontières du réel* d'avoir répondu si aimablement à toutes les questions d'un étranger.

Merci également à :
Gary Allen, Val Arntzen, Laverne Bashem, Anji Bemben, Anne Bone, Bob Bowe, Jaap Broeker, Tara Butters, Al Campbell, George Chapman, James Charleston, Jodi Clancy, Thierry Couterier, Mark Currie, Chuck Eldridge, Tracy Elofson, Lawrence Farnsworth, Rick Fearon, J.P. Finn, Chuck Forsch (le vrai), Connie Frieberg, David Gautier, Vince Gilligan, Gia Gittleson, Gregory Glaser, Sarah Goldstein, Bob Goodwin, Howard Gordon, Louisa Gradnitzer, Jenni Gullett, Nigel Habgood, Ken Hawryliw, Bonnie Hay, Sally Hudson, Shirley Inget, Simon Jori, Laurie Kallsen-George, Marilyn Kapatsky, Peter Kaufman, Louis Landon, Linda Leduc, Toby Lindala, Pearl Louie, Rob Maier, Kim Manners, Valerie et Vivian Mayhew, Steven Melnick, Mike McCabe, Marty McInally, Rick Millikan, Lori Jo Nemhauser, Vivian Nishi, Jim Pate, Mitch Pileggi, Todd Pittston, Paul Rabwin, Joel Ransom, Alan Rich, Bob Roe, Peter Roth, Joanne Service, John Shiban, Francine et Scott Sprigel, Mark Snow, John Solberg, Frank Spotnitz, David Steinberg, Michael Stern, Janice Swayze, Dave Tickell, Anita Truelove, Lyle Tuttle, Helga Ungarait, Alex Ward, Alan Warr, Michael Williamson, Stacy Wise, et Chandra Years.

Tout mon respect et mon admiration à Chris Carter et Mary Astadourian. Toute ma gratitude à Caitlin Blasdell, mon éditrice, et à Maureen et Eric Lasher, mes deux agents.

somm

quatrième saison

naire

cinquième saison

10 septembre 1993.

Journée chargée pour les journalistes. À Jérusalem, le président de l'Organisation de libération de la Palestine, Yasser Arafat, vient d'envoyer à Yitzhak Rabin, Premier ministre d'Israël, une lettre reconnaissant à l'État hébreu « ... le droit d'exister dans la paix et la sécurité... ».

Pendant ce temps, à Washington, Bill Clinton entame la première année de son mandat présidentiel et travaille avec ardeur à un projet révolutionnaire de Sécurité sociale qu'il va devoir défendre devant le Congrès, à majorité démocrate. La première de nombreuses réformes libérales, dit-il. À Detroit, un certain Jack Kevorkian, médecin de son état, passe en jugement pour avoir aidé une personne (la dix-huitième) à se suicider.

The Joy Luck Club et *Nuits blanches à Seattle* sont les succès du jour au cinéma. Côté télévision, ce sont les séries *Roseanne, Arabesque* et le *John Larroquette Show* qui marchent le mieux.

Mais une nouvelle série va naître sur le réseau de la Fox. Les *X-Files*. Le premier épisode est diffusé à 21 heures, entre *Les Aventures de Brisco County* (qui a bénéficié d'une importante couverture publicitaire) et le très attendu *Chevy Chase Show*.

Si peu de téléspectateurs ont entendu parler auparavant des deux stars des *X-Files :* Gillian Anderson et David Duchovny, le créateur et producteur, lui, est bien connu des amateurs de sport : il s'agit de Chris Carter, des Minnesota Vikings.

Environ quinze pour cent de l'audience va, ce soir-là, abandonner le *Bonnie Hunter Show* (l'épisode dans lequel Bonnie veut faire de la pub) et *Step by Step* (où Carol et Cody protestent contre une expulsion). Ces curieux bien inspirés fixant leur choix sur l'épisode pilote de *X-Files* vont découvrir pour la première fois les agents spéciaux Fox Mulder et Dana Scully dans leur bureau du sous-sol du FBI aux murs décorés de photos de yétis, d'ovnis et d'autres objets jugés aussi absurdes et loufoques par les critiques que par les responsables de la chaîne eux-mêmes. Quoique globalement positifs, les brefs et rares articles qui suivent cette diffusion ne rendent pas justice à tous les efforts déployés, tant dans la recherche d'un producteur que dans l'élaboration même du film : scénario parfaitement ficelé, sujet hautement polémique, etc.

17 mai 1997.

Journée presque morne pour les journalistes. Au Zaïre, le chef rebelle Laurent Désiré Kabila entre dans Kinshasa, et s'autoproclame chef de la République démocratique du Congo. Le lieutenant Kelly Flinn, une jeune femme pilote de B 52, impliquée dans une affaire d'adultère, démissionne de l'armée de l'air. Le processus de paix au Moyen-Orient a bien ralenti. Quant à Jack Kevorkian, l'ardent défenseur de l'euthanasie, il est en liberté.

Il est presque minuit, une femme, Lori Jo Nemhauser, depuis deux ans productrice associée de la série *X-Files*, est toujours au travail... Dans les locaux de Encore Video, l'une des maisons de production les plus réputées de Hollywood, elle supervise la dernière phase de post-production de « Gethsémani », l'épisode final, particulièrement difficile à réaliser, en raison de ses décors. Filmer dans une chambre froide géante censée représenter la surface de la planète

Mars n'est pas sans poser certains problèmes techniques...

Quelques jours plus tôt, Chris Carter, visionnant la première mouture de « Gethsémani », s'est déclaré insatisfait du résultat, et en a réécrit une bonne partie, réduisant à néant le travail de toute une semaine.

Maintenant, toute la postsynchronisation est à refaire. Il ne s'agit pas que la bande-son soit décalée par rapport aux nouvelles images. Les génériques de début et de fin doivent être impeccables, de même que la qualité technique du film : couleurs, cadrage, etc. Et tout cela à dix-huit heures de la diffusion du feuilleton le plus attendu des téléspectateurs américains !

Il ne reste plus dans la pièce que quelques techniciens et producteurs au bord de l'épuisement ainsi qu'un journaliste à moitié endormi. Dommage ! Personne ne se rend compte de l'importance de ce moment où Lori met la dernière main à la plus longue et à la plus ambitieuse série d'épisodes, sans doute la plus accomplie depuis le début – l'une des plus grandes réussites de la Fox.

Et aucun critique, si chicaneur soit-il, ne peut démentir cette assertion. Pour les professionnels de la télévision comme pour les journalistes, *X-Files* compte parmi les chefs-d'œuvre du genre.

La plupart des séries télévisées qui durent plusieurs saisons ont tendance à se répéter, en jouant sur des recettes éculées que seule la sympathie du spectateur pour les personnages vient contrebalancer. Beaucoup sont dues à des seconds couteaux, les créateurs, ayant récolté leur mise, s'en étant désintéressés pour se lancer dans de nouveaux projets.

Mais *X-Files* n'est pas une série comme les autres. Bien que le centième épisode soit proche, elle tient toujours ses promesses et conserve l'esprit dans lequel elle est née. Pour ses producteurs, le monde demeure empli de mystères propres à exciter l'imagination, de phénomènes inexpliqués qui nous fascinent tous, même s'ils peuvent parfois se révéler mortels.

Pour explorer cet univers cauchemardesque mais souvent cocasse, ils ont choisi deux guides qu'a priori tout oppose : Fox Mulder, un agent du FBI mal vu par ses supérieurs à cause de sa passion pour le paranormal, qui soutient mordicus que l'humanité, en refusant cette lecture du monde, se masque la vérité, et Dana Scully, sa coéquipière, une scientifique convaincue que la raison a réponse à tout.

À travers le prisme de leur confrontation intellectuelle passionnée, nous découvrons semaine après semaine complots, énigmes, anomalies en tout genre faisant parfois intervenir des visiteurs extraterrestres. Contrairement aux autres séries télévisées, chaque épisode des *Frontières du réel* se déroule dans un cadre nouveau et utilise des procédés narratifs différents. C'est au prix de ce véritable défi que les créateurs de la série parviennent à maintenir leur public en haleine et à accroître ce dernier.

Cette implication de toute l'équipe derrière les caméras est sans doute l'une des clefs de ce succès. À tous les degrés, chacun est non seulement passionné par ce qu'il fait, mais se sent responsable de la qualité d'une série dont il n'est pas question de galvauder l'esprit.

Chris Carter déclare à ce propos :

– En demeurant fidèles à nos objectifs premiers, nous avons pu approfondir notre travail. Ainsi, la série s'est améliorée au fur et à mesure que nous gagnions en expérience.

Chris Carter, un ancien surfer, ex-rédacteur en chef de magazine, producteur et auteur de scripts télévisés besogneux, s'est, au terme de quatre ans de travail acharné, trouvé projeté sous les feux des médias. À un journaliste qui lui demandait récemment quelle part prenaient les événements extérieurs dans l'évolution des *X-Files*, il répondait :

– L'esprit de la série s'est révélé, au fil du temps, un reflet fidèle de l'esprit du temps – en tout cas aux États-Unis. Notre monde vit dans une paranoïa permanente. La chute du mur de Berlin, la menace de guerre nucléaire écartée, l'entrée de la Russie dans l'économie de marché n'y font rien. Le problème, comme le soulignait un analyste, c'est qu'il est désormais bien difficile de reconnaître les « méchants ». Les expressions du genre : « On ne peut se fier à personne » deviennent monnaie courante, de même que se répand l'idée qu'un monde où seul compte le profit ne peut qu'aller à sa perte.

» En fait, ajoutait Carter avec un sourire entendu, c'est ce que je pense depuis toujours.

Au cours de la saison 1996-1997, le succès des *X-Files* a pris des proportions inimaginables. Malgré le déplacement du feuilleton du vendredi soir au dimanche 21 heures, l'Audimat s'accrut de douze pour cent, ce qui représente au total près de dix-huit millions de personnes pour les États-Unis.

En nous recevant dans son bureau aux murs ornés d'affiches tirées de *X-Files* et de *Millennium*, autre série créée par Chris Carter, Peter Roth, président de la Fox Broadcasting Company répond ainsi à la question :

« Que représentent *les Frontières du réel* pour la Fox ? » :

– Voyons... Eh bien, à peu près ce que votre main représente pour le reste de votre corps.

Il est vrai que Roth, autrefois président de la Twentieth Century Fox Television, s'est beaucoup investi personnellement pour que la série voie le jour.

– Non, ajoute-t-il en repensant à ce qu'il vient de dire. Ce n'est pas la métaphore qui convient. *Les Frontières du réel* représentent notre plus grand succès. Ce feuilleton est un atout indispensable pour notre chaîne, à tout point de vue : marketing, promotion... En fait, il constitue un exemple parfait de synergie entre les différentes branches de notre société.

Les *X-Files* obtinrent la vingtième place parmi les programmes les plus regardés de leur quatrième saison, toutes chaînes confondues, demeurant de loin la série vedette de la Fox. Dans la catégorie des téléfilms d'une heure, ils arrivèrent quatrièmes, figurant parmi les dix programmes les plus regardés par la tranche des dix-huit-trente-quatre ans, cible privilégiée des annonceurs publicitaires. Très fréquemment, les *X-Files* s'assurèrent le plus fort pourcentage d'audience à leur heure de passage. Ils battirent de si loin les dramatiques destinées au public féminin du dimanche soir produites par CBS, que cette dernière dut sérieusement amputer l'une de celles-ci, avant d'être contrainte de revoir entièrement sa programmation en la matière.

Joyau des productions de la Twentieth Century Fox et de sa maison mère, la News Corporation, la série est le fer de lance de la stratégie du groupe, qui vise à inonder toute la planète de ses programmes grâce aux satellites de diffusion. Le 19 août 1997, le

FX-Channel, l'un des réseaux câblés de la Fox, entama une rediffusion des *X-Files*. Le premier épisode obtint le plus haut indice d'écoute de tous les programmes présentés en prime time sur le câble, permettant à FX-Channel de quasiment tripler son taux d'écoute habituel dans ce créneau horaire. Ce taux n'a jamais diminué depuis lors.

Le film *X-Files*, tourné au cours de l'été 1997 et qui, du point de vue du récit, fait le lien entre les cinquième et sixième saisons, est considéré d'ores et déjà comme une des sorties majeures de l'été 1998 pour la Fox.

Dire que l'intérêt du public et des médias pour David Duchovny, Gilian Anderson et Chris Carter ne s'est jusqu'à présent jamais démenti est un euphémisme. Plusieurs magazines nationaux, dont certains spécialisés dans la télévision et le spectacle, ont consacré des numéros entiers, ou peu s'en faut, à la série. D'autres ont fait leur une sur ses vedettes. L'an dernier, Chris Carter a été élu par *Time Magazine* comme « l'un des vingt-cinq Américains les plus influents », et *People* les classa parmi les « quarante personnalités les plus fascinantes du petit écran ». Ce dernier choix est d'autant plus surprenant que l'heureux élu n'apparaît pas à l'écran, et – ô scandale – ne souhaite absolument pas y apparaître.

– Une fois, on m'a proposé de passer dans l'émission de Charlie Rose, et trois fois de participer à *Politically Incorrect*, raconte Carter, mais en toute honnêteté, je n'aurais pas su que raconter. Je n'ai jamais prétendu détenir la moindre réponse à quoi que ce soit.

« Je me contente de faire mon métier, créer des programmes télé. En réalité, c'est tout ce que je sais faire ; alors vous imaginez bien que je n'ai pas grand-chose à dire – en tout cas, rien de transcendant.

Si leur créateur se retranche derrière eux, les *X-Files*, eux, débordent souvent les limites de leur programmation. Ainsi, lors de la quatrième saison, Fox Mulder et Dana Scully furent invités dans *Les Simpson*, où ils traquèrent impitoyablement ce qu'ils croyaient être une créature extraterrestre et qui se révéla être le multimilliardaire Mr. Burns, errant dans les faubourgs de Springfield en dégageant une forte radioactivité résultant de traitements de jouvence peu orthodoxes. David Duchovny « joua »... David Duchovny dans le *Larry Sanders Show* de la chaîne HBO, incarnant une star de feuilleton tombant amoureuse de... Larry Sanders. Sa prestation lui valut d'ailleurs une nomination aux Emmy Awards en tant que « meilleur invité » dans la catégorie des comédies.

Le dimanche 15 septembre 1997, Gillian Anderson fit une apparition impressionnante, quoique totalement imprévue, dans un programme de très forte audience de CBS ; la cérémonie de remise des fameux Emmy Awards, où elle décrocha celui de meilleure actrice – l'un des trois Emmy – parmi d'autres nombreuses récompenses, qui revinrent aux *X-Files* en 1997.

Au cours de la semaine qui suivit, elle fit paraître dans les journaux professionnels de Hollywood ses remerciements à Chris Carter, à David Duchovny et à toute l'équipe des *X-Files* pour l'avoir aidée à gagner cette première récompense.

Dans le même temps, la popularité du show à l'étranger ne cessait de s'accroître. La série fut diffusée dans plus de cinquante-sept pays durant la saison 1996-1997. Dans la plupart d'entre eux, le taux d'audience fut égal, voire supérieur, à celui des autres séries américaines.

Les élections de juin 1997 en France furent même surnommées « les élections *X-Files* » par le grand public, tant la décision du président Chirac de dissoudre l'Assemblée nationale parut étrange à la plupart des citoyens français.

Plusieurs organisateurs de spectacles européens insistèrent auprès de Mark Snow pour qu'il se produise, « avec son orchestre » (inexistant) en tournée. Au cours d'un voyage de promotion à Dublin, Mitch Pileggi (Skinner) et Nicholas Lea (Krycek) furent pris d'assaut par la foule hurlante des fans lorsqu'ils apparurent en public.

– Après une séance de signature dans un magasin de disques, se souvient Pileggi, on a dû nous faire sortir par une porte de service. Mais lorsque notre voiture a démarré, certaines fans nous avaient entravés, et elles nous ont poursuivis en courant. À chaque embouteillage, elles se pressaient contre les vitres. On aurait vraiment appelé cela *A Hard Day's Night* !

À vrai dire, cette réaction demeura quasiment isolée, les amateurs des *X-Files* étant en général calmes et discrets.

– Nous ne nous rendons pas compte, autrement que par ouï-dire, du succès colossal de la série, explique Chris Carter. En fait, nous demeurons tous vissés sur nos chaises à travailler, de plus en plus dur au fur et à mesure que les *X-Files* voient leur audience s'accroître, car les exigences augmentent au même rythme.

Depuis le début, le centre de l'univers des *X-Files* est un petit agglomérat de bungalows et de caravanes-bureaux ne payant pas de mine, entassés à proximité des studios de la Twentieth Century Fox, à Los Angeles. Malgré la notoriété des *X-Files*, la distribution des bureaux n'a pas varié et peut donner au visiteur une certaine impression de chaos.

Parmi ces bâtiments de fortune, citons le n° 49, que se partagent Chris Carter, son assistante de production Mary Astadourian, son Chuck Forsch, agrémenté d'une collection sans cesse renouvelée de poissons tropicaux et d'œuvres d'art (comportant entre autres une magnifique œuvre parodique intitulée *Ecch-Files*, parue dans *Mad Magazine*). Bien connus également, les bureaux du noyau dur des auteurs-producteurs Frank Spotnitz, Vince Gilligan et John Shiban, le bungalow de Glen Morgan et James Wong, qui, revenus dans le giron des *X-Files* après leur *Space : Above and Beyond*, y constituent une unité d'écriture et de production semi-autonome, le bungalow – un peu en retrait – du responsable du casting, Rick Millikan, et enfin le minuscule bâtiment constellé de guirlandes de Noël lumineuses arrangées en forme de X qui abrite les salles de montage informatisées de Heather MacDougall, Jim Gross et Michael Stern.

Quiconque aura la patience de traîner dans le secteur plusieurs jours d'affilée sera aisément capable de repérer à quel stade d'élaboration se trouve la série : pré- ou postproduction. Successivement apparaîtront des auteurs à l'air soucieux, souvent seuls, parfois à deux ou en groupe, trimbalant de bureau en bureau des panneaux d'affichage couverts de notes de service et/ou des scripts en cours d'élaboration ; des lumières vingt-quatre heures sur vingt-quatre dans le bureau de Chris Carter (lequel doit se partager entre les *X-Files*, et *Millennium*), et enfin, ce qui est probablement le plus important, un flot incessant de livreurs venus apporter aux occupants de cette fourmilière quelques nourritures terrestres.

Pour pimenter tout cela, la Fox a décidé de rénover et de développer ses studios, ce qui, depuis une saison, a ajouté au joyeux capharnaüm régnant en ces lieux le vacarme de marteaux piqueurs, fermetures inopinées et infiniment malcommodes de rues, passages et parkings et coupures d'électricité, fatales aux mémoires des ordinateurs.

– On travaille en plein bazar, commente Vince Gilligan. Et le pire, c'est que l'on n'en voit pas la fin.

» En mars, comme je devais me rendre à Vancouver pour réaliser "La Queue du diable", je me suis cassé la figure en voulant rejoindre mon taxi. Jusqu'à l'aéroport, j'ai dû littéralement m'enturbanner de Kleenex tant j'ai saigné, et bien sûr, une fois au Canada, il a fallu me faire un rappel contre le tétanos !

À côté, les bureaux canadiens des *X-Files* semblent un paradis d'ordre, même si le travail y est tout aussi stressant.

Le producteur exécutif Robert Goodwin, qui est pratiquement toujours le maître d'œuvre pour le Canada, où se tournent certains des épisodes, à partir des scripts envoyés de Los Angeles, explique :

– Travailler pour les *X-Files* est extrêmement recherché. Je n'ai que l'embarras du choix parmi des postulants tous plus brillants les uns que les autres.

» Je garde leurs coordonnées sur ordinateur adjoignant à ma liste les gens que peuvent me recommander d'autres producteurs, metteurs en scène, directeurs de production ou acteurs. Ensuite, je n'ai plus qu'à y piocher en fonction des besoins. La plupart sont extrêmement motivés. Certains baissent les bras devant l'ampleur de la tâche et ne restent pas longtemps.

Goodwin, vétéran de la production télévisée, metteur en scène et auteur, a perdu près de vingt kilos au cours de la dernière saison, tant à cause de son régime qu'en raison du rythme de travail épuisant. Depuis le début de la série, il occupe un bureau d'angle au rez-de-chaussée d'un petit immeuble de bureaux des studios North Shore, sur Brooksbank Avenue, au nord de Vancouver, un bâtiment que, vu de l'extérieur, rien ne peut différencier des immeubles de banlieue qui l'entourent.

Les bureaux canadiens, pour le moins pimpants comparés aux installations de Hollywood, commencent à perdre un peu de leur éclat sous les assauts conjugués du passage de centaines d'assistants de production plus ou moins soigneux et des marées successives de Post-it et de notes collés aux murs. À l'extérieur, des centaines d'acteurs font désespérément le siège du bureau de la directrice du casting, Coreen Mayr, et les couloirs sont encombrés des costumes les plus variés – de l'anorak à la combinaison argentée façon futuriste – ainsi que par un monceau d'accessoires d'éclairage ou de prises de vues.

D'ordinaire, devant la porte de service sont garées trois répliques parfaites des voitures de la police de Providence, Rhode Island. À quelques centaines de mètres de là, dans un bâtiment du studio ressemblant à un palais de justice, le bureau de la décoratrice de plateau Shirlee Inglett est rempli à craquer d'un bric-à-brac qui comprend entre autres : des meubles anciens plus ou moins précieux, des ordinateurs et leurs écrans, soit dans leurs cartons, soit en vrac, des peintures cubistes, des grille-pain, des plantes en pots, des produits d'entretien, des guirlandes de Noël, des plaques nominatives pour bureaux ; des poupées hachinas, des quilles de bowling, de petites statues de Bouddha, des posters de carnaval encadrés, des trépieds, des malles de voyage, et un jeu complet d'instruments de précision anciens.

Retour dans le bâtiment principal. Derrière le comptoir de la réception est dressé une sorte d'autel à la gloire des produits dérivés *X-Files*. Sur des étagères on peut trouver pêle-mêle des posters de la série, une poupée d'extraterrestre, une gigantesque boule de billard aux armes de la série, et, pour une raison obscure, un casque de batteur de base-ball des Cleveland Indians. Devant ce comptoir, d'énormes présentoirs remplis d'un assortiment ahurissant de plannings, fiches de présence, scénarios, rectificatifs de scénarios, comptes rendus d'Audimat et mémos. Sur le mur voisin est fixée la boîte des feuilles de service, sur lesquelles sont indiqués les horaires des différents membres de l'équipe et les lieux de tournage pour la journée.

Sans arrêt, l'immeuble est investi par une foule de gens armés au minimum d'un téléphone portable, d'un walkie-talkie et d'un alphapage. Car, contrairement à la plupart des feuilletons, les *X-Files* sont le plus souvent tournés en extérieur. Les acteurs et l'équipe de tournage passent donc la majeure partie de leur temps sur les sites choisis – souvent à proximité de North Shore –, signalés par de discrets petits écriteaux jaune et noir marqués « XF ». Les lieux de tournage peuvent aller d'un musée de Vancouver à une forêt, des chantiers navals ou à des bureaux anodins, en passant par le Elbow Room Café en plein centre-ville. Membres de l'équipe et visiteurs sont soigneusement canalisés par des agents de sécurité équipés de haut-parleurs et de radios.

La plupart des véhicules garés à proximité appartiennent à la production. La longue caravane, ordonnancée chaque matin, se compose habituellement de plusieurs attelages de semi-remorques, de plusieurs camions, de vestiaires et de salons de maquillage mobiles, d'un ou deux « véhicules pipi » et des bureaux mobiles de la production. S'y ajoutent les caravanes des vedettes et des principaux acteurs invités, quelques véhicules divers, sans oublier la cantine mobile d'Edible Planet, le traiteur qui a nourri le personnel des *X-Files* plusieurs saisons durant, enfin pour faire bonne mesure, le mobile home semi-remorque de David Duchovny.

Les plus gros des camions servent à stocker projecteurs, caméras, costumes, etc. Avec tout ce qui s'y trouve accumulé, il serait possible de tourner pratiquement n'importe où. L'inventaire exhaustif de ce stock roulant serait trop long à faire, mais afin d'en donner une petite idée, voici quelques exemples de ce que l'on peut trouver dans le camion des accessoiristes : des dizaines de fausses plaques minéralogiques en plastique, des fusils d'assaut et des pistolets-mitrailleurs totalement inoffensifs, des pistolets en caoutchouc noir pour les scènes de cascades, des centaines de montres-bracelets, de pipes et de briquets ; les effets personnels de Scully et de Mulder, y compris leurs armes, holsters et badges du FBI, soigneusement mis sous clé pour les protéger de la convoitise des fans, des photographies de lieux de crimes fictifs, et un assortiment de sacs plastique pour cadavres en huit teintes différentes.

Un gros générateur diesel fournit l'électricité nécessaire pour alimenter les machines. On ne peut le manquer : c'est là qu'aboutissent tous les câbles. Autour du metteur en scène, des cameramen et des acteurs règne une pagaille aisément reconnaissable à tout habitué des émissions consacrées aux tournages en cours, telles que *Entertainment Tonight* ou *Access Hollywood*.

Cela dit, l'atmosphère sur les lieux de tournage des *X-Files* diffère de celle des autres productions télévisées par son aspect bon enfant. En outre, la tension ambiante est contrebalancée par un humour propre aux Canadiens. Ainsi, un panneau hors champ proclame : « Non, vous ne pouvez pas fumer ici, mais merci d'avoir demandé », tandis qu'un autocollant collé sur le matériel de prise de son indique : « J' (♥) le bruit des avions. »

Malgré le nombre impressionnant de tournages réalisés dans leur région, les habitants de Vancouver ne sont pas blasés – en tout cas pas par les *X-Files*. Lorsque le tournage a lieu en extérieur, en pleine journée, on est sûr de trouver non loin de là un groupe de fans discrets en train d'observer le déroulement des opérations sans jamais importuner les comédiens par des demandes d'autographes.

– Vous n'y pensez pas ! cela perturberait leur concentration, expliqua d'un air alarmé une spectatrice à laquelle on demandait, au printemps dernier, si elle l'avait jamais fait, avant de se replonger dans la contemplation de Gillian Anderson en plein travail.

Il faut vraiment visionner les épisodes de la quatrième saison des *X-Files*, pour se rendre compte, outre leur perfection technique, de leur ton si particulier.

– Pour vous dire la vérité, commente Robert Goodwin, après les trois premiers mois, j'avais envie de me fiche à l'eau ! Je n'en pouvais plus. Il me semblait que nous franchissions dans la réalisation les... « frontières du possible ». Chaque nouveau scénario représentait un défi. Et la barre semblait monter d'épisode en épisode.

» Chaque année, nous voulons voir la série s'améliorer, ce qui implique qu'il faut se dépasser encore et toujours.

Comme au cours des trois années précédentes, cette nouvelle saison de *X-Files* peut grossièrement se diviser en trois types de récits. La première catégorie, qu'on pourrait qualifier de « mythologique », reprend les grands thèmes habituels de la série : conspiration gouvernementale pour accréditer l'existence de prétendus extraterrestres, révélations sur le passé et la vie privée des principaux protagonistes. Dans la deuxième catégorie se trouvent ce que l'on est tenté d'appeler les « épisodes autonomes ». Dans ceux-ci, Mulder et Scully doivent résoudre des affaires mettant en jeu le paranormal mais aussi les faiblesses humaines comme la haine ou la cupidité, sans que ces affaires aient rien à voir avec « la » conspiration. Le troisième lot, difficile à étiqueter de manière aussi générale, se distingue cependant par un grand déploiement d'humour noir qui vient rehausser les ingrédients habituels des intrigues. L'autoparodie y est largement représentée, à la grande satisfaction des véritables fans capables d'en saisir toutes les subtilités, tant sur le plan des thèmes que sur ceux des particularités stylistiques de la série.

Mais à vous de découvrir tout cela dans les pages qui suivent...

La saison à venir pour les téléspectateurs européens s'annonce prometteuse. Nos deux héros vont traquer leur lot de tueurs en série et de psychopathes de tout poil, avoir à faire face à des réalités hélas quotidiennes comme le racisme et la prévarication, mettre au jour et anéantir des conspirateurs dont les activités menacent la sécurité de la planète, mais ils devront aussi lutter contre leurs démons intérieurs. Ils discuteront philosophie et religion, entreront dans les méandres de la métaphysique et, dans le même temps, devront échapper aux balles des tueurs, aux pièges divers, aux coups, aux tentatives d'empoisonnement, tout cela en devant faire face aux menaces de mort et en subissant des déconvenues plus souvent qu'à leur tour.

Pendant les dix mois de tournage de la saison, les équipes ont dû construire les décors les plus incongrus : réservoirs d'eau, aéroport en cours d'utilisation, intérieur d'avion secoué par des turbulences. Le budget de l'émission, fixé à deux millions de dollars par épisode, fut évidemment dépassé, de même que la quantité de travail exigée de chacun.

Si l'on assiste enfin au premier rendez-vous amoureux de Dana Scully, Fox Mulder prend pour la première fois des vacances, les journées de travail n'en ont pas moins huit heures, et tous les événements miraculeux de la terre ne les rendront pas extensibles à l'infini.

Cela dit, l'extrême professionnalisme et les prouesses techniques ne suffisent pas à assurer le succès d'une série. Les deux clés de la popularité des *Frontières du réel* sont la mythologie que la série a su engendrer et, bien sûr, les relations personnelles qui lient les deux principaux protagonistes.

– Ce n'est pas par hasard, nous avoue Chris Carter, si le poster qui se trouve juste derrière le bureau de Mulder porte la devise : « Je veux croire. »

Comme nous l'avons déjà souligné, les deux agents fonctionnent selon des systèmes de pensée diamétralement opposés. Mais cela ne les empêche pas de se vouer mutuellement une extrême confiance, et c'est précisément cette lutte permanente pour concilier l'inconciliable qui constitue le pivot de cette nouvelle série d'épisodes. C'est pour rendre cet enjeu plus important encore que Chris Carter a introduit dans son scénario – au terme d'une longue réflexion – la grave maladie qui va frapper Dana.

Il s'en explique ainsi :

– Jusque-là, ils ont affronté la mort indirectement. Brusquement, il leur faut y faire face personnellement comme nous tous. Pour différentes raisons, ils ressentent plus douloureusement que jamais leur condition de simples mortels, et réagissent avec leur cœur autant qu'avec leur esprit. Par ce biais, nous avons voulu donner plus d'épaisseur aux personnages et plus de profondeur à leur relation, et les rendre plus proches des téléspectateurs.

Le lien affectif croissant qui se tisse ainsi par petit écran interposé n'a pas seulement une fonction romanesque. Il permet également de faire passer au second plan les drames individuels qui se jouent parfois derrière la caméra. La chose est, bien évidemment, intentionnelle. En regardant attentivement chacun des épisodes, on peut parfois se rendre compte de ces imperceptibles changements.

Par exemple, au cours de cette quatrième saison, Chris Carter qui, l'an dernier, a écrit onze scripts complets à lui tout seul et a, en prime, réécrit (sans que son nom apparaisse) trente-trois ou trente-quatre scénarios, s'est retrouvé dans un état d'épuisement presque total. Afin de pouvoir s'occuper également de la série *Millennium* et de l'adaptation cinématographique de *X-Files*, il a dû déléguer certaines taches de postproduction à des nouveaux venus dans la profession.

L'un d'eux, John Shiban, nous a confié :

– Cela a été pour moi une chance exceptionnelle de pouvoir ainsi mettre en pratique mes connaissances avec des professionnels aussi accomplis que Chris Carter ou Frantz Spotnitz. Cette expérience ne peut s'acquérir dans une école de cinéma.

À Vancouver, les choses ont également bougé : un ancien cameraman de la série, Joel Ransom, a soudain été bombardé directeur de la photographie, un poste clé, le deuxième en importance sur le plateau après le metteur en scène. Son travail consiste, entre autres, à choisir les éclairages, les angles de prises de vues et le cadrage.

Lorsqu'on lui demande sa réaction à cette promotion inattendue, il répond, ne plaisantant qu'à moitié :

– Des nuits blanches, beaucoup de nuits blanches !

Il était inévitable qu'un feuilleton aussi long, minutieux et original que *X-Files* soit également l'occasion d'innovations techniques.

Ainsi, pendant l'été 1996, Marty McInally, l'un des autres cameramen de la série, a investi, avec l'aide de plusieurs hommes d'affaires, cent mille dollars dans une *Steadycam* équipée de gyrostabilisateurs, qui lui permet d'effectuer des prouesses.

D'autres membres de l'équipe ont également manifesté leur créativité. Par exemple, Anji Bemben, coiffeuse-styliste, a imperceptiblement modifié la coiffure de Fox Mulder, ce qui représente un changement important lorsque l'on sait que la moindre évolution, si minime soit-elle, est passée au crible de millions de fans.

De même Jenni Gullett, chargée des costumes, a peu à peu raffiné le style de vêtements portés par Scully, les choisissant parmi des modèles de grands créateurs. Il lui a fallu du doigté pour conserver la juste mesure entre la simplicité spartiate de la tenue de fonctionnaire et une allure « glamour » qui n'aurait rien eu à voir avec le personnage.

Ken Hawryliw, responsable des accessoires, continue de peaufiner les badges d'identification de Mulder et de Scully, ainsi que leurs armes et leurs effets personnels, cherchant à s'approcher au plus près de la réalité. (Il explique ainsi que les Sigauer qu'utilisent nos deux héros ne sont pas les armes dont ils étaient dotés dans le pilote de la série, ce qui, selon lui, est une inexactitude inacceptable.)

Hawryliw, avec ses airs de bon gros nounours, déclare :

– Nous progressons, mais nous n'avons pas encore atteint notre but.

À raison d'un tournage par semaine, si l'on ne veut pas s'attirer les foudres des fans, il faut se montrer patient.

Le tournage du feuilleton a servi de tremplin à plusieurs membres de l'équipe. Frank Spotnitz qui, comme Chris Carter, s'occupe également de *Millennium* a également participé à l'élaboration du long métrage *X-Files*. Vince Gilligan, le coproducteur, venu du théâtre, a vendu un scénario de comédie à un producteur de films. Le titre : *Homes Fries*, avec en tête de distribution Drew Barrymore. Quant aux deux sœurs Valerie et Vivian Mayhew, dont la collaboration au scénario constituait le premier contact avec le monde de la télévision, elles ont participé à l'écriture de la nouvelle série de science-fiction de la Fox : *Le Visiteur*.

Après quinze ans de dur labeur à Hollywood, Mitch Pileggi a dû attendre les *Frontières du réel* pour voir se réaliser le rêve de tout acteur de composition : obtenir un rôle régulier : le personnage de Walter Skinner (qui apparaît dans treize épisodes de cette quatrième saison), être engagé dans d'autres séries et plusieurs téléfilms et décrocher un rôle au cinéma dans l'adaptation de *X-Files* pour le grand écran. Tout cela en pouvant continuer, dans la banlieue de Los Angeles où il habite, à pratiquer son sport favori : le roller, sans s'inquiéter de son engagement suivant.

Même avant de recevoir son Emmy Award, Gillian Anderson avait, grâce à *X-Files*, réussi à imposer son talent au Tout-Hollywood.

Elle nous dit :

– Les gens croient que je suis forte, intelligente et sûre de moi, comme mon personnage. Je ne suis pas certaine que ce soit vrai !

Elle rit avant d'ajouter :

– L'aspect positif, c'est que l'on me propose des rôles dans des films de plus en plus intéressants !

Elle avoue avoir hâte de mettre ses projets à exécution, de jouer dans un film dès qu'elle aura une semaine ou deux de vacances, ou quand la vague déferlante *X-Files* se sera enfin arrêtée.

Malgré tous ces sujets de satisfaction, la saison de tournage 1996/1997 n'a pas été exempte de frustrations et de déceptions. Après le départ de John Bartley, directeur de la photo, à la fin de la troisième saison, il fallut essayer deux autres personnes avant de tomber sur Joel Ransom. Le même problème s'est posé au département des effets spéciaux jusqu'à l'arrivée de Laurie Kallsen-George.

David Duchovny continue de travailler au même rythme d'enfer qu'auparavant et promet d'honorer son contrat, qui court sur six saisons. Mais, depuis la fin de la quatrième saison, il n'hésite plus à évoquer publiquement la tension physique et morale dont il souffre parfois, à jouer le même rôle depuis si longtemps.

Il a déclaré l'été dernier à un journaliste du *New York Times*:

– Il y a un moment où tout cela tourne à la routine. Honnêtement, j'aimerais que les scénaristes fassent apparaître un nouveau personnage dans la série... pas plus important que moi, bien entendu, mais suffisamment intéressant pour relancer l'intérêt.

» Je sais bien que c'est un point de vue égoïste, et croyez bien que je souhaite longue vie à *X-Files*, mais le rôle de Mulder devient terriblement envahissant. J'aimerais pouvoir penser à autre chose de temps en temps.

Duchovny avait à peine eu le temps de prendre congé de son interlocuteur que le tournage du film commençait à Los Angeles, tandis que la cinquième saison de la série s'organisait frénétiquement : lecture de scripts de nouveaux auteurs, embauche de nouveaux producteurs, élaboration de nouveaux épisodes préparant l'arrivée du film et de la sixième saison (qui pourrait être la dernière).

Pendant l'été, Chris Carter a officiellement annoncé qu'il confiait *Millennium* à Glen Morgan et James Wong pour se consacrer exclusivement à l'écriture de *X-Files* (se gardant toutefois le droit de se charger de l'épisode pilote de la série, qu'il cogite depuis longtemps). Il s'est tout de suite mis au travail sur les premiers épisodes de la nouvelle cuvée, marquée au sceau de la « mythologie » X-filienne.

Carter, radieux, explique :

– Au fil des saisons, bien des fils se sont entrecroisés, laissant nombre de questions en suspens. Celles-ci devraient toutes connaître des développements surprenants. Oui, « surprenant » est bien le mot qui convient car, même en peaufinant la préparation des épisodes, une bonne part d'imprévu demeure. C'est très curieux. On a l'impression que la série fonctionne maintenant de manière quasi autonome, les événements s'engendrant les uns les autres, selon la logique d'ensemble. En fait, dans ce monde imaginaire, chaque élément semble trouver naturellement sa place. Ces surprises sont extrêmement stimulantes pour l'esprit.

8 mai 1997. Minuit passé. C'est déjà dimanche ! Lori Jo Nemhauser n'a pas dételé. Les ultimes ajustements de couleurs sont bouclés, les génériques et le son vérifiés une dernière fois. Enfin, elle visionne « Gethsémani » dans sa totalité.

Apparemment, tout est bon. On imagine l'impact des effets spéciaux stéréo transmis par le casque sur ces premiers spectateurs engourdis de fatigue !

Nemhauser, inépuisable, supervise personnellement la fabrication de trois copies particulièrement soignées : l'une est destinée à la diffusion américaine, la deuxième sera expédiée au Canada ; quant à la dernière, elle sera mise de côté (on appelle cela une sorte de roue de secours, en quelque sorte, si l'une des deux autres subissait des avanies).

À 5 heures du matin, Jo Nemhausser appelle un coursier. À 5 h 46, le jeune homme quitte le bâtiment de Encore Video, chargé d'apporter au Fox Broadcast Center le résultat du travail de centaines de personnes.

Les rescapés de cette rude nuit se congratulent. Dehors, le soleil se lève.

Tout ne doit pas mourir

(Herrenvolk)

Épisode : 4X01
Première diffusion US : 4 octobre 1996
France : 13 septembre 1997
Montage : Jim Gross
Scénario : Chris Carter
Mise en scène : R.W. Goodwin

La mère de Mulder étant toujours entre la vie et la mort, celui-ci et Scully découvrent peu à peu l'existence d'un plan gigantesque destiné à cloner et à cataloguer l'espèce humaine. Ce n'est qu'en ajustant progressivement les morceaux du monstrueux puzzle qu'ils pourront espérer sauver la vie de Mrs Mulder.

Distribution :
Mitch Pileggi (dir. adj. William Skinner) ;
William B. Davis (l'Homme à la cigarette) ;
Roy Thinnes (Jeremiah Smith) ;
Brian Thompson (le Chasseur de primes) ;
Steven Williams (X) ;
Laurie Holden (Marita Covarrubias) ;
Garvin Cross (dépanneur) ;
Rebecca Toolan (Mrs Mulder) ;
Vanessa Morley (Samantha Mulder jeune) ;
Don S. Williams (premier doyen) ;
Morris Panych (l'Homme aux cheveux gris) ;
Brendan Beiser (agent Pendrell) ;
Casey et Sean Murphy (jeune garçon blond) ;
Michael David Simms (premier inspecteur) ;
Ken Camroux (deuxième inspecteur) ;
Liza Huget (infirmière).

Sites principaux :
Alberta, Canada ; Maryland ; Providence, Rhode Island ; Washington, D.C. ; siège des Nations unies, New York City, N.Y.

Au bord d'une étroite route isolée du Canada, un électricien grimpe le long d'un poteau téléphonique pour y travailler. Il est piqué par une abeille, la chasse en grimaçant et dirige son regard vers le bas ; le technicien découvre alors cinq petits garçons blonds qui l'observent d'un regard impassible. Ils semblent âgés de douze ou treize ans et sont parfaitement identiques.

– Ma parole, on vous a faits avec un calque ! Votre maman ne vous confond jamais ? s'exclame-t-il.

L'expression du malheureux passe de la surprise à l'horreur. Violemment secoué de convulsions, il lâche le poteau et tombe. Les enfants viennent brièvement considérer le mourant, puis s'éloignent, toujours silencieux, dans le champ bordant la route.

Dans un bref *flash-back* comportant des extraits de l'épisode final de la saison précédente, « Anagramme », Scully et Mulder rencontrent Jeremiah Smith, également connu sous le nom de Guérisseur, dans une scierie désaffectée.

Mulder exige que Smith guérisse sa mère qui vient d'être victime d'une attaque cérébrale. Smith veut principalement révéler à l'agent l'existence d'un complot mondial ourdi par une sinistre organisation et des extraterrestres. Il précise qu'il risque sa vie en parlant.

– Mulder, il est au courant pour ta sœur, dit Scully.

– Comment puis-je être certain qu'il dit vrai ? rétorque Mulder.

– Je peux tout vous expliquer, renchérit Smith.

– Je veux d'abord que vous veniez avec moi voir ma mère ! insiste Fox.

Les phares d'une voiture illuminent soudain la scène. Le tueur à gages extraterrestre, une pointe à la main, se dirige vers eux.

Smith se sauve.

– Pousse-toi, Scully ! crie Mulder. Ce n'est pas toi qu'il veut atteindre ! Et ton revolver ne peut rien contre lui.

Mulder se lance à la poursuite de Jeremiah Smith. Mais Dana n'écoute pas les conseils de son collègue et sort son arme qu'elle pointe vers le tueur. Celui-ci ignore totalement ses sommations et avance inexorablement vers elle.

Fin du flash-back. L'épisode en cours, « Tout ne doit pas mourir », reprend. Le tueur à gages progresse comme s'il ne voyait pas Dana ; il la bouscule et la fait violemment tomber.

S'ensuit une course-poursuite des plus compliquées. Le bandit se met à la recherche de Smith à l'intérieur de la scierie. Mulder découvre ce dernier, et devance ainsi l'assassin d'une courte longueur. Fox prend Smith par le bras et l'entraîne à l'extérieur. Ils sont en sécurité pour quelques instants. Mulder appelle alors sa coéquipière et lui demande de se diriger vers la voiture.

Scully court vers le véhicule, met le moteur en marche, et devient une proie innocente. Car le mercenaire extraterrestre, croyant que Smith se trouve à bord et essaie de fuir, saute à pieds joints sur le toit de la voiture.

Cela donne à Mulder le temps nécessaire pour mettre au point une embuscade. Il s'assure que Smith se trouve à l'abri derrière un tas de copeaux de bois et bondit alors pour frapper l'extraterrestre à la base de la nuque. Il utilise le stylet extraterrestre qu'il a trouvé chez sa mère dans l'épisode « Anagramme ».

Le mercenaire s'effondre, apparemment mort. Un liquide verdâtre sort en bouillonnant de ses blessures.

Mulder s'élance de nouveau à la poursuite de Smith qui quitte les lieux à bord d'un bateau à moteur.

– Qu'est-ce que vous fabriquez ? Revenez ! lui crie-t-il.

– D'autres vont venir après lui ! répond le Guérisseur.

– Vous ne pouvez pas partir !

– Ils vont me tuer !

– J'ai besoin de votre aide. Ma mère est en train de mourir.

De l'autre côté de la scierie, Scully quitte son véhicule pour venir rejoindre son coéquipier. Il est déjà à bord du bateau de Smith qui s'éloigne à grande vitesse. Dana les appelle, mais les deux hommes ne semblent pas l'entendre.

Elle retourne alors auprès du corps du tueur et vérifie s'il présente des signes de vie. L'immense extraterrestre se relève subitement, la saisit à la gorge et resserre son étreinte.

– Où se rendent-ils ? interroge-t-il.

Dana respire avec peine.

– Je ne sais pas, articule-t-elle difficilement.

L'alien insiste :

– Je dois le savoir !

Il extrait de sa nuque la longue pointe, puis lâche Dana. Elle reprend peu à peu son souffle.

Mulder et Smith amarrent leur bateau à un ponton abandonné. Une fois de plus, Mulder insiste pour que le Guérisseur accepte de sauver sa mère. Mais Smith désire d'abord lui montrer les éléments du « grand plan ».

– Le plan, répète Fox, vous voulez dire la colonisation ?

– L'hégémonie, monsieur Mulder. Le règne d'une nouvelle espèce humaine.

Mulder ne comprend pas et demande à Smith de remettre ce projet à plus tard. Mais le Guérisseur persiste dans son idée et affirme que des « agents du gouvernement » les attendent à l'hôpital où se trouve sa mère.

– Ils me tueront, explique-t-il. Et je ne pourrai plus sauver votre mère. Ils continueront leur œuvre, le plan sera exécuté, à moins que vous ne les en empêchiez.

– Que puis-je faire pour les arrêter ?

– Je peux vous emmener en un endroit où vous verrez la préparation du projet, où vous verrez...

– ... Nous n'avons pas le temps ! interrompt Mulder.

– ... où vous verrez votre sœur ! achève Smith.

Ces mots frappent Mulder avec autant de force qu'un coup de poing. Il reste prostré, sous le choc. Pendant ce temps, dans la chambre d'hôpital où Mrs Mulder se trouve toujours sous assistance respiratoire, l'Homme à la cigarette et un des autres membres du complot, le Doyen, attendent de pied ferme.

– Il ne vient pas, remarque le Doyen.

– Je vous l'avais dit, rétorque le fumeur.

– Dans ce cas, où est-il ?

– Je ne sais pas, il a dû se douter que nous monterions la garde dans cette chambre.

Silencieusement, celui que nous connaissons sous le nom de « l'Homme aux cheveux gris » sort de la salle de bains et remet son arme dans son holster.

Le Doyen suggère que Mulder a dû être informé. Il présente des photos à l'Homme à la cigarette, sur lesquelles ce dernier figure en compagnie de Mrs Mulder, dans le jardin de la maison de campagne des Mulder. Il propose alors qu'on démasque la personne qui a pris ce cliché en divulguant une information.

– Quelle information ?

– Que Mrs Mulder est en danger dans cet hôpital, précise le Doyen. Qu'elle est laissée sans protection et qu'elle pourrait bien mourir de mort non naturelle.

L'Homme à la cigarette semble choqué par cette proposition, mais donne son accord.

tu brouilles les pistes. Je voulais également te dire que je vais bien. Tout va bien.

Alors que Dana écoute Mulder, le Chasseur de primes se rapproche d'elle. Il se trouvait derrière elle depuis le début de la conversation.

Après avoir appris ce qu'il voulait savoir, le tueur quitte la voiture, laissant seule Scully, qui s'empresse de crier dans son téléphone :

– Mulder, il est à ta poursuite !

– Qui ?

– L'homme que tu avais laissé pour mort est vivant !

Pendant ce temps, dans la campagne canadienne, la voiture volée s'arrête sur la route qui traverse la prairie.

De son côté, Mulder, à bord d'une voiture volée, téléphone à Scully, qui se trouve toujours devant la scierie. Il lui révèle qu'il est au Canada, en compagnie de Jeremiah Smith.

– Écoute-moi attentivement. Tu es en danger. Des gens vont se mettre à ta recherche ; ils pensent qu'ils pourront remonter jusqu'à moi en te suivant.

– Mulder...

– Non, écoute-moi ! Les douanes canadiennes ont enregistré mon passage, j'ai besoin que

– Est-ce que c'est encore loin ? demande Mulder.

– Trente kilomètres, répond Jeremiah Smith, peut-être moins si nous marchons à travers champs.

Les deux hommes décident de continuer leur périple à pied et s'éloignent de la route.

Loin de là, au siège du FBI, Scully, toujours sous le choc, se rend dans le bureau du directeur adjoint Skinner, à la demande de celui-ci. L'agent Pendrell se trouve devant un écran d'ordinateur.

Skinner demande à Scully où en est l'enquête qu'elle mène avec Mulder. Dana ment en lui affirmant qu'ils sont toujours à la recherche de Jeremiah Smith.

Skinner, sceptique, lui annonce qu'une recherche informatique a permis de découvrir cinq hommes répondant au nom de Jeremiah Smith. Leurs dossiers comportent la même photo d'identité et ils travaillent au service de l'assistance sociale dans différentes villes. Ces hommes ne se sont pas présentés à leur travail depuis trois jours. Leurs dossiers renferment en outre d'énormes fichiers informatiques cryptés.

Pendrell désigne à Scully une page de ce code. Sur l'écran, défile une suite, sans signification apparente, de chiffres et de lettres. Chaque ligne commence par la même formule : « SEP ». Dana demande à Pendrell de bien vouloir lui imprimer quelques pages de ces énormes fichiers.

– Je voudrais montrer cela à quelqu'un qui pourrait nous aider, explique-t-elle.

Mulder et Smith arrivent enfin au terme de leur longue marche. Ils débouchent sur une autre route. Le dépanneur mort gît sur l'asphalte, au pied du poteau d'où il est tombé. Des fourmis grouillent sur sa peau à vif, sur son visage ratatiné et desséché.

– Ne touchez pas son corps, monsieur Mulder, conseille Jeremiah Smith.

Ils se dirigent vers la vallée. Une succession de champs se déploie. La plante qui y pousse n'est pas identifiable, car les plantations sont recouvertes de grandes bâches suspendues trois mètres au-dessus du sol.

– Vous avez devant vous le futur, Mulder.

– Qu'est-ce que c'est ?

– Une pépinière ; des graines d'une plante que vous ne trouverez dans aucune taxinomie botanique sont cultivées ici, pour le pollen.

Mulder observe la plantation à l'aide de ses jumelles et reçoit un choc en apercevant une petite fille. Elle s'occupe des arbustes en compagnie de l'un des garçonnets blonds qui apparaissent au début de l'épisode.

– Ce n'est pas possible ! s'exclame-t-il. On dirait ma sœur !

Il se tourne vers le Guérisseur, qui ne bronche pas.

– Ce n'est pas possible, reprend-il alors. Elle a le même âge que le jour où elle a été enlevée !

Smith reste impassible. Mulder se met à courir comme un fou en appelant le nom de sa sœur. La fillette s'immobilise et se tourne tranquillement vers lui au milieu des plantations extraterrestres. Des essaims d'abeilles bourdonnent dans les buissons.

– Samantha, c'est moi ! s'écrie Mulder. C'est Fox, ton frère, est-ce que tu te souviens ?

Samantha reste silencieuse et totalement inexpressive.

Smith, qui observe la scène, déclare :

– Elle ne parle pas, monsieur Mulder. C'est une abeille, une ouvrière.

– De quoi parlez-vous ?

– Il y a ici d'autres choses que vous devez voir, afin de mieux comprendre.

Smith entraîne Mulder pour visiter le reste de la ferme. Celui-ci refuse de laisser l'enfant derrière lui et la tient fermement par la main. Ils arrivent devant un bâtiment délabré. Fox découvre d'autres fillettes, toutes similaires à Samantha, ainsi que des doubles du petit garçon blond.

– Ce sont des clones ? demande Mulder, abasourdi.

– Des ovotypes de série. En avez-vous vu assez, monsieur Mulder ? Nous ne pouvons pas nous attarder ici trop longtemps. Essayons de trouver de l'essence.

Pendant ce temps, à Washington, Scully entre dans l'appartement de Mulder et dessine un « X » sur un carreau de la fenêtre avec du scotch. Elle s'assied pour étudier les documents que lui a donnés Pendrell. Peu de temps après, on frappe à la porte. Scully sort son arme.

– Ouvrez la porte, agent Scully ! ordonne l'homme connu sous le nom de Mr X.

Dana obéit. L'agent double affirme avoir un message qu'il veut immédiatement communiquer à Mulder. Il s'agit d'un problème concernant sa mère.

– Disons simplement qu'elle est laissée sans protection, dit-il avec fièvre.

– Contre qui faudrait-il la protéger ?

X se dirige vers la porte pour partir.

– Si vous souhaitez vous rendre utile, agent Scully, vous feriez bien de commencer par transmettre cette information à votre coéquipier.

– Pas avant que vous m'ayez donné certaines explications, proteste Dana.

Elle communique à X les séries de chiffres et de lettres qu'elle a étudiés dans les dossiers informatiques, espérant qu'il lui fournisse des éclaircissements.

Il lui apprend alors que les lettres SEP signifient : *Small-pox Eradication Program* ; elles correspondent donc à un programme d'éradication de la variole.

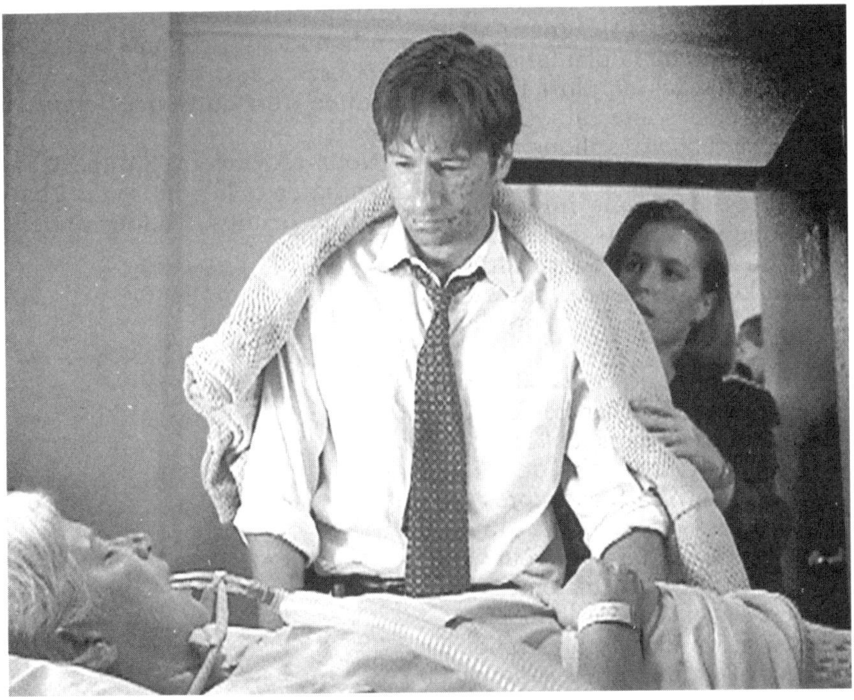

– Ne frappez pas à des portes que vous n'êtes pas prête à ouvrir, agent Scully. Contentez-vous de protéger Mrs Mulder, dit-il d'un air menaçant.

À la ferme canadienne, Smith a enfin trouvé un jerrycan plein d'essence. Mulder s'apprête à quitter les lieux... et à emmener Samantha avec lui.

– Vous ne pouvez pas faire cela, annonce le Guérisseur. Ce n'est pas votre sœur.

– Dans ce cas, qui est-elle ?

Smith soupire amèrement.

– Vous avez devant vous tous les éléments qui vous permettraient de comprendre des choses infiniment plus importantes, de les comprendre et de les rendre publiques !

– Dans ce cas, expliquez-moi ce qui se passe, *tout de suite* ! se fâche Mulder.

Mais le Chasseur de primes surgit derrière eux, roulant à toute allure sur un chemin de terre. Mulder, Smith et Samantha courent pour sauver leur vie. Ils sont contraints de prendre la direction des champs et atteignent une autre section de la plantation.

Samantha les conduit jusqu'à un blockhaus souterrain. C'est un immense rucher, explique Smith. Il comporte des milliers d'essaims d'abeilles au germe infectieux, ainsi que des rayons de miel. Samantha et lui sont immunisés contre la piqûre de ces insectes, mais Mulder ne l'est pas, prévient Smith.

Fox s'asperge de gas-oil. Le trio pénètre dans le rucher. Mulder fabrique un piège en vidant le jerrycan sur un des rayons de miel, l'alourdissant. La masse, près de s'effondrer, est projetée sur le Chasseur de primes, qui roule au sol et se trouve immédiatement recouvert d'abeilles bourdonnantes.

Au siège du FBI, Scully explique à l'agent Pendrell qu'elle a partiellement décrypté le code informatique : il s'agit d'une suite basée sur une séquence d'acides aminés, représentant la constitution de la molécule servant de base au vaccin contre la variole. Chacun des millions d'êtres humains qui ont été vaccinés porte en soi un code légèrement différent.

Scully renouvelle ses explications devant ses supérieurs réunis en assemblée. La plupart d'entre eux ne semblent pas comprendre ce dont il s'agit, les autres ne cachent pas leur scepticisme.

Skinner finit par intervenir :

– Ce que vous essayez de nous dire, agent Scully, c'est que nous avons tous été catalogués, numérotés, inventoriés, mais par qui ?

– Je ne sais pas encore, monsieur, mais probablement une agence gouvernementale, réplique Scully, hésitante.

– Mais pourquoi quelqu'un se donnerait-il tant de mal ? demande un des inspecteurs présents.

– Je ne sais pas, rétorque Scully. Mais je peux vous dire qu'il existe un homme qui connaît toutes les réponses à nos questions, et cet homme n'est autre que Jeremiah Smith.

Nous retrouvons Smith et Samantha dans la voiture du Chasseur de primes. Mulder appelle

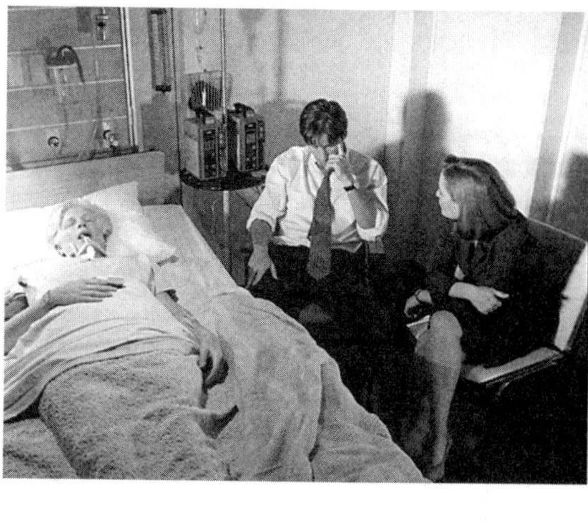

Scully dans une cabine téléphonique proche. Il lui demande de le retrouver à l'hôpital, dans la chambre de sa mère.

Le tueur, le visage couvert de pustules, arrive à bord de la camionnette du dépanneur piqué à mort par les abeilles. Il fonce droit sur la cabine téléphonique et va heurter la voiture.

Mulder plonge afin de ne pas être écrasé. Smith et Samantha se cachent dans la voiture défoncée. L'assassin, doté d'une force surhumaine, soulève l'agent du sol avec une seule main.

– Je vous en prie, ne le tuez pas ! supplie Mulder.

– Il doit mourir, répond le tueur sans la moindre émotion.

– Cette fillette est ma sœur !

Le mercenaire extraterrestre le regarde presque avec mépris.

– Il vous a révélé des pièces du puzzle, déclare-t-il, parlant de Smith, mais il ne vous a pas montré l'ensemble. Il est inconséquent. C'est un traître au projet.

– Tuez-moi ! Laissez-les partir !

– Vous donneriez votre vie pour sauver la sienne ?

– Pour sauvez ma mère !

Smith réussit à s'extirper de la voiture. Il se sauve péniblement en boitant. Le Chasseur de primes considère Mulder avec ce qui ressemble à de la compassion :

– Tout doit mourir.

Il jette Mulder contre la camionnette ; celui-ci s'effondre, inconscient.

Le tueur sort sa pointe et se met à la poursuite du Guérisseur. Samantha hurle de terreur, un cri inarticulé, inhumain, totalement désespéré.

Cinq heures plus tard, le couloir dans lequel se trouve la chambre d'hôpital de Mrs Mulder est encombré par des agents du FBI. Mulder apparaît, épuisé, en état de choc ; il bouscule Scully et Skinner pour entrer dans la pièce. Sa mère est toujours dans le coma.

– Elle ne saura jamais, sanglote-t-il.

Scully le prend dans ses bras tandis qu'il se met à pleurer.

Dans l'appartement de Mulder, le signal en forme de « X » se trouve de nouveau sur la vitre. L'agent double revient pour voir ce qu'on attend de lui. Il découvre avec horreur que l'appartement est vide. C'est un piège. Il bat en retraite vers l'ascenseur. Les portes s'ouvrent. Une main armée d'un pistolet muni d'un silencieux apparaît. X est touché en pleine poitrine et s'effondre.

Dans la chambre d'hôpital, Mulder et Scully se tiennent côte à côte au chevet de la malade.

– J'aurais pu la sauver, Scully, répète Fox, désespéré. J'avais une chance de la sauver, mais j'ai laissé filer l'occasion !

Scully s'adresse à lui avec douceur.

– On ne pouvait pas savoir, Mulder. Tu n'as rien à te reprocher ; les choses n'ont pas tourné comme tu l'aurais voulu.

– Il m'a emmené au milieu des champs. J'ai vu ma sœur. C'était une petite fille. J'ai vu trop de choses pour ne pas croire.

– Nous devons trouver des réponses à nos questions, Mulder. Il

existe des éléments qui doivent nous permettre de progresser.

– Tu as une telle foi en ta science, Scully. Mais, quand on a vu ce que j'ai vu... la science ne donne aucune piste.

– Rien ne se produit qui soit en contradiction avec les lois de la nature, murmura Dana, regardant son coéquipier avec des yeux emplis de respect et d'émotion. Il y a seulement des phénomènes que nous ne savons pas encore expliquer. Voilà le point de départ de nos recherches. C'est là que réside l'espoir.

– J'ai presque découvert la vérité, soupire-t-il, en la regardant avec gratitude

– Moi aussi, dit-elle. J'ai été avertie par un homme que nous connaissons tous les deux, qui, je crois, connaît la vérité, et qui peut nous dire par où commencer.

Près de l'appartement de Mulder, X agonise. Il râle et gémit, essayant de respirer. Du sang coule de sa blessure et d'entre ses lèvres. Il fait un ultime effort pour ramper jusqu'à la porte. Son dernier geste est de tracer sur le sol, en lettres de sang : « SRSG ».

Un mois plus tard, Mulder entre dans le bâtiment qui abrite les Nations unies. Il se dirige vers le bureau du Représentant spécial du secrétaire général.

Il est reçu par l'assistante du Représentant, une séduisante jeune femme de trente ans, nommée Marita Covarrubias. Elle explique à l'agent que le Représentant est trop occupé pour le recevoir, mais que des recherches ont été faites, comme convenu. La ferme canadienne où s'étaient rendus Mulder et Smith se trouve à l'abandon.

– Les plantations que vous nous avez décrites ont été abandonnées et ont péri, annonce-t-elle. Mais on a identifié la plante en question. Il s'agit de ginseng. Nous n'avons décelé aucune trace de rucher ni d'abeilles dans le secteur. Je sais que ce n'est pas la nouvelle que vous attendiez.

Voyant à quel point Mulder est déçu, elle lui demande en quoi cette affaire est si importante pour lui.

– J'ai récemment perdu des personnes qui me sont chères, j'espérais...

Il se dirige vers la sortie sans terminer sa phrase. Marita Covarrubias le rattrape alors et lui communique un dossier qui contient une photo de Samantha entourée de ses doubles, travaillant dans les champs où Mulder l'avait rencontrée.

– Tout ne meurt pas, monsieur Mulder, murmure simplement la diplomate.

Dans la chambre d'hôpital, l'Homme à la cigarette et le Chasseur de primes observent Mrs Mulder.

– Il faut que je sache pourquoi ! annonce l'extraterrestre.

– Afin que le travail continue, répond le fumeur. Si sa mère mourait, il...

– Il quoi ?

– Vous savez, l'ennemi le plus dangereux que nous puissions avoir serait un homme qui n'a plus rien à perdre. Et vous savez l'importance que représente l'agent Mulder dans notre équation.

Le Chasseur de primes réfléchit. Il ferme la porte de la chambre, puis pose la main sur le front de Mrs Mulder. Il se concentre en fermant les yeux.

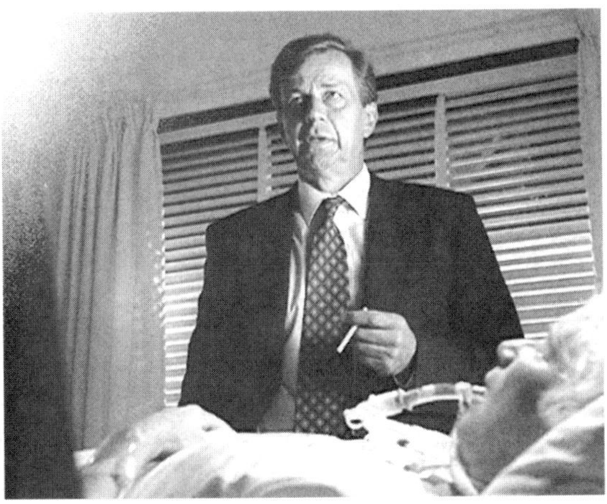

La mère de Mulder ouvre bientôt les yeux et reprend conscience. Elle est guérie.

Coulisses

Le titre allemand de l'épisode « Herrenvolk », signifie en français : « Lève-toi, jeune fille ». Nous voilà repartis pour un marathon de vingt-quatre épisodes des *X-Files*. Nous obtenons les réponses à différentes énigmes posées par le dernier épisode de la saison précédente, à savoir : quel est le destin de Jeremiah Smith, le Guérisseur ; la mère de Mulder est sauvée et le Chasseur de primes continue sa mission.

– Je voulais également faire réapparaître la sœur de Mulder. Elle est au centre de la série de bien des façons, annonce Chris Carter.

Ce premier épisode de la quatrième saison donne le coup d'envoi à un nouveau thème que nous allons suivre pendant les vingt-quatre épisodes et probablement lors de la saison à venir : la conspiration ourdie par le gouvernement et les extraterrestres pour contrôler et cataloguer les habitants de la Terre en se servant de marqueurs génétiques à travers le vaccin contre la variole.

Si on en juge par le courrier reçu et par les réactions transmises sur Internet, c'est la mort de X qui a le plus marqué les fans. Il était l'un des personnages principaux de la série depuis le début de la deuxième saison. D'après le coproducteur Frantz Spotnitz, la décision d'éliminer X fut prise lors de la préparation de la fin de la troisième saison.

– J'aimais beaucoup le personnage, déclare Spotnitz avec passion. Il évoluait à travers des scènes d'action, contrairement à Gorge Profonde, qu'il remplaçait. Ce dernier, lui, se contentait d'apparaître et de parler. Mais nous avons senti qu'au point où en était l'intrigue, nous ne pouvions plus nous servir de X. Nous étions obligés soit de le faire monter en grade, de lui donner un rôle plus important que précédemment – ce que nous avons envisagé –, soit de lui faire payer le prix pour avoir collaboré avec Mulder.

Avec la mort de X, Chris Carter et son équipe ont pu introduire un nouveau personnage dans la série, une variante du mystérieux informateur : la troublante et grave Marita Covarrubias, dont la relation avec Mulder semble dépasser des rapports strictement professionnels.

L'actrice qui joue ce rôle, Laurie Holden, est une comédienne expérimentée, qu'on a souvent vue sur le petit écran. Elle a été élevée au Canada, mais vit à Los Angeles. Laurie se trouvait à Vancouver, où les *X-Files* sont en cours de réalisation pour un tournage, lorsqu'on lui a proposé d'auditionner pour le rôle.

– Je ne me plains pas, déclare-t-elle.

Il est vrai que Holden a surtout joué, jusque-là, dans des séries destinées à un public féminin.

– Les *X-Files* sont entourés d'un tel secret que je n'ai pas su tout de suite ce que représentait réellement mon personnage ni où il allait. J'ai dû suivre mon instinct. Je me suis dit que la clé de Marita consiste en ce qu'elle possède un secret et que ce secret, qui guide ses actions, sera révélé plus tard, au cours de la saison.

L'équipe des *X-Files*, acteurs et techniciens, n'a pas eu la vie facile au cours de ce tournage. Les scènes de poursuites nocturnes furent extrêmement compliquées à tourner. Il a fallu travailler après le coucher du soleil, dans une scierie située près de Vancouver. Le vieux bâtiment, sinistre et rouillé, fut détruit quelques semaines à peine après que les scènes furent filmées.

Afin d'obtenir la bonne atmosphère pour la scène du rucher extraterrestre, Chris Carter a décidé de ne pas écouter les conseils du studio et d'engager des dépenses. La séquence fut la première de toute la série à ne pas être tournée dans les environs de Vancouver, la

ville où est basée la production. La citée peu connue de Kamloops, située loin des studios, fut choisie.

Todd Pittston, chargé de la préparation des tournages en extérieur nous dit :

– Chris voulait quelque chose de différent et d'intéressant. J'ai donc parcouru le pays, et j'ai déniché cette ferme où on cultive le ginseng. C'était un endroit très agréable, quand Chris l'a découvert, il s'est exclamé : « Super ! »

Néanmoins, si on en croit le producteur exécutif Bob Goodwin, qui met en scène le premier et le dernier épisode de chaque saison, le camion contenant le matériel de maquillage ainsi que les costumes destinés au tournage s'est perdu sur le chemin. Ils ont effectué trois heures et demie de route depuis Vancouver, sans possibilité de joindre le chauffeur par radiotéléphone. Le camion n'est arrivé que très tard. Cet incident a bloqué le tournage. Une scène a donc été abandonnée. Au lieu de la filmer à Kamloops, on l'a tournée dans les studios, à Vancouver, ce qui coûta fort cher à la production.

Goodwin se souvient qu'en attendant le camion, les membres de l'équipe contemplaient, stupéfaits, « deux vieux apiculteurs, qui se tenaient en short au milieu des insectes ». Les abeilles bourdonnaient bruyamment mais, au montage, la post-production s'est aperçue qu'on ne voyait pas les insectes piqueurs sur l'image ! Cela signifiait qu'il faudrait les « doubler » électroniquement et donc créer des insectes virtuels. Ce fut le travail du département chargé des effets spéciaux.

Pendant ce temps, les abeilles donnèrent bien des émotions aux acteurs et aux techniciens.

Brian Thompson, qui joue le tueur à gages extraterrestre, déclare :

– J'ai utilisé un vieil exercice de cours de comédie. Je me suis dit : « Je suis en béton, pas en miel, vous ne pouvez pas me piquer ! »

David Duchovny n'est pas peu fier : il a réussi à éviter de se faire piquer, ne serait-ce qu'une seule fois. Malheureusement, la petite Vanessa Morley, qui joue la jeune Samantha Mulder, n'eut pas autant de chance que lui :

– C'est arrivé pendant que nous filmions la scène à l'extérieur du bunker. Mais Vanessa a été très courageuse. Elle n'a pas pleuré tant que je n'ai pas dit « coupez ». Cette enfant a vraiment été merveilleuse, raconte R.W. Goodwin. Le département chargé des accessoires lui a confectionné une médaille. Un prix pour « bravoure exceptionnelle face au danger ». Gillian lui a remis cette décoration deux semaines après le tournage, ajoute-t-il.

L'idée directrice de cet épisode est : « Tout meurt », phrase prononcée par le Chasseur de primes extraterrestre à l'intention de Mulder, dans le parking, lors de la traque de Jeremiah Smith.

Cette aventure voit mourir X, deuxième informateur de Mulder à se faire abattre. Tout comme Gorge Profonde, il laisse un message à Fox : les lettres « SRSG » écrites avec son sang, ce qui signifie, comme nous le découvrons bientôt, Représentant spécial du secrétaire général des Nations unies.

Dans le même épisode, nous apprenons le prénom jusqu'alors inconnu de la mère de Mulder, Teena.

Afin de créer les énormes rayons de miel qui pendent du plafond dans le rucher extraterrestre souterrain, le chef décorateur s'est servi d'un composite à base de fibre de verre utilisé dans l'aviation et appelé, fort à propos : « rayon de miel ».

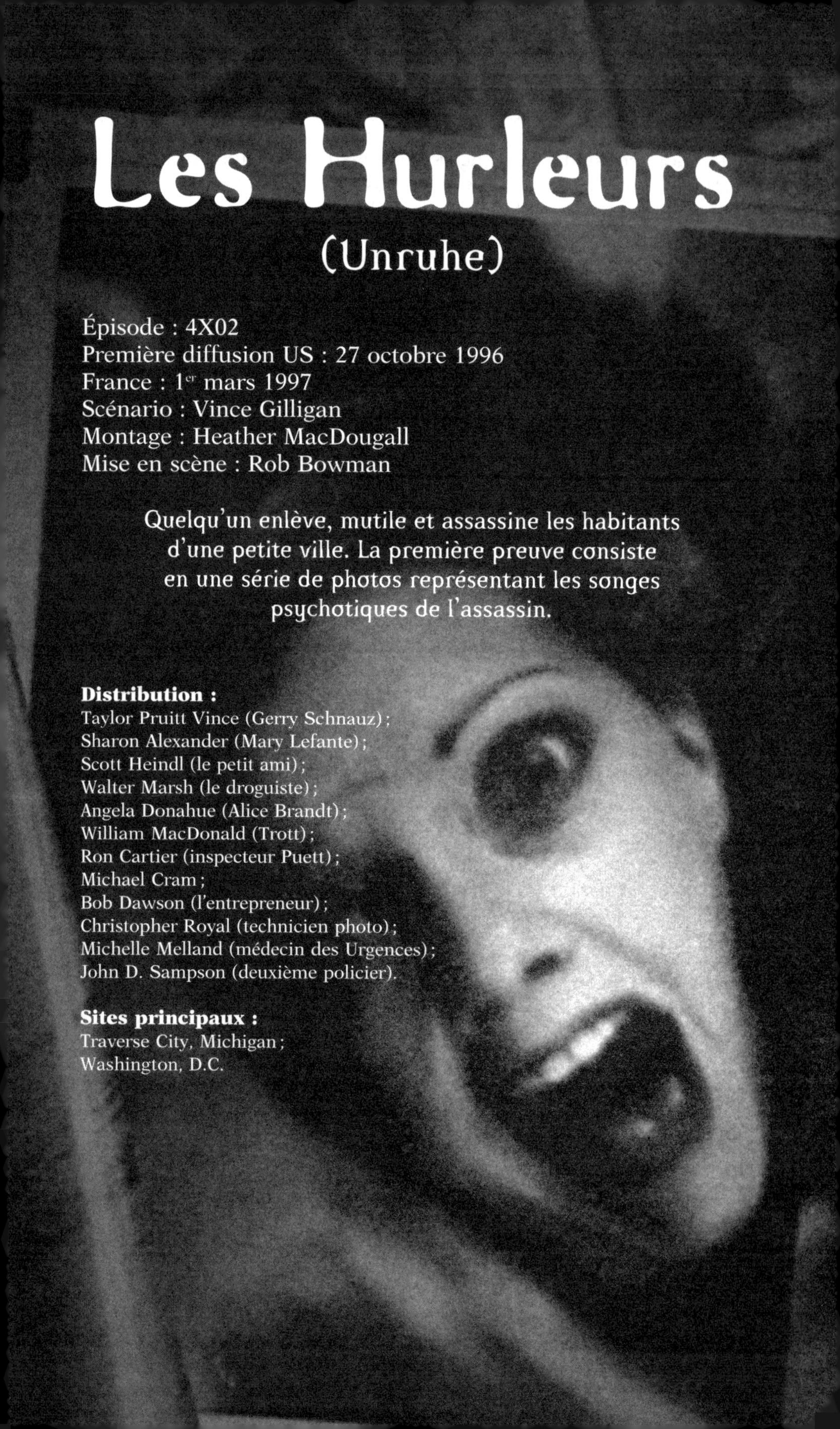

Les Hurleurs

(Unruhe)

Épisode : 4X02
Première diffusion US : 27 octobre 1996
France : 1er mars 1997
Scénario : Vince Gilligan
Montage : Heather MacDougall
Mise en scène : Rob Bowman

Quelqu'un enlève, mutile et assassine les habitants d'une petite ville. La première preuve consiste en une série de photos représentant les songes psychotiques de l'assassin.

Distribution :
Taylor Pruitt Vince (Gerry Schnauz) ;
Sharon Alexander (Mary Lefante) ;
Scott Heindl (le petit ami) ;
Walter Marsh (le droguiste) ;
Angela Donahue (Alice Brandt) ;
William MacDonald (Trott) ;
Ron Cartier (inspecteur Puett) ;
Michael Cram ;
Bob Dawson (l'entrepreneur) ;
Christopher Royal (technicien photo) ;
Michelle Melland (médecin des Urgences) ;
John D. Sampson (deuxième policier).

Sites principaux :
Traverse City, Michigan ;
Washington, D.C.

Par une journée pluvieuse dans le nord-ouest du Michigan, un jeune couple nerveux se gare près d'un drugstore. La jeune femme, Mary Lefante, entre dans le magasin et demande au vieux droguiste de lui faire une photo d'identité pour son passeport.

Elle prend la pose en souriant ; il appuie sur le déclencheur et attend que la photo Polaroid se développe.

Un autre client, le visage caché par la capuche de son ciré jaune, passe derrière elle.

Mary informe le patron qu'elle a oublié son argent dans la voiture. Elle sort et est bousculée par l'homme en ciré.

Elle vient d'être piquée par un objet pointu, apparemment imprégné d'une substance somnifère. Le produit commence à faire son effet tandis qu'elle se dirige vers son véhicule. La jeune femme découvre que son petit ami, assis au volant, est mort. Du sang coule de son oreille. Il a toujours une cigarette allumée entre les lèvres.

Mary s'effondre et voit l'homme en tenue jaune, le visage toujours dissimulé par la capuche, se pencher sur elle. Il la bâillonne de sa main gantée, utilisant un ruban adhésif comme bâillon de fortune. Puis il glisse la pauvre Mary, à présent inconsciente, dans un grand sac.

À l'intérieur du magasin, le droguiste est horrifié en considérant le Polaroid.

Sur le cliché développé, Mary apparaît, le visage flou, son expression étant celle de la plus totale horreur.

Mulder et Scully se dirigent vers la ville dans leur voiture de location.

– Est-ce que le ravisseur de la jeune femme a contacté la police locale ? interroge Scully.

Mulder répond par un signe de tête négatif.

– Pas de demande de rançon ? insiste-t-elle.

– Non. Malheureusement, tous les faits remontent à il y a trois jours, précise enfin Mulder. On n'a pas retrouvé de cheveux ou de fibres. La pluie a tout effacé. Mais j'ai reçu le rapport de l'autopsie pratiquée sur le petit ami de la victime. On lui a inséré un objet effilé dans l'oreille, sans doute une longue aiguille, afin d'atteindre le cerveau.

Mulder explique que la solution la plus simple serait de penser que la photo de Mary a été prise par une personne complice du ravisseur.

Ils interrogent le droguiste. C'est un vieil homme aux cheveux gris, doux et calme ; il porte une attelle à la jambe droite, à la suite d'une polio, et n'a rien d'un kidnappeur.

Il s'éloigne en boitant, après avoir souhaité qu'on retrouve la jeune femme saine et sauve.

Considérant le vieil homme, Scully et Mulder ne l'imaginent pas coupable.

Dana réexamine le portrait de la victime. Une idée lui vient : l'image est peut-être déformée parce que la pellicule était trop ancienne ou a été endommagée par le radiateur situé sous le comptoir.

Mulder l'écoute, mais demeure sceptique.

– Bon, alors, quelle est ta théorie ? demande finalement Scully.

– Je ne suis pas certain d'avoir une théorie.

Un policier conduit les agents spéciaux chez Mary Lefante et leur présente un détective qui travaille pour le service postal, nommé Puett.

Celui-ci leur indique que le couple œuvrait dans le vol de courrier fédéral, de cartes de crédit non signées. La femme interceptait le courrier en provenance de banques, son ami faisait les fausses signatures, la contrefaçon. Puett pense que Mary Lefante, effrayée à l'idée d'être arrêtée, a simulé un enlèvement.

– Mais pourquoi aurait-elle poignardé son petit ami dans l'oreille ? Une querelle d'amoureux ? interroge Mulder.

Mulder fouille la chambre de la jeune femme et trouve un vieil appareil Polaroid bas de gamme. Il met la main sur l'objectif pendant qu'il prend plusieurs clichés.

– Qu'est-ce que tu fabriques ? demande Dana.

– Dans les années soixante, un groom nommé Ted Serios est devenu célèbre en faisant ce qu'il appelait des idéographies. Il disait qu'en se concentrant sur un négatif non exposé, il était capable de créer une représentation photographique de ce qu'il pensait. Il a ainsi « composé » des paysages, des cathédrales, la reine d'Angleterre.

– L'idéographie ? répète Scully, sceptique.

– Également connue sous le nom de skotographie. La photographie des pensées est un art qui remonte presque jusqu'à Louis Daguerre.

– Et cela accrédite ce phénomène, selon toi ?

Mulder ne répond pas mais concentre son attention sur les Polaroid.

– Ô mon Dieu ! s'écrie Scully.

Tous les clichés révèlent peu à peu le visage de Mary Lefante, hurlant de peur, entourée de formes démoniaques.

– Je pense que le ravisseur a dû suivre Mary jusqu'ici, déclare Mulder. À mon avis, il est passé par ici et a regardé par la fenêtre, poursuit-il en examinant le balcon de la pièce adjacente. Il s'est approché de Mary à cette distance, suffisamment près pour impressionner la pellicule photo.

Scully proteste. Selon elle, quelqu'un a fabriqué ces clichés et les a déposés là pour qu'on perde la trace du couple d'escrocs.

– Cette affaire n'a rien à voir avec l'escroquerie à la carte bleue, Scully. L'histoire de Mary se présente comme une coïncidence. Imagine... si quelqu'un avait ce don... ces photos pourraient nous montrer ce qui se passe dans l'esprit d'une personne !

– Dans les pires cauchemars d'une personne, corrige Scully qui contemple toujours les horribles clichés.

– Les visions fantasmatiques d'un tueur, achève Mulder.

Sur une petite route à deux voies, Mary Lefante, pieds nus, en chemise de nuit sale, sort d'un bosquet et titube le long de la voie. Une voiture de police, gyrophare allumé et sirène hurlante, s'arrête derrière elle. La jeune femme possède une expression égarée, comme si elle avait perdu l'esprit.

À l'hôpital local, une femme médecin des Urgences explique à Scully et à Mulder que des traces de morphine et de scopolamine ont été décelées dans le sang de Mary. C'était la composition de l'anesthésique dentaire utilisé voilà une dizaine d'années : du

« Twilight Sleep », sommeil crépusculaire.

– Cela pourrait-il expliquer son état ? s'enquiert Mulder.

– Non, je ne pense pas, répond Scully.

– Dans ce cas, que lui est-il arrivé ?

Dana soulève les paupières de la jeune fille, et constate que ses yeux bleus fixent le vide. Elle demande qu'on pratique un scanner du cerveau de Mary et demeure horrifiée devant ses résultats :

– Ô mon Dieu, elle a subi ce que l'on appelle une lobotomie transorbitaire. On parle parfois de lobotomie du pic à glace. Cela exige d'insérer un leucotome dans l'orbite.

– Si j'en juge par ces clichés, il est inutile de consulter un spécialiste, commente amèrement le médecin des urgences.

– Celui qui a fait cette horreur à Mary s'y est fort mal pris.

Tandis que les agents spéciaux se consultent du regard, essayant de comprendre l'abjection de l'événement, la voix de Mary s'élève.

– *Unruhe, Unruhe*... murmure-t-elle, d'une voix monocorde.

Un policier entre alors dans la salle de tomographie pour annoncer qu'un deuxième enlèvement vient d'avoir lieu.

Nous nous retrouvons dans un endroit indéterminé, où une jeune femme, nommée Alice Brandt, secrétaire de son état, scrute les ténèbres qui l'entourent. Elle a été droguée. Du sparadrap lui recouvre la bouche. Elle est attachée sur un vieux fauteuil de dentiste.

Son ravisseur, dont nous ne voyons pas le visage, dirige une lampe de poche sur elle et lui murmure en allemand qu'il va bientôt la guérir de ses démons.

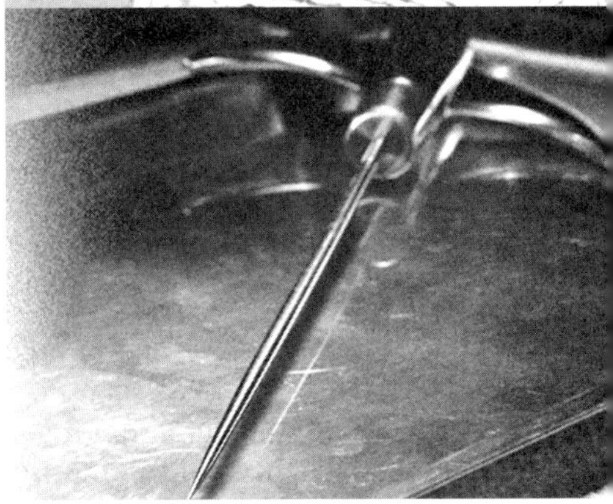

Reprenant peu à peu conscience, Alice découvre avec effroi le kidnappeur, tenant un long pic à la main. Près d'eux, se trouve un plateau à instruments.

Pendant ce temps, Scully et Mulder se sont rendus au bureau où travaillait Alice.

Le patron de la victime, un comptable, est retrouvé poignardé à l'oreille. Scully indique à Mulder la signification du mot *unruhe*, qui veut dire agitation, ou trouble.

Elle examine ensuite une série de clichés pris par la police, et repère un point commun entre les deux lieux des kidnappings : la même pancarte portant le logo d'une compagnie de construction.

Mulder la félicite et décide de retourner à Washington afin d'examiner de plus près les étranges Polaroid.

Scully a peur qu'il ne perde son temps et estime qu'il vaudrait mieux se hâter de secourir Alice Brandt. Néanmoins, Mulder reste persuadé que la compréhension des éléments contenus dans les photos est indispensable pour sauver les victimes.

Le bourreau d'Alice pose à présent une chemise de nuit neuve sur ses épaules, lui disant en allemand qu'il va bientôt agir pour son bien.

La malheureuse parvient à décoller son bâillon en se débattant et hurle :

– Éloignez-vous de moi, éloignez-vous de moi, salaud !

Le ravisseur prépare calmement un autre morceau de papier collant et la bâillonne de nouveau.

– Chut ! *Bald, sehr bald !* (Bientôt, très bientôt !)

Au siège du FBI, Scully étudie un des clichés de Mary Lefante. Après avoir scanné et agrandi les images, le technicien avoue ne pas comprendre leur truquage.

Mulder a alors l'impression qu'une tache située dans un coin de l'image représente un visage. L'agrandissement révèle effectivement un visage déformé. À l'aide de quelques filtres, le technicien fait bientôt apparaître le portrait d'un vieil homme.

Pendant ce temps, à Traverse City, dans les bureaux du shérif, Scully interroge un nommé Iskendanian, le propriétaire de la compagnie de construction-rénovation. Elle lui demande où se trouve à présent la personne qui travaillait à côté du bureau du comptable.

Au FBI, Mulder a fait pratiquer un zoom sur une forme située à côté du visage de Mary et découvre une silhouette anormalement longue.

– C'est l'ombre du tueur, dit Mulder. Se tenant au-dessus d'elle, on dirait qu'il va la faire passer en jugement, tel un dieu.

De son côté, Scully gare sa voiture devant une maison en rénovation.

Elle grimpe un escalier en chantier jusqu'au couloir du deuxième. Un étrange cliquètement métallique se fait entendre à l'autre extrémité du passage. Un homme de haute taille se dirige vers elle à grandes enjambées. Il se présente : Gerry Schnauz, contremaître. Ses ouvriers déjeunent, dit-il à Dana.

Le téléphone portable de Scully sonne. C'est Mulder.

– Je crois que j'ai découvert quelque chose au sujet du kidnappeur. Ses jambes sont disproportionnées. Je crois qu'il est très grand ou bien a le désir d'être un géant.

Scully se fige et se tourne lentement vers Gerry. Celui-ci est juché sur des échasses en métal.

– *Unruhe*, murmure Dana.

À ce mot, Schnauz fait demi-tour et descend précipitamment l'escalier, à l'aise sur ses échasses.

Scully tire, l'obligeant à s'arrêter. En fouillant dans ses poches, Dana se pique, puis sort lentement un objet ressemblant à un pic à glace.

Dans une salle d'interrogatoire de la police, Scully questionne Schnauz tandis que Mulder observe. Gerry est coopératif; il nie connaître Alice Brandt, Mary Lefante et les deux hommes assassinés. Quant au pic, il affirme que c'est un instrument de travail.

Mulder intervient, pour demander à l'homme ce qui s'est passé la première fois qu'on l'a arrêté. Schnauz perdant son air d'innocent bafoué, Scully donne le coup de grâce en disant :

– En 1980, vous avez attaqué votre père avec une hache. Les blessures qu'il a subies l'ont contraint à passer le restant de sa vie dans un fauteuil roulant.

– Je ne suis pas allé en prison, proteste Gerry, j'ai été interné dans un hôpital. Je souffrais d'un déséquilibre chimique.

Mulder ouvre son dossier et lit : « Gerald Thomas Schnauz souffrait et fut traité pour paranoïa schizoïde. Il a passé six années au Melvin Psychiatric Hospital. Il est sorti en 1986. »

Mulder interroge Gerry Schnauz sur sa vie après sa sortie d'hôpital. Prenant un air offensé, il affirme s'être beaucoup occupé de son père, et avoir ressenti de la tristesse lors de sa mort.

Mulder poursuit ses investigations en questionnant Gerry au sujet de sa sœur. Celle-ci est décédée, déclare Schnauz.

– Vraiment ? murmure Mulder. Il est dit ici qu'elle s'est suicidée en 1980. Ce fut une année noire pour vous. Qu'est-ce qui s'est passé d'autre en 1980 ?

Gerry se fâche, et Scully l'interrompt :

– Revenons à Alice Brandt. *Où* est Alice, Gerry ?

Schnauz se tourne vers Dana et la contemple avec fascination.

Mulder se place alors devant lui pour lui présenter la photo déformée du vieil homme. Schnauz n'arrive pas à dissimuler sa surprise.

Cette image a été laissée pour Mulder, telle une empreinte, déclare celui-ci. Gerry Schnauz indique qu'il voit bien cette représentation en fermant les yeux. Il précise même qu'Alice Brandt est en sécurité ; les Hurleurs ne peuvent plus l'atteindre.

En signe de coopération, il signale l'endroit. À la lisière de la forêt, des hommes en uniforme fouillent les bosquets. Ils retrouvent le corps d'Alice. Elle est en chemise de nuit et a été lobotomisée.

Scully réagit avec colère et angoisse. Mulder, lui, est toujours préoccupé par le mot *Unruhe*. Il imagine que cet homme croyait guérir ces pauvres femmes, et pensait peut-être les sauver de la damnation éternelle, les soustraire aux griffes des Hurleurs, les démons...

– Cette affaire est close, Mulder, soupire Scully.

– Dans ce cas, cette photo ne représenterait pas son fantasme, mais son cauchemar, dit Mulder.

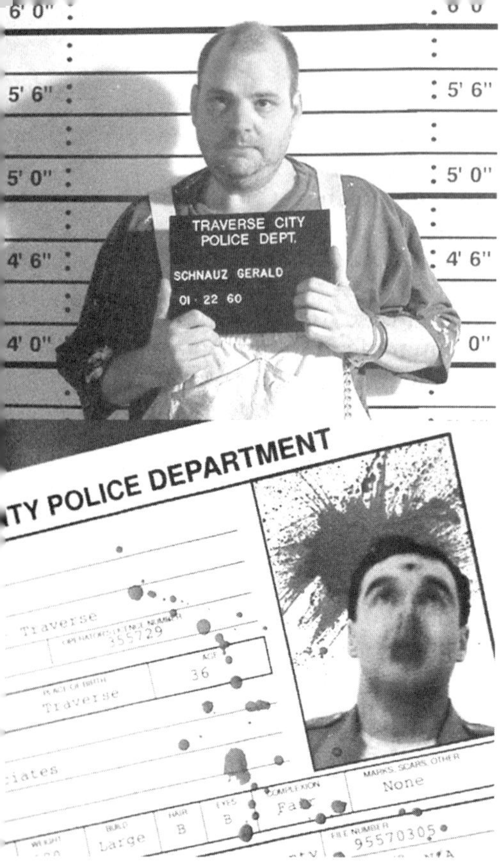

Celui-ci cherche toujours à comprendre, tandis que Scully est lasse.

Dans une salle du building de la police, Gerry est attaché par des menottes à une table. On vient de lui relever ses empreintes digitales. Un policier prend une photo du criminel puis la feuille d'identification de Gerry sort de l'imprimante couleur.

Mais la photo représente le policier, gisant par terre, ensanglanté. Gerry profite du moment d'égarement du policier, attrape son arme et vise...

Peu après, dans la salle d'enregistrement, Mulder examine la photo.

– Cette blessure n'est pas au bon endroit, dit-il en indiquant le cliché. Le policier a été atteint à la gorge. Il n'essayait pas de sauver la victime.

Scully vient lui annoncer qu'une attaque à main armée vient d'avoir lieu au drugstore. Une fois sur les lieux, Mulder écoute distraitement la déposition du droguiste. Tout le stock de pellicules photo et le Polaroid ont été volés, sans doute par Gerry. Mulder met distraitement une pièce dans la cabine du Photomaton, près de l'entrée.

Scully lui apprend qu'il a également emporté de la morphine, de la scopolamine et des aiguilles à insuline, probablement dans l'intention d'endormir d'autres personnes, et de continuer son macabre travail.

À ce moment-là, le flash se déclenche dans la cabine.

– Tu te souviens que j'ai arrêté Schnauz sur un chantier, continue Scully. Il y avait des bureaux et des appartements tout autour. Il se peut que Gerry ait déjà choisi sa nouvelle victime.

Pensant que Gerry Schnauz poursuit une nouvelle proie, les deux agents décident de se rendre sur les lieux. Scully sort en courant pour chercher la voiture tout en utilisant son téléphone portable afin de demander des renforts de police.

Au moment où elle s'apprête à monter dans la voiture, une main armée d'une seringue hypodermique surgit de sous le véhicule. L'aiguille se plante dans la cheville de Dana, qui crie de douleur, puis s'effondre. Gerry rampe jusqu'à Scully et la soulève dans ses bras.

À l'intérieur du magasin, le tirage d'une photo tombe dans le réceptacle du Photomaton. Mulder la saisit et découvre l'image de Scully, en train de crier, entourée de Hurleurs.

Mulder se précipite à l'extérieur, juste à temps pour voir la voiture de sa coéquipière démarrer. Il tente en vain de la rattraper.

Plus tard, au poste de police, Mulder se concentre désespérément sur le Polaroid représentant Scully.

– Six doigts, murmure-t-il.

La main démoniaque qui a agrippé Dana par la chevelure possède six doigts.

En examinant le portefeuille de Schnauz, Mulder découvre la notice nécrologique du père de Gerry. L'illustration représente un petit groupe rassemblé autour d'un caveau de famille. Une garde d'honneur militaire replie le drapeau américain.

« Récipiendaire de la médaille de bronze, pendant la guerre de Corée : Gerald Schnauz, Senior, docteur en chirurgie dentaire », lit Mulder à voix haute. Il s'agissait donc d'un dentiste à la retraite.

Mulder et les policiers se trouvent à présent dans le cabinet désaffecté du Dr Schnauz. L'endroit est sombre et les faisceaux des lampes-torches éclairent les formes imprécises d'accessoires et d'ustensiles désuets. Au mur, une affichette publicitaire vantant les mérites d'un somnifère indique : « Sommeil Profond – Parlez-en à votre dentiste ».

Une épaisse couche de poussière recouvre toute la pièce, à l'exception de l'emplacement vide où le fauteuil de dentiste avait été précédemment installé. Mulder découvre l'empreinte d'une botte, laissant supposer que Schnauz est passé par là.

Une lampe scialytique illumine l'obscurité. Scully est attachée sur le fauteuil de dentiste. La longue pointe est disposée sur un plateau métallique. Dana émerge progressivement de son sommeil.

– Laissez-moi partir, dit-elle.

– Chut ! *Es ist alles in Ordnung* (Tout est en ordre), répond Gerry.

– C'est fini, Gerry, laissez-moi partir, à présent.

– *Ich werde dir helfen*, poursuit Schnauz.

» *Ich werde deine Unruhe heilen.* (Je vais t'aider. Je vais guérir tes troubles.)

Scully lui rétorque :

– *Aufhören, Ich habe Keine Unruhe ! Keine Unruhe !* (Arrêtez ! Je n'ai aucun trouble ! Aucun trouble !)

– Mais si, répond Schnauz. Tout le monde est agité. Et tout particulièrement vous.

– Mais pourquoi ? Pourquoi moi, Gerry ? Est-ce que je vous rappelle votre sœur ? Pourquoi votre sœur s'est-elle tuée, Gerry ? Qu'est-ce que votre père lui avait fait ?

– Rien... il ne lui a rien fait, répond Schnauz en changeant de ton. C'étaient les Hurleurs...

Scully tente de lutter pour garder le contrôle de la situation.

– Parlez-moi des Hurleurs, Gerry.

Il se penche vers elle jusqu'à effleurer son visage. Scully refrène un mouvement de recul.

– Ils vivent dans votre tête. Ils vous font dire et faire des choses que vous ne voudriez pas. Et toutes vos pensées positives ne peuvent pas les chasser. Alors, il vous faut de l'aide.

Il lui effleure le front du bout du doigt, pour lui indiquer où ils se situent.

Scully tente encore de le raisonner, mais Schnauz brandit alors la pointe. Scully est au bord de la panique.

– Et si vous vous trompiez, Gerry ? S'il n'existait pas de Hurleurs ? Si vous les aviez simplement imaginés, dans votre esprit ? Pour justifier ce que votre sœur vous a dit, ce que votre père vous a fait ?

– Splendide ! Maintenant, c'est *vous* qu'ils font parler comme Sigmund Freud.

Il se penche de nouveau vers elle.

– Oh, mais je vous ai repérés ! Je connais toutes vos ruses !

Schnauz place la longue pointe contre le menton de Scully. Sa voix se mue en un souffle sinistre :

– Et puis, je les ai vus. Sur cette photo que votre partenaire m'a montrée. Les photos ne mentent pas. Vous aussi, d'ailleurs, vous les avez vus.

Scully se tasse dans le fauteuil pour s'écarter de l'instrument chirurgical et essaie de le détourner de son projet.

Gerry l'abandonne un instant, pour aller chercher son Polaroid. Il dirige l'appareil photo sur elle, puis soudain le retourne, le braque sur son propre visage, et déclenche le mécanisme.

Dans le cabinet du dentiste, Mulder se concentre de nouveau sur la photo de Scully. Une idée lui vient soudainement. Il redéplie la notice nécrologique, et compte les tombes sur l'illustration. Il y en a cinq, plus celle destinée au Dr Schnauz.

– Allons-y ! ordonne-t-il aux policiers.

Au cimetière, Mulder et les policiers se déploient sur la concession de la famille Schnauz. Fox s'arrête et regarde au loin.

Penché sur le fauteuil de dentiste, Gerry regarde fixement la photo qu'il vient de prendre. Il la montre à Scully :

– Qu'est-ce que ça signifie ?

Dana s'efforce de reprendre l'avantage sur son ravisseur, et lui répond calmement :

– Cela veut dire que vous avez besoin d'aide, Gerry.

– Non ! Je crois que ça veut dire qu'il ne me reste plus beaucoup de temps !

Scully a beau supplier frénétiquement Schnauz, ce dernier la bâillonne de nouveau à l'aide de sparadrap. Il se saisit du leucotome et s'approche d'elle. Le crissement soudain de pneus sur le gravier l'interrompt. Il s'approche du mur et observe par un judas percé à cet effet dans la paroi. Il voit alors Mulder.

Nous assistons à la scène de l'extérieur : ce dernier fait le tour d'un mobile home aux fenêtres

occultées. Il scrute l'intérieur par la vitre du conducteur, et aperçoit les clés de contact au tableau de bord. Le porte-clés est orné d'une molaire en plastique.

Scully a fini par dégager un bras des liens qui l'enserrent, et renverse les instruments chirurgicaux. Elle arrache le sparadrap qui la bâillonne, et hurle le nom de Mulder.

Celui-ci se met à tambouriner à la portière de la caravane, et crie le nom de Scully. Puis il brise la vitre de la porte avec un morceau de tuyauterie et se penche pour débloquer la serrure de l'intérieur. Gerry semble n'être pas concerné, comme hors du temps, et se dirige de nouveau lentement vers Scully pour la lobotomiser.

C'est alors que Mulder fait feu, et Gerry s'effondre.

Mulder rejoint sa coéquipière pour la réconforter et s'assurer qu'elle n'est pas blessée.

Après avoir jeté un coup d'œil à Schnauz, Mulder demande une ambulance. Scully se lève lentement du fauteuil et quitte le mobile home en silence.

Mulder ramasse le cliché que le tueur avait pris quelques instants auparavant. Il représente Gerry, écroulé sur le plancher de la caravane, entouré de ténèbres.

De retour à son appartement de Washington, Scully enregistre son rapport sur son ordinateur :

Addenda *au rapport sur l'affaire Schnauz. Après le décès de Gerald Schnauz, un journal personnel a été retrouvé dans ses affaires. Ce document, écrit à la deuxième personne, semble être une lettre ouverte adressée à son père. Il contient les noms de ses victimes – les femmes qu'il désirait « sauver ». Mon nom constitue la dernière note de l'agenda.*

Scully s'interrompt un instant, puis reprend :

Je ne puis fournir aucune explication quant aux « photographies psychiques », et je doute fort qu'on puisse en trouver une. Ma captivité m'a forcée à comprendre, et même à ressentir intensément la logique de Gerry Schnauz – ma vie en dépendait. Je m'aperçois maintenant pleinement de l'importance d'une telle compréhension. En vérité, pour pouvoir efficacement lutter contre les monstres, nous devons nous mettre à leur place. Il nous est nécessaire de nous aventurer dans leurs esprits troublés. Mais en faisant cela, ne risquons-nous pas d'être, à notre tour, envahis par eux ?

Coulisses

La diffusion des « Hurleurs » a représenté un départ dans la saga des *X-Files* : il fut en effet le premier – d'autres suivront – de la saison 1996-1997 à apparaître sur les ondes sans que l'ordre de tournage des épisodes soit respecté. Le deuxième épisode de la quatrième saison (4X02) a été le second tourné, mais seulement le quatrième diffusé ; ce choix correspondait à imprimer un mouvement dynamique, visant à réserver les meilleurs épisodes aux créneaux horaires susceptibles d'attirer un nouveau public.

– Nous savions depuis le début de l'année que nous allions passer du vendredi au dimanche soir, mais que le basculement ne se produirait qu'au cours de la quatrième semaine, nous raconte Frank Spotnitz, le coproducteur. Nous voulions, pour marquer cette occasion, choisir un épisode au scénario particulièrement efficace, et qui donnerait une idée significative de la série. Et nous avons considéré que « Les Hurleurs » serait un meilleur choix que « Teliko » à cet effet.

L'idée originelle de cet épisode remonte fort loin, voilà bien des années, lorsque le jeune Vince Gilligan – dont les obsessions ont été profitables, comme celles de nombre d'intervenants dans la création des *X-Files* – a commandé par la poste un ouvrage de la collection Time Life consacré à la vie des tueurs en série.

– Je me rappelle qu'un chapitre entier était consacré à un homme nommé Howard Unruh, le premier criminel de l'époque moderne à commettre des meurtres en série, se souvient l'auteur et coproducteur. À la fin des années quarante, ce type a décidé de se balader dans son voisinage avec le Luger qu'il avait rapporté de la guerre. Il a abattu, je crois, treize personnes en douze minutes. Ils l'ont attrapé avec un immense filet à papillons. Mais l'astuce relevée dans le bouquin consistait en une remarque qui disait que *Unruhe* signifie *agitation* en allemand, et je me suis dit : « Des trucs comme ça ne s'inventent pas. »

Le jeune Gilligan était également fasciné par une série d'articles dans *Life* sur Ted Serios, le « photographe de l'âme », que mentionne Mulder au cours de cet épisode. L'idée du dentiste, toutefois, apparaît comme peu judicieuse, et Gilligan l'admet, vu la terreur qu'en ont bien des gens.

(Notons tout de même que le scénariste lui-même prétend ne pas avoir peur d'affronter la fraise et autres ustensiles. Cela dit, son praticien habituel, le Dr Michael Kilbourne, l'a accueilli pour son bilan de santé semestriel avec une affichette semblable à celle accrochée chez le père de Gerry, au mur de son cabinet.)

Le choix de Pruitt Taylor Vince, qui a obtenu une nomination aux Emmys pour sa performance d'acteur dans le rôle de Schnauz, fut des plus aisés. C'est un acteur de composition bien connu, qui a récemment réussi à se dégager, dans des films comme *Heavy* et *Beautiful Girls*, des rôles de marginaux pathétiques et de tueurs psychotiques. On avait fait des offres à Vince pour qu'il soit l'invité vedette dès la première saison des *X-Files*, mais le rôle qu'on lui offrait alors lui avait semblé trop limité.

– La première fois que je l'ai vu, c'était dans le film *L'Échelle de Jacob*, et il crevait l'écran, bien que son rôle fût court, raconte Gilligan. J'ai écrit pour lui le rôle de Gerry dans « Les Hurleurs » et, par chance, lorsque le service du casting l'a contacté, il était disponible et surtout intéressé.

Les échasses de plâtrier que porte Schnauz dans l'épisode sont notoirement dangereuses. Lorsque Gilligan, qui assuma la responsabilité personnelle de cet élément du scénario, les essaya sur un parking de Vancouver, il prit grand soin d'avoir autour de lui « un groupe de types costauds » afin de le rattraper, le cas échéant. La plupart des scènes filmées où le personnage marche sur les échasses ont été effectuées par un cascadeur. Dans les autres, Vince était assuré par un câble de sécurité fixé au plafond. Ce fil fut gommé ensuite par le service des effets spéciaux en postproduction.

Les photos au Polaroid des pensées terrifiantes de Schnauz furent mises en scène et montées par le service des accessoires. Des copies et des images non utilisées sont à présent affichées à la place d'honneur dans le camion des accessoiristes qui suit les équipes sur les lieux de tournage. La marque de fabrique de l'appareil photo du droguiste, « ETAP », est – tout comme la marque généralement utilisée pour la plupart des appareils visibles dans la série – le nom

Gillian Anderson avoue apprécier tout particulièrement la scène dans laquelle, en pleine conversation téléphonique avec Mulder, elle comprend d'un seul regard que Schnauz debout devant elle, sur ses échasses, est le tueur qu'ils recherchent.
– Je trouve ce procédé de mise en scène extrêmement brillant et efficace, explique-t-elle.

de l'assistant du chef accessoiriste, Jim Pate, épelé à l'envers.

L'instrument tranchant utilisé pour les lobotomies a été imaginé et construit de toutes pièces par le chef accessoiriste, Ken Hawryliw, qui précise :

– Nous avons contacté un certain nombre de médecins et d'hôpitaux psychiatriques, mais aucun n'était disposé à nous en prêter un, ou même à nous dire à quoi ils ressemblaient. J'imagine qu'ils ne sont pas vraiment fiers de ce que cet objet implique.

Des spectateurs attentifs ont remarqué que Gillian Anderson, lorsqu'elle joue la scène de captivité dans le mobile home de Schnauz, émerge un peu trop vite de son sommeil.

– La première fois, nous dit Anderson, je l'ai joué en oscillant entre conscience et inconscience, et en me débattant davantage pour tenter de me dégager. Je trouvais cette prise très bonne, mais nous avons dû la rejouer parce que Chris voulait me voir émerger plus rapidement de l'anesthésie, afin que mon personnage soit immédiatement conscient du danger et de la situation.

Cela dit, Gillian juge globalement satisfaisantes ses scènes avec Vince ; elle admire en lui autant l'acteur que l'individu, et estime que leur travail ensemble a été des plus gratifiants.

S'il en fallait une preuve, ajoute-t-elle, elle l'a trouvée lorsqu'elle est allée par la suite au cinéma voir *Heavy*, dans lequel Pruitt Taylor Vince joue pour une fois le gentil : le rôle d'un cuisinier de pizzeria doux et amoureux transi.

– Il m'était difficile de me défaire du concept qu'il était un être foncièrement mauvais, explique Anderson. Lorsque je le voyais apparaître sur l'écran, je m'attendais à tout moment qu'il balance un bon coup de pioche à quelqu'un.

Épisode : 4X03
Première diffusion US : 11 octobre 1996
France : 13 septembre 1997
Scénario : Glen Morgan et James Wong
Montage : Michael S. Stern
Mise en scène : Kim Manners

Distribution :
Tucker Smallwood (shérif Andy Taylor) ;
Sebastian Spence (shérif adjoint Barney Paster) ;
Judith Maxie (Barbara Taylor) ;
Chris Norris (Edmund Peacock) ;
John Trottier (George Peacock) ;
Adrian Hugues (Sherman Peacock) ;
Karin Konoval (Mrs Peacock) ;
Cory Fry (batteur de base-ball) ;
Neil Denis (attrapeur de base-ball) ;
Lachlan Murdoch (équipier droit de base-ball) ;
Kenny James (chanteur de radio).

Site principal :
Home, Pennsylvanie.

La Meute

(Home)

Alors qu'ils enquêtent sur la mort d'un bébé au sein d'une communauté rurale très fermée, Mulder et Scully vont découvrir un bien sombre secret de famille.

En pleine nuit, dans les mugissements du vent et le fracas d'une pluie battante, des cris retentissent. La silhouette d'une ferme se profile dans l'obscurité. À l'intérieur, un bébé vient de naître dans des conditions sordides. Une femme à l'allure de sorcière pousse un hurlement ; un enfant commence à geindre ; on coupe le cordon ombilical à l'aide de ciseaux rouillés.

Trois formes contrefaites sortent à pas traînants dans la tempête qui fait rage. La première personne, habillée sans soin, tient le nourrisson qui crie ; le deuxième personnage creuse un trou dans le sol ; le troisième pleure, désespéré. Pendant que la créature qui pleure est réconfortée maladroitement, un homme rebouche le trou, à grandes pelletées de terre.

Sur un terrain vague sablonneux, un groupe de gamins joue au base-ball. Ils échangent des reparties et font des commentaires sur le jeu.

Le lanceur prend son élan et projette la balle souillée. Le batteur la frappe médiocrement et l'envoie par-delà une clôture en fil de fer barbelé, sur les terres qui entourent le bâtiment à demi ruiné entrevu dans la scène d'ouverture.

Les enfants regardent la ferme d'un air effrayé. Aucun d'entre eux n'ose aller récupérer la balle.

– Hé, en voilà une autre ! s'écrie alors le ramasseur.

Le jeu reprend. Le batteur accroche le sol, près de la base. Du sang sourd de la terre et tache la chaussure de tennis du jeune joueur. Les enfants regardent la scène avec horreur. Une minuscule main crispée sort du sol.

Sur le même terrain vague, Mulder esquisse avec nostalgie quelques mouvements avec la batte abandonnée par les enfants lors de leur fuite, tandis que Scully examine la tombe du bébé. Elle commente :

– Des marques de compression, indiquant que la lame de la bêche devait faire dix-sept centimètres de large. L'angle de pénétration et l'encoche plus marquée du côté droit donnent à penser que l'individu était gaucher.

Pendant qu'elle parle, Mulder lance la balle en l'air et la rattrape, appréciant au passage le grain et la texture du cuir.

Scully poursuit :

– J'ai prélevé des spécimens de terre et, bien que les empreintes de pas soient nombreuses et se superposent sur ce terrain de sport, nous pouvons peut-être en tirer quelque chose. Il faudrait demander au labo de faire quelques moulages en plâtre dentaire. Cela sera d'une aide précieuse pour l'enquête.

Mulder travaille sa préhension de la balle. Scully se rend compte qu'il n'a pas écouté un mot de ce qu'elle a dit.

– En attendant, reprend-elle sur le même ton qu'auparavant, j'ai démissionné du FBI pour devenir le porte-parole des fabricants de cyclorameurs.

Mulder continue de se concentrer sur son jeu.

– Sens-moi ça, dit-il soudain en collant la balle sous le nez de sa coéquipière. C'est du parfum, *Eau de Base-Ball* !

Il poursuit :

– Bon sang, ça fait resurgir des tas de souvenirs de ma sœur. On jouait toute la journée quand on était à Martha's Vineyard, sur la côte ; on filait à la plage sur nos vélos, on mangeait des sandwiches... le seul endroit où il fallait être à l'heure, c'était à la table du dîner. Mais c'était une époque où il n'était pas nécessaire de verrouiller les portes. Il n'y avait

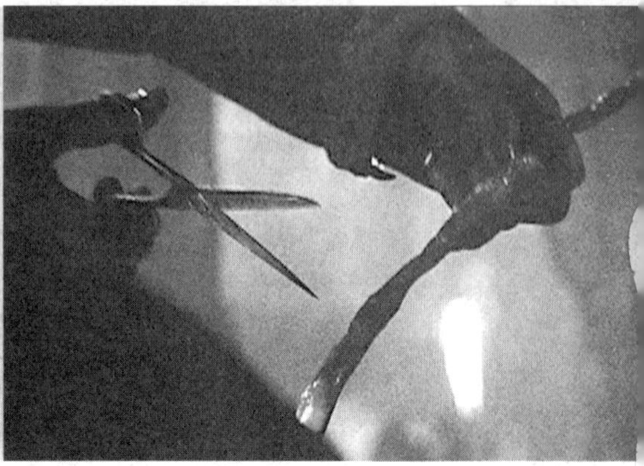

pas de fax ni de téléphones cellulaires.

– Mulder, rétorque Scully, si tu devais te débrouiller sans radiotéléphone pendant plus de deux minutes, tu sombrerais en état de catatonie schizophrène.

Le shérif local, Andy Taylor, rejoint Mulder et Scully.

– Je ne saurais jamais vous remercier assez, vous et le Bureau, de vous être déplacés, dit gravement le shérif. On n'a jamais rien vu de pareil ici.

– Vous avez des suspects ?

Taylor a un sourire embarrassé et hausse les épaules. Il informe les agents que la ville d'Home ne compte que quelques centaines d'habitants ; il les connaît tous personnellement et aucun d'entre eux n'a eu de nouveau-né récemment.

Mulder l'interroge sur la ferme située de l'autre côté du champ, précisant que plusieurs personnes sont restées sous le porche pour les regarder travailler.

L'humeur de Taylor s'assombrit. Avec réticence, il informe les agents que la maison est la propriété des Peacock, trois frères dont les parents sont supposés avoir trouvé la mort dans un accident de voiture, voilà dix ans. À l'époque, les trois frères avaient refusé toute assistance médicale pour leurs parents et avaient ramené eux-mêmes leurs corps à la maison.

– Les avez-vous interrogés ? demande Scully.

– La ferme, leur apprend-il en haussant les épaules, a été construite pendant la guerre de Sécession par les ancêtres des Peacock. Il n'y a toujours ni électricité, ni eau courante, ni chauffage.

– Ils font pousser leurs propres plantes, élèvent leurs propres porcs. Ils font reproduire leurs propres vaches ; ils se reproduisent entre eux... l'autarcie, si vous voyez ce que je veux dire.

Taylor ajoute qu'il espère que le FBI va résoudre l'affaire, mais sans trop exposer la ville aux dures réalités de la vie moderne.

– Écoutez, cette bourgade est tranquille. Je ne porte même pas d'arme. J'ai vu des choses malsaines, vraiment horribles, se produire en dehors de ma ville. Et en même temps, je me disais que nous ne pourrions pas toujours rester à l'abri. Qu'un jour le monde moderne nous rattraperait et que ma ville natale changerait à tout jamais.

Il marque une pause et reprend, ému :

– Et quand j'ai vu... *ça*, dans le sol, j'ai compris que le jour était venu. Évidemment, je veux trouver qui a commis ce crime, mais

j'aimerais bien que notre mode de vie, ici, n'en soit pas affecté.

Mulder et Scully se rendent au bureau du shérif pour examiner le corps du nouveau-né. Ils font la connaissance du seul adjoint de Taylor, Barney.

– Barney, le copain d'Homer Simpson ? demande Mulder, plein d'espoir.

– Non, je m'appelle Paster ! répond l'adjoint, agacé.

Il accompagne les deux agents dans les toilettes du poste de police où se trouve le corps du bébé. Cette pièce va servir de salle d'autopsie improvisée pour Scully. L'enfant est affligé de malformations grotesques.

– Ô mon Dieu ! s'exclame Scully. On dirait que cet enfant a été atteint d'une forme très rare de malformation congénitale. Je vais demander une analyse de

l'ADN au laboratoire de pathologie criminelle, mais il apparaît des anomalies qui semblent associées au syndrome de Neu-Laxova, et à ceux de Meckel et Gruber… à vrai dire, je ne sais pas par où commencer.

– On peut donc apparemment exclure le meurtre comme cause du décès, suggère Fox.

– Je n'en
Scully. On
clusion des
présence de
et les narine
la terre en q

– Il y a que
dans le dom
commente fr

Perturbés pa
de voir, les deu
bâtiment et v
charmante pla
petite ville. Sc
cussion :

– Imagine tou
rêves qu'entretie
son enfant. Et s
se montre si cru
cepter une mère

– Apparemme
chose, dans le ca
balancé le bébé a
rétorque Mulder.

– Je crois que je
peu, lui répond Sc

– Pourquoi ? Tu
dents de malforn
tiques dans ta fami
son coéquipier, imp

– Non.

– Eh bien, il faut
ver un homme poss
cellent patrimoine
une tolérance excepti
intuitions, et mettez
champ à produire
Scully à la chaîne !

– Et toi, qu'en est-i
mille ? dit-elle en souri
elle.

– Ma foi, à part la ne
porter des verres corr
une tendance à se fai
par les extraterrestres
cadre d'un complot g
mental, on peut dire q
mille Mulder reste d
normes[1].

1. Mulder semble oublier, le temps de cet épisode, qu'il est daltonien. *(N. d. T*

ːdevenant sérieux, Fox sug- ː que le bébé a pu être tué par ːouple de jeunes parents terri- , ce qui constitue un crime ter- ːe, mais ne relevant pas de la idiction du FBI, et encore ːins du service des Affaires non ssées.

ːe n'est pas l'avis de Scully ; elle irme que les anomalies géné- ːues dont souffrait le nouveau- ne pouvaient résulter d'une ːion normale. Elle suppose que ː frères Peacock, produits d'une ːdogamie prolongée, ont kid- ːppé et violé une femme, et l'ont rcée à porter leur enfant.

– Le kidnapping est un crime déral, concède Mulder.

Il a soudain une idée, sans lien irect avec l'affaire, et s'exclame, ːlein d'admiration :

– Scully ! Je ne t'avais jamais ːmaginée en « maman » aupara- ːant.

Peu après, les deux agents s'ap- ːrochent de la ferme des Peacock. Une Cadillac d'un modèle ancien, massive et rouillée, est garée dans la cour devant le bâtiment. Des cochons grognent dans la porcherie voisine. Non, loin, des nuages de mouches bourdonnent. La maison vide est plongée dans la pénombre. Du sang et du liquide amniotique séchés maculent le plancher poussiéreux.

Mulder et Scully décident de demander au shérif Taylor l'émission d'un mandat d'arrêt contre les frères Peacock.

Ils emportent les ciseaux ensanglantés comme pièce à conviction. Scully compare l'empreinte de pas sur le sol avec le moulage effectué sur le terrain de baseball.

– L'empreinte et le moulage coïncident, indique-t-elle.

De sous le lit, à l'insu des deux agents, une paire d'yeux injectés de sang les observent. Une respiration rauque et sifflante résonne dans l'obscurité.

Plus tard, cette même nuit, de son domicile du 3 Sweetgum Lane, le shérif Taylor appelle les deux agents, qui sont descendus dans un motel au décor des années 50... Il rapporte qu'il a diffusé par téléphone des mandats d'arrêt contre George Raymond Peacock, âgé approximativement de trente ans ; Sherman Nathaniel Peacock, âgé de vingt-six ans, et Edmund Creighton Peacock, quarante-deux ans. Il ajoute que son adjoint, Paster, épluche les avis de disparitions à la recherche de femmes qui auraient pu être enlevées.

Scully lui demande si la Cadillac blanche pourrait appartenir à la victime du kidnapping ?

– On en a tellement sur les bras, agent Scully, lui répond Taylor d'une voix lasse. Les gens tombent en panne, laissent leur bagnole et fichent le camp.

Scully lui précise qu'ils procéderont aux vérifications demain matin, et ils se souhaitent une bonne nuit.

Taylor raccroche, s'asseoit à son bureau, pousse un soupir et sort une caissette blindée du tiroir de son bureau. Il en retire un revolver, vérifie qu'il est chargé, puis le remet sous clé.

À la ferme des Peacock, une porte grillagée grince. Sherman se dirige vers la Cadillac, range deux massues grossièrement façonnées dans le coffre puis, suçant vigoureusement un tuyau de caoutchouc, siphonne du carburant dans un jerrycan d'essence.

De retour à l'hôtel miteux, Mulder tente désespérément de régler la télévision vétuste noir et blanc sur une station, n'importe laquelle. Il agite l'antenne intérieure comme un bâton de sourcier. Scully abandonne momentanément son rapport et le rejoint. Lorsqu'elle arrive à sa hauteur, le poudroiement neigeux qui emplit l'écran semble s'atténuer.

– Attends ! Ne bouge pas ! s'exclame Fox.

Le signal s'affaiblit de nouveau.

– Et flûte ! peste Mulder.

Les trois frères Peacock s'installent sur la banquette avant de la Cadillac. Elle démarre dans un rugissement, crachant un nuage de fumée noire. À la radio de bord du monstrueux véhicule, un chanteur dans le style de Johnny Mathis chante *Wonderful, Wonderful*.

Assis sous le porche, Andy Taylor regarde au loin d'un air grave. Sa femme le rejoint et lui demande doucement ce qu'il fait. Il lui fait part de ses sombres pensées, concernant le village. Elle le rassure et ne verrouille pas la porte d'entrée derrière elle.

La Cadillac circule le long d'une route du comté. L'autoradio débite toujours sa chansonnette, *Wonderful, Wonderful*.

Au motel, Scully dort paisiblement. Dans la chambre voisine, Mulder regarde le seul programme de télévision que peut capter son poste, dont l'image est parasitée par des flocons neigeux. C'est un documentaire animalier d'une qualité très médiocre. Le narrateur commente :

– Le mâle dominant est le plus âgé de la harde. Il s'approche

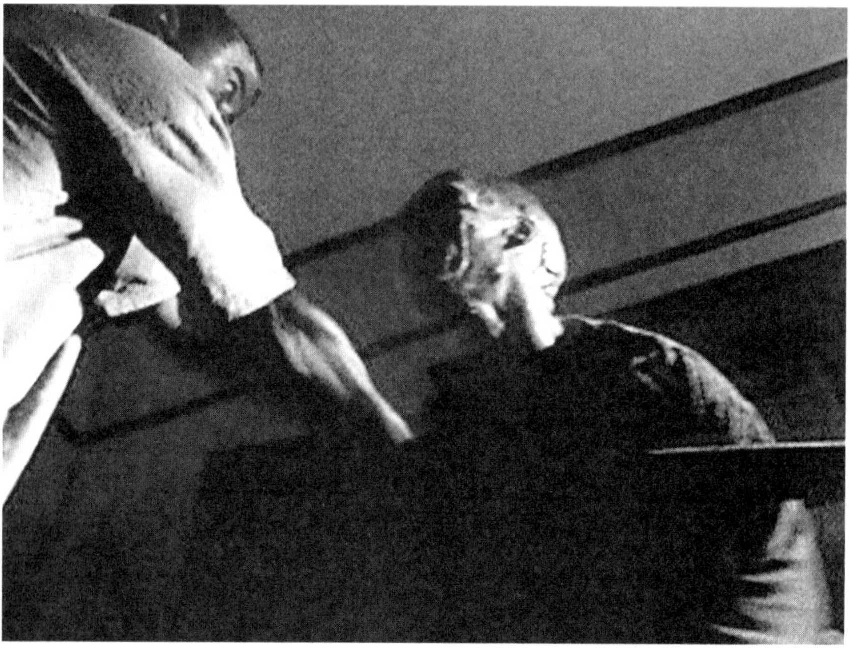

pour vérifier que la proie a été tuée. Tourner ainsi autour de la victime indique aux autres membres du clan qu'il n'y a plus aucun risque à s'approcher.

Le shérif Taylor, parfaitement éveillé, est allongé auprès de sa femme endormie. Par la fenêtre ouverte lui parviennent les échos d'une chanson, *Wonderful, Wonderful*. Il se lève et voit la Cadillac. Le moteur du véhicule tourne encore, mais il n'y a personne à bord.

– Andy, que se passe-t-il ? lui demande son épouse.

– Cache-toi, sous le lit. Je vais chercher mon arme, lui répond-il d'un ton terrifié.

Il descend vers son bureau, mais un des frères Peacock a déjà ouvert la porte d'entrée. Le policier se précipite vers un placard, d'où il sort une batte de base-ball, et se positionne derrière la porte de la chambre.

Edmund Peacock entre. Andy le frappe de sa batte. Peacock esquive sans mal le coup et assomme le shérif.

Il est rejoint par ses frères, qui battent à mort le malheureux policier.

Les Peacock reprennent alors leur souffle, avec des grognements sonores. Ils repèrent un reflet de lumière sur l'alliance de Mrs Taylor, cachée sous le lit. Ils matraquent le lit à coups de gourdin, jusqu'à ce que le meuble s'effondre sur la pauvre femme.

Le lendemain matin, l'adjoint Paster, tremblant, est assis sur les marches du porche de la maison des Taylor. Mulder et Scully arrivent sur les lieux. Fox repère immédiatement les marques fraîches de pneus sur la pelouse des Taylor, et en conclut qu'il s'agit d'une grosse voiture américaine.

Barney Paster, en état de choc, rapporte aux agents que la Cadillac a été abandonnée par une femme en provenance de Baltimore.

Il tend ensuite à Scully un rapport du laboratoire de la police, établi pendant la nuit. Dans la chambre, les deux coéquipiers examinent les cadavres des Taylor. Le thorax d'Andy présente un gigantesque hématome, commente Mulder, et des échardes de bois se trouvent incrustées dans sa boîte crânienne.

Puis il se tourne vers le lit effondré, d'où dépassent les jambes ensanglantées de l'épouse du policier.

– Ils se sont transformés en hommes des cavernes lorsqu'ils les ont attaqués.

Scully prend connaissance du rapport de l'expertise médicale. Celui-ci contient des éléments inexplicables, qui donnent à penser que l'enfant mort avait trois pères génétiques.

Cela n'aurait été possible, déclare-t-elle, qu'avec un ovule très affaibli d'un membre féminin de la famille Peacock ; or, il n'y a plus de femmes dans ce clan.

Paster, armé d'un énorme pistolet automatique, offre à Mulder et à Scully de les accompagner à la ferme afin de procéder à l'arrestation des trois frères.

– On sera à trois contre trois, dit-il en brandissant son arme. Et cela devrait nous donner l'avantage.

Le policier rengaine son arme et quitte la pièce. Mulder et Scully échangent des regards méfiants. Ils n'apprécient pas la tournure des événements.

Alors qu'ils quittent la chambre, Dana réfléchit.

– Attends, Mulder. Pourquoi les Peacock auraient-ils voulu tuer le shérif Taylor ? Il ne les a même pas interrogés à propos du bébé enterré.

– Ils ont probablement entendu parler des mandats d'arrêt émis à leurs noms, suggère Mulder.

– Mais comment pouvaient-ils être au courant ? Taylor a diffusé les mandats par téléphone, comment auraient-ils pu le savoir, à moins de nous avoir entendus en parler ?

Or, les deux agents avaient fouillé la maison, sans avoir vu personne.

Paster, en colère, emmène les deux agents pour donner un assaut quasi militaire à la ferme des Peacock.

Les trois policiers sont revêtus de gilets pare-balles. Mulder et Scully couvrent le shérif adjoint de leurs armes. Paster approche, nerveux, de la porte principale.

Alors qu'elle inspecte les lieux avec ses jumelles, Dana repère un fil tendu au ras du sol. Elle hurle :

– Paster, non !

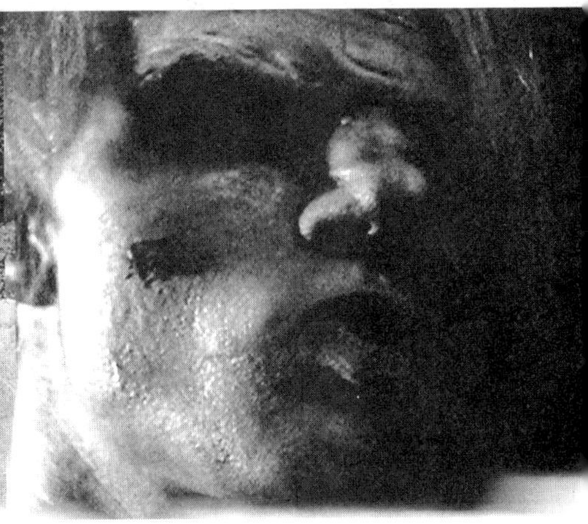

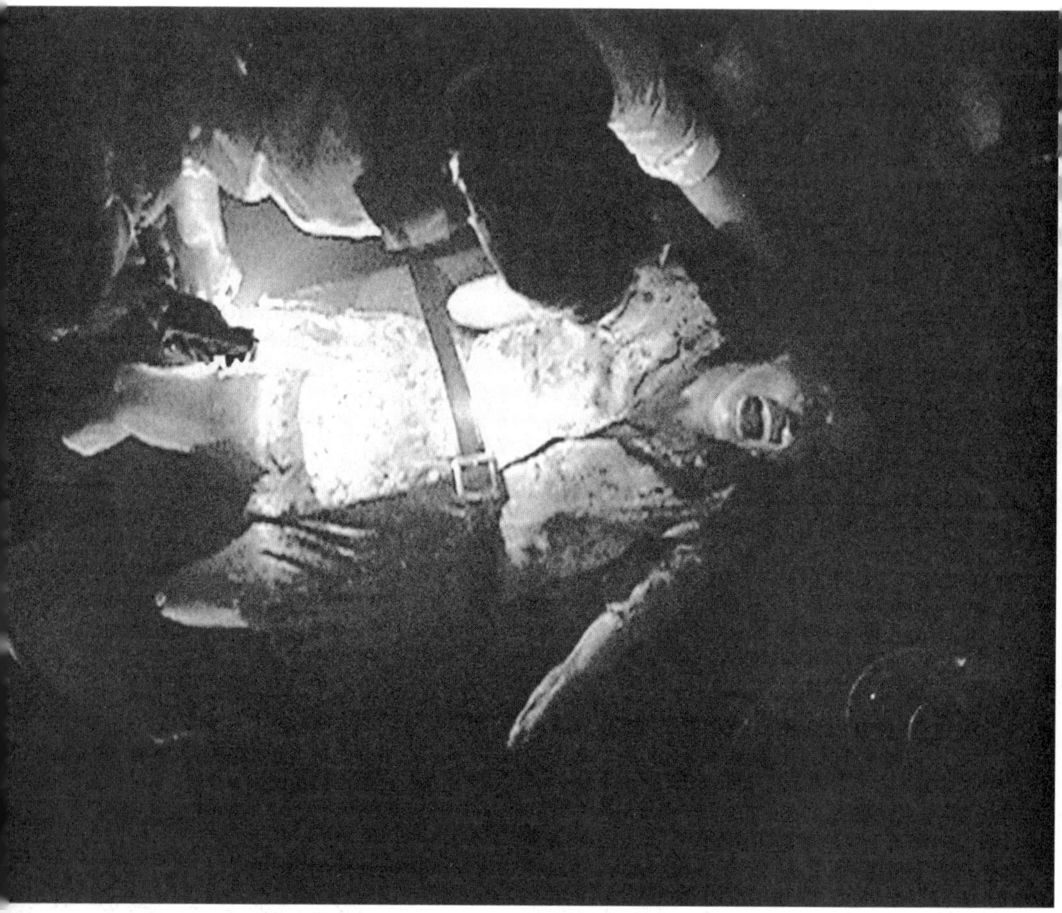

Mais le shérif adjoint pénètre dans la maison et déclenche le piège. Une hache suspendue au plafond bascule, et le décapite.

Surgissant de leur cachette à l'intérieur du bâtiment, les frères Peacock se jettent sur le corps sans vie du policier.

Écœurée, Scully se tourne vers son collègue.

– Paster est mort. Et les trois frères se comportent comme des animaux.

– « Le mâle dominant le plus âgé de la harde s'approche pour vérifier que la proie a été tuée », cite Mulder d'une voix sobre et monocorde. Lorsqu'il tourne autour de la proie, les autres comprennent qu'il n'y a aucun risque à s'approcher.

Il reprend en s'animant :

– Il s'agit d'un comportement déshumanisé à l'état pur. L'humanité, privée de la civilisation qu'elle a créée, de ses technologies, qui a régressé jusqu'à un stade quasi préhistorique, et qui n'obéit qu'aux impératifs pressants de la Nature en ce qu'elle a de plus sauvage.

» Nous sommes des intrus, pensent-ils, qui envahissent leur tanière pour les priver de leur seule chance de se reproduire. Nous devons les arrêter !

Afin de détourner l'attention des Peacock, les deux agents tentent de chasser les cochons de la porcherie. Toutefois, les animaux, souillés de boue, refusent de bouger. Mulder et Scully se placent derrière deux des porcs et les poussent, sans succès, à l'arrière-train.

Verrats et truies ne manifestent pas la moindre intention de sortir, mais se rassemblent en groupe plus serré encore.

Scully et Mulder plaisantent à propos de cette situation loufoque. Scully lui raconte alors une anecdote :

– J'ai fait du baby-sitting le week-end dernier, et pendant que je tenais compagnie à mon neveu, il a bien regardé quinze fois *Babe*, le film sur le cochon devenu berger.

– Et c'est moi qu'on surnomme le Martien...

En fin de compte, les bêtes s'éparpillent hors de la porcherie. Sherman Peacock, qui lave ses mains ensanglantées à la pompe dans la cour, les remarque et alerte ses frères. Tous trois partent à la poursuite des animaux fugitifs.

Scully et Mulder se dirigent rapidement vers la porte arrière de la ferme. Dana trouve un madrier, qu'elle passe à son coéquipier. Mulder le fait prudemment glisser à travers le seuil. Il déclenche ainsi un nouveau piège. Un pieu métallique pointu jaillit en travers de l'encadrement, faisant sauter la bille de bois des mains de Fox. Le madrier est cloué contre le chambranle.

Les deux agents sortent leurs armes. Les faisceaux de leurs torches déchirent les ténèbres.

– Agents fédéraux ! Y a-t-il quelqu'un ici ? lance Scully, selon la formule traditionnelle.

Mulder trébuche sur une pile de journaux jaunis. Il soulève le premier magazine. À la une, on lit en lettres énormes : « Elvis Presley meurt à quarante-deux ans. »

– Hein ? Et on ne m'avait pas prévenu ! s'exclame Fox, qui prend l'air effondré par la terrible nouvelle.

Des photos de famille sont accrochées sur les murs. Les visages, burinés et marqués par les ans, portent les stigmates de terribles mutations génétiques.

Mulder remarque des traces de griffures sur le parquet. Elles le mènent à une femme, horriblement défigurée, harnachée dans une sorte de brancard à roulettes caché sous le lit.

– Non ! Non ! foutez le camp d'ici ! hurle l'apparition dans un gargouillis à peine intelligible.

– Tout va bien, madame, lui répond Mulder. Nous sommes des agents fédéraux, nous sommes ici pour vous aider !

Ils la tirent de sous le lit malgré ses protestations. La femme recule pour éviter la lumière de

leurs torches. Elle approche de la cinquantaine. Son visage est difforme.

Il lui reste des moignons de jambes, et elle ne possède plus qu'un bras.

– Calmez-vous, madame ! s'écrie Mulder. Nous sommes du FBI. Nous allons vous mettre en sécurité, vous ramener chez vous.

Mais Scully comprend mieux que lui la situation.

– Mulder, elle *est* chez elle. Cette femme est Mrs Peacock. C'est leur mère.

De son bras valide, Mrs Peacock se propulse sous le lit. Ébahis, les deux agents contemplent, sur les murs, les photos à sa ressemblance, plus jeune mais déjà difforme.

Aux aguets, dans le cas où d'autres pièges seraient tendus, Scully et Mulder s'approchent de la fenêtre donnant sur l'avant, et observent les trois frères qui rassemblent les porcs éparpillés.

– Que va-t-on faire d'elle ? demande Scully, désignant le lit sous lequel se terre Mrs Peacock.

– Elle ne veut pas partir.

– Je veux dire, Mulder, que nous n'aurons pas forcément le droit de l'emmener. Elle ne semble pas retenue ici contre son gré. Enfin, je veux dire qu'elle en a l'air, mais je ne pense pas qu'elle le soit.

– Je suis convaincu qu'elle est complice, Scully. Elle a apporté aide et assistance à des criminels.

– Ça, c'est ce que nous croyons. Le prouver sera une autre affaire, répond-elle en soupirant. Si je comprends bien ce qui se passe ici, Edmund est à la fois le père et le frère des deux autres.

– Ce qui veut dire qu'il avait le droit de punir les deux autres lorsqu'ils lui piquaient ses jouets ? s'efforça de plaisanter Fox.

Il soupire et ajoute :

– Ces frères ont tué trois personnes, Scully. Dis à cette malheureuse que nous allons les arrêter. Et essaie de la convaincre que son aide est la seule chose qui puisse aider ses « petits » à s'en tirer. Pour ma part, je vais garder l'œil sur eux.

Scully retourne vers Mrs Peacock, et tente doucement de la raisonner, de la convaincre de partir.

– Ceci est notre demeure, pourquoi la quitter ? demande la femme de sa terrible voix rauque.

– Quelle que soit votre douleur... avance Scully.

– Pas de douleur, dit Mrs Peacock. C'est dans la famille. Dois m'assurer que les petits n'ont pas de mal.

Elle raconte qu'elle a eu le bras droit arraché ; il gisait sur les genoux du cadavre de son mari. Les garçons l'ont ramenée à la maison, l'ont recousue comme la famille l'a appris pendant la guerre du Nord contre le Sud.

– Madame Peacock, intervint Scully, ils ont assassiné le shérif Taylor et sa femme. Et l'adjoint, Paster.

Mrs Peacock retrousse les lèvres, révélant des chicots jaunis.

– Je peux dire que vous n'avez pas d'enfants. Peut-être qu'un jour vous apprendrez la fierté. L'amour. Lorsque vous savez que votre petit ferait *n'importe quoi* pour sa mère.

À l'extérieur, les frères ont repéré des empreintes de pas inhabituelles, qui mènent vers la porte de la maison. Ils se rassemblent et se précipitent vers la porte de devant. Mulder la barricade.

Comme enragés, ils enfoncent l'obstacle. Dans une mêlée désespérée, les deux agents luttent au corps à corps pour sauver leur vie, et ils y parviennent de justesse, bien que leurs assaillants n'aient pas été armés.

Les balles de Scully et de Mulder atteignent George, qui s'écroule. Sherman déclenche par inadvertance un de ses pièges, et se fait empaler par un épieu de bois. Lorsque le combat cesse, Scully remarque de nouvelles éraflures sur le sol, et découvre une trappe sous le lit.

Mrs Peacock et Edmund ont réussi à s'enfuir. Scully alerte les patrouilles routières.

– Même s'il y faut du temps, on finira par les rattraper.

Mais Mulder lui répond :

– Je crois que le temps les a déjà rattrapés.

Il fait nuit et la Cadillac semble vide, au bord de la route. Il s'en échappe un motif musical qui se répète : *Wonderful, Wonderful...* Et la voix de Mrs Peacock :

– Allons, allons. Sherman et George étaient de bons petits. Nous devrions être fiers. Et tu devrais le savoir, Edmund, rien ne peut abattre un Peacock. Il y en aura d'autres. Oui, un jour, il y en aura d'autres. Mais maintenant, il nous faut repartir. Rebâtir une nouvelle famille, dont nous pourrons être fiers. Et trouver un endroit à nous. Un nouveau chez-nous. Un chez-nous tout neuf.

Le coffre de la Cadillac s'ouvre soudain.

Alors que retentit la ballade sirupeuse qu'il aime tant, Edmund Peacock sort du coffre et en referme le hayon. Il fait le tour de la voiture, s'installe au volant, démarre et s'éloigne dans la nuit.

Coulisses

Cet épisode – associant (célébrant ?) de manière quasi jubilatoire le sang versé, l'inceste, les abominations génétiques et le gore, sans oublier l'apparition d'un des personnages les plus aimés de la TV américaine – représente un des moments les plus mémorables, tant pour les spectateurs que pour le service de la censure de Fox Network.

Kim Manners, le réalisateur, est encore sous le choc.

– Lorsque Linda Shima-Tsumo (directrice du comité de censure) vit pour la première fois ce bébé, j'ai cru qu'elle allait avoir une attaque. J'avais filmé *bien plus* qu'ils n'ont autorisé à diffuser. D'autres membres de l'équipe des *X-Files* se rappellent plusieurs batailles précédentes sur les questions de bon goût et de fluides corporels répandus à l'écran.

Il est vrai que quelques-uns d'entre eux admettent, quoique en privé seulement, que le scénario de G. Morgan et de J. Wong apparaissait comme vraiment insolite et bizarre pour un divertissement s'adressant à un large public. Ce n'est pas l'avis des principaux acteurs. « Un de nos meilleurs épisodes », commente par exemple Gillian Anderson qui a apprécié ce script.

Quant à David Duchovny, il s'exprime en ces termes :

– J'avoue ne pas avoir complètement compris « La Meute », lorsque je l'ai lu, ni quand nous avons commencé à tourner, mais le produit fini est des plus drôles, et perturbant à souhait. J'aime bien ça.

Tucker Smallwood, qui joue le rôle du shérif Andy Taylor, est le premier d'une liste ahurissante d'acteurs qui apparaissaient dans la série, hélas annulée : *Space, Above and Beyond* (*Space : 2063*) de Morgan et Wong. Ces derniers les ont recrutés pour apparaître en invité vedette dans la quatrième saison des *X-Files*. Dans la série de science-fiction, il jouait le rôle du capitaine Glen Van Ross.

C'est un acteur à la carrière déjà longue, qui a récemment joué le magnifique rôle du chef de mission dans le film *Contact*, avec Jodie Foster.

Le tournage de « La Meute » a d'ailleurs été le théâtre d'incidents aussi nombreux et bizarres que le scénario lui-même. Cet épisode a été l'occasion de se dépasser pour le service des effets spéciaux, qui a dû non seulement morpher les transformations des acteurs jouant les frères Peacock, mais aussi construire le bébé génétiquement déficient.

Une scène, dans laquelle Mulder et Scully se serrent de manière suggestive dans l'espace confiné du placard à balais qui sert de morgue au shérif Taylor, a été finalement coupée au montage. Le bâtiment qui a servi de ferme pour les Peacock a été démoli, après avoir été méthodiquement délabré par le service de la construction et des décors. Il avait servi dans un épisode précédent des *X-Files*.

C'était la maison de Harry Cockely dans « Aubrey » (2X12), qui est située dans le South Surrey, près de la frontière entre les États-Unis et le Canada.

La voix ressemblant à celle de Johnny Mathis et qui chante *Wonderful, Wonderful* sur la radio des Peacock n'est pas tout à fait celle de l'ancien producteur – metteur en scène des *X-Files* et de *Millennium*, David Nutter. Chanteur professionnel pendant ses années d'université, Nutter se porta volontaire. Mais, à la dernière minute, le coproducteur, Paul Rabwin, trouva un autre chanteur, imitant le grand Mathis avec une telle perfection qu'il devint impossible de s'en passer. Nutter ne chanta donc pas.

Les cochons qui apparaissent dans la scène de la porcherie avec Mulder et Scully n'ont pas été générés sur ordinateur, mais loués. En général, ils se sont toujours montrés réticents à se soumettre aux impératifs du scénario. C'est pourquoi, alors qu'Anderson et Duchovny, dans le champ des caméras, poussaient les porcs par l'arrière-train vers la sortie, une équipe d'hommes forts, hors champ, refoulait les bêtes vers les deux acteurs.

La Cadillac décapotable qui sert de véhicule aux frères meurtriers se trouvait dans un état de ruine quasi désespéré : peinte en rose, elle avait même sauté sur des explosifs dans une autre série TV, et rouillait paisiblement dans une vraie ferme près de Vancouver. Elle fut localisée, louée et réparée par le patron du service des transports, Nigel Hapgood.

Une pression importante a été exercée sur ce dernier. Il a dû travailler frénétiquement pour se situer en avance par rapport au tournage, réparant à la volée tel ou tel panneau de tôle ou de chromes, selon les exigences de la prise de vues.

Cela dit, Hapgood n'a jamais eu le temps de réparer l'ensemble des dispositifs de la machine, et notamment les freins, particulièrement peu fiables.

Néanmoins, l'anecdote probablement la plus étonnante du tournage nous est rapportée par Kim Mauners. Peu de temps après la diffusion de cet épisode, se rappelle-t-il, est parvenue à l'adresse des *X-Files* une lettre de la compagnie Cadillac.

– Ils nous remerciaient, commente le réalisateur avec ahurissement, d'avoir montré un de leurs produits dans notre série.

Glen Morgan avoue que le nom des voisins de ses parents lui est naturellement venu à l'esprit lorsqu'il lui a fallu baptiser l'étrange famille Peacock.

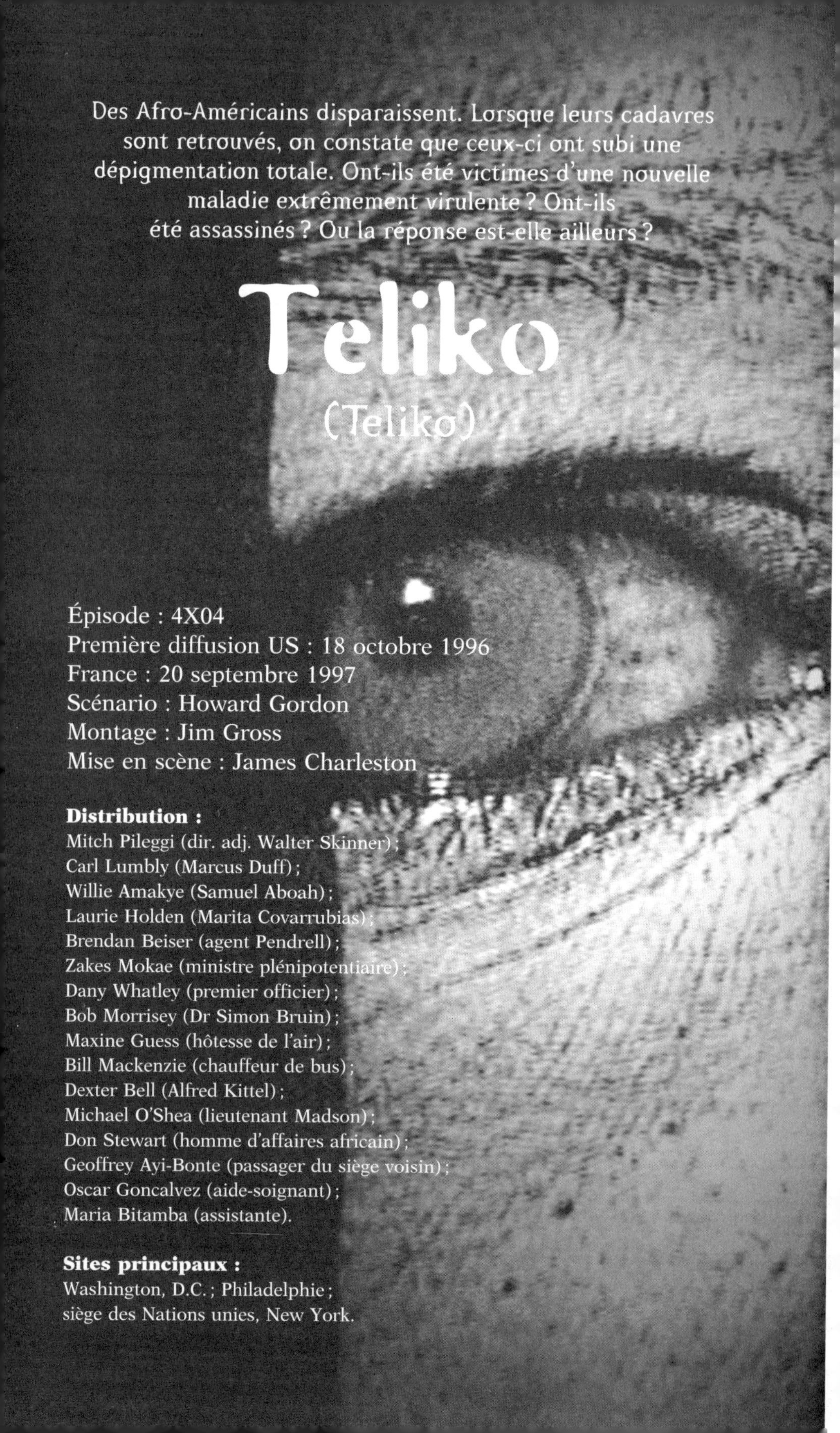

Des Afro-Américains disparaissent. Lorsque leurs cadavres sont retrouvés, on constate que ceux-ci ont subi une dépigmentation totale. Ont-ils été victimes d'une nouvelle maladie extrêmement virulente ? Ont-ils été assassinés ? Ou la réponse est-elle ailleurs ?

Teliko

(Teliko)

Épisode : 4X04
Première diffusion US : 18 octobre 1996
France : 20 septembre 1997
Scénario : Howard Gordon
Montage : Jim Gross
Mise en scène : James Charleston

Distribution :
Mitch Pileggi (dir. adj. Walter Skinner) ;
Carl Lumbly (Marcus Duff) ;
Willie Amakye (Samuel Aboah) ;
Laurie Holden (Marita Covarrubias) ;
Brendan Beiser (agent Pendrell) ;
Zakes Mokae (ministre plénipotentiaire) ;
Dany Whatley (premier officier) ;
Bob Morrisey (Dr Simon Bruin) ;
Maxine Guess (hôtesse de l'air) ;
Bill Mackenzie (chauffeur de bus) ;
Dexter Bell (Alfred Kittel) ;
Michael O'Shea (lieutenant Madson) ;
Don Stewart (homme d'affaires africain) ;
Geoffrey Ayi-Bonte (passager du siège voisin) ;
Oscar Goncalvez (aide-soignant) ;
Maria Bitamba (assistante).

Sites principaux :
Washington, D.C. ; Philadelphie ;
siège des Nations unies, New York.

À bord d'un jumbo-jet en provenance d'un pays francophone d'Afrique de l'Ouest, un homme d'affaires noir se dirige vers les toilettes afin de se rafraîchir. Des yeux, aux iris étrangement roses, l'observent par une fente dans la porte des toilettes.

Le businessman entre dans les lavabos, retire ses lunettes, se regarde dans le miroir, et pousse un hurlement de terreur en levant les yeux au-dessus de lui.

Alors que l'avion approche de l'aéroport J.F. Kennedy de New York, un jeune et bel homme noir au visage singulièrement inexpressif quitte les toilettes. Peu avant l'atterrissage, une hôtesse constate que la porte des W.-C. est fermée. La jeune femme l'ouvre avec un passe-partout et découvre l'homme d'affaires mort. Il gît par terre, la bouche ouverte, et sa peau est d'un blanc laiteux, comme celle d'un albinos.

Dans le bureau du directeur adjoint Walter Skinner, ce dernier présente à Dana Scully le Dr Simon Bruin, un médecin spécialisé dans la recherche au Centre de contrôle épidémiologique.

– Ravi de vous connaître, docteur Scully, lui dit le scientifique.

Skinner braque son regard sur elle.

– Jusqu'à quel point êtes-vous familière avec la série d'enlèvements qui a eu lieu à Philadelphie ?

– Je ne sais que ce qu'en a rapporté le *Herald :* quatre jeunes Afro-Américains ont disparu au cours des trois derniers mois.

Skinner lui apprend que le FBI et la police de Philadelphie ont lancé une enquête conjointe sur cette affaire. Aucun élément intéressant n'a été décelé jusqu'à la nuit dernière.

– Et que s'est-il passé, la nuit dernière ? demande Scully.

– Owen Sanders, celui qui a disparu le plus récemment, a été trouvé mort près d'un chantier de construction.

Dana s'enquiert des conditions de sa mort. Celle-ci est considérée comme mystérieuse, puisque aucun signe apparent d'homicide n'a été relevé, lui indique Skinner. Scully, intriguée, veut en savoir plus.

– La cause de la mort a-t-elle été identifiée ?

– Non. Mais sur ce point, je laisserai le Dr Bruin vous faire part de ses réflexions.

Bruin tend à Scully une photographie représentant un homme étendu sur la chaussée, aux cheveux coupés en brosse et au visage d'une blancheur sépulcrale.

– Ce cliché a été pris la nuit dernière, une heure après la découverte du corps de Sanders, commente Bruin.

Dana regarde l'image d'un air incrédule.

– Je suis désolée, mais je croyais que Sanders était de race noire.

– Il l'était.

Bruin montre à Scully une coupure de presse relatant l'enlèvement de Sanders ; sur ce document, sa couleur de peau est parfaitement naturelle. Le médecin pense que le décès n'est pas d'origine criminelle. La dépigmentation totale subie par Sanders pourrait être caractéristique d'une affection jusqu'alors inconnue.

– Mon opinion, docteur Scully, est que cette enquête devrait s'effectuer au microscope.

– Étant donné votre solide bagage scientifique, vous devriez pouvoir faire une analyse rapide et décisive du problème, commente Skinner.

Au laboratoire de Pathologie du FBI, Dana a commencé l'autopsie de Sanders. Mulder la rejoint.

– Hé, quel est l'heureux élu, cette fois ?

– Cet homme est la quatrième victime de Philadelphie, du moins jusqu'à ce que son corps réapparaisse... dans cet état, dit Scully.

– Il a voulu suivre le même traitement que Michael Jackson ? plaisante Mulder.

Scully lui rapporte sa conversation avec Bruin. Selon l'opinion du médecin, Sanders est mort des suites d'une maladie, puisqu'on n'a trouvé ni blessure ni trace de coups et que, de surcroît, le portefeuille de la victime n'a pas été volé.

– Très intéressant, mais quelle sorte de maladie ? interroge Fox.

– Je n'en sais rien, lui répond sa coéquipière. Il existe des leucomélanodermies comme le vitiligo, qui attaquent les mélanocytes et inhibent la production de mélanine dans la peau. Les troubles auto-immunitaires ne sont pas encore très bien compris.

Mulder se montre sceptique devant la disparition de ces hommes qui ont contracté successivement la même maladie. Pour Scully, il est possible que les autres victimes aient en fait réapparu, mais que le changement radical de leur apparence ait empêché toute identification. Mulder demeure peu convaincu. D'après lui, il pourrait se produire, dans cette affaire, un phénomène de détournement d'attention concernant le fait que de jeunes Noirs meurent. Personne ne semblant capable de trouver un suspect, l'impression générale serait que personne ne s'en soucie.

– Mulder, le monde qui nous entoure ne constitue pas le labyrinthe d'une gigantesque conspiration. Et tout le monde n'est pas en train de comploter, de manipuler et de faire de l'intox.

Fox Mulder n'est toujours pas convaincu. Il demande à sa coéquipière si des prélèvements ont été effectués sur le corps en vue d'une expertise légale. Elle lui montre des échantillons de cheveux, de fibres et de terre.

Mulder se lève et se dirige vers la sortie.

– Où vas-tu ? lui demande Dana.

– Je vais me joindre à la chasse avant que le nombre des victimes s'accroisse.

Dans un appartement sombre et sinistre de Philadelphie, Samuel Aboah, le jeune Noir de l'avion à l'allure étrange, ouvre sa porte à un visiteur : Marcus Duff, conseiller des services d'Immigration et de Naturalisation, lui annonce qu'il est venu l'aider à remplir son formulaire de demande de naturalisation. Aboah ne réagit pas. Duff est également d'origine africaine, il parle avec l'accent des Caraïbes, et met le comportement d'Aboah sur le compte de la timidité ou de la peur.

– Je sais combien vous vous sentez seul, dans un endroit inconnu, si loin de votre famille. Mais une fois que vous serez citoyen des États-Unis, je pourrai vous aider à faire venir ici tous vos frères, vos sœurs, vos oncles, tantes et cousins ! Vous voyez ce que je veux dire ?

Au Siège du FBI, Mulder rencontre l'agent Pendrell, qui a analysé les indices trouvés sur le corps d'Edward.

Pendrell souhaiterait attendre l'agent Scully, avant de commencer ses explications, mais Mulder lui confie qu'elle a un rendez-vous galant. Devant l'expression désappointée de Pendrell, Mulder lui avoue qu'elle est en train de pratiquer une autopsie.

L'interlocuteur de Fox, ayant supporté patiemment l'humour particulier de Mulder, fait son rapport. L'analyse des cheveux et des fibres a révélé la présence d'amiante, ainsi que la graine d'une plante à floraison nocturne extrêmement rare, originaire d'Afrique de l'Ouest, l'*Adenia Volkensii*.

Dans une cabine téléphonique d'aéroport, Mulder indique à Scully que la graine contient un glucoside à propriétés analgésiques.

– Est-ce que cela te dit quelque chose ? lui demande-t-il.

Dana identifie le produit comme étant un calmant puissant, pouvant se révéler mortel à forte concentration. Il n'y avait toutefois pas de trace de drogues dans le sang d'Edward.

– Est-ce que son organisme n'aurait pas pu métaboliser la substance ? demande Fox.

– Seulement si la victime n'était pas morte immédiatement.

– Alors, tu as trouvé la preuve qu'il s'agit d'une maladie ?

– Non, Mulder. J'ai seulement identifié un effet. J'en cherche toujours la cause.

Fox demande à sa coéquipière de le tenir informé des résultats de ses recherches.

– Où vas-tu, Mulder ?

– Je file arroser les semences du doute.

Devant le siège des Nations unies, Fox Mulder sort de l'ombre pour s'approcher de Marita Covarrubias (la fonctionnaire de l'ONU, déjà vue dans l'épisode 4X01). La tension qui existe entre eux est manifeste, sans qu'on en devine vraiment la nature.

Mulder voudrait obtenir des renseignements sur les kidnappings et la plante vénéneuse de l'Afrique de l'Ouest. Elle affirme ne pas pouvoir l'aider.

– Vous ne pouvez pas, ou vous ne *voulez* pas ?

Il insiste, lui rappelant qu'elle lui a fourni une ouverture, et promet de se retirer si elle lui certifie qu'il n'y a rien dans cette affaire.

Covarrubias demeure silencieuse.

Dans une rue de Philadelphie, un jeune Afro-Américain, Alfred Kittel, attend un bus, tard dans la nuit. Soudain, il grimace, s'applique une tape sur la nuque comme pour chasser un moustique, et retire de la blessure un objet en forme de graine.

Il s'affale sur un banc, paralysé mais à demi conscient. Un bus arrive. Le chauffeur blanc ouvre la porte.

– Hé ! j'ai un horaire à respecter, tu montes, ou pas ? demande-t-il à Kittel.

Alfred peut le voir, mais il est incapable de bouger, ou de lui répondre.

– T'as un problème, ou quoi ? T'as pris de la came, hein ? l'apostrophe le chauffeur, refermant sa portière.

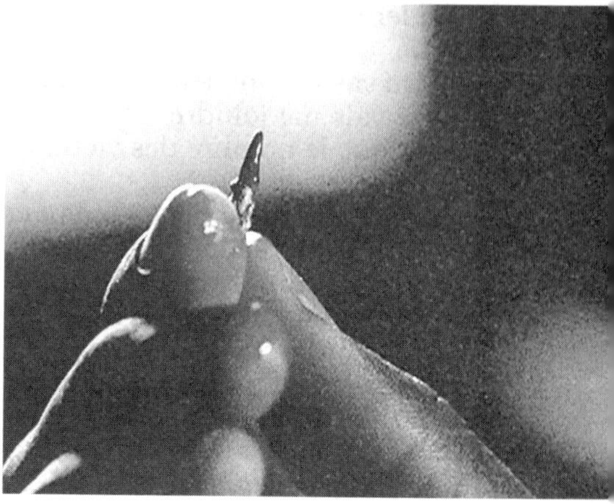

Alors que le bus repart, Kittel aperçoit un homme, debout au milieu de la rue. Samuel Aboah, dont le visage est à moitié dépigmenté, le dévisage de ses yeux aux iris translucides.

Le lendemain matin, sur le lieu du crime, Scully interroge le chauffeur de bus. Elle lui demande si Kittel avait l'air malade.

– Ouais, maintenant que vous le dites, je lui ai demandé s'il avait besoin d'aide, mais il n'a pas pipé mot, répond le chauffeur d'un air embarrassé.... Et n'oubliez pas d'écrire dans votre rapport que j'avais un horaire à respecter.

Mulder arrive. Il observe le sol, tout autour de l'arrêt de bus. Scully lui rapporte sa conversation avec le machiniste. Il s'agirait, d'après elle, d'une forme de démence. Mulder envisage plutôt une réaction à un corticodépresseur puissant.

– Qu'est-ce que tu suggères ? lui demande Dana.

– Trouve Alfred Kittel, et tu dénicheras une autre de ces rares graines africaines.

– Qu'est-ce qui t'en rend si sûr ?

Il rapporte alors à sa coéquipière que, trois mois plus tôt, une semaine avant la première disparition, les autorités portuaires de New York avaient rapporté le décès bizarre de l'homme d'affaires africain. Ce dernier venait

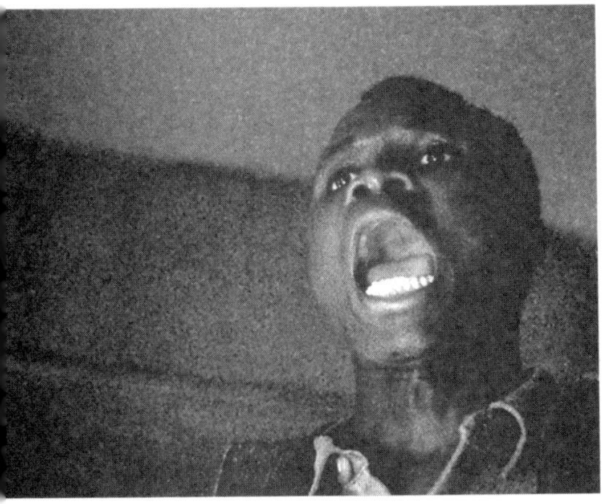

du Burkina-Faso, l'ancienne Haute-Volta, et l'ambassade avait refusé de donner suite à la demande d'autopsie. La cause du décès était répertoriée comme « indéterminée ».

– Indéterminée, Scully, mais pas forcément inconnue.

Deux policiers de Philadelphie, quadrillant le quartier depuis lequel Kittel a disparu, frappent à la porte de Samuel Aboah. Il apparaît devant les policiers qui lui montrent la photo d'Alfred Kittel.

– Avez-vous vu cet homme ?

– Non, répond Aboah.

En réalité, Kittel, toujours paralysé et incapable de proférer un son, se trouve dans l'appartement assombri.

Les policiers repartent. Aboah rentre, rejette la tête en arrière, ouvre toute grande la bouche et, s'étouffant un peu, en sort une sarbacane de bois, d'une longueur monstrueuse.

Kittel, terrifié, ne peut que regarder, impuissant.

À la direction des services d'Immigration et de Naturalisation de Philadelphie, Mulder et Scully s'entretiennent avec Marcus Duff. Ils lui demandent de recouper la liste des cas qu'il traite, avec la liste des passagers du vol en provenance du Burkina-Faso. Duff proteste, arguant qu'il est un travailleur social, pas un policier.

Scully l'informe qu'ils enquêtent sur un risque épidémiologique majeur.

– Quel genre de risque ? demande-t-il.

Il ne remarque pas l'expression sceptique de Mulder.

Devant l'immeuble où réside Samuel Aboah, Mulder et Scully attendent son retour, assis dans leur voiture. Dana est plongée dans la lecture de ses notes.

– On doit trouver ici une preuve de la présence d'un virus ou d'une bactérie, Mulder.

– Si seulement tu levais les yeux de ton microscope, tu t'apercevrais que ce qui fait défaut, en fait, c'est un mobile.

– Le seul mobile que puisse connaître un agent pathogène, c'est l'instinct de reproduction. Et mon travail, en tant que médecin, est de déterminer s'il se transmet, et comment, déclare-t-elle d'un ton décidé.

– S'il existe *réellement* un risque épidémiologique, insiste son coéquipier.

– La *mort* elle-même fait partie de ces risques, Mulder. Quelque chose a provoqué une carence pituitaire grave chez Sanders, ce qui a déclenché un collapsus de son métabolisme, produisant à son tour un coma myxœdémateux, et enfin la mort. Parfois, il suffit de commencer par le résultat final pour remonter jusqu'à la cause. J'espère seulement qu'il ne nous faudra pas trouver un cadavre de plus pour y arriver, conclut-elle.

Mulder jette alors un coup d'œil à la photo qui illustre la fiche d'enregistrement de Samuel Aboah auprès des services de l'Immigration, puis porte son regard sur un homme qui descend d'une camionnette transportant des ouvriers.

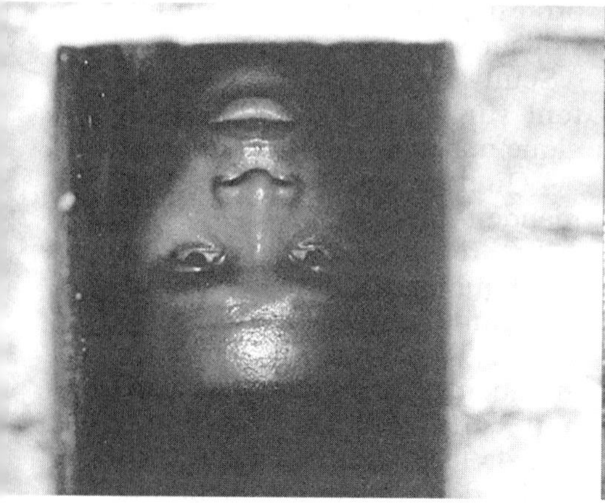

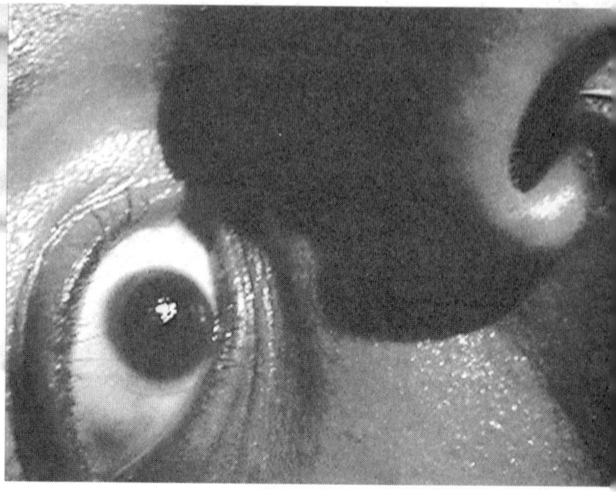

– Peut-être n'aurons-nous pas longtemps à attendre.

Fox sort de la voiture et appelle Aboah par son nom. Samuel tourne les talons et s'enfuit à toutes jambes. Les deux agents le poursuivent, le traquent le long du pâté d'immeubles, et jusque dans une impasse, d'où il semble s'être évaporé sans laisser de trace. Au moment où ils sont sur le point d'abandonner les recherches, Mulder repère une canalisation d'écoulement des eaux usées, sur le flanc d'un immeuble.

Aboah s'est glissé dans un espace minuscule. Il a l'air en transe et cherche son souffle.

C'est à ce moment qu'ils remarquent son effrayant regard.

À l'hôpital local, Dana et le Dr Bruin examinent Aboah. Leurs tests préliminaires donnent des résultats insatisfaisants, et Scully demande que soit effectué un test supplémentaire, plus complexe.

Mulder les rejoint. Malgré les premiers examens décevants, Scully pense qu'il peut s'agir d'un cas atypique, cet homme étant peut-être aussi porteur de germes. Au souvenir de l'épisode de la canalisation, Mulder est persuadé que cet individu représente un curieux phénomène.

Marcus Duff a été convoqué pour servir d'interprète ; il proteste vigoureusement contre la détention d'Aboah, expliquant que la réaction de fuite devant les agents du FBI était certainement justifiée par une tradition culturelle de crainte des autorités. Mulder n'est pas d'accord, et affirme que cet homme cache quelque chose.

– ... et tous les tests de la terre, toute la science sera impuissante à découvrir cette vérité, dit-il en se tournant vers Scully.

Il quitte la pièce en informant sa coéquipière qu'il se rend chez quelqu'un dont il a la certitude qu'il a trompé, manipulé et obscurci les jugements.

À l'ambassade du Burkina-Faso, à Washington, l'après-midi même, Mulder est introduit dans le bureau d'Alpha Diabira, ministre plénipotentiaire, numéro deux de la représentation diplomatique.

Fox le remercie de le recevoir aussi tard.

– Je n'avais guère le choix en l'espèce, lui répond Diabira. Quelqu'un aux Nations unies a parlé directement à l'ambassadeur. Qu'est-ce qui peut constituer une telle urgence ?

– Avec tout le respect que je vous dois, monsieur, je crois que vous le savez déjà.

Mulder le questionne sur l'incident à bord de l'avion de ligne, et sur ses efforts pour stopper l'enquête subséquente.

– Même si je vous raconte ce que je sais, vous ne me croirez pas, dit le diplomate.

– Vous seriez surpris, monsieur, de ce que je suis disposé à croire.

Le ministre plénipotentiaire pousse un soupir et se carre dans son fauteuil.

– J'avais espéré que, si je fermais les yeux, cela s'en irait, cette fois.

– Cette fois ?

– Je suis issu d'un peuple de cultivateurs, les Bambara. Mon enfance a été nourrie de légendes ancestrales, auxquelles mon esprit d'enfant croyait avec une foi aveugle.

– Quel genre de légendes ?

– Les Teliko, ou esprits des airs, étaient censés se reposer le jour, dans des lieux sombres et protégés : au creux des arbres, dans les trous du sol où même un enfant n'aurait pu s'abriter...

Dans la chambre d'hôpital d'Aboah, un aide-soignant frappe à la porte de la salle de bains sans obtenir de réponse. Il repart, poussant devant lui un chariot-repas dont les flancs sont en partie protégés par des plaques de tôle.

Le diplomate poursuit son récit :

– Ces esprits ne sortent de leurs cachettes que la nuit.

– Ils sortent pour quoi faire, monsieur ?

– Lorsque j'avais sept ans, une nuit où j'étais éveillé, j'en ai vu un, penché au-dessus de moi, avec sa chevelure couleur de paille et ses yeux aux reflets d'eau... Il me dévisageait. J'ai fermé les yeux en hurlant, et je me suis senti emporté dans les airs. Mais quand j'ai rouvert les yeux, il n'y avait plus que mon père, qui me serrait dans ses bras.

– Alors, c'était un cauchemar ? demande Mulder.

– C'est ce qu'a dit mon père. Et je l'ai cru. Jusqu'au lendemain, lorsqu'ils ont trouvé mon cousin, mort au milieu de son bétail.

Diabira s'approche de son bureau et examine la photographie du passager décédé de l'avion.

– Il avait exactement la même apparence que cet homme.

À l'hôpital, Scully et Bruin examinent les radios d'Aboah. Un corps étranger massif est logé dans son œsophage. Une échotomographie révèle que Samuel ne possède pas de glande pituitaire. Les deux médecins sont perplexes. Scully ne pouvant fournir aucune explication, elle envisage d'interroger le patient.

– Il vous faudra le trouver pour commencer, commente Mulder qui s'approche des deux médecins. Samuel Aboah a disparu.

Dans un garage souterrain, Marcus Duff se dirige vers sa voiture. Aboah, les mains couvertes de petites taches blanchâtres, le regarde en silence, jusqu'à ce que Duff le repère dans son rétroviseur latéral.

Surpris, Marcus se retourne et plonge son regard dans celui, irréel, d'Aboah.

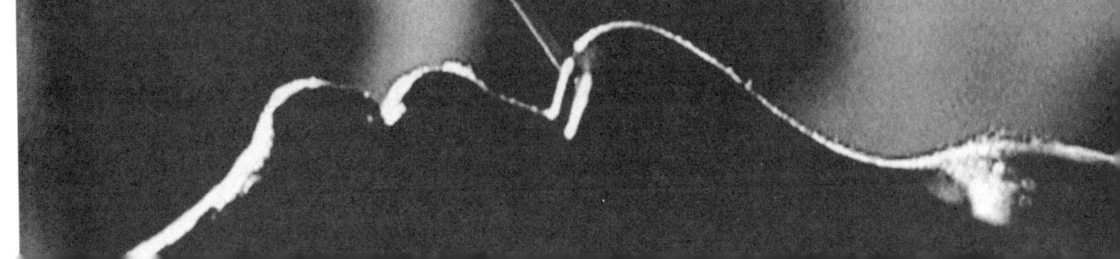

– Samuel, vous m'avez fait peur !

Aboah ne répond rien, et se contente de sourire. Dominant sa peur, le travailleur social demande à Aboah s'il a été autorisé à sortir de l'hôpital. Samuel sourit à nouveau et acquiesce d'un signe de tête. Duff lui offre alors de le déposer chez lui.

– Vous avez eu de la chance que je travaille tard !

Aboah sourit plus largement encore :

– Oui, beaucoup de chance.

La sarbacane qu'il a retirée de sa gorge est cachée derrière son dos.

À l'hôpital, les deux agents inspectent le chariot de distribution des repas, qui a servi de moyen d'évasion à Samuel.

Scully informe son coéquipier que la police de Philadelphie a trouvé la voiture de Marcus Duff, abandonnée, les clés de contact au tableau de bord et le moteur encore chaud.

Dans une allée sombre, Aboah est penché sur le corps paralysé de Marcus Duff. Il sort de la sarbacane un autre tube, plus fin encore. Il commence à l'enfoncer, l'extrémité barbelée en premier, dans une narine de sa victime. Les yeux de Duff s'écarquillent sous l'effet de la terreur.

Au tout dernier moment, Aboah est interrompu par la ronde d'un policier. La torche du représentant de l'ordre illumine l'étrange scène, mais l'agent ne voit que le corps de l'infortuné Marcus Duff. D'un tuyau d'égout voisin provient le bruit d'une respiration furieuse.

Mulder et Scully se trouvent à l'hôpital lorsque Duff est amené, toujours paralysé mais vivant. Ils partent immédiatement à la recherche d'Aboah, Mulder étant persuadé que Samuel va se mettre aussitôt en quête d'une autre victime.

– Comment peux-tu en être certain ? lui demande Scully.

– Parce que nous l'avons interrompu avant qu'il ait achevé son projet.

– Tu veux dire, tuer Duff ?

– Non, Scully, le fait de tuer paraît secondaire par rapport à un besoin plus important.

– Mais quel besoin ?

Mulder suggère qu'Aboah, né sans glande pituitaire, et ne disposant pas de ce fait de la faculté de produire de la mélanine, est le membre d'une tribu isolée.

– Tu te rends compte, Scully, il appartiendrait à un clan d'albinos sub-sahariens, liés par un même déficit génétique, et qui se sont adaptés au fil des générations.

– En volant les hormones des autres ?

– D'une manière ou d'une autre, Aboah a réussi à survivre, conclut Mulder.

Les deux agents quadrillent le secteur et longent un chantier de démolition. Mulder se souvient de la mention faite par Pendrell des fibres d'amiante détectées sur le corps d'Owen Edwards. Il arrête la voiture.

Scully et Mulder se séparent. Les faisceaux de leurs lampes-torches fouillant les ténèbres, ils inspectent le squelette du bâtiment en cours de démantèlement. Aboah, maintenant complètement dépourvu de pigmentation, les observe depuis sa cachette.

Il projette un dard empoisonné sur la nuque de Mulder avec sa sarbacane. L'agent a juste le temps de crier un avertissement à sa partenaire avant de s'effondrer, paralysé.

Scully, répondant au cri de détresse de son coéquipier, rampe frénétiquement à travers les conduits de ventilation du bâtiment, à sa recherche. Elle dépasse le corps décoloré d'Alfred Kittel, et localise enfin Mulder. Aboah rampe derrière elle. Dana se retourne vivement et tire dans sa direction, le faisant disparaître.

Elle se rapproche alors de Mulder, extirpe son corps inerte du conduit, et appelle une ambulance de son téléphone cellulaire. Elle n'a pas remarqué la présence de Samuel derrière elle, mais Fox fait un effort surhumain pour avertir sa coéquipière en dirigeant son regard vers l'agresseur.

Instinctivement, Scully se retourne et fait feu au jugé, sa balle frappant de plein fouet Aboah au moment où il bondit sur elle. L'adversaire s'écroule, blessé, mais apparemment insensible à la douleur.

Dans son bureau au FBI, Dana saisit son rapport au clavier de son ordinateur portable :

Malgré un trauma aigu de la glande pituitaire, Marcus Duff est sorti ce matin du centre hospitalier du Mont-Zion. Son témoignage est attendu devant le jury qui aura à se prononcer sur les charges criminelles pesant sur Samuel Aboah, auquel sont imputés cinq meurtres. Il n'est pas certain toutefois qu'Aboah vivra assez longtemps pour comparaître devant le tribunal. Sa réactivité à la thérapie hormonale a été médiocre, et la détérioration de son état de santé progresse.

À l'hôpital du Mont-Zion, Samuel Aboah est alité, connecté à un dispositif sophistiqué de monitorage et d'assistance aux fonctions vitales. Dans son visage blafard, les traits sont tirés, les yeux roses élargis à cause de la maladie de Graves-Basedow.

Scully poursuit son rapport :

Ma conviction est que le mécanisme à travers lequel Aboah a tué – et survécu – peut être expliqué par la science seule. Et la science parviendra, un jour, à prendre sa place dans la grande chaîne de l'évolution. Mais jamais en revanche elle ne

pourra donner une explication satisfaisante de la peur de l'Autre qui est en nous. Une peur qui nous pousse souvent à ne pas rechercher la vérité, mais à manipuler et à faire de la désinformation. À obscurcir et à voiler la vérité, non seulement aux autres, mais à nous-mêmes.

Coulisses

Comme d'autres épisodes issus de l'imagination du producteur exécutif Howard Gordon, « Teliko » a connu une naissance difficile et mouvementée. Il représente le produit de l'insomnie, du désespoir et de l'anxiété du producteur, tout comme « Coup de Foudre » lors de la précédente saison, ou encore « Insomnie ».

– J'avais commencé par travailler un mois entier sur un scénario mettant en scène un immortel, ou du moins quelqu'un qui en avait finalement l'apparence. Et je fis totalement fausse route, nous explique Gordon.

Après nombre de discussions intenses (ponctuées de séances de fumerie de cigares) avec Ken Horton, le producteur consultant, Gordon eut l'idée d'associer deux éléments : le vampire albinos buveur de mélanine et la xénophobie, ou peur des étrangers, qui demeure souvent dans l'inconscient. Chris Carter donna un aval enthousiaste à l'idée qui sous-tendait l'histoire, et Gordon écrivit une première version…

… que tout le monde détesta !

– On était encore loin du but, mais Chris a gardé son calme, nous précise Gordon. Il a organisé une réunion où j'ai pris des notes intéressantes, puis nous nous sommes de nouveau rencontrés, Frank (Spotnitz), toute l'équipe et moi, pour restructurer entièrement l'histoire... Je l'ai totalement réécrite en quatre jours.

L'épisode s'élança vers la production – et une ultime scène d'autoflagellation, comme le rapporte toujours Gordon :

– Je rentrais à peine des réunions de préproduction à Vancouver lorsque Chris, devant le groupe au complet, annonce : « Pourquoi est-ce que nous racontons cette histoire ? – Eh bien, Chris, je n'en sais rien. Mais c'est en cours de tournage, alors il faudra qu'on en reparle », répondis-je.

» Une fois de plus, poursuit-il, il était en train de me faire comprendre, à sa manière abrupte, que l'épisode nécessitait une restructuration des éléments afin de lui donner une cohésion thématique. Et c'est alors qu'il a apporté les notions de « manipulation, de désinformation et d'obscurcissement des données ». J'ai revu l'ensemble de l'histoire à la lumière de ces apports, le jour et la nuit suivants, avec cette formule tonique présente à l'esprit ; et le scénario a pris forme.

C'est aussi Carter qui a eu l'idée, selon Gordon, d'équiper Samuel Aboah d'un dispositif comprenant une sarbacane associée à un extracteur de pituite, et surtout de les lui faire porter dans l'œsophage. Le concept du Teliko n'est pas une pure invention. C'est en effet le nom donné dans la mythologie africaine à une variété d'esprits de l'air, quelquefois décrits comme des albinos. Il est vrai que, dans certaines cultures africaines, les albinos sont rejetés et injuriés. L'idée de faire venir le Teliko du Burkina-Faso a été suggérée par John Shiban, en souvenir de l'époque où il programmait électroniquement les tarifs postaux aériens pour les pays étrangers, pour le compte d'une compagnie informatique.

Le choix des acteurs fut difficile, comme le décrit le directeur du casting de Los Angeles, Rick Milliken :

– Nous voulions de véritables Africains mais, à la télévision, on n'a jamais beaucoup de temps. Nous ne disposions que de quelques jours, aussi avons-nous contacté tous les authentiques Africains que nous pouvions trouver. On a fait venir une troupe théâtrale africaine de passage. On a même appelé des consulats d'États africains, et le Comité olympique !

Finalement, l'acteur américain Carl Lumbly, réputé pour son rôle de l'inspecteur Mark Petrie dans la

série de CBS *Cagney et Lacey*, a joué le rôle de l'inspecteur Duff, des services de l'Immigration. Pour le rôle d'Aboah, le choix s'est porté sur un acteur ghanéen, Willie Amakye, qui parle fort bien l'anglais, mais mieux encore sa langue maternelle, le fanti. (Le réalisateur, James Charleston, se souvient d'Amakye comme d'un acteur « encore un peu novice, mais très adaptable et manifestant beaucoup de bonne volonté »).

Amakye fut à quatre reprises membre de l'équipe olympique du Ghana (il a couru le 800 mètres, et participé au relais 4 fois 400). Sa participation aux *X-Files* s'est produite peu après son retour des jeux d'Atlanta. Il réside en fait depuis douze ans en Californie du Sud, où il joue régulièrement dans des spots publicitaires, ainsi que dans des films comme *Congo* ou le dernier Spielberg, *Amistad*.

Le passage d'Amakye du noir au blanc et *vice versa* a représenté un défi des plus difficiles pour la maquilleuse Laverne Basham et à son assistante Pearl Louie.

– Avant qu'il ne vienne, rapporte Basham, nous avons étudié des photos d'albinos et de personnes noires atteints de vitiligo. Mais nous ne nous attendions pas à trouver chez Willie une peau d'un noir aussi profond. La solution, explique-t-elle, fut d'employer plusieurs couches de crème Dermablend comme base, recouvertes de plusieurs autres couches de poudre blanche agrémentée d'une touche ou deux de poudre rose pour donner de la couleur. Le regard translucide d'Aboah fut obtenu au moyen de lentilles de contact.

Alors qu'il composait la musique destinée à l'épisode, Mark Snow contacta un ensemble de flûtes, voix et percussions africaines, et il admet avoir glissé dans son mixage quelques échantillons des Voix Bulgares, un enregistrement de chœurs de femmes bien connu en Californie du Sud, qui illustre les émissions d'une station de radio, KCRW.

4X04 utilise pour la première fois le décor coûteux du cockpit d'avion de ligne, construit pour « Tempus Fugit », première et deuxième partie (4X17 et 4X18). À l'époque du tournage de « Teliko », toutefois, la machinerie hydraulique des effets spéciaux, servant à secouer l'ensemble du décor, n'était pas encore achevée.

Teliko signifie en grec « la fin ».

La phrase d'accroche de cet épisode est : « Tromper, duper, dissimuler ». Lorsque Mulder vérifie la carte de séjour de l'extraterrestre Samuel Aboah, nous pouvons lire sa date de naissance : 25 septembre, la même que celle de Piper Maru, la fille de Gillian Anderson.

Du danger d'entrer dans la peau d'un personnage. Lorsque Willie Amakye est arrivé à Vancouver, quelques jours avant le début du tournage, la coiffeuse Anji Bembem et son assistant Dean Scheck lui ont teint les cheveux en orange vif, ce qui paraît-il facilite le passage du noir au blanc et vice versa.
Amakye nous raconte :
– À l'hôtel, tout le monde m'a pris pour Dennis Rodman !

Dans le même ordre d'idées, Amakye nous a également confié qu'un jeune couple de ses amis, après avoir regardé l'épisode, l'a aimablement prié de se tenir à l'écart des enfants pendant quelque temps.

Le Pré où je suis mort

(The Field where I died)

Pour tenter d'empêcher une vague de suicides collectifs au sein d'une communauté religieuse fanatique, Mulder et Scully interrogent l'une des épouses du dirigeant polygame de la secte. Sous hypnose, elle fait le récit de ses vies passées – et de ses morts – qui se révèlent inexplicablement liées à celle des deux agents.

Épisode : 4X05
Première diffusion US : 3 novembre 1996
France : 28 février 1997
Scénario : Glen Morgan et James Wong
Montage : Heather MacDougall
Mise en scène : Rob Bowman

Distribution :
Mitch Pileggi (dir. adj. Walter Skinner) ;
Kristen Cloke (Melissa Riedel-Ephesian) ;
Michael Massee (Vernon Ephesian) ;
Anthony Harrison (agent fédéral Riggins) ;
Donna White (psychothérapeute) ;
Doug Abraham (responsable du service des Tabacs, Alcools et Armes) ;
Michael Dobson (agent du service des Tabacs, Alcools et Armes) ;
Les Gallagher (avoué) ;
Douglas Roy Dack (un passant).

Sites principaux :
Apison et Chattanooga, Tennessee.

Fox Mulder se tient, solitaire, au milieu d'un pré verdoyant. Sur son visage se lit une expression de profonde tristesse.

En voix off, nous prenons connaissance de ses pensées.

Par moments je rêve presque que
[j'ai moi aussi vécu une vie
[à la façon des sages,
Et que je foule une fois de plus
[des chemins familiers.
J'ai peut-être péri voilà longtemps
[dans une confiance en moi
[pleine d'arrogance ;
Et, ce faisant, une prière pour
[l'octroi d'une seconde chance
[s'est élevée, si fervente, si...

Il contemple deux daguerréotypes datant de la guerre de Sécession, dont l'un représente un homme, et l'autre, une femme. Fox hésite, puis continue :

Pleine d'une lumière nouvelle
[qu'avait laissée entrer la Mort
Que la vie fut biffée, mais pas
[complètement,
Qu'il en resta suffisamment
[d'épaves éparses
Pour que perdurent de vagues
[souvenirs ;
Comme maintenant, quand
[une fois de plus le but
[paraît de nouveau en vue.

À la recherche de caches d'armes illégales, une équipe d'agents du FBI – dont font partie Mulder et Scully – prennent d'assaut la communauté rurale du Temple des Sept-Étoiles, dans le sud profond des États-Unis. En définitive, ils ne trouvent ni les armes ni le gourou de l'ordre, Vernon Ephesian.

Pendant que les agents perquisitionnent le complexe de bâtiments jusque dans ses tréfonds, Mulder se sent attiré inexplicablement par un champ situé à l'arrière. Il lui semble entendre de faibles voix dans le lointain, et marche vers leur source. Il découvre alors une trappe en bois, à peine visible dans l'herbe et les ronces, et l'ouvre.

Au-dessous de lui, dans un bunker, Ephesian et ses six femmes récitent les Écritures, chacun tenant à la main un verre rempli d'un liquide coloré. L'agent arrache le verre des mains de Melissa Riedel-Ephesian, la plus jeune, au moment où elle va absorber le poison. Elle lui recrache la première gorgée du produit à la figure. Aucun autre membre du groupe ne tente de se suicider. Tous sont mis en état d'arrestation.

Dans un poste de commandement de campagne proche, le directeur adjoint Walter Skinner s'adresse aux agents du Bureau et du service des Tabacs, Alcools et Armes. Il leur fait écouter un enregistrement de la voix rauque d'un informateur, un homme d'âge moyen connu seulement sous le nom de Sidney, qui renseigne les fédéraux concernant l'existence d'un véritable arsenal dans le camp de la secte, le cas de sévices sur enfants, et les plans « pour commettre quelque chose de complètement dément ».

Skinner informe les agents qu'en l'absence de preuves, ils seront obligés de relâcher les membres du Temple sous vingt-quatre heures. Il prend à part Mulder et Scully, et leur précise qu'ils ont été associés à cette opération afin d'enquêter sur les capacités prétendument paranormales d'Ephesian. Dana n'est pas d'accord avec cette analyse.

– Nous tenons Ephesian pour un psychopathe paranoïde charismatique. Il est obsédé par *L'Apocalypse* de saint Jean, et il utilise sa connaissance des textes

bibliques pour obtenir tout ce qu'il veut de ses adeptes.

Skinner leur rappelle que le gourou avait poussé ses six femmes au bord du suicide.

– Je crains tout particulièrement que, si nous relâchons les membres du Temple, les futures enquêtes fédérales ne ravivent la paranoïa des Éphésiens, et qu'on ait sur les bras non pas un nouveau Waco, mais un nouveau Jonestown.

Mulder et Scully interrogent Ephesian, un fanatique aux yeux bleus qui prétend avoir assisté à la prédication de Jean l'Apôtre, dans une vie antérieure. Son avocat nie qu'il y ait parmi les fidèles une personne quelconque portant le nom de Sidney.

Le gourou lance un avertissement effrayant aux agents :

– Pour le bien de vos âmes, il est vital que vous compreniez que bientôt, très bientôt, tous les mécréants, toutes les bêtes – y compris ce Sidney, vous et moi – seront détruits par les Puissants envoyés par Dieu.

Mulder et Scully procèdent alors à l'interrogatoire des femmes d'Ephesian.

– Commençons par elle, propose Mulder en désignant une photo de Melissa.

Cette dernière est une belle femme, visiblement très troublée. Elle joue pourtant à merveille le rôle d'un membre docile de la secte, répondant aux questions de Scully avec une voix aux intonations joyeuses. Lorsque Dana lui demande si elle a été témoin de sévices sur enfants dans le cadre de la communauté du Temple, Melissa commence à s'agiter, ses gestes se font virils, et elle se met à parler d'une voix rauque.

– Dites voir, j'sais pas où vous avez pêché ça. J'veux dire, j'ai vu un truc ou deux, mais ça aurait pu être n'importe quoi, hein ?

Scully appelle Melissa par son nom. Cette dernière prétend qu'elle ne connaît personne de ce nom.

– Sidney ? intervient alors Mulder.

– C'est quoi, ça ? La chasse aux sorcières, comme sous McCarthy ? lui répond la jeune femme.

Scully note sur son bloc : « syndrome de personnalité multiple ». Mulder y ajoute : « vies antérieures », puis il intervient de nouveau :

– Sidney, pouvez-vous nous dire qui est le Président des États-Unis en ce moment ?

– Le Président ? Pourquoi cette question stupide ? Harry Truman, évidemment !

Les deux agents informent Skinner de leur découverte, et lui demandent l'autorisation de ramener Melissa sur le site du Temple, dans l'espoir que l'une de ses personnalités leur révélera la localisation des armes.

Après que le directeur adjoint leur a donné son aval à contrecœur, Dana reproche à Fox de ne pas avoir clairement affiché son opinion sur l'affaire, à savoir que Melissa est possédée par ses vies antérieures.

– Voyons, Scully, il n'aurait pas voulu me croire.

– Je ne pense pas que tu te sentes responsable de ces cinquante vies que tu es censé protéger, ou de celle de Melissa. Tu ne te sens responsable que de toi.

Revenue sur le site du camp avec les deux agents, Melissa regarde avec tristesse les photos qui la représentent en compagnie d'Ephesian. Dans la chambre des enfants, elle assume brièvement la personnalité d'une petite fille de quatre ans, du nom de Lily. Mais lorsque Dana la questionne sur d'éventuels sévices, c'est Sidney qui fait sa réapparition.

– Bon sang, vous allez lui ficher la paix, à cette petite ?

– Je la renvoie à la maison, répond doucement Mulder à Sidney. Je renvoie tout le monde à la maison, en fait. Vous serez tous en sécurité. Tout ce qu'elle a – tout ce qu'ils ont – à faire, c'est me dire où sont cachées les armes.

À ces paroles, Melissa sort lentement du campement et se dirige tranquillement vers le champ où Mulder l'a trouvée. Avec un sentiment de malaise croissant, les deux agents la suivent. Elle s'exprime maintenant avec un fort accent du Sud.

– Les armes étaient rangées dans le bunker qu'ils ont construit la nuit d'avant.

– Voilà pourquoi les agents des Tabacs et Armes ne l'ont pas fait figurer sur leur rapport !

Melissa poursuit :

– Les fédérés arriveraient au matin, avant le lever du soleil. Prenant conscience de la puissance et du nombre des troupes gouvernementales, beaucoup pensaient en vérité que jamais ils ne reverraient la lumière du jour, tout comme ils avaient vu tomber leurs frères, quelques jours avant, à la bataille de Missionary Ridge.

Elle s'exprimait avec une dignité douce-amère.

– Nous avions reçu des nouvelles de la retraite de l'armée du général Cleburn devant l'avancée de l'armée de l'Union. En tant qu'infirmière, j'avais reçu l'ordre de quitter le comté de Hamilton, pour aller à la rencontre des troupes. Mais en réalité, c'était *lui* que je cherchais. Je savais bien qu'il tenterait de rester dans le

Tennessee plutôt que de faire retraite vers Dalton. Je l'ai trouvé ici, au nombre de ceux qui avaient perdu la vie lorsque le général Thomas avait fait sa percée à travers les troupes confédérées. Les troupes fédérées provenaient de cette direction. Plutôt que de faire encore retraite, ils les ont combattus, nous cachant dans le bunker. Depuis l'intérieur, je pouvais sentir l'odeur de la poudre, et entendre la chute des corps sur le sol au-dessus de nos têtes. Tous, jusqu'au dernier. C'était le 26 novembre 1863, j'y étais... Et vous aussi, ajoute-t-elle en se tournant vers Mulder.

Le visage de Fox exprime un sentiment de perte et de mélancolie indicibles. Melissa le regarde avec amour et tristesse, et conclut :

– Voici le pré où je vous ai vu mourir.

Malgré les très vives objections de Scully, Fox prend les dispositions nécessaires pour qu'un thérapeute pratique sur Melissa une régression hypnotique qui lui fasse traverser la chaîne de ses vies antérieures. Pendant la séance d'hypnose, elle utilise sa propre voix, évoquant un cas ignoble de violence sur enfant, pratiquée par Ephesian et sa garde prétorienne grotesque, les Puissants.

Sidney intervient ensuite pour indiquer que les armes ont été cachées par Ephesian dans un bunker datant de la guerre de Sécession, mais qu'il ne sait pas où se trouve l'endroit.

Scully propose à Mulder d'examiner des documents d'époque, décrivant les champs de bataille. L'agent scrute le visage de sa coéquipière et lui dit, avec une intensité inexplicable :

– Tu *sais* déjà où se trouvent les autres bunkers.

Puis il se tourne vers Melissa, toujours en état de régression hypnotique :

– Melissa, c'est moi. Je veux que tu retournes là-bas, dans ce champ.

Elle a pour lui un regard de désir intense et désespéré, et répond cette fois avec la voix de l'infirmière de l'armée confédérée :

– La teinte de tes yeux a pu changer, mais ton âme reste la même. Nous ne nous sommes retrouvés dans cette vie que pour nous croiser brièvement. C'est une telle douleur que l'attente. Et tu me manques tant.

Scully affirme à un Mulder désespéré que les voix de Melissa ne sont que le produit d'une maladie mentale, et que rien ne prouve sa sincérité.

– Il y a pourtant un moyen, lui répond Mulder, déterminé.

La thérapeute hypnotise Mulder et le guide :

– Je veux que vous remontiez le temps, dans votre passé. Avant votre vie présente. Que voyez-vous ?

Les yeux fermés, Fox fait un effort pour parler.

– Les rues du ghetto. Du verre brisé. Je suis une femme juive, en Pologne. Mon fils est avec moi. C'est Samantha. Dans cette vie, elle est mon fils. Mon père est mort, là, dans la rue. C'est Scully. Il s'en est allé, maintenant, il nous attend. Les âmes se rejoignent sans cesse, mais sous des dehors différents. Toujours, toujours. Pour apprendre.

» Je puis voir mon père. Il y a un officier de la Gestapo auprès de lui. C'est l'Homme à la cigarette. Le mal revient au mal. Mais l'amour... les âmes sœurs. Pour l'éternité. On m'enlève mon mari, pour les camps. C'est Melissa. On nous arrache toujours l'un à l'autre.

Des larmes coulent sur les joues de Mulder.

– Maintenant, je me lève. Bien au-dessus de mon corps. Au-dessus du pré. Mon visage est ensanglanté. Dans le bunker. Les fédérés sont partis. Mon sergent aussi est mort. C'est Scully. Sarah me tient dans ses bras, elle est triste. C'est Melissa. Elle vit près du champ de bataille. Son nom est Kavanaugh. Mon nom est Sullivan Biddle.

Au palais de justice du comté de Hamilton, Scully étudie un plan des champs de bataille pendant la guerre de Sécession. En feuilletant une pile de vieux registres, elle découvre les noms de « Kavanaugh Sarah » et « Biddle Sullivan », en écriture cursive. Dans un tiroir portant l'étiquette « Guerre de Sécession, photographies, portraits », deux daguerréotypes, représentant Sullivan Biddle, dans l'uniforme gris des Confédérés, et Sarah Kavannaugh, dans une coquette robe à fleurs, présentent une ressemblance frappante avec Fox Mulder et Melissa Riedel.

Au poste de commandement, Mulder est perdu dans la contemplation des deux images. Scully lui annonce qu'Ephesian, Melissa et les autres membres de la secte vont être relâchés.

– Dana, si quelqu'un t'avait dit, au cours des quatre années de notre travail en commun, que nous étions des amis ailleurs, depuis toujours, est-ce que cela aurait changé quelque chose dans ton attitude à mon égard ?

– Quand bien même j'en aurais la certitude, je ne regretterais pas un jour passé avec toi, répond-elle avec tendresse.

Elle est sur le point de partir, puis se ravise.

– Mais j'avoue que j'aurais pu me passer de l'affaire de l'homme-douve.

Plus tard, dans la salle d'interrogatoire, Mulder fait écouter à Melissa l'enregistrement de sa voix en tant que Sarah Kavannaugh.

Elle se montre incrédule.

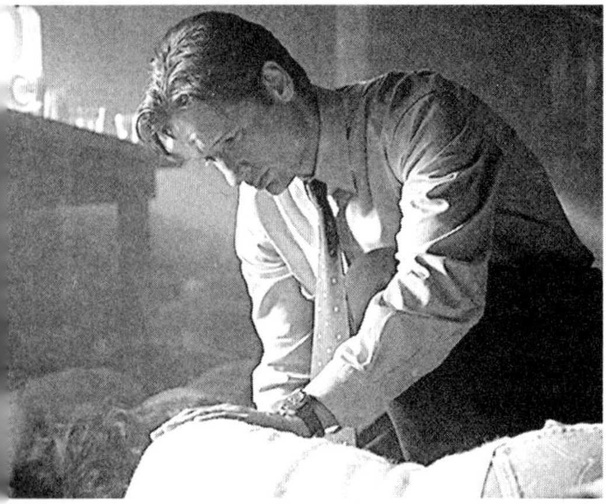

– D'après ces bandes, nous avons choisi les vies vécues avant notre naissance et les personnes avec lesquelles nous les avons partagées. Cette idée est très belle, et je voudrais y croire. J'aimerais alors recommencer. Je souhaiterais mettre un terme à cette vie présente, qui n'a pas de sens.

– Sarah, si cela est vrai, aucune vie ne serait inutile, dit Fox en lui saisissant la main.

Vernon Ephesian apparaît alors sur le seuil, une lueur de folie dans les yeux.

– Sarah, dit-il, il est temps de partir.

Scully rapporte à son collègue que les agents du service des Tabacs et Armes fouillent encore les champs autour du campement. À l'intérieur du Temple des Sept-Étoiles, Ephesian accueille chaleureusement ses disciples, mais remarque avec inquiétude la présence des agents alentour. Il regarde Melissa avec méfiance.

Mulder avertit Skinner de ce qu'Ephesian, réduit aux abois, pourrait mettre en danger la vie de la communauté. Dans le camp, les Puissants ordonnent aux fidèles d'écouter le prêche du gourou.

– Ne vous étonnez pas, mes frères, que le monde vous haïsse. Nous avons franchi la frontière qui sépare la mort de la vie, parce que nous avons l'amour fraternel. Vous recevrez l'amour de Dieu, parce qu'il a donné sa vie pour vous.

Dans le poste de commandement, où les propos délirants d'Ephesian sont retransmis *via* un micro parabolique, Skinner, très alarmé, fait donner l'assaut au Temple.

Pendant qu'Ephesian prêche le Jugement dernier, les Puissants remplissent les verres de poison. D'autres membres font feu à l'arme automatique sur les agents, et en blessent plusieurs. La fusillade cesse au moment où Mulder et Scully arrivent sur les lieux. Fox pose son arme et marche calmement vers le Temple. Dana lui enjoint de ne pas s'exposer.

Mulder court à présent dans le camp devenu silencieux, où la plupart des membres de la secte se sont écroulés, sans vie.

Ephesian, un verre de poison à la main, se dresse au-dessus de Melissa, en larmes.

– En vérité je te le dis, je suis la vie éternelle.

Melissa accepte la coupe de ses mains, et porte son regard au loin, vers les champs.

Mulder arrive trop tard. Ephesian est mort. Il n'a que le temps de serrer Melissa dans ses bras. Dans sa main sans vie, elle tient les deux photos déchirées.

Fox Mulder se tient, solitaire, dans un pré verdoyant. Sur son visage se lit une expression de profonde tristesse.

Ses pensées s'égrènent lentement :

Par moments je rêve presque que
[j'ai moi aussi vécu une vie
[à la façon des sages,
Et que je foule une fois de plus
[des chemins familiers.
J'ai peut-être péri voilà longtemps
[dans une confiance en moi
[pleine d'arrogance ;
Et, ce faisant, une prière pour
[l'octroi d'une seconde chance
[s'est élevée, si fervente, si...

Son regard se porte sur les photos de Sarah Kavanaugh et de Sullivan Biddle. Il hésite, puis continue :

Pleine d'une lumière nouvelle
[qu'avait laissée entrer la Mort
Que la vie fut biffée, mais pas
[complètement,
Qu'il en resta suffisamment
[d'épaves éparses
Pour que perdurent de vagues
[souvenirs ;
Comme maintenant, quand
[une fois de plus le but
[paraît de nouveau en vue.

Coulisses

Bien que l'influence de Shirley Mac Laine, David Koresh et Jim Jones soit sensible, la véritable source d'inspiration de cet épisode provient de Ken Burns, le créateur de la série documentaire de la chaîne PBS, *La guerre de Sécession*.

L'histoire d'amour sur fond de combats entre Sarah Kavanaugh et Sullivan Biddle – Melissa Ephesian et Mulder, dans leurs hypothétiques vies antérieures – est inspirée des lettres qu'échangèrent le major Sullivan Ballou, un officier de l'Union, et sa femme Sarah, et qui furent un des éléments les plus marquants du documentaire de Burns.

– Cette partie était la préférée de Glen (Morgan), raconte Kristen Cloke, qui est mieux informée que quiconque sur cet épisode.

Kristen est non seulement la principale invitée vedette de l'épisode, mais également la productrice consultante et, pour faire bonne mesure, la fiancée du coauteur. Elle fut en outre, comme nombre des principaux acteurs figurant dans les épisodes de la quatrième saison écrits par Morgan et Wong, une des vedettes de leur série, *Space : Above and Beyond*.

Avant le tournage, Kristen Cloke s'est documentée sur les désordres psychiques aboutissant à l'éclosion de personnalités multiples et chacun des personnages qui l'habitent est inspiré par des gens qu'elle a rencontrés. Comme on peut s'en douter, jouer le rôle d'une femme aussi perturbée demande un intense effort de concentration.

– En fait, explique Kristen, il faut comprendre que c'est la douleur et le refus de soi qui provoquent ces troubles.

Michael Massee, qui interprète le rôle de Vernon Ephesian, n'a pas vraiment de lien avec l'équipe des *X-Files*, mais il a joué un second rôle dans le film de David Duchovny, qui doit sortir en fin d'année, *Playing God*.

– Mon personnage est un agent du FBI, au caractère assez bizarre, dit-il dans un petit rire.

Pour construire le personnage d'Ephesian, Massee a tenté de lui donner l'apparence la plus normale possible, absolument pas démoniaque.

– Le but de la manœuvre était de le considérer comme votre voisin, Monsieur Tout-le-monde. Il fallait que vous compreniez qu'il croit totalement à son discours. Lorsqu'il explique, très raisonnablement, que « ceci est le cours des choses », ça doit ficher la frousse.

La production a vécu une autre forme de peur, lorsque la monteuse, Heather MacDougall, a assemblé pour la première fois les séquences. 4X05 faisait plus d'une heure, et établissait de ce fait un nouveau record de dépassement de durée pour les *X-Files*. Afin de dégager le temps nécessaire pour les coupures publicitaires, il a fallu retrancher dix-huit minutes de la substance de l'épisode. Dans la salle de montage électronique, deux personnalités entières de Melissa ont disparu ainsi qu'une bonne partie d'une troisième, la petite Lily, qui ne fait désormais qu'une brève apparition.

Afin de créer le Temple des Sept-Étoiles, à la manière de Waco, l'équipe de production de Vancouver a pris une décision relativement rare, celle de le construire en studio sur leur site principal de North Shore. Le directeur artistique, Gary Allen, estime pour sa part que ce fut le décor de studio le plus coûteux jamais réalisé pour la série. Afin de créer l'ambiance appropriée pour la mort de Melissa, le compositeur Mark Snow a prélevé quelques échantillons pour un enregistrement de chants grégoriens.

Afin de rendre plausibles les scènes de Scully au tribunal du comté, le chef accessoiriste Ken Hawryliw a pris contact avec les autorités de la ville, très réelle, d'Apison, dans le Tennessee, qui se situe à une heure de route à l'est de Chattanooga. Ces dernières lui ont envoyé un registre d'état civil authentique datant de la guerre de Sécession, lequel fut reproduit par les accessoiristes avec l'aide d'un expert en calligraphie. Les photos de Sullivan et

de Sarah, quelle que soit la minutie avec laquelle on les examine, ont l'air de daguerréotypes de Duchovny et de Cloke, mais sont en fait des photos d'époque, tombées dans le domaine public.

– Ce sont des images hybrides, explique Hawryliw. Nous avons emprunté les costumes à une illustration, les visages à une autre et les cheveux à une troisième. C'est un sacrément bon boulot de montage sur ordinateur ; personne ne pourrait se rendre compte de ce qu'on a fait. Le type dont on a utilisé le visage, par exemple, ressemblait à Mulder d'une façon surprenante.

Les événements du moment ont hélas bien d'autres moyens d'interférer avec les rêveries historiques. La tragédie de Heaven's Gate, se produisant quelques mois à peine après la diffusion de l'épisode, a valu à Chris Carter un déluge d'appels vifs et passionnés de la presse, auxquels il n'a pas jugé bon de répondre.

Une autre question s'est posée pour de nombreux fans : les relations amicales, et non amoureuses, qu'ont entretenues Mulder et Scully, durant leurs existences successives, ont-elles influé sur la nature de la relation amicale, sans rien de charnel, qu'ils développent dans la série ?

Fidèle à la politique d'ambiguïté des *X-Files*, aucun des auteurs-producteurs ne veut se prononcer dans un sens ou dans un autre.

Gillian Anderson, toutefois, manifeste sa préférence :

– J'ai terriblement aimé le scénario, qui m'a tiré les larmes. Et le concept de Mulder et Scully se rencontrant dans des vies antérieures représente une chose en quoi, pour une fois, je voudrais vraiment croire.

Kristen Cloke faisait partie de *Space : Above and Beyond*, la série de Glen Morgan et Jim Wong, où elle tenait le rôle du lieutenant Shane Vansen. Dans l'un des épisodes, elle jouait avec David Duchovny, lequel faisait une brève apparition en androïde champion de billard.

Le poème cité au début et à la fin de l'épisode est un extrait de *Paracels*, de Robert Browning, auteur anglais du XIXe siècle.

Vernon Ephesian est un nom inventé à partir du véritable prénom du chef de secte David Koresh et du titre d'un livre de la Bible (L'Épître aux Éphésiens).

Sanguinarium

(Sanguinarium)

Dans une clinique de chirurgie esthétique à l'activité intense et lucrative, des médecins assassinent les patients avec les moyens que leur procure leur profession. Plusieurs indices suggéreraient des cas de possession démoniaque.

Épisode : 4X06
Première diffusion US : 10 novembre 1996
France : 20 septembre 1997
Scénario : Valerie Mayhew et Vivian Mayhew
Montage : Michael S. Stern
Mise en scène : Kim Manners

Distribution :
Richard Beymer (Dr Jack Franklyn) ;
O-Lan Jones (Rebecca Waite) ;
Arlene Mazerolle (Dr Theresa Shannon) ;
John Juliani (Dr Harrison Lloyd) ;
Gregory Thirloway (Dr Mitchell Kaplan) ;
Paul Raskin (Dr Eric Ilacqua) ;
Marie Stillin (chirurgien de Los Angeles) ;
Norman Armour (médecin des Urgences) ;
Andrew Airlie (avoué) ;
Martin Evans (Dr Hartman) ;
Nina Roman (Jill Holwager) ;
Nancy J. Lilley (patiente en liposuccion) ;
Celine Lockhart (patiente) ;
Kevin McCrae (chirurgien des Urgences) ;
Erin Jeffrery (infirmière des Urgences) ;
Leanne Adachi (autre infirmière des Urgences) ;
Constance Barnes (infirmière).

Sites principaux :
Chicago et Winnetka, Illinois ; Los Angeles, Californie.

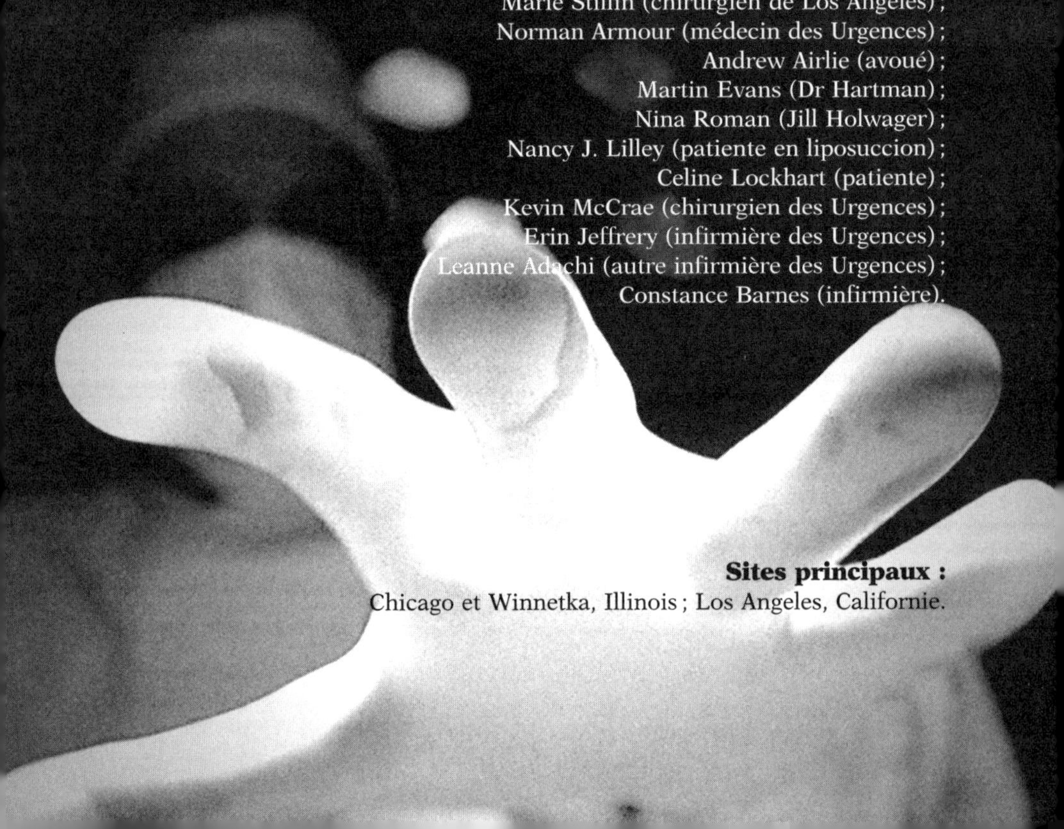

Rebecca Waite, infirmière à l'unité de chirurgie esthétique de l'hôpital du Mémorial de Greenwood, prépare une patiente qui doit subir une liposuccion. Le chirurgien Harrison Lloyd s'apprête à opérer. Il tremble et transpire, et se brosse les mains si durement qu'elles saignent à l'intérieur de ses gants chirurgicaux. Dans une salle d'opération, il se penche sur un patient sans surveillance dont il taillade le ventre à l'aide de son scalpel, d'une main vacillante. Puis il plonge une canule dans la plaie ouverte et ponctionne les globules de graisse visqueuse. Il fouaille violemment le ventre du patient avec l'instrument. Dans le bac récepteur, le liquide collecté vire du jaune au rouge.

L'infirmière Waite, étonnée de l'absence de Lloyd, voit se perpétrer l'abomination sur un écran de contrôle situé à l'extérieur de la salle d'opération. Elle ouvre la porte à la volée et appelle le chirurgien.

Celui-ci est couvert de sang. Il lui jette un regard vide et dit :

– J'en ai fini avec ce patient.

Mulder et Scully, enquêtant sur l'affaire, interrogent Lloyd à son appartement. Le chirurgien, très éprouvé, leur explique que, pendant le meurtre, il s'est senti totalement incapable de contrôler ses actions, se sentant à la fois à l'intérieur et à l'extérieur de son propre corps. Mulder évoque l'hypothèse d'un envoûtement.

– Quel autre nom voudriez-vous donner à ça ? s'exclame Lloyd.

Scully demande au médecin s'il a pris des médicaments. Il prenait en effet, de temps à autre, un comprimé de somnifère le soir, de même qu'un antiacide. De fait, le dossier de santé de Lloyd indique des doses dangereuses d'un antidépresseur très controversé. Cette constatation semble fournir à Scully une explication plausible aux actions bizarres du médecin.

Sur le lieu du crime – la salle d'opération numéro 3, encore éclaboussée de sang –, Scully expose à son coéquipier la nature du problème.

– Ce lieu est une véritable usine, Mulder. La chirurgie plastique et réparatrice est une industrie en plein essor dans le monde médical, et une unité chirurgicale comme celle-ci constitue une véritable mine d'or.

Mulder observe le sol et remarque cinq brûlures circulaires. Il trempe son index dans le sang, tire des traits entre les marques, et commente :

– La forme d'un pentagramme.

Sortant de la salle d'opération, ils rencontrent l'infirmière Waite, et l'interrogent sur la mort du patient.

– Je ne pourrai pas vous apprendre grand-chose.

– Savez-vous que le Dr Lloyd prétend avoir été envoûté au moment de l'incident ? lui demande Mulder.

– Je pense que c'est moins cher qu'une assurance contre les fautes professionnelles, lui répond l'infirmière.

Fox lui sourit. Dana observe les écrans de surveillance : les quatre autres salles d'opération sont en pleine activité.

– La magie nous entoure ici, Mulder. Seulement, elle est pratiquée à l'aide de silicone, de collagène et d'un scalpel judicieusement manipulé !

Dans la salle de conférences de l'hôpital, les Drs Theresa Shannon, Eric Ilacqua, Mitchell Kaplan et Jack Franklyn tiennent une réunion d'urgence. Leur discussion porte sur le meurtre qui vient de se produire, et sur la meilleure manière de poursuivre leur activité comme à l'ordinaire.

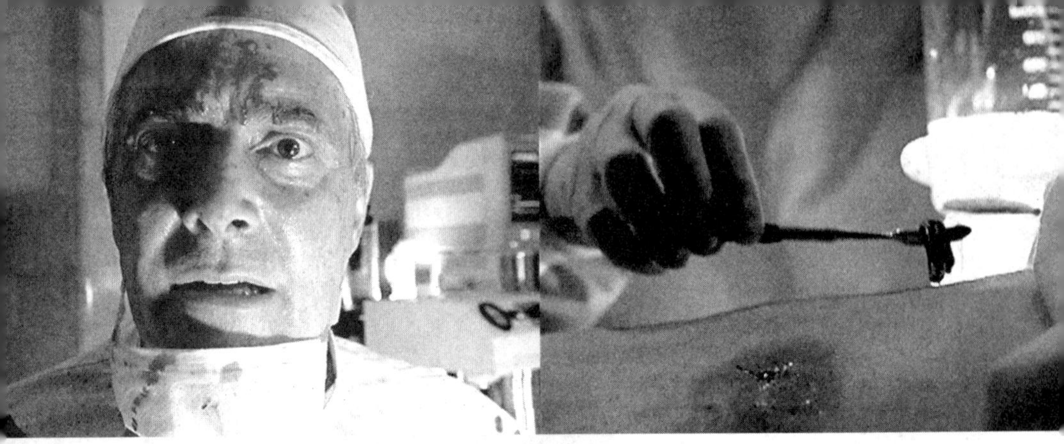

Leur table de conférences est ornée d'une marqueterie coûteuse en forme d'étoile à cinq branches.

Dans la salle d'opération numéro 2, l'infirmière Waite prépare une patiente, sous anesthésie locale, à une exfoliation faciale au laser. La femme se plaint, inquiète, de ne plus ressentir aucune sensation dans ses pieds. Waite la rassure avec douceur, tout en lui ôtant de l'abdomen cinq énormes sangsues.

Dans sa chambre de motel, Mulder s'examine dans le miroir, il observe soigneusement son nez sous divers angles. Son investigation est interrompue par Scully, qui frappe à la porte.

Fox insère une cassette dans le magnétoscope et rejoue l'enregistrement de l'opération tragique, faisant remarquer à sa coéquipière que les cinq marques sur le sol étaient déjà présentes.

– À supposer qu'elles aient un quelconque rapport avec l'affaire, qui les y aura mises ?

Fox n'a pas d'idée sur la question mais signale que le pentagramme est un symbole protecteur, la marque de forces bénéfiques.

– Ce serait assez logique que la sorcellerie ou la magie noire cherchent à investir un tel lieu, elles qui tirent leur substance des faibles et des vaniteux.

Scully proteste. Selon elle, aucun autre élément ne vient corroborer la thèse de la sorcellerie dans cette affaire. Mulder rétorque qu'il en existe un, au contraire : l'antiacide qu'utilise Lloyd contient de la belladone, une herbe traditionnellement utilisée dans les rituels sorciers.

– Eh bien, si cela te paraît aussi simple, pourquoi ne fais-tu pas paraître un avis de recherche concernant quelqu'un qui chevauche un balai et est coiffé d'un petit chapeau noir ?

Dans la salle d'asepsie des locaux de l'unité chirurgicale, le Dr Ilacqua, dont le visage est curieusement inexpressif, se prépare à rentrer chez lui.

Le Dr Shannon va se désinfecter les mains avant sa dernière opération de la journée, le peeling facial, en salle numéro 2.

Rebecca Waite vient lui annoncer que la patiente est prête. Shannon et Waite longent le couloir jusqu'à la salle d'opération, et trouvent la porte verrouillée. Shanon consulte alors l'écran de contrôle.

À l'intérieur, Ilacqua est penché sur sa patiente. Armé d'un bistouri au laser, il lui creuse un trou dans le cerveau.

Waite se détourne et prend la fuite.

Mulder et Scully ouvrent un nouveau dossier criminel. Dans la salle numéro 2, Dana interroge le Dr Ilacqua, figé et blême. Il ne se souvient pas du moment où il est entré dans la salle d'opération, mais se rappelle parfaitement ce qu'il y a fait. Scully se penche vers la poche de poitrine du chirurgien, et en sort un flacon d'une composition pharmaceutique.

Dans la salle de consultation de l'unité de chirurgie esthétique, Mulder observe, fasciné, un écran d'ordinateur, qui affiche son propre visage, de face et de profil. Une simple pression sur une touche modifie l'image, qui le représente avec un nez plus mince, rectifié. Il actionne les touches avant/après à plusieurs reprises.

L'arrivée de Scully interrompt sa rêverie. Mulder glisse dans le magnétoscope l'enregistrement des atrocités commises par Ilacqua, dans toute leur horreur. Les cinq marques de sangsues sur l'abdomen de la patiente, représentant les cinq pointes d'un pentagramme, sont parfaitement visibles. Scully apporte les comprimés qu'elle a trouvés sur le chirurgien.

– Tu penses qu'il s'agit d'une coïncidence ? lui demande-t-elle, dubitative.

Dans la salle de conférences de l'unité de chirurgie esthétique, les médecins restants tiennent une autre réunion pour tenter de limiter les dégâts. Les deux agents entrent sans s'être fait annoncer.

– Il semblerait que nous ayons à nouveau interrompu votre petite réunion amicale, commente Mulder.

– Réunion amicale ? s'exclame Franklyn, d'un ton guindé. Mais enfin, monsieur, pouvez-vous imaginer le souci que provoquent dans notre équipe les événements qui viennent de se produire ? Et notre ardent désir de mettre fin à cette situation et de faire arrêter finalement le coupable ?

– Finalement ? interroge Scully.

Les autres médecins éprouvent de l'embarras lorsque Franklyn relate une série de décès similaires dans l'unité chirurgicale dix ans plus tôt. Les affaires avaient toutes été classées comme « décès accidentels ».

– Des membres de votre équipe étaient-ils déjà présents, à l'époque ? interroge Mulder.

Franklin répond par l'affirmative, mais il ajoute aussitôt que l'infirmière Waite en faisait partie. Elle avait d'ailleurs quitté l'hôpital à l'époque, et n'y était revenue qu'il y a six semaines. Plus curieusement encore, elle demeurait introuvable depuis qu'elle s'était enfuie.

La maison de Rebecca Waite est plongée dans l'obscurité. Seuls des cierges éclairent un chemin menant à une sorte d'autel devant lequel Waite, dénudée jusqu'à la taille, s'agenouille en chantant doucement dans une langue inconnue. Son état semble proche de la transe. Elle coupe une mèche de ses cheveux et la dépose dans les flammes.

Mulder et Scully arrêtent leur véhicule devant le porche de la maison obscure, et s'avancent à pas feutrés. Ils repèrent un vieux balai, appuyé contre le chambranle de la porte.

– Voici un indice majeur, commente Mulder, impassible.

Un pentagramme de métal est fixé sur l'huisserie. L'arme au poing, ils ouvrent la porte, et entrent. Quelques cierges brûlent encore, mais la maison est déserte.

Dans une banlieue résidentielle, Jack Franklyn descend de sa Jaguar. Il entre dans sa demeure, d'une modernité austère. Après avoir actionné en vain l'interrupteur, il monte prudemment l'escalier et pénètre dans la salle de bains, située à l'étage. Sur le mur, s'étale en lettres de sang irrégulières la formule :

Vanitas vanitatum.

Sa baignoire est remplie à ras bord de sang. Du sang s'écoule aussi des robinets de la baignoire. Franklyn aperçoit son reflet sanglant dans le miroir, lorsqu'une main surgit de la baignoire et lui empoigne le visage.

Une autre main apparaît, qui tient un poignard. Une forme féminine couverte de sang se jette sur le médecin, le renversant violemment sur le sol.

Puis, plus rien. Le médecin, couvert de sang, reste seul.

Il redescend péniblement l'escalier, décroche le téléphone et compose le 911. Il n'obtient qu'un répondeur. Rebecca Waite bondit de sa cachette et l'attaque par-derrière. Il lui arrache la dague des mains et, inspirant profondément, la frappe.

Mulder et Scully arrivent sur les lieux au moment où Waite, se débattant et prononçant des propos incohérents, est poussée dans une ambulance par deux policiers. Elle se tourne vers Fox et lui crie :

– Ils ne comprennent pas ! Il faut que vous le leur disiez ! J'ai essayé de l'arrêter, mais il est trop puissant. Il faut que quelqu'un l'arrête !

Elle tente de s'expliquer, mais vomit sous l'effet d'un spasme, de petits objets métalliques. Elle perd conscience sous l'effet de la douleur.

Scully ordonne au personnel paramédical de l'emmener à l'hôpital. Elle les accompagne. Mulder s'agenouille pour examiner la pile considérable d'épingles droites que Waite a déposée après sa crise.

À l'intérieur de la maison, le Dr Shannon suture une entaille

importante sur le front du Dr Franklyn. Fox les regarde et commente :

– Il n'y a là rien qu'un peu de chirurgie esthétique ne puisse réparer, hein ?

– Je suis désolé, mais cette soirée a été plutôt chargée, et j'ai besoin d'un peu de repos, dit Franklyn avec un regard irrité.

Mulder et Shannon se retirent, et Franklyn s'allonge sur le dos, dans son lit. Au bout d'un moment, son corps rigide lévite audessus de la surface du lit. Les yeux grands ouverts, il arbore un sourire de satisfaction.

De retour au motel, Scully informe son coéquipier que Waite est morte sur la table d'opération :

– Une perte de sang massive due à une hémorragie œsophagienne, elle-même causée par la régurgitation violente de centaines d'épingles droites.

Mulder lui suggère que la mort a été provoquée par l'allotriophagie, c'est-à-dire la régurgitation ou le vomissement spontané d'objets étranges ou dégoûtants, le plus généralement associés à un phénomène de possession.

Il présente à Dana un livre sur la sorcellerie et un calendrier qu'il a trouvés au domicile de Rebecca Waite. Dans le calendrier figurent des pentagrammes qui ont été tracés à la main en face de certaines dates, celles de fêtes généralement observées par les occultistes. Chacune de ces fêtes correspond à l'anniversaire d'une des victimes d'assassinat à l'hôpital.

– Alors, tu penses qu'elle choisissait ses victimes selon le calendrier ? lui demande Dana.

– Souviens-toi, Scully, le pentagramme est un symbole protecteur. Je crois que Rebecca Waite tentait de sauver ces patients.

Dans la salle de préparation de l'unité de chirurgie esthétique, les Drs Kaplan et Franklyn font leurs ablutions avant de pratiquer les opérations du jour. Kaplan est soucieux, estimant que Franklyn n'est pas en état d'opérer après sa folle nuit de la veille.

– Regarde-toi, Jack : tu as l'air H.S.

Kaplan propose à son collègue de se charger de sa première opération, un peeling chimique.

Roulant vers l'hôpital, Dana et Fox reçoivent un appel du service des admissions, leur indiquant que l'anniversaire de la patiente devant subir le peeling facial chimique tombe le jour d'une des fêtes sataniques.

Kaplan, comme en transe, avertit la patiente de Franklyn qu'il la prend en charge. Mulder et Scully arrivent à l'hôpital au milieu de hurlements. Kaplan a versé de l'acide sur le visage de sa victime, dont la peau brûle et se boursoufle. Elle est horriblement défigurée.

Dans la salle de conférences, Shannon expose aux deux agents les données économiques du problème.

– L'unité de chirurgie esthétique fournit près de cinquante pour cent des recettes de l'hôpital. Vous voyez ce que cela signifie ?

– Cela veut dire que, pendant que les autres praticiens de l'établissement voient leurs salaires diminuer à cause des opérations de prévention médicale, vous vous enrichissez, répond Scully.

Shannon l'admet, avec amertume. Elle explique que c'est la raison pour laquelle, voilà dix ans, l'hôpital avait réussi à étouffer les cinq affaires de morts suspectes.

– Il y a eu *cinq* morts ? s'étonne Mulder.

– Oui, quatre étaient des patients et le cinquième, un chirurgien de l'équipe, le Dr Clifford Cox. Il est mort d'une overdose médicamenteuse.

Mulder souhaite alors consulter les dossiers des quatre patients, et celui de Cox. Sa coéquipière lui demande s'il a des idées sur la question.

Shannon est assise devant l'ordinateur sur lequel Mulder a subi son opération nasale virtuelle. Elle ouvre le dossier informatique de Cox. La date de naissance de celui-ci ne correspond à aucune des fêtes sataniques, mais Fox demande au médecin d'afficher le visage du défunt sur le programme de chirurgie esthétique.

– Écartez davantage les yeux et élargissez le front, je vous prie, demande Mulder.

– Cela dépasse nos capacités techniques, annonce Shannon.

– Je sais, lui répond Fox.

Grâce à la frappe de quelques touches supplémentaires, le visage de Cox se transforme à l'écran... en une autre face, familière.

– Je ne comprends pas... on dirait Jack Franklyn ! s'étonne le Dr Shannon.

Émergeant des ténèbres de son impressionnante demeure, Jack Franklyn transpire et tremble. De

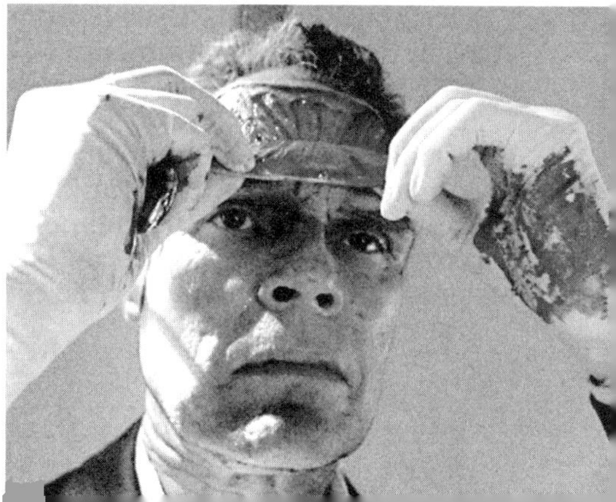

la dague ouvragée qu'il tient à la main, il trace quelque chose d'indéchiffrable sur le dallage de marbre.

De retour à l'hôpital, Scully annonce à son coéquipier que Franklyn ne répond ni au téléphone, ni aux messages envoyés sur répondeur.

– À quoi penses-tu donc, Mulder ? Que le Dr Cox a tué tous ces patients il y a dix ans et qu'il est devenu le Dr Franklyn ?

– Non, Scully. Je crois qu'il a tué ces patients, il y a dix ans, *afin* de devenir le Dr Franklyn.

– Ce type de transformation est médicalement impossible ! proteste Dana.

– Il ne s'agit pas de médecine, Scully. Il s'agit de sacrifices sanglants, l'offrande la plus puissante dans la magie noire. Suppose que cet homme, ayant exploré les limites des miracles de la médecine, ait décidé de mettre en scène un miracle à lui tout seul ?

Dans une salle d'opération inoccupée, Franklyn sélectionne des instruments chirurgicaux sur un plateau. Shannon entre, et lui demande ce qu'il fait.

– Restez là où vous êtes ! lui crie-t-elle, soudain effrayée, et elle veut s'enfuir.

Franklyn se concentre brièvement sur les instruments qu'il tient dans sa main. Ils se volatilisent, comme ceux qui se trouvent sur le plateau.

Shannon se courbe sous l'effet de la douleur. Du sang perle à sa bouche.

Franklyn l'embrasse sur le front avant de partir, et commente :

– J'espère que ces instruments étaient stérilisés.

Dana et Fox pénètrent dans la demeure, déserte, de Franklyn. Mulder se tient sur le palier, à l'étage, et regarde l'entrée, au bas de l'escalier. Un pentagramme est gravé sur le dallage.

– Celui-ci est différent, explique-t-il à sa coéquipière. Il est inversé. Ces deux pointes dressées représentent le bouc de la luxure attaquant le Ciel de ses cornes.

Scully examine le pentagramme et déclare :

– Les noms de toutes les victimes sont inscrits, y compris celui de Shannon.

Dans la salle des Urgences de l'hôpital du Mémorial de Greenwood, Shannon est allongée sur une table d'opération. Les urgentistes travaillent frénétiquement pour la sauver.

Dans une salle vide de l'unité de chirurgie esthétique, Jack Franklyn, le visage impassible, saisit un scalpel et incise le sommet de son propre front.

Mulder et Scully arrivent aux Urgences, et apprennent l'état de Shannon.

– Ne les laisse pas opérer, Scully ! Retiens-les jusqu'à ce que tu aies de mes nouvelles !

Franklyn est debout dans une flaque de sang. Il enlève la peau de son visage, depuis le sommet de l'incision.

Scully entre dans la salle des Urgences où l'on prépare Shannon pour une intervention chirurgicale. Elle montre son badge et demande que l'opération soit retardée. Les médecins la regardent avec incrédulité, et refusent.

Dans la salle de chirurgie esthétique, maintenant désertée, Mulder se penche et découvre un masque de chair, à l'image de l'ancien visage du Dr Franklin.

Fox revient aux Urgences. L'opération est terminée, les instruments ont été extraits de l'appareil digestif du Dr Shannon, qui survivra.

– Alors, il a échoué, murmure Fox.

Il semble avoir l'air surpris. Une alarme retentit alors, et une agitation se propage dans le hall, au-dehors. Mulder et Scully se précipitent pour voir ce qui se passe.

Dans une autre salle d'opération, un chirurgien ensanglanté, au regard inexpressif, est solidement maintenu.

– J'ai essayé de l'en empêcher ! hurle une infirmière, mais il était comme fou !

D'autres médecins tentent de ranimer le patient.

– Quelle était la date d'anniversaire de la victime ? s'enquiert Mulder.

Scully arrache une fiche fixée au mur et lit :

– 31 octobre. Halloween.

Une Jaguar se gare dans le parking de l'hôpital de la Cité des Anges, Los Angeles.

Dans son bureau, une femme médecin, d'âge moyen, s'entretient avec un jeune confrère au visage avenant, à la mâchoire carrée.

– Je ne saurais assez vous dire combien nous sommes heureux de vous accueillir parmi nous, docteur Hartman, lui dit-elle.

Hartman reçoit le compliment avec plaisir.

– J'ai beaucoup aimé ce que j'ai vu de vos installations, mais pour être parfaitement honnête, j'ai toujours été attiré par Los Angeles.

Et il conclut :

– Comme j'aime à le dire : Quand Dieu n'a pas réussi à créer certains d'entre nous à Son image, c'est notre travail de leur donner la nôtre.

La caméra se dirige alors vers les contours de son visage, et l'on y aperçoit le tracé d'une fine ligne...

Coulisses

Rêvons quelques instants...

... « Sanguinarium » a été écrit par les deux plus jeunes auteurs de l'équipe des *X-Files*, Vivian et Valerie Mayhew, selon un processus fluide et sans anicroche. L'histoire a été conçue, dégrossie et peaufinée au cours d'une seule mais fructueuse séance où les créatrices ont planché intensément sur le sujet. Le scénario a été transmis à Chris Carter qui l'a immédiatement approuvé, et finalement produit avec un nombre minimal de modifications. Le tournage et la postproduction se passèrent sans le moindre incident. Après la projection de la version finale, on a même vu des cadres, pourtant cyniques, de Fox Network fondre en larmes ou applaudir de joie spontanément.

... FIN DE LA SÉQUENCE ONIRIQUE...

En réalité, le tournage de 4X06 fut une longue expérience d'apprentissage assez chaotique. Mais à quoi s'attendre si l'on considère, d'une part, le caractère macabre et le côté « gore » du sujet, d'autre part, les normes de qualité de production exceptionnellement sévères et exigeantes des *X-Files*, et enfin le fait que les deux sœurs tournaient leur toute première heure de télévision ?

– Cela nous a pris un bon moment pour mettre sur pied l'histoire, et « Sanguinarium » a évolué avec des apports de l'ensemble des membres de l'équipe, raconte Valerie Mayhew, la plus jeune et la plus prolixe des deux sœurs.

» Nous avions quelques idées très personnelles, mais nous avons pris le parti de les soumettre systématiquement à la critique de Jim Morgan et de Glen Wong. Ces derniers passaient leur temps à nous dire : “Plus une chose a l'air banale, plus elle est effrayante. Alors, qu'est-ce qui peut faire peur ?” Et pendant une de ces conversations, Vivian a été jointe sur son alphapage. Elle n'a pas identifié le numéro mais l'a appelé malgré tout, et nous nous sommes dit : “N'est-ce pas intéressant ?” N'importe qui peut laisser un message. La technologie moderne rend si acces-

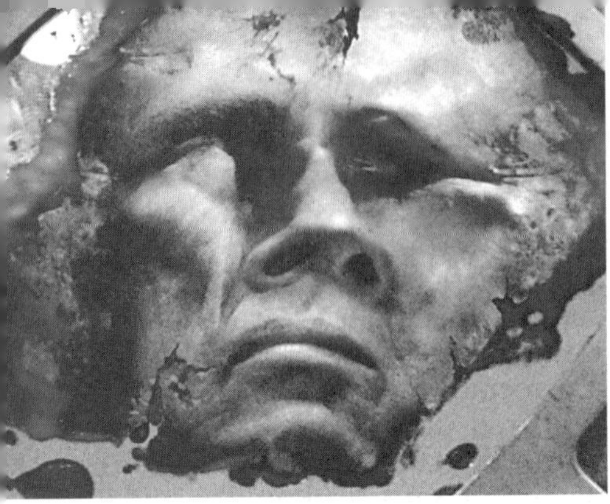

sible, si vulnérable. Dès que l'on décroche le téléphone, on peut être connecté à un inconnu qui peut influencer notre comportement.

Elle ajoute :

– Les récepteurs d'appel sont certainement effrayants. Ce fut la première idée pour l'épisode. Mais qui les utilise ? Les médecins. Or, nous devons tous nous rendre chez le médecin. De plus, nous détestons les hôpitaux. Et les médecins sont des gens que vous ne voudriez *pas* voir travailler sous l'emprise d'une influence externe. Vous n'aimeriez pas les voir perdre le contrôle de leurs facultés. Alors, que se passerait-il si des médecins perdaient le contrôle d'eux-mêmes ? Et pourquoi cela pourrait-il se produire ? Eh bien, naturellement, s'ils sont ensorcelés... Mais qui voudrait envoûter un praticien ? Et pourquoi ?

À ce stade de la réflexion, les récepteurs d'appel étaient depuis longtemps perdus de vue.

Les Mayhew présentèrent leur idée à Morgan et à Wong, qui leur conseillèrent de changer le sexe du méchant, d'en faire un homme plutôt qu'une femme.

– Ils nous ont conseillé : « Reformulez ça : la chirurgie esthétique est essentiellement une question de vanité, d'orgueil et l'on s'attend à trouver de tels sentiments chez une femme plutôt que chez un homme. »

Peu après, les deux sœurs présentèrent la première version de leur script. Elle provoqua des réactions assez retenues, et des réécritures importantes de la part de Carter et des autres membres de l'équipe, travaillant seuls ou en groupes. Carter eut l'idée de développer les thèmes imbriqués de la cupidité et de la vanité. Howard Gordon a apporté quelques-uns des éléments les plus visuels, comme les paroles *Vanitas vanitatum* tracées en lettres de sang sur le mur de la salle de bains de Franklyn. Vince Gilligan a exercé beaucoup de pression afin qu'une de ses actrices favorites, Shannon Tweed, soit retenue pour jouer le personnage qu'il nommait suggestivement Dr Shannon, mais Carter y opposa son veto.

Les producteurs ont préféré choisir Arlene Mazerolle, pour interpréter le rôle de Shannon, ses expériences antérieures ayant été essentiellement concentrées sur les téléfilms. Le rôle de Franklyn fut attribué à Richard Beymer, bien connu des amateurs de comédies musicales en tant que Tony, le mauvais garçon amoureux de l'illustre film de 1961, *West Side Story*. Au sein de la distribution, une place toute particulière revient à O-Lan Jones, une actrice de composition à la longue carrière qui joua entre autres dans *Édouard aux mains d'argent, Mars attacks* et *Tueurs-nés*, et qui interprète ici le rôle de l'infirmière Waite.

– Je l'adorais, elle était vraiment extraordinaire ! se souvient David Duchovny.

Chris Carter eut l'idée d'orner la table de conférences des chirurgiens d'un pentagramme de marqueterie, mais c'est le directeur artistique, Graeme Murray, qui a imaginé une extension de ce concept. Par un tour de force de design suggestif que la plupart des spectateurs n'auront remarqué que de manière subliminale, il a conçu l'unité de chirurgie esthétique comme un ensemble de cinq salles d'opération, chacune formant comme l'un des sommets d'un pentagramme imaginaire ; la salle d'asepsie des médecins se présente également sous une forme pentagonale, de même que les lavabos de cette salle.

Les avis des acteurs principaux dans 4X06 sont très partagés. Gillian Anderson commente :

– Ce scénario a été l'un des plus répugnants que j'aie eu à tourner. Durant quelques scènes, par exemple, lorsque le médecin tue un de ses patients, je ne pouvais pas m'empêcher de fermer les yeux.

David Duchovny, en revanche, se souvient avec attachement de ce bain de sang :

– Je ne sentais pas du tout le scénario au départ, mais j'ai vraiment aimé le produit final. C'est un de ces scénarios qui paraissent sans vigueur, mais Carter a fait un travail rapide de réécriture, tout le monde a travaillé à fond dessus, et Kim Manners a fait un boulot splendide. Ç'a été vraiment marrant.

En revanche, la bataille menée contre le comité de censure de Fox Network fut moins drôle. Depuis *La Meute*, ils se montraient vigilants. Les scènes concernant la liposuccion et le peeling facial les perturbaient particulièrement, et ils ont analysé chaque image pour déterminer ce qui pouvait être gardé. Michael Stern a malheureusement été chargé du montage immédiatement après celui de *La Meute*. Chris Carter est donc finalement intervenu pour faire annuler certaines coupures.

Valerie Mayhew se souvient aussi de ces longues réunions avec les censeurs :

– Ils n'étaient pas très heureux. Lorsque Linda Shima-Tsumo (directrice de la censure interne) s'est approchée de nous, ses premières paroles furent : « Et dire que vous avez l'air de deux filles si normales... »

Aucun charme, aucune incantation magique ne furent assez puissants pour mettre un terme au flot de lettres et d'e-mails enragés envoyés à la production, après la diffusion de cet épisode, par les adeptes de la secte Wicca et de la magie en général. Les protestataires étaient choqués par l'utilisation à peine voilée du nom véritable de l'une des « sorcières de Salem », Rebecca Nurse, torturée au début du XVIIe siècle, et cela, par une série d'associations d'idées particulièrement compliquées. Les adeptes du Wicca ont en effet pour habitude de jouer au tarot. Or, l'un de leurs jeux préférés se nomme le « Rider Waite », ce qui n'est pas sans rappeler le nom de l'infirmière de l'épisode : Rebecca Waite. Infirmière se disant « nurse » en anglais, pour des esprits particulièrement sensibilisés à la question, le passage à « Rebecca Nurse » se fait quasi automatiquement. Des sympathisants et des adeptes accusèrent les sœurs Mayhew d'être insensibles, de donner dans la diffamation et le blasphème.

Les Mayhew, toujours sous le choc, précisent qu'elles ont pourtant bien fait attention : il n'est jamais précisé à quel culte adhèrent les personnages de Waite et de Franklin.

Quand on lui demande l'origine du nom de Rebecca Waite, Valerie explique :
– Au départ, le personnage devait s'appeler Rebecca White, le nom d'une amie à nous. Mais nous nous sommes aperçues au dernier moment qu'il existait à Chicago une infirmière portant ce nom. Nous avons donc inventé celui-ci à la dernière minute.

Les mots écrits en lettres sur le miroir du Dr Franklin sont : *Vanitas vanitatum*, ce qui signifie : « vanité des vanités ».

Autre utilisation de l'Histoire : Jack Franklin, le personnage pratiquant la magie noire, habite au 1953 Gardner Street. Or c'est un Anglais du nom de Gerald Gardner qui fut à l'origine de la « sorcellerie moderne », encore appelée *wicca*. Son premier livre sur ce sujet parut en 1953.

L'Homme à la cigarette

(Musings of a cigarette smoking man)

Voici la biographie cachée d'un conspirateur sinistre et tout-puissant. D'anciens mystères se trouvent élucidés et d'autres apparaissent.

Épisode : 4X07
Première diffusion US : 17 novembre 1996
France : 1er mars 1997
Scénario : Glen Morgan
Montage : Jim Gross
Mise en scène : James Wong

Distribution :
William B. Davis (l'Homme à la cigarette) ;
Chris Owens (l'Homme à la cigarette, jeune) ;
Morgan Weisser (Lee Harvey Oswald) ;
Donnelly Rhodes (le général Francis) ;
Tom Braidwood (Frohike) ;
Bruce Harwood (Byers) ;
Jerry Hardin (Gorge Profonde) ;
Peter Hanlon (l'aide) ;
Dean Aylesworth (Bill Mulder, jeune) ;
Paul Jarrett (James Earl Ray) ;
David Fredericks (le directeur) ;
Laurie Murdoch (Lydon) ;
Jude Zachary (Jones) ;
Tim Bissett (le cuisinier) ;
Fred Beale (le marchand de journaux).

Sites principaux :
Washington, district de Columbia ; Fort Bragg, Caroline du Nord ; Dallas, Texas ; Memphis, Tennessee ; Dogway, Virginie-Occidentale.

Dans un loft en ruine, infesté de rats, l'Homme à la cigarette s'assoit, allume une Morley et connecte un système d'écoute à distance. À travers ses écouteurs, il entend Mulder et Scully engagés dans une conversation fiévreuse avec les Justiciers Solitaires.

Frohike, paranoïaque comme à l'accoutumée, déclare qu'il « ne prononcera pas une syllabe de plus avant que le système de contre-mesure filtrant CSM-25 ne soit activé ». Des parasites perturbent un moment l'audition et l'Homme à la cigarette (également connu sous le nom de *Cancer Man* depuis l'épisode 3X24, « Anagramme », bascule un commutateur, rétablissant ainsi la qualité de l'écoute.

– Bon, maintenant, dites-nous ce que vous cherchez, insiste Dana Scully.

– Vous devriez préciser *qui* je cherche, répond Frohike. Si vous trouvez le bon point de départ, il ne vous restera plus qu'à suivre la direction, et les secrets des hommes les plus mystérieux ne vous échapperont pas.

On entend ensuite la voix de Fox Mulder.

– *Cancer Man ?* Qu'avez-vous donc trouvé sur lui ?

La voix de Frohike se teinte de suffisance :

– Tout, ou peu s'en faut. D'où il vient, qui il est, et ce qu'il veut devenir.

L'homme qui est au centre de leur discussion installe tranquillement un trépied, sur lequel il fixe un fusil à lunette de grande

précision. Il scrute du regard dans l'oculaire, et centre le réticule sur une porte indiquant : « Les Justiciers Solitaires, éditeurs ».

Il se rassoit, fumant et écoutant tranquillement, pendant que Frohike raconte son histoire.

– Le père de *Cancer Man*, commence-t-il, était un espion communiste, qui fut condamné à mort et exécuté sur la chaise électrique en Louisiane avant que son enfant ait atteint l'âge de parler.

» La mère de l'Homme à la cigarette, grande fumeuse, périt du cancer du poumon avant que le bébé ne sache marcher. Confié aux services de l'Aide sociale, l'enfant grandit dans différents orphelinats du Middle West.

» Il ne s'est jamais fait d'amis, poursuit Frohike, mais a passé son temps à lire, en solitaire. Puis il semble qu'il ait disparu, un an après l'échec du débarquement dans la baie des Cochons.

Le décor est à présent planté au centre des opérations militaires spéciales de Fort Bragg, en Caroline du Nord. 30 octobre 1962. Un jeune capitaine de l'armée de terre est allongé sur son lit. Il lit *Le Candidat mandchou*. Un copain arrive et s'assoit sur le lit de camp voisin.

– Pourquoi ne vas-tu pas voir le film, tout simplement ? lui demande-t-il.

Le jeune officier à l'expression concentrée lui répond :

– Je préfère lire le pire bouquin que voir le meilleur film.

Le capitaine est appelé pour une réunion. Avant de partir, il montre une photo à son ami.

– Mon bébé d'un an vient de prononcer son premier mot.

– Ah oui ? Et c'était quoi ?

– Kennedy, répond l'autre.

Les deux hommes éclatent de rire, et le capitaine sort en disant :

– À tout à l'heure, Mulder !

Lors de la réunion, un général à deux étoiles d'un anticommunisme virulent, entouré d'un aréopage de civils sortis tout droit de *Docteur Folamour*, interroge le jeune officier sur ses antécédents.

Ils lui demandent notamment de fournir des détails sur sa participation à plusieurs opérations clandestines récentes, telles que les assassinats de Patrice Lumumba et Rafael Trujillo ; ainsi que le débarquement de la baie des Cochons. Il oppose stoïquement un démenti formel à chaque accusation ; mais ses dénégations sont dépourvues de crédibilité.

Ils l'interrogent ensuite sur son père. Le jeune capitaine répond :

– Mon seul regret, monsieur, est d'avoir été trop jeune à l'époque pour appuyer sur la commande.

Satisfait, le général lui offre une cigarette.

– Non, merci, monsieur, je ne fume jamais.

Revenant à son sujet, le général lui explique qu'il est un de ces rarissimes « hommes extraordinaires », dont la mission est « d'identifier, d'analyser et d'épauler ceux qui sont responsables, non seulement de leur propre existence, mais aussi de celles de la nation et du monde entier ».

Il propose au capitaine une mission.

– Elle sera si secrète, si protégée que, si vous l'acceptez, toute trace de vos états de service en tant qu'officier de l'armée américaine disparaîtra des archives.

– Quelle est cette mission ?

– Il s'agit d'assassiner un civil, âgé de quarante-six ans, marié, deux enfants, ancien officier de marine.

– Y aura-t-il une couverture ? demande le capitaine.

– On est en train de faire un montage.

Treize mois plus tard, l'ex-capitaine, habillé en civil, rencontre Lee Harvey Oswald à Dallas. Oswald l'appelle « Mr Hunt ».

« Mr Hunt » conseille à son interlocuteur d'arrêter de fumer, parce que le tabac pourrait nuire à sa santé.

Au cours de la conversation qui suit, Oswald donne l'impression de croire que son contact est, tout comme lui, un sympathisant communiste. « Hunt » suggère indirectement à Oswald qu'ils se rencontrent de nouveau l'après-midi même, au cinéma Texas.

Il donne un fusil à Oswald, lui disant de le cacher au sixième étage du bâtiment où il travaille, le Dépôt des livres scolaires du Texas, et lui promet que de l'argent et un visa cubain l'attendront, par la suite, à son appartement.

Oswald cache bien volontiers le fusil au Dépôt.

Son compagnon dans la conspiration, un fusil identique à la main, rampe dans un tuyau d'évacuation des eaux usées qui débouche dans l'égout collecteur. Celui-ci dispose d'une grille face à la Dealey Plaza. De là, il obtient une vue parfaite de la colline en face, Grassy Knoll.

Alors que le cortège présidentiel approche de sa position, un homme juché sur un talus gazonné donne le signal en ouvrant un parapluie. Il fait feu.

John F. Kennedy s'effondre, blessé à mort, sur les genoux de son épouse.

Les policiers de Dallas se précipitent au Dépôt des livres scolaires. Oswald se rend à son appartement pour récupérer son visa cubain. Il ne s'y trouve pas. Oswald prend alors un revolver et s'enfuit. Arrêté par un policier en patrouille, il l'abat. Harvey entre dans la salle du cinéma Texas en plein milieu du film. Alors qu'il prend place au premier rang, les lumières s'allument et la police de Dallas investit les lieux. Il est découvert, arrêté et emmené, jurant et se débattant. Presque au dernier rang de la salle est assis l'homme que recherchait Oswald. Il ne tremble que très légèrement en allumant une cigarette, et tire sa première bouffée.

4 avril 1967. Tard dans la nuit, à l'intérieur de son appartement, l'Homme à la cigarette tape sur une machine mécanique. Une cigarette est pendue à ses lèvres. Avec une satisfaction évidente, il achève la dernière page de *Prends des risques : une aventure de Jack Colquitt*, par « Raul Bloodworth (*nom de plume*) ». Tout en dactylographiant, il prononce la dernière phrase : *Je peux t'abattre quand ça me chante... mais pas aujourd'hui*. De la radio posée sur la table de *Cancer Man* provient la voix, reconnaissable entre toutes, de Martin Luther King. Le manuscrit achevé, il écoute avec la plus grande attention le discours.

Le leader du mouvement des Droits civiques prononce le célèbre discours, si rarement cité dans les manuels scolaires d'histoire. « Il est regrettable, dit le Dr King, que, en vertu des principes de confort moral, d'autosatisfaction, et en fonction d'une peur morbide du communisme, ainsi qu'en raison de notre capacité à nous accommoder des injustices, les nations occidentales qui ont donné une impulsion si déterminante à l'avènement de l'esprit révolutionnaire du monde moderne soient devenues si conservatrices. C'est ce qui a poussé tant de gens à penser que seul le marxisme est désormais détenteur de l'esprit révolutionnaire. »

L'Homme à la cigarette écoute, réellement attristé.

Lors d'une réunion secrète d'un groupe d'hommes influents, dont *Cancer Man* est désormais un membre éminent, ce dernier insiste pour qu'une action *réellement drastique* soit entreprise.

– Je respecte King. C'est un homme extraordinaire mais, là, il commence à parler comme un maoïste.

Le 3 avril 1968, l'Homme à la cigarette se situe à Memphis, Tennessee. Il se tient à l'extérieur de l'église dans laquelle Martin Luther King s'adresse à la foule des employés, en grève, du service de nettoyage urbain. La voix de King porte jusque dans la rue.

– La nation est malade. Le pays est troublé, la confusion règne. C'est une déclaration bien étrange. Mais je sais en moi-même que seule la nuit la plus obscure permet de voir clairement les étoiles.

Le lendemain, l'Homme à la cigarette se rend à un rendez-vous avec James Earl Ray dans un meublé bon marché.

– Raul ! J'ai les jumelles que tu m'as envoyé chercher, lui annonce Ray.

Au cours de la conversation il paraît clair que Ray voit en son interlocuteur un receleur bien introduit, qui l'aide à vendre son fusil. *Cancer Man* suggère à James Earl Ray de disparaître quelques heures, le temps que la transaction proprement dite se fasse. Il se faufile dans les buissons en face du motel Lorraine, et fixe le viseur du fusil de Ray sur le balcon de la chambre 306, celle de King. Il fait feu. King s'effondre, les villes américaines s'embrasent.

Assis en sécurité dans son appartement, « Mr Bloodworth » lit une lettre de refus d'un éditeur. *Si vous voulez mon avis, brûlez ce manuscrit* est l'un des conseils les plus mesurés de l'éditeur à propos de *Prends des risques*.

Devant sa télévision en noir et blanc, l'Homme à la cigarette écoute le sénateur Robert Kennedy qui fait un discours.

– Je dirai seulement que j'éprouve les mêmes sentiments, au fond de mon cœur, que lorsqu'un membre de ma famille a été tué de la même manière. Il a été assassiné par un Blanc. Mon poète favori, Eschyle, écrivit : *Même dans notre sommeil, la douleur que nous ne pouvons oublier tombe goutte à goutte sur nos cœurs, jusqu'à ce que, dans notre désespoir solitaire opposé à la volonté de Dieu vienne la sagesse, par la grâce ineffable de Dieu.*

Alors même que Kennedy prononce ces mots, l'Homme à la cigarette les répète. Il connaît par cœur la citation.

Retrouvons à présent *Cancer Man*, d'âge moyen, qui poursuit sa surveillance mortelle dans le loft assombri. Il tente d'allumer une autre cigarette. Il active son briquet plusieurs fois sans qu'il produise la moindre flamme.

1991. La veille de Noël, l'Homme à la cigarette semble fatigué – il porte un patch à la nicotine collé sous l'oreille. Il donne des instructions à ses subalternes pour régir les affaires du monde : la controverse d'Anita Hill ; le procès de Rodney King ; les problèmes en Bosnie-Herzégovine ; les chances des Buffalo Bills dans

le championnat du Superbowl. Tous sont manipulés sans effort apparent par cet homme de l'ombre.

Des nouvelles de la démission de Gorbatchev, et par là même de la fin de la guerre froide, attirent brièvement son attention. Mais son intérêt se porte sur un tout autre objectif lorsqu'un assistant lui annonce :

– Une affaire interne, monsieur. Ce cinglé, le « Martien », qui a réussi à faire rouvrir les Affaires classées, les *X-Files*. Ça m'a l'air d'un fauteur de troubles.

– Je me charge personnellement de le surveiller, répond sèchement l'Homme à la cigarette.

En chemin, il fait une brève pause devant la porte d'un bureau, sur laquelle un panonceau indique : *Fox Mulder, Agent Spécial*. Dans son appartement, la radio diffuse des airs de Noël. Il ouvre une enveloppe très mince, en provenance d'une maison d'édition, la froisse et la jette dans la corbeille. Il insère une feuille de papier dans sa machine à écrire et tape :

Jack Colquitt était assis, solitaire dans son appartement, le soir de Noël. Il croyait aux vertus du sacrifice. Et pourtant, certains soirs, il rêvait d'une deuxième chance.

Il se carre sur sa chaise, satisfait de lui. Le téléphone sonne. La voix de Gorge Profonde lui annonce :

– Vous ne devinerez jamais ce que le Père Noël nous a apporté.

Dans un entrepôt soigneusement gardé à Dogway, en Virginie-Occidentale, Gorge Profonde signale à l'Homme à la cigarette qu'un OVNI s'est écrasé.

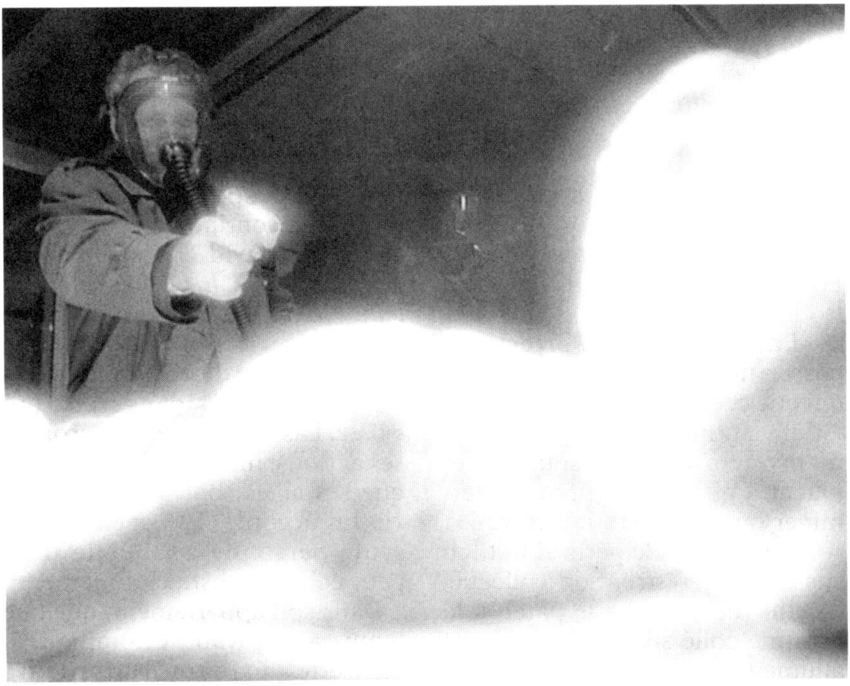

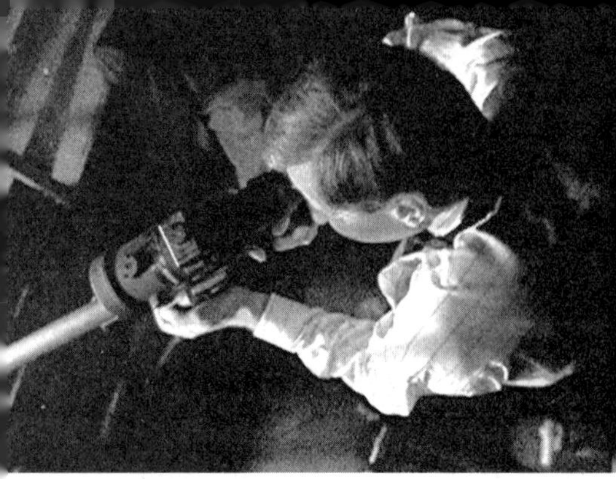

– L'occupant ?

– Dans un état critique.

– Ça ne pouvait pas tomber plus mal. Cette affaire de Roswell que nous avions montée commençait à prendre de l'ampleur.

Ils pénètrent dans une enceinte biologiquement stérile, et observent un extraterrestre dans le coma, relié à des dispositifs d'assistance aux fonctions vitales.

– Combien d'événements historiques n'ont eu que nous deux pour seuls témoins ? demande l'Homme à la cigarette. Combien de fois avons-nous fait ou changé le cours de l'histoire ? Et nos noms ne s'inscriront jamais dans les livres. Aucun monument ne portera jamais notre effigie. Pourtant, encore une fois ce soir, le cours de l'histoire de l'humanité va être détourné par deux inconnus condamnés à demeurer dans l'ombre.

Gorge Profonde sort de sa poche un pistolet automatique et le tend en silence à son collègue. Pour la première fois, l'Homme à la cigarette le refuse.

– La chance m'est offerte de passer une vie entière sans tuer qui que ce soit ou quoi que ce soit.

Cela étant, bien entendu, un mensonge. Ils en discutent, et jouent à pile ou face, pour déterminer qui exécutera le « travail ».

Gorge Profonde perd. Il fait feu sur l'extraterrestre. Son collègue, à cette vue, arrache le patch à la nicotine collé sous son oreille, et allume une cigarette.

6 mars 1992. Dans une salle de conférences vide à Washington, l'Homme à la cigarette ouvre un dossier, et lit la thèse de doctorat d'État de Dana Scully, à l'université du Maryland. Dans une autre pièce, l'agent Dana Scully rencontre le chef de section Blevins (extrait de l'épisode 1X01), et se voit assignée aux dossiers *X-Files* pour travailler en équipe avec Fox Mulder.

L'Homme à la cigarette, un mince fil reliant son écouteur à un dispositif de surveillance clandestine, ne perd pas un mot de la première conversation entre Dana Scully et Fox Mulder (l'extrait provient aussi de 1X01).

– Je croyais que personne ne venait au sous-sol, à part les rebuts du FBI ! s'exclame Mulder avec désinvolture.

Dans le loft délabré, l'Homme à la cigarette rajuste son fusil sur la porte des Justiciers Solitaires.

Frohike continue de parler :

– Henry David Thoreau a écrit : *La masse des humains mènent leur vie dans un désespoir tranquille*. Sa vie n'a été, je pense, qu'une longue désespérance. C'est l'homme le plus dangereux qui existe. Pas tant parce qu'il croit en ses actions, mais parce qu'il pense que ses actes sont tout ce que la vie lui accorde. Et cependant, la seule personne à laquelle il ne peut échapper est... lui-même.

Dans son appartement, quelque temps auparavant, l'Homme à la cigarette ouvre une autre lettre d'éditeur. *Une deuxième chance : une aventure de Jack Colquitt* a enfin été accepté ; le roman sera publié sous forme de feuilleton dans un magazine nommé *Roman à clés*.

Transporté par la nouvelle, « Raul Bloodworth » appelle le rédacteur en chef. Celui-ci lui assurant qu'il a été respectueux du fond, lui annonce qu'il a néanmoins pris l'initiative de quelques retouches ; le premier épisode paraîtra dans les kiosques le 12 novembre.

Le matin fatidique, l'Homme à la cigarette dactylographie sa lettre de démission et la met sous enveloppe. Il va chercher une cigarette – et écrase le paquet entre ses doigts. Il achète un exemplaire de *Roman à clés* au kiosque du coin de la rue, jette un coup d'œil à la couverture tapageuse du magazine réservé aux hommes, et l'ouvre. Son exaltation se transforme en colère.

– Mais ce n'est pas la fin que j'avais écrite ! Ils l'ont changée...

Sous le choc, son rêve brisé par les retouches intempestives de l'éditeur, le fumeur va s'acheter un nouveau paquet de Morley et s'affale sur un banc aux côtés d'un SDF. Le clochard mange des chocolats avariés.

– La vie est comme une boîte de chocolats, commente-t-il avec amertume. Un cadeau bon marché, inutile et superficiel, que personne n'a demandé ; on ne vous en donnera jamais qu'une autre en échange. Et vous finissez par manger cette merde à la menthe chimique quand il n'y a plus rien d'autre. De temps en temps, vous pouvez tomber sur une praline, il s'en trouve un plus parfumé, mais le goût en est trop vite perdu. Et il ne vous reste plus que les miettes, les noisettes trop dures, mais vous les bouffez quand même, si vous êtes suffisamment désespéré. Et bientôt, vous vous retrouvez avec une boîte jonchée de petits papiers froissés et superflus.

Il déchire sa lettre de démission et s'en va.

Retour au présent, dans le loft. L'Homme à la cigarette engage une cartouche dans la chambre et referme la culasse de son fusil.

– Jusque-là, tout est fondé sur une histoire que j'ai lue dans un des magazines auxquels je suis abonné, et qui m'a fait repenser à bien des choses. Mais je dois aller vérifier les sources d'un privé ; il a suivi quelques pistes intéressantes qui pourraient produire des preuves irréfutables. Et alors... On l'aura ! conclut Frohike.

L'Homme à la cigarette arme le chien de son arme. Frohike ouvre la porte et sort, se superposant exactement au réticule de la lunette.

« *Je peux t'abattre quand ça me chante...* » récite l'Homme à la cigarette, imitant la voix d'acier de Jack Colquitt. Puis il désarme le chien du fusil, et conclut : « *... mais pas aujourd'hui.* »

Coulisses

Beaucoup se sont inquiétés, avant le tournage de cet épisode, concernant la situation de *Cancer Man*. Le fait que la caméra suive pendant un épisode entier le personnage jusqu'ici furtif et mystérieux de l'Homme à la cigarette n'allait-il pas en réduire l'impact. Ce à quoi personne ne s'était en revanche attendu, c'était que des spectateurs prennent le récit de Frohike au pied de la lettre.

Le coproducteur, Frank Spotnitz, commente avec un sourire amusé :

– Lors de la scène finale, Frohike dit à Mulder et à Scully que toute l'histoire est en fait inspirée par la lecture d'un magazine.

Nombre de gens n'ont pas remarqué cette subtilité. Pour eux, l'épisode raconte de manière purement factuelle l'histoire de l'Homme à la cigarette. Pour ce qui me concerne, je considère que ce n'est pas le cas. Cela peut être en partie vrai, néanmoins...

D'autres observateurs extérieurs ont pensé que l'épisode dans son ensemble représentait une astuce ingénieuse pour donner une semaine de vacances aux acteurs principaux. Selon Spotnitz, ce n'est pas le cas.

– Lorsque Glen (Morgan) et Jim (Wong) sont revenus travailler sur la série, ce fut une de leurs premières idées. Nous avons pu nous passer de David et de Gillian, ça arrangeait tout le monde, mais ça s'est juste trouvé comme ça.

Il est vrai que David Duchovny et Gillian Anderson se souviennent de cet épisode comme étant leur préféré de la saison. Duchovny, comme l'on peut s'y attendre, a même avoué que le critère déterminant de ce choix réside dans la semaine qu'il a pu passer, sans soucis, à Los Angeles.

Bill Davis fut ravi de sortir de l'ombre et de s'offrir un épisode à lui tout seul, quoiqu'il ait été perplexe, comme bien d'autres, face au scénario. Prendre la responsabilité de la mort de Kennedy ou de Luther King est une chose, arriver à maintenir les Buffalo Bills dans l'enfer du Superbowl en est une autre. En d'autres termes, il fut difficile de trouver la juste mesure entre tragédie et comédie.

– L'aide de Jim Wong fut des plus précieuses, raconte Davis. La direction d'acteurs tirait vers la farce, mais Jim m'a conseillé d'y résister, et de laisser la situation se dérouler d'elle-même. La scène évoquant un passage de *Forrest Gump* s'est révélée des plus difficiles. Lorsque je l'ai préparée et jouée pour la première fois, j'étais presque shakespearien. Jim m'a demandé d'y mettre un peu plus de fantaisie, et cela a fonctionné à merveille.

Signalons que Forrest Gump, lui aussi, se lance dans une grande tirade sur le sens caché du chocolat.

Comme à l'accoutumée, Morgan et Wong ont choisi un vétéran de leur série, *Space : Above and Beyond,* pour jouer Lee Harvey Oswald : Morgan Weisser. Chris Owens, qui interprète le rôle de l'Homme à la cigarette jeune, est un acteur canadien (tout comme Davis). Il est revenu par la suite jouer le même rôle dans « Démons ».

Parvenir à reconstituer l'assassinat de Kennedy avec un budget raisonnable constitua une opération intéressante. Le producteur J.P. Finn a dirigé l'opération, filmée dans le centre-ville de Vancouver pour simuler Dealey Plaza. La créatrice des costumes, Jenni Gullett, a recherché son homologue ayant travaillé sur le film *J.F.K.*, lui a emprunté la reproduction du célèbre tailleur rose de Jackie Kennedy, puis son équipe a écumé les magasins de la région afin de découvrir le même tissu, plutôt rare, pour préparer *deux* tailleurs, l'un intact, l'autre émaillé de taches de sang.

La limousine présidentielle a été fabriquée par le coordinateur des véhicules, Nigel Habgood. Il a loué une Lincoln Continental décapotable, de longueur normale. Pour donner l'impression d'une limousine, il a retiré les sièges arrière, les remplaçant par d'autres sensiblement plus petits. Sur le plancher arrière, maintenant plus spacieux, deux paniers à bouteilles renversés ont été fixés, donnant l'illusion de strapontins pour le gouverneur et Mrs Connally.

Les observateurs les plus attentifs auront remarqué cela, ainsi que les efforts fournis par Owens pour imiter les tics de son modèle.

– Il a passé beaucoup de temps à observer la manière dont je fume, commente Bill Davis.

Finalement, Jim Wong lui a dit : « L'effet produit par Bill tirant de lentes bouffées de sa cigarette est vraiment sensuel. »

Walden Roth, le rédacteur en chef qui achète pour son magazine une nouvelle de l'Homme à la cigarette, « regroupe » dans son nom, si l'on peut dire, Dana *Walden* de la Fox, et Peter *Roth*, autre grand ponte de la société, également l'un des plus ardents supporters des *X-Files* dès leurs débuts.

Et maintenant, un petit jeu. Êtes-vous capable de retrouver dans cet épisode les références à la série *Space : Above and Beyond* ? Allez, nous vous aidons...

1) Le livre écrit par l'Homme à la cigarette s'intitule : *Prends des risques*, l'une des phrases clés de la série.
2) Certaines affaires sont qualifiées de « compartimentées », un niveau de classification top secret inventé par Wong et Morgan.
3) Dans les romans de *Cancer Man*, le personnage principal s'appelle Jack Colquitt, un nom qui n'est autre que celui d'un des soldats dans *Space : Above and Beyond*.

Le magazine dans lequel est publié le roman de l'Homme à la cigarette s'appelle *Roman à clés* – en français dans le texte. Or, le principe du roman à clés est précisément de transposer faits ou personnages réels dans une œuvre de fiction.

Gorge Profonde cite la résolution 1013 des Nations unies qui stipule l'élimination systématique de la surface du globe de tout extraterrestre. Ce numéro correspond au nom de la compagnie de production de Chris Carter, la Ten Thirteen – autrement dit la « dix treize ».

Seuls les observateurs les plus pointilleux auront remarqué que, dans l'avant-dernière scène, au moment où l'Homme à la cigarette choisit dans un kiosque à journaux parmi les différentes publications destinées aux jeunes auteurs, *Roman à clés*, l'une d'elles, intitulée : *Générique de fin*, affiche en couverture les titres suivants : « Comment surmonter l'angoisse de la page blanche », « Comment supporter de voir une de ses histoires rejetée » et « Mais où est donc passé Darin Morgan ». Darin Morgan existe bien. C'est le frère de Glen Morgan. Il a quitté l'équipe des scénaristes des *X-Files* au terme de la troisième saison.

Cœurs de tissu

(Paper Hearts)

Une série de rêves prophétiques incite Mulder à rouvrir le dossier d'un tueur d'enfants, déjà condamné. Le meurtrier prétend connaître les circonstances de l'enlèvement de Samantha Mulder.

Épisode : 4X08
Première diffusion US : 15 décembre 1996
France : 11 octobre 1997
Scénario : Vince Gilligan
Montage : Heather MacDougall
Mise en scène : Rob Bowman

Distribution :
Mitch Pileggi (dir. adj. Walter Skinner) ;
Tom Noonan (John Lee Roche) ;
Rebecca Toolan (Mrs Mulder) ;
Byrne Piven (Frank Sparks) ;
Vanessa Morley (Samantha Mulder) ;
Carly McKillip (Caitlin) ;
Edward Diaz (propriétaire de l'El Camino) ;
Jane Perry Day (employée de la crèche) ;
Paul Bittante (policier local).

Sites principaux :
Washington, D.C. ; Manassas, Virginie ; Norristown, Pennsylvanie ; Hollyville, Delaware ; Greenwich, Connecticut ; Forks of Capacon, Virginie-Occidentale ; Martha's Vineyard, Swampscott et Boston, Massachusetts.

Mulder se réveille au milieu de la nuit, à la lumière d'un rayon laser qui balaie, apparemment dans un but précis, les murs de l'appartement. Il suit le faisceau lumineux mouvant vers la porte, dans la rue et jusqu'à un parc situé en banlieue, dans un lieu nommé Bosher's Run.

Une El Camino blanche est garée près de l'entrée. Le point lumineux s'arrête sur la portière et l'on déchiffre les mots Mad Hat. La lumière avance de nouveau rapidement. Mulder la suit jusqu'à une clairière dans le bois. Une petite fille y gît, morte. Le point lumineux se transforme et prend la forme d'un cœur rouge sur sa poitrine. Le cadavre, sans qu'il y touche, s'enfonce lentement dans le sol.

Mulder se réveille en sursaut. Apparemment, il a rêvé. Il se rend en voiture au parc de Bosher's Run, en Virginie, et refait le chemin parcouru en rêve. Il s'y trouve une clairière identique à celle de sa vision onirique.

À cinq heures du matin, le lendemain, une excavation est pratiquée sur le site par la police. Scully arrive sur les lieux. Mulder lui explique qu'il fait en ce moment un rêve – ou plutôt un cauchemar récurrent.

– Tu veux dire que tu es ici à cause d'une image que tu as vue en rêve ? s'exclame Dana, incrédule.

– Monsieur ! s'écrie à ce moment un technicien, appelant Mulder.

Les agents, agenouillés au bord de l'excavation dans la clairière, fixent du regard un crâne d'enfant qui émerge du sol.

– Raconte-moi ce rêve, demande Scully, troublée.

– Je l'ai fait trois nuits de suite et, la dernière fois, il a duré assez longtemps pour me mener jusqu'à elle.

Les techniciens de la police scientifique tamisent soigneusement la terre autour de la tombe. Fox saisit une truelle et creuse avec impatience.

– Mulder, si tu détruis des indices, nous ne saurons jamais ce qui s'est passé ici.

– Je sais ce qui s'est passé, répond Fox brièvement.

» La petite fille, dit-il, a été étranglée.

» Il a utilisé du fil électrique de calibre huit. Et il a prélevé une sorte de trophée sur le corps de l'enfant, après la mort. Une pièce de tissu découpée en forme de cœur dans les vêtements.

» Le meurtrier, ajoute-t-il, est un nommé John Lee Roche, un tueur en série qui a assassiné treize fillettes dont les âges s'échelonnaient de huit à dix ans.

Il continue de creuser jusqu'à ce qu'il atteigne le squelette de la fillette. Son vêtement présente une découpe en forme de cœur.

– Cela fait quatorze, conclut-il.

Dans leur bureau au siège du FBI, Mulder explique à sa coéquipière comment il avait résolu l'énigme criminelle. Les victimes du tueur surnommé « Cœurs de tissu » étaient enterrées tout le long de la côte Est. En 1990, avant qu'il ne reprenne le service des Affaires non classées, les *X-Files*, on l'avait associé à l'enquête à cause de sa connaissance approfondie des tueurs en série.

– J'en ai conclu que nous avions affaire à un représentant de commerce, quelqu'un qui voyageait beaucoup. Un homme très ordinaire, mais en qui les gens pouvaient avoir confiance.

Il avait deviné juste, et identifié le coupable. Roche était un vendeur ambulant d'aspirateurs, qui enterrait ses victimes loin du lieu du crime.

– Et les trophées qu'il emportait ? lui demande Scully.

– On ne les a jamais retrouvés, mais on n'en a pas eu besoin pour prouver sa culpabilité. Il a avoué les treize meurtres dont il était accusé. Le polygraphe, le détecteur de mensonges, a confirmé ses dires. Mais le fait que l'on n'ait pas retrouvé les cœurs m'a toujours préoccupé ; j'aurais voulu les compter, pour m'assurer que le nombre y était. J'ai l'impression que ce n'est pas le cas.

Aux yeux de Dana, cette autocritique semble superflue.

– Faute de mieux, je peux au moins t'aider à expliquer ton rêve. Tu n'as jamais cessé de penser à cette affaire, et je crois que tu pourrais l'avoir résolue dans ton sommeil. Tu l'as dit, une fois : *Un rêve est la réponse à une question que nous ne savons pas encore formuler,* explique-t-elle.

Le lendemain, Scully examine les restes de la fillette. Elle l'identifie grâce à une base de données sur les enfants disparus, comme étant Addie Sparks, enlevée en 1975.

– Cela voudrait dire, s'alarme Fox, que Roche a commencé ses forfaits bien avant ce que nous croyions.

Cette nouvelle discordance perturbe Mulder davantage encore. Les deux agents se rendent en Pennsylvanie, où réside Frank Sparks, le père d'Addie, son seul parent survivant. Ils ont la tâche, toujours éprouvante, d'annoncer à cet homme d'âge moyen que la dépouille de sa fille a été retrouvée.

– Et à combien d'autres, comme moi, allez-vous rendre visite aujourd'hui ? demande le père, bouleversé. Y a-t-il d'autres victimes dont vous ayez eu connaissance ?

Aucun des deux agents ne répond. En quittant la maison de Sparks, Mulder se sent déprimé. Il regarde fixement une vieille voiture garée dans la rue, un pick-up, et un souvenir, à demi oublié, lui revient brutalement.

– C'est la voiture de Roche, murmure-t-il. (Il se tourne avec agitation vers Dana.) L'El Camino blanche. Je l'ai vue dans mon rêve. Les cœurs de tissu qu'il collectionnait... il devait les conserver dans une cachette.

Ils parviennent à identifier le propriétaire actuel du véhicule, un adolescent qui l'a remise en état et modifiée en profondeur. Sur une intuition, Fox inspecte l'habitacle de camping-car, maintenant mis au rebut, que Roche avait fixé sur le plateau arrière. Dans le revêtement du plafond, il trouve un exemplaire d'*Alice au pays des merveilles*.

– *Mad Hat... Mad Hatter*, le personnage du Chapelier Fou ! s'exclame Mulder.

Seize cœurs de tissu sont insérés entre les pages du livre.

Les deux agents se rendent à la prison fédérale où Roche – homme banal et repoussant, âgé d'une quarantaine d'années – purge sa condamnation à perpétuité. Les deux coéquipiers s'adressent à lui alors qu'il lance des anneaux dans un gymnase désert ; ils veulent obtenir des explications sur les deux cœurs restants.

– Vous êtes ici pour toujours, vous n'avez rien à perdre, lui dit Fox.

– Je n'ai rien à y gagner non plus.

– Vous pouvez gagner un moment de dignité dans votre vie. Et permettre ainsi à deux familles de trouver le repos, insiste Mulder.

– Je comprends que cela vous intéresse d'une manière très personnelle, Mulder. Écoutez, touchez la cible avec cet anneau et je vous dirai quelque chose, répond Roche d'un ton sarcastique.

Fox atteint calmement une cible posée à mi-court.

Roche ne paraît pas impressionné par cette performance.

– Vous croiriez les propos d'un tueur d'enfants ? lui demande-t-il en se dirigeant vers la porte du gymnase.

Sur le point de sortir, il lance par-dessus son épaule :

– Ramenez-moi ici mes cœurs de tissu, je vous dirai tout.

Tard, la même nuit, Mulder est penché sur les pièces d'étoffe. Le rayon laser rouge se manifeste de nouveau et lui fait signe de sortir. Il se retrouve dans la maison de son enfance (vue dans 2X01), aux environs de 1973. La télévision diffuse un débat sur le scandale du Watergate ; une petite fille, âgée de huit ans environ, lève les yeux de son jeu de Stratego.

– Fox, c'est à toi de jouer !

Mulder – le Mulder adulte – la dévisage, stupéfait.

– Samantha ?

– Tu te décides à jouer, ou quoi ? Et puis, est-ce qu'on doit regarder ça ? réplique la fillette, agacée.

Mulder se souvient soudain, et répond :

– Le Magicien passe à neuf heures.

– Papa et maman ont dit que je pouvais regarder le film !

– Ils sont à côté, chez les Galbrand. Ils m'ont chargé de te garder, dit le grand frère.

Les lumières s'éteignent soudain.

– Non ! hurle Mulder.

La pièce commence à trembler.

– Pas à nouveau !

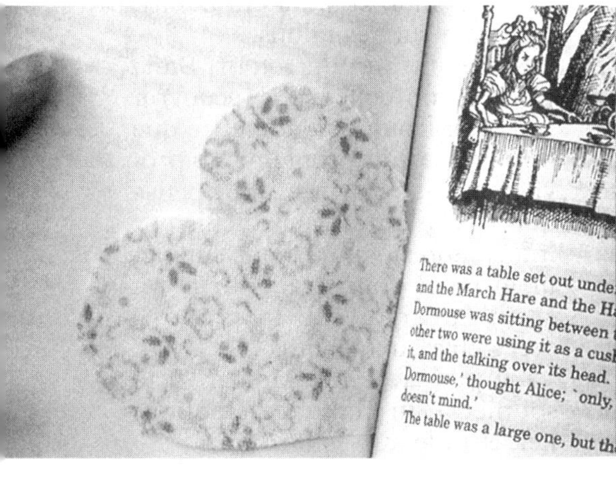

Une aveuglante lumière blanche illumine les fenêtres. Mulder veut saisir son arme, mais ne la trouve pas. La poignée de la porte se met à tourner.

– Fuis ! crie-t-il à Samantha.

Fox attrape une boîte en métal, qui contient le revolver de son père. Alors que l'arme tombe, il se précipite pour la ramasser, mais trop tard. Un grondement assourdissant retentit ; la porte s'ouvre, révélant John Lee Roche qui s'encadre dans l'ouverture, les phares de son El Camino brillant derrière lui. Avec un sourire démoniaque, il se dirige vers Samantha.

– Fox ! Fox ! hurle la petite fille.

– Samantha ! s'écrie Mulder, au désespoir.

Il se réveille en sursaut, assis à son bureau, serrant dans ses mains les deux cœurs de tissu non identifiés. L'un comme l'autre pourraient provenir des habits de Samantha.

Au parloir de la prison, le lendemain, Fox Mulder interroge Roche.

– Pourquoi m'avoir dit, hier, que cette affaire devait me concerner personnellement ?

Roche sourit énigmatiquement.

– Où étiez-vous en 1973 ? Le 27 novembre. Vous voyez à quoi je veux en venir ?

Le rictus de Roche s'élargit encore quand il relate sa tournée de ventes à Martha's Vineyard, cette année-là.

– J'ai même vendu un aspirateur à votre père. Il voulait l'offrir à votre mère. C'était un Electrovac, modèle Duchesse ou Princesse. Votre père et moi en avons longuement parlé, il a mis un sacré bout de temps à faire un choix.

– Que savez-vous au sujet de ma sœur ? demande Mulder en tentant de garder son calme.

– Apportez-moi mes cœurs de tissu, et je vous en dirai peut-être plus...

Furieux, Mulder perd son contrôle et frappe violemment Roche au visage. Entendant le bruit, un garde fait irruption.

– Je n'ai rien vu, dit-il.

– Mais moi, si, poursuit Scully, qui entre sur ses talons.

Sur le chemin du retour, Dana exhorte son collègue à recouvrer son sang-froid, et à admettre que les données du problème ne proviennent que d'un rêve. Elle pense que Roche aurait pu obtenir des informations sur sa sœur simplement en se connectant sur le réseau Internet de la prison, accessible aux détenus.

– Il joue avec toi, Mulder. Il te soumet à un chantage émotionnel, et tu le laisses faire.

Fox demande alors à Dana si elle a jamais cru que Samantha ait été enlevée par des extraterrestres. Son silence est éloquent.

– Non. Bon, alors, qu'est-ce qui a bien pu lui arriver, selon toi ? continue Mulder, en colère.

Avec douceur, elle l'interroge sur ce qu'il ressent personnellement à ce sujet ; il lui confie qu'il a besoin de découvrir la vérité.

Chez sa mère, dans le Connecticut, Fox fouille systématiquement le bric-à-brac entassé dans la cave. Il lui montre deux cœurs de tissu, qu'à son grand soulagement elle n'identifie pas. Pour être certain, il lui demande si son père lui a offert naguère un aspirateur.

– Oui, il y a longtemps. Je ne m'en sers plus, je crois qu'il est rangé sous l'escalier.

Il se précipite vers le placard poussiéreux et découvre un vieil aspirateur d'un modèle désuet. C'est un Electrovac Princesse.

Le lendemain, Mulder entre en trombe dans le bureau de Skinner, pour se faire expliquer les raisons qui lui interdisent de nouvelles visites à Roche. Scully arrive derrière lui. Le directeur adjoint, mécontent, lui annonce que son agression sur la personne de Roche a été filmée par une caméra de sécurité. Scully plaide la cause de son coéquipier, insistant sur le fait que ses relations de longue date avec Roche pourraient les aider à résoudre les deux derniers meurtres. À regret, Skinner finit par céder. Au parloir de la prison, Mulder remet à Roche les deux cœurs de tissu et lui demande le nom des victimes.

– Je crois que vous en connaissez une, lui répond le criminel.

Mis au défi par Fox, il décrit avec une précision méticuleuse la scène de l'enlèvement dans le salon des Mulder. Il propose ensuite, avec une cruauté narquoise, de révéler le lieu où est enterrée l'une des deux victimes. C'est un choix douloureux pour Mulder, qui finit cependant par désigner l'un des deux cœurs.

Les deux agents arrivent sur un site boisé. Sur un gros rocher sont gravés les mots *Mad Hat*. Mulder entreprend immédiatement de creuser à mains nues. Dana le supplie d'attendre l'arrivée des techniciens de la police scientifique. Mulder la priant de l'aider, elle se met également à creuser le sol. Au bout de quelques instants, ils mettent au jour le squelette d'un petit enfant. Sur son vêtement, un morceau de tissu en forme de cœur a été prélevé. Au laboratoire d'analyses du FBI, les deux agents obtiennent la certitude que le corps n'est pas celui

de Samantha. À la prison, Roche leur donne le nom de sa quinzième victime. Fox lui tend alors le dernier cœur.

– C'est votre sœur.

Roche promet de révéler le *grand secret*, à la condition que Mulder le ramène sur les lieux de l'enlèvement de Samantha. Scully refuse. Le visage de Fox trahit ses doutes et sa peur. Après une nuit d'insomnie et de réflexion, il téléphone à la prison et organise un transfert temporaire de Roche.

Sur le vol à destination de Boston, Roche parvient à échapper un instant à la surveillance de Mulder et s'agenouille près d'une petite fille blonde, qui voyage avec sa mère.

– Est-ce que tu t'amuses ? Comment est-ce que tu t'appelles ? demande-t-il, tout sourires, à l'enfant.

– Caitlin, a-t-elle le temps de répondre, avant que Mulder ne pousse précipitamment son prisonnier à sa place.

Au siège du FBI, Skinner est livide.

– Que diable me chantez-vous là… il est *parti avec Roche ?*

Scully explique qu'elle avait laissé son coéquipier seul pour se reposer. Elle ajoute qu'elle a une bonne idée de l'endroit où Roche et lui se rendent, et qu'elle est certaine de les rattraper. Skinner grommelle, furieux :

– C'est moi qui vais le rattraper. Où s'est-il rendu ?

Dans la vieille maison de famille des Mulder, à Martha's Vineyard, John Lee Roche évoque la nuit de l'enlèvement de Samantha avec une nostalgie malsaine. Il a observé les maisons pendant des heures, raconte-t-il avec un calme inquiétant. Alors qu'il surveillait, garé de l'autre côté de la rue, il a assisté au départ de leurs parents ; il s'est approché de la fenêtre, a regardé les deux enfants jouant à leur jeu de société ; finalement, il a coupé l'électricité au compteur et ouvert la porte.

Le jeu auquel ils participaient, le programme de la télévision et les efforts du jeune Mulder pour empêcher l'enlèvement sont décrits avec minutie et exactitude.

– Vous avez essayé de prendre le revolver de votre père, je vous l'accorde. Mais ensuite, vous vous êtes figé, j'ai emmené alors votre sœur loin de tout cela, dans un monde meilleur.

Mulder scrute le meurtrier d'un regard glacial, et s'approche de lui.

– C'est comme cela que ça s'est passé ? Dans cette pièce ?

– Ouais, confirme Roche.

– Sauf que ce n'est pas la bonne maison, assène Mulder, méprisant.

Il ajoute, avec une note de triomphe dans la voix, que Bill Mulder a acheté la demeure dans laquelle ils se tiennent six ans après avoir divorcé d'avec son épouse. La maison où l'enlèvement a eu lieu se situe à dix kilomètres de là.

– Vous vous êtes planté. Vous n'êtes jamais venu ici, et vous n'avez pas enlevé Samantha.

– Vous prenez vos désirs pour des réalités, proteste faiblement Roche.

– Non, mais je crois comprendre ce qui se passe, Roche. Vous êtes capable, d'une manière ou d'une autre, de pénétrer dans mes rêves. J'ai eu accès à votre vie psychique, et vous, à la mienne. Il se pourrait qu'une interaction, une conjonction de forces, se soit produite entre nous. Vous vous êtes immiscé dans les souvenirs que je garde de ma sœur, et vous les avez utilisés contre moi... pour ça.

» Vous avez dû être un vendeur redoutable, Roche, ajoute-t-il. Le premier vol est à six heures, demain. Profitez bien de vos dernières heures de liberté.

Cette nuit-là, dans la chambre de motel, Mulder garde Roche, endormi, en regardant fixement le dernier cœur de tissu. Peu

après, il entend de faibles cris d'enfant par la fenêtre. Il se lève et voit l'El Camino, garée sur le parking. Samantha est enfermée dedans, et l'appelle frénétiquement. Il sort en courant. Le moteur du pick-up rugit. Mulder sort des clés de sa poche, déverrouille la portière, et prend Samantha dans ses bras. Il distingue alors le rayon laser rouge. Ce dernier dessine brièvement le mot *Bye*. Au revoir. Samantha a disparu, et le véhicule file au loin. Mulder se réveille en sursaut au son d'un violent tambourinement à la porte de la chambre. Scully et Skinner l'ont rejoint. Roche a disparu, et Fox se retrouve menotté. Le tueur a emporté le dernier cœur de tissu, le badge et l'arme de Mulder.

Skinner lui demande sans ménagement :

– À cause de vous, un prédateur est lâché dans la nature. Avez-vous une idée de l'endroit où il a pu se rendre ?

Mulder répond par l'affirmative, mesurant avec stupeur l'horreur de la situation. Fox fournit son code d'identification d'agent du FBI et demande la liste des passagers du vol figurant sur son billet d'avion. On lui apprend qu'un autre agent, se présentant sous le nom de Mulder, a voulu obtenir ce même renseignement dix minutes plus tôt.

Les trois agents se précipitent à l'établissement où se trouve Caitlin, et apprennent que Roche, utilisant de nouveau le badge de Mulder, vient juste d'emmener la petite fille.

– C'est ma faute ! se lamente l'employée.

– Non, c'est la mienne, vous n'y êtes pour rien, lui répond Fox.

Les agents tentent désespérément de deviner quelle sera la prochaine action de Roche. Scully suggère qu'il pourrait être retourné à son ancien appartement, près de Boston. Ils parviennent à obtenir l'adresse : 9809 Alice Road.

– Alice ! s'exclame Mulder. Alice au pays des merveilles.... Il se prend pour le *Mad Hatter*, le Chapelier Fou. C'est là qu'il a trouvé l'idée. Il y sera.

Ils se précipitent à l'appartement, qu'ils trouvent sale, délabré, et désert. La fenêtre sur l'arrière donne sur un champ de ronces. Mulder a une intuition soudaine. Il court à travers le champ, escalade une clôture métallique pour se retrouver dans un cimetière de tramways. Les pantographes pointent inutilement vers le ciel, désormais.

Fox parcourt chaque travée de véhicules rouillés à toute vitesse. Il décèle soudain un faible cri d'enfant dans le lointain. Il s'arrête pour écouter attentivement, puis regarde en l'air. L'un des pantographes bouge légèrement.

Silencieusement, Mulder ouvre la portière et pénètre dans le tram. Caitlin, terrifiée, est assise à l'avant-dernier rang. Roche se trouve derrière elle. Le tueur parle avec une froide indifférence.

– Je vais finir par croire que nous sommes connectés par ce

lien dont vous parliez, Mulder. Vous avez un véritable don pour me retrouver.

Fox avance lentement et avec précaution vers la petite fille.

– Caitlin, tu veux me faire plaisir ? demande-t-il avec douceur. Peux-tu compter jusqu'à vingt ? Peux-tu fermer les yeux et compter jusqu'à vingt tout haut, doucement et lentement ?

La fillette fait un signe de tête affirmatif. Mulder sort son arme et la braque sur la tête de Roche. Ce dernier indique à Fox qu'il détient son autre automatique, pointé sur le dossier du siège de Caitlin.

– Vous ne me laissez pas vraiment le choix. Et je n'ai pas envie de retourner en prison, commente le tueur.

À l'autre extrémité de la rame, Scully et Skinner sont accroupis, en position de tir.

– Déposez votre arme ! hurle Skinner.

Roche l'ignore, et sort de sa poche le dernier cœur de tissu.

– Il m'en reste un, dit-il en s'adressant à Mulder. Comment ferez-vous pour la trouver, sans moi ? Et comment serez-vous sûr qu'il ne s'agit pas de Samantha ?

La détermination de l'agent vacille un instant.

– Comment pourrez-vous en être sûr ? insiste Roche.

Mulder jette un coup d'œil sur l'arme du tueur et voit la crispation de son index sur la détente. Il tire à bout portant dans la tête de Roche. Caitlin hurle de terreur, et se précipite dans les bras de Scully. Roche s'effondre sur son siège, mort.

Plus tard, le même jour, nous retrouvons Mulder dans son bureau, épuisé physiquement et émotionnellement. Scully lui apprend que l'analyse des colorants du tissu sur le dernier cœur a indiqué une date de fabrication se situant entre 1964 et 1974.

– On ne peut rien dire de plus précis.

Elle prend conscience du désespoir de son coéquipier.

– Mulder, ce n'est pas Samantha. Quelle qu'ait été cette petite fille, nous la trouverons.

– Comment ?

– Je ne sais pas, Mulder, mais j'ai confiance en toi. Pourquoi ne rentres-tu pas pour prendre un peu de repos ?

Un bref moment, Fox pose sa tête sur la poitrine de Dana. Puis il regarde une dernière fois le cœur de tissu anonyme, et le range dans le tiroir de son bureau, qu'il verrouille.

Coulisses

« Cœurs de tissu » pourrait être qualifié d'épisode quasi mythologique. Il combine en effet à la fois un suspense policier classique, centré sur un tueur en série, et une énigme portant la marque caractéristique des *X-Files*. Ces deux genres se sont singulièrement bien imbriqués, ce qui explique qu'Anderson et Duchovny, et bien d'autres, considèrent cet épisode comme l'un des meilleurs de la saison.

Le coproducteur, Vince Gilligan, avoue avoir des rêves « intéressants » mais affirme qu'il ne les laisse jamais interférer avec son travail d'écriture. Il affirme que l'idée de 4X08 lui est venue alors qu'il reconsidérait l'une des idées fondatrices et directrices de la série.

– L'enlèvement de la sœur de Mulder représente l'un des fondements de l'univers des *X-Files* ; mais que se passerait-il si l'on découvrait qu'au lieu d'être imputable aux extraterrestres, le kidnapping ne représentait qu'un fait divers, l'œuvre d'un tueur en série, par exemple ? Et quel serait le meilleur moyen d'en convaincre Mulder, hormis une série de visions prophétiques ?

Vince Gilligan s'est mis en quête d'un tueur fétichiste, qui ne mutilerait pas ses victimes pour en rapporter des membres à la maison, ce qui aurait été trop loin. Il a donc créé John Lee Roche, et son penchant pour les bouts de tissu en forme de cœur. L'habileté de Mulder à pourchasser les tueurs en série avant le service des Affaires non classées avait été affirmée dès l'épisode pilote des *X-Files*.

Tom Noonan, qui interprète le rôle de Roche, est un New-Yorkais bien connu ; à la fois acteur, dramaturge, scénariste et réalisateur dont les films indépendants et tout particulièrement *The Wife* (1995) et *What happened Was...* (1994) ont obtenu des récompenses à différents festivals cinématographiques aux États-Unis et à l'étranger. Il a aussi joué dans des films comme *Heat*, *Robocop 2*, et *F/X*. Le rôle a été écrit sur mesure pour lui : Gilligan est un grand admirateur du travail de Noonan.

La clé du personnage de Roche, dit Noonan, c'était de garder à l'esprit l'amitié unilatérale, faute d'un meilleur mot pour décrire cette relation entre le tueur et Mulder.

– Mulder était l'âme sœur de Roche, un type avec qui il établissait un vrai rapport. Chaque fois qu'il parlait de Samantha ou de ses autres victimes, et que Mulder réagissait, il se disait : *De quoi estu troublé ? Ceci est notre vie à tous les deux*.

Le faisceau laser du rêve de Fox Mulder, et qui met ce dernier sur la piste de Roche, trouve son origine dans les années d'études de Gilligan à l'université de New York. Alors étudiant en cinématographie, Vince se faisait un peu d'argent en travaillant pour une compagnie qui effectuait des hologrammes sur mesure au laser. Gilligan a tout appris sur la technique du laser en travaillant dans un atelier en sous-sol, « respirant des bouffées de xylène ». Dans la dernière esquisse du scénario, le faisceau laser est bleu, mais la longueur d'onde en étant plus courte, le coût de mise en œuvre se trouvait plus élevé que celui d'un rouge, et son emploi plus difficile ; la production a donc préféré ce dernier pour des raisons matérielles.

Comment le point lumineux retranscrit-il des messages pour Fox Mulder ? La première technique expérimentée par David Gautier et son équipe des effets spéciaux consistait à projeter une diapositive suivant le même axe que le rayon du laser. Le résultat étant jugé peu satisfaisant, l'équipe des effets spéciaux de Los Angeles a produit l'effet en postproduction, animant sur ordinateur l'image du point lumineux.

Le parc de Bosher's Run n'existe pas, mais on trouve un Bosher's Dam à James River Park, un des endroits favoris de Gilligan dans sa Virginie natale.

La Chevrolet El Camino de Roche a été obtenue de la manière habituelle : le coordinateur des véhicules, Nigel Habgood, a fait signe dans la rue au conducteur, et lui a proposé de louer son véhicule pour un tournage dans les *X-Files*.

Les éclatantes flammes rouges peintes sur les flancs de la voiture par son nouveau propriétaire, l'adolescent, sont en fait des décalcomanies. Après le tournage, elles furent retirées, et réclamées par le premier assistant réalisateur, Tom « Frohike » Braidwood, qui les a collées, au grand dam de son épouse, à l'avant de sa Ford Taurus.

Le cimetière des tramways existe vraiment. Il se situe à l'ouest de Vancouver, et fut découvert par le service chargé des repérages au cours d'une exploration systématique, l'an dernier. Le producteur, Joseph Patrick Finn, en a envoyé un jeu de photographies aux bureaux de la production à Los Angeles, et Vince Gilligan a ainsi écrit la scène culminante de 4X08 sur mesure.

Le compositeur, Mark Snow, nommé aux Emmy Awards pour sa musique de « Cœurs de tissu », est particulièrement satisfait du motif de clochettes qui illustre la présence du rayon laser.

– Ça représentait quelque chose de si différent de la texture du reste de l'histoire : une touche de légèreté et de magie, et non pas la menace extrême.

Une de ses sources d'inspiration pour ce thème, précise-t-il, fut *Le Songe d'une nuit d'été* de Mendelssohn.

Snow rapporte également qu'on lui a demandé à plusieurs reprises de faire un enregistrement de la *musique folk genre Pete Seeger*, qu'il a composée pour les dernières minutes de l'épisode.

– Malheureusement, dit-il, le morceau devait durer à peu près trente secondes, aussi ne vous attendez pas à le trouver dans les bacs des disquaires.

Cet épisode, le huitième filmé, fut le dixième diffusé. En effet, il fallut retarder sa postproduction car l'équipe devait se concentrer sur « Tunguska 1 » et « Tunguska 2 », qui devaient absolument être diffusés pendant le mois de février, période d'audience maximale.

La question la plus fréquemment posée au sujet de cet épisode est la suivante : David Duchovny a-t-il été doublé lorsque, dans le gymnase de la prison, il marque un but ? Sur sept prises, Duchovny (qui a fait partie de l'équipe de base-ball de Princeton) a marqué quatre fois.

Dans une comédie sortie en 1989, *Collision Course*, le personnage interprété par Noonan s'appelait Scully.

**Mulder trouve les trophées (les cœurs de tissu) appartenant à Roche dans un volume de *Alice au pays des merveilles*, de Lewis Carroll. Nous apprenons ensuite que Roche habite Alice Road, autre allusion à la fascination qu'éprouvait – paraît-il – Lewis Carroll pour les jeunes filles impubères.
Lorsque Scully dit à Mulder : « Un rêve n'est jamais que la réponse à une question que nous ne savons pas encore formuler. » Elle cite les paroles mêmes de son partenaire dans l'épisode intitulé « Aubrey » (2X12).**

Épisode : 4X09
Première diffusion US : 24 novembre 1996
France : 4 octobre 1997
Scénario : Chris Carter et Frank Spotnitz
Montage : Michael S. Stern
Mise en scène : Kim Manners

Distribution :
Mitch Pileggi (dir. adj. Walter Skinner) ;
William B. Davis (l'Homme à la cigarette) ;
Nicholas Lea (Alex Krycek) ;
Laurie Holden (Marita Covarrubias) ;
John Neville (l'Homme soigneusement manucuré) ;
Brendan Beiser (agent Pendrell) ;
Fritz Weaver (sénateur Sorenson) ;
David Bloom (l'Homme nerveux) ;
Malcolm Stewart (Dr Sacks) ;
Campbell Lane (président du comité) ;
Stefan Arngrim (prisonnier) ;
Brent Stait (Terry Edward Mayhew) ;
Dawn Murphy (premier inspecteur des douanes) ;
Andy Thompson (second inspecteur des douanes) ;
Phillip Heinrich (agent des troupes d'assaut) ;
Jano Frandsen (autre agent).

Sites principaux :
Washington, D.C. ; Honolulu, Hawaï; New York City, N.Y. ;
Crystal City, Virginie ; Greenbelt, Maryland ; Charlottesville, Virginie.
Tunguska, Sibérie, Russie.

Tunguska

première partie

(Tunguska)

Des messagers diplomatiques introduisent aux États-Unis une forme mortelle de vie extraterrestre. L'enquête de Mulder et Scully s'oriente vers une conspiration internationale de haut niveau, qui dépasse leur compréhension.

Lors d'une audition de la Commission d'enquête sénatoriale sur l'espionnage et le terrorisme, à Washington, l'agent spécial du FBI Dana Scully prête serment et se prépare à témoigner. Elle lit une déclaration soigneusement élaborée.

– J'ai abandonné la carrière médicale pour devenir agent du FBI voilà quatre ans, parce que je croyais en ce pays, parce que je voulais en faire observer les lois, punir les assassins et protéger les innocents. J'ai toujours foi en mon pays, mais je pense que ce n'est pas le cas de certains hommes puissants qui le gouvernent. Ces hommes ne respectent pas la loi et la violent impunément. J'en suis parvenue à la conclusion qu'il ne m'est plus possible...

Elle est interrompue par le président de la Commission, qui insiste avec irritation sur le fait qu'elle a été convoquée pour répondre à des questions, et non pour participer à une tribune de foire.

– Agent Scully, savez-vous oui ou non où se trouve l'agent Mulder ? lui demande un autre sénateur, du nom de Sorenson.

– Avec votre permission, monsieur, je m'abstiendrai de répondre à cette question, car je suis convaincue qu'y répondre mettrait en danger la vie de l'agent Mulder.

– Vous ne semblez pas comprendre. Vous n'avez pas le choix. Vous êtes un agent du FBI, lui rétorque le président, stupéfait.

– Eh bien, puis-je donc achever ma déclaration ? demande Scully, nerveuse mais déterminée. Il ne m'est donc plus possible de continuer à exercer mes fonctions d'agent du FBI...

Le sénateur Sorenson l'interrompt :

– Êtes-vous en train de présenter votre démission, agent Scully ? Est-ce ce que vous voulez nous dire ?

– Non, monsieur. Ce que j'étais venue dire, c'est que certaines conditions de désordre et d'anarchie m'ont empêchée de faire correctement mon travail. La véritable cible de cette commission d'enquête devrait être un certain groupe d'hommes qui se prétendent au-dessus des lois, et dont les agissements secrets se dissimulent derrière les crimes sur lesquels vous enquêtez.

Sorenson se penche vers Scully et la fusille du regard.

– Ou vous nous indiquez ce que vous savez de l'endroit où se trouve l'agent Mulder, ou bien vous serez poursuivie pour outrage au Congrès.

Scully demeure impassible. Elle dirige calmement son regard vers le sénateur, en un défi silencieux.

Dix jours plus tôt, à l'aéroport d'Honolulu, un homme au comportement nerveux, ne portant qu'une mallette, atteint la zone des contrôles douaniers. Il informe l'inspectrice des douanes qu'il est en mission officielle, en provenance de la République de Géorgie. Elle lui demande de se rendre au bureau des douanes pour un contrôle aléatoire. L'homme proteste et refuse, arguant de son visa diplomatique américain. On le soumet alors à une fouille intensive ; il est déshabillé et un examen des cavités internes est pratiqué. Un autre agent des douanes force la mallette, et en sort deux boîtes en fer-blanc.

– Pouvez-vous m'indiquer ce que vous transportez dans ces récipients, monsieur ?

– Des produits toxiques.

– Dans ce cas, où sont les documents d'accompagnement, les licences d'importation ? Et pourquoi n'y a-t-il pas de marquage sur les boîtes ?

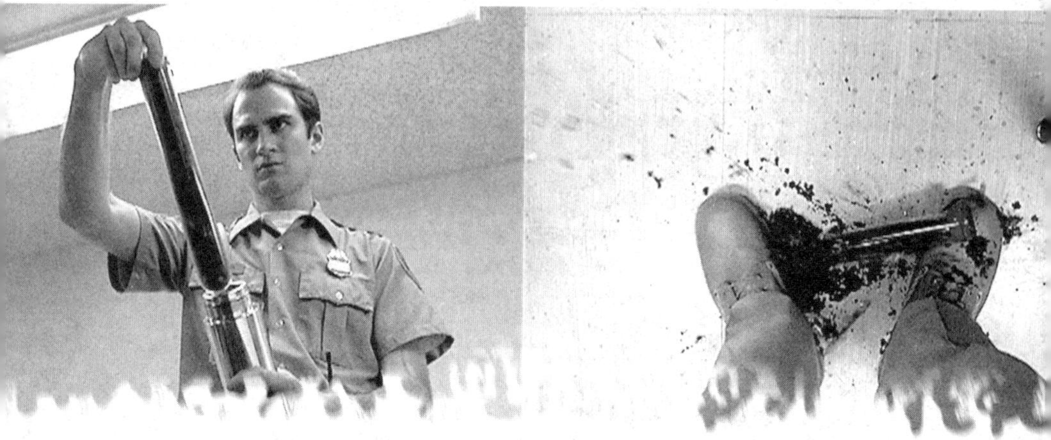

Malgré l'inquiétude croissante du voyageur, l'agent ouvre l'une des boîtes et fait accidentellement tomber sur le sol le cylindre de verre qu'elle contient.

Le verre se brise, libérant une substance ressemblant à de la poussière noire. La poudre se met en mouvement et se rassemble pour former des dizaines de vers noirs et huileux.

Les créatures grouillent sur la chaussure du douanier, puis rampent dans la jambe de son pantalon. Le courrier, pris de panique, tambourine à la porte de la salle d'inspection, hurlant qu'il veut sortir.

– Ouvrez cette porte ! Laissez-moi sortir !

L'agent des douanes tape des pieds, puis est secoué d'un spasme.

– Ô mon Dieu, laissez-moi sortir, gémit le messager, en proie à la terreur la plus totale.

Le douanier, toujours debout et rigide, glisse dans une sorte de paralysie, le regard fixe et vide. Le blanc de ses yeux s'assombrit, puis devient noir sous la prolifération des organismes inconnus.

Flushing, Queens, New York. 3 h 7. Dans une zone industrielle désaffectée, Mulder et Scully, avec un commando d'agents du FBI en armes, suivent la piste de terroristes locaux.

Fox explique à Dana que des envois anonymes lui sont parvenus : des reçus relatifs à l'achat de produits permettant la fabrication d'explosifs, la location d'un entrepôt, et celle d'un camion de deux tonnes.

– Nous pourrions nous retrouver face à un nouvel attentat comme celui d'Oklahoma City, conclut-il.

Le camion de location est en vue. Il s'arrête, et les agents s'approchent. Au cours d'une brève, mais vive fusillade, le chauffeur tente de s'enfuir, mais Mulder, en tirant sur les pneus, l'envoie percuter un véhicule à l'arrêt. Le conducteur meurt, mais son passager descend du camion, les mains en l'air.

C'est l'agent renégat Alex Krycek, l'assassin du père de Mulder, et le complice dans le meurtre de la sœur de Scully.

– Espèce de salopard ! l'injurie Mulder.

Écumant de rage, subissant une décharge d'adrénaline, Fox donne à Krycek un coup de genou dans le ventre (vu pour la dernière fois, emprisonné dans un silo de missile, dans 3X16).

Il pointe son arme sur l'homme à terre.

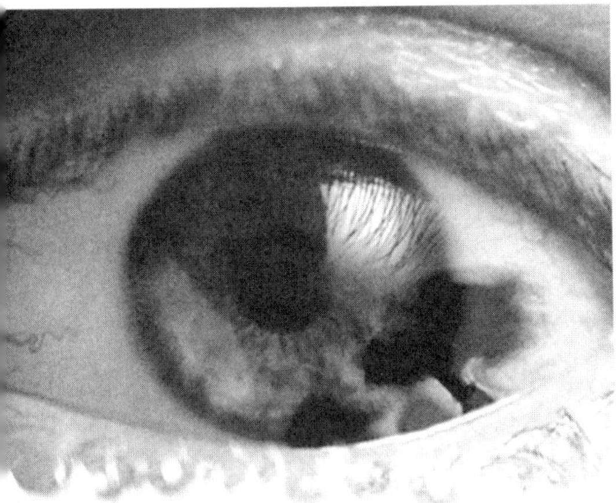

– Mulder ! s'écrie Scully, effrayée par ce qu'il pourrait faire.

– C'est moi qui vous ai offert ça sur un plateau, Mulder. À votre avis, qui vous a envoyé ces reçus ? proteste Krycek.

Alors que les policiers rassemblent les autres membres de la milice, Krycek explique aux agents que les terroristes, « des révolutionnaires minables qui tueraient d'innocents Américains au nom de leurs idéologies bornées », l'ont secouru au fond de son silo, au cours d'une opération de récupération de matériel.

– Tu n'es qu'un bâton merdeux, une espèce de fouille-merde invertébré, qui n'a pas plus de morale qu'une fosse septique, dit Mulder.

– J'aime mon pays, répond Krycek avec une nuance de défi.

Mulder le frappe à nouveau. L'autre s'écroule.

– Mais qu'est-ce que vous voulez, Krycek ? lui demande Scully.

– La même chose que vous. Mettre la main sur l'homme qui a tenté de me tuer.

Il se tourne vers Fox.

– Le même homme qui est responsable de la mort de ton père.

Puis, à l'adresse de Scully :

– ... et de la mort de votre sœur.

Sous bonne garde, Krycek conduit les deux agents à un terminal international de l'aéroport Dulles à l'extérieur de Washington. Il leur propose d'intercepter un passager sur un vol en provenance de Russie.

– Il portera une valise diplomatique.

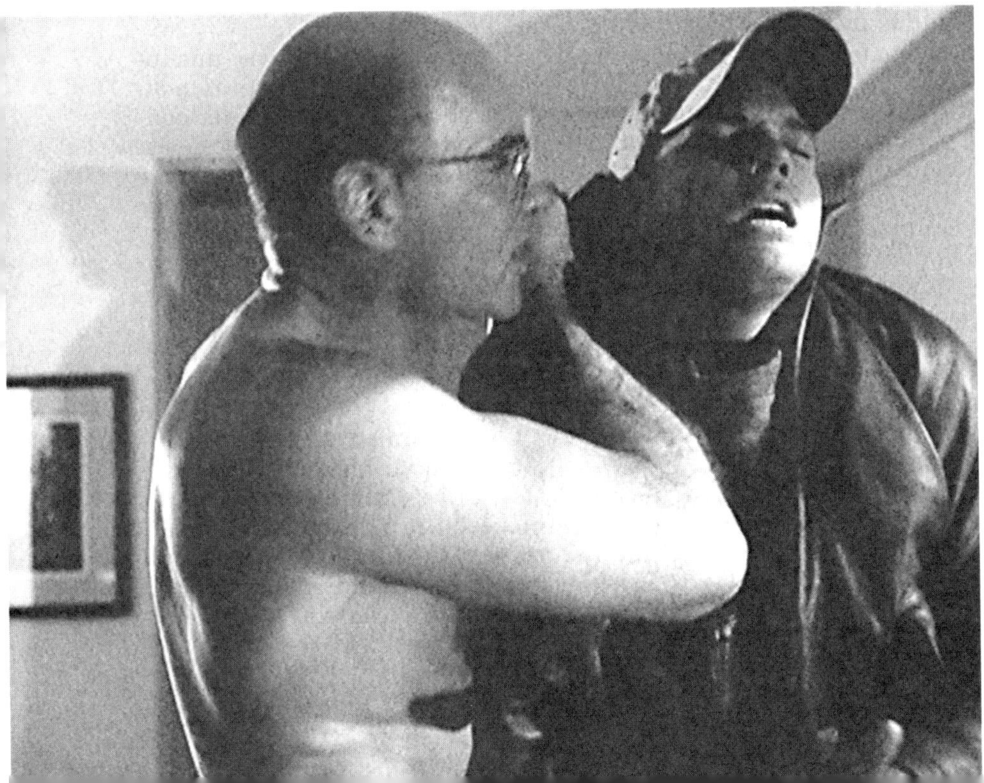

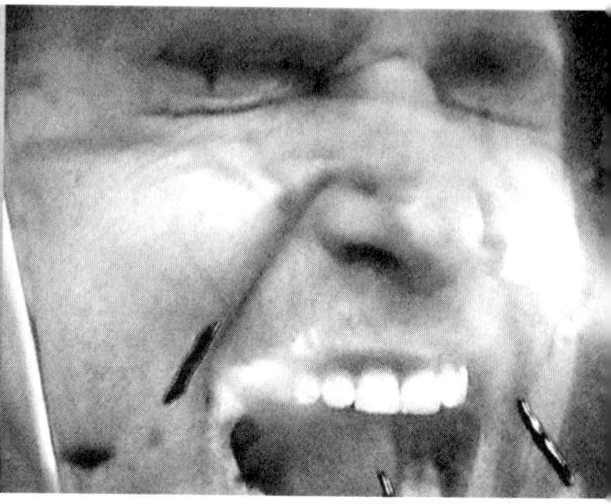

Krycek désigne un homme qui émerge de la zone sous douane ; celui-ci parvient à s'enfuir en les découvrant. Toutefois, les deux agents récupèrent sa valise abandonnée.

Ces derniers reviennent vers l'endroit où ils ont laissé Krycek, menotté à une barrière métallique.

– C'est une blague, ou quoi ? demande Scully en ouvrant la valise.

Celle-ci ne contient qu'une roche noire, à l'aspect charbonneux. Mulder et Scully emmènent Krycek à l'appartement qu'occupe Skinner dans une tour. Ils demandent à leur supérieur de fournir un lieu d'incarcération discret et sûr pour leur informateur.

– D'une sécurité relative, répond Skinner.

Il frappe violemment l'ex-agent à l'estomac, puis le menotte à son balcon et, malgré les protestations du prisonnier devant le froid glacial, l'y laisse enchaîné pour la nuit.

Le lendemain matin, Fox et Dana apportent le roc au centre spatial Goddard de la NASA, dans le Maryland. Un exobiologiste, le Dr Sacks, pense que le nodule ressemble à des fragments météoritiques trouvés récemment dans l'Antarctique. En fait, selon Sacks, la roche pourrait bien être originaire de Mars, car elle présente des traces fossiles de bactéries extraterrestres. Réprimant difficilement son excitation, il demande la permission de prélever un échantillon.

L'Homme à la cigarette surprend Skinner au moment où celui-ci sort de son immeuble en emportant la valise diplomatique.

– Hier soir, à Washington, les agents Mulder et Scully ont intercepté une valise diplomatique. Je crains que cela ne suscite des problèmes dans le milieu des Affaires étrangères, de gros problèmes même.

Skinner lui assure, avec une totale sincérité, qu'il ne sait rien au sujet de la valise. Son interlocuteur se fait menaçant.

– Je *veux* cette valise, monsieur Skinner. Et je veux savoir qui leur a donné l'ordre de l'intercepter.

– Je vous recontacterai, lui répond le directeur adjoint d'un ton acide.

– Des guerres ont éclaté pour bien moins que cela, monsieur Skinner.

Chez Skinner, Krycek est toujours menotté au balcon. Le courrier, qui s'était échappé la nuit précédente, pénètre dans l'appartement, et fouille le bureau du directeur adjoint. En entendant du bruit à l'extérieur, il sort. Krycek, qui s'est caché en s'accrochant à l'extérieur du balcon, l'attrape au cou par surprise et l'envoie s'écraser au sol.

Dans son bureau, Mulder fait son rapport à sa coéquipière. Ses sources d'informations au Département d'État lui ont communiqué leurs renseignements ; c'est ainsi qu'il a appris l'accident survenu à Honolulu avec le courrier porteur de l'échantillon de « terreau contaminé ».

– Tout cela m'amène à penser, Scully, que se trouvent, dans le bout de rocher que nous avons intercepté, des réponses allant bien au-delà de la question de l'existence d'une vie extraterrestre, bien au-delà même de la conspiration organisée pour en tenir l'existence secrète.

Il ajoute que Krycek leur a fourni la « clé de voûte d'un complot encore plus grand ».

Scully, toutefois, demeure sceptique.

– Ce qu'il nous a donné, c'est une roche. Et Krycek est un menteur et un meurtrier.

– ... qui veut à présent la peau des gens mêmes que nous voulons démasquer, enchaîne Fox, et il fera tout pour parvenir à ses fins.

– C'est pour toi que je m'inquiète, Mulder. Jusqu'où iras-tu ? Et jusqu'où pourrai-je te suivre ?

Au laboratoire de la NASA, le Dr Sacks, protégé par une combinaison étanche anticontamination, fore l'échantillon rocheux. Une très fine brume de liquide noir asperge la visière de son casque. Il l'essuie avec ses doigts et voit alors des vers noirs ramper sur lui. Il hurle, puis a un spasme et se rigidifie.

Mulder se rend en compagnie de Scully au centre de recherche de Goddard Skinner, le joint depuis une cabine téléphonique proche de son appartement, pour l'informer de la découverte du corps écrasé sur la chaussée. Fox abandonne sa coéquipière et saute dans un taxi. À l'entrée de l'immeuble, un policier interroge Skinner. Celui-ci doit lui expliquer qu'il habite au dix-septième étage, il est directeur adjoint du FBI et n'a pas vu l'homme tomber.

– Excusez-moi, monsieur. J'ai reçu une information erronée, à savoir qu'il y avait un homme accroché à votre balcon.

Mulder surgit dans l'appartement de son supérieur, hisse Krycek par-dessus le balcon, le détache et lui annonce qu'ils vont sortir du bâtiment comme si de rien n'était.

– Ça ne me pose pas de problème, ricane Krycek. Vous m'avez foutu dans ce pétrin, maintenant, on va voir comment vous allez m'en sortir.

Fox Mulder saisit son ex-collègue par le revers de la veste et lui donne une bourrade violente et totalement gratuite en le traitant d'ordure.

Scully a constaté les effets de la roche noire sur le Dr Sacks.

Passablement secouée, elle appelle Fox depuis le centre de recherches.

– Le Dr Sacks... il est... Je ne sais pas, Mulder, je n'ai jamais vu une chose pareille... Je ne sais même pas s'il est vivant ou mort.

– Tu aurais intérêt à le découvrir. Par ailleurs, j'ai besoin d'une adresse à New York. Il va falloir que tu utilises les services du Bureau pour ça.

Plus tard, cette nuit-là, à Manhattan, Mulder se rend chez Marita Covarrubias qui le laisse entrer. Cette femme mystérieuse semble toujours manifestement attirée par Fox, pour une raison indéterminée. Il demande à la fonctionnaire des Nations unies de trouver l'origine de la valise diplomatique provenant de Russie. Épuisé, il somnole sur le divan, pendant que Marita passe plusieurs coups de téléphone. L'air assez inquiète, elle réveille bientôt son visiteur pour lui révéler que la valise provenait de Krasnoïarsk, en Russie.

– Juste au nord de Tunguska, commente Mulder.

La diplomate précise qu'elle n'a jamais entendu parler de cet endroit. Elle se propose, toutefois, de procurer à Fox un passeport diplomatique, les visas nécessaires, ainsi que des lettres de créance.

– Pourquoi voulez-vous m'aider ? s'enquiert Mulder.

– Parce que je le peux. De plus, des gens de mon entourage croient comme moi en votre quête de la vérité.

À trois heures quinze, le lendemain matin, Mulder quitte l'appartement de la diplomate et regagne sa voiture dans laquelle Krycek est toujours menotté. Krycek est curieux de savoir si Mulder compte le tenir dans l'ignorance de leurs projets de voyage.

– Ouais, lui concède Fox, qui ponctue sa réponse d'un crochet du droit au menton.

Au centre de Goddard, Scully et l'agent Pendrell, vêtus de combinaisons protectrices, examinent Sacks, toujours habillé de son vêtement protecteur. Alors qu'il est secoué d'un spasme, Dana en conclut qu'il est vivant, bien que dans un coma profond.

À l'aéroport Kennedy de New York, Mulder gare sa voiture dans un parking pour une longue durée, et s'en va, laissant Krycek menotté à l'intérieur. Ce dernier le rappelle en lui hurlant des injures. Ces dernières sont proférées dans une langue étrangère. Mulder revient vers le véhicule.

– Tu parles russe, Krycek ?

– Mes parents ont émigré au moment de la guerre froide, si ça t'intéresse, éructe l'autre, toujours insolent.

Une ferme équestre cossue, quelque part en Virginie. L'Homme soigneusement manucuré sourit en observant une femme séduisante, qui dirige avec aisance sa monture tout autour du parcours de saut.

L'Homme à la cigarette arrive. Il informe son collègue que leur

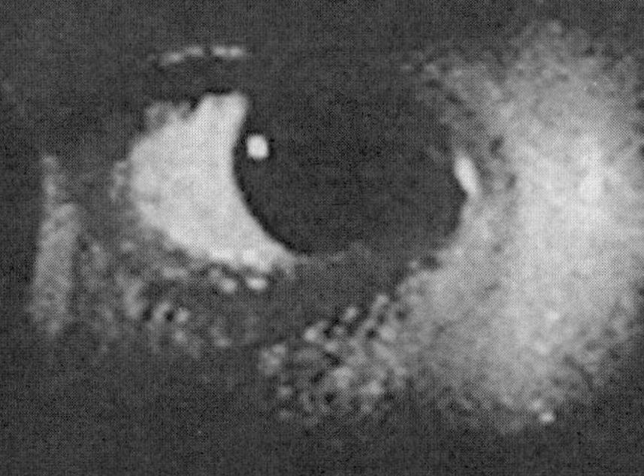

courrier a trouvé la mort.

– Cela constitue-t-il un risque pour nous ? demande l'Homme soigneusement manucuré.

– Non, bien évidemment. Nos dénégations demeureraient totalement plausibles.

– *Cancer Man* ajoute que la CIA lui a fait part qu'un homme porteur de lettres de créance de l'ONU, et dont la description correspond à celle de Mulder, est en route vers Krasnoïarsk.

– Imbécile, fichu imbécile ! s'exclame l'Homme aux mains impeccables. Tout cela doit être corrigé et géré.

– C'est une chose faisable. Vous connaissez mes capacités à gérer les situations de crise, dit le grand fumeur, sur la défensive.

L'Homme soigneusement manucuré est furieux.

– Je ne pense pas que vous réalisiez ce qui est en jeu ici, et à quel niveau cela se situe. Il ne suffira pas de savoir viser juste.

Dans le bureau de Skinner, ce dernier apprend à Scully qu'ils ont été convoqués pour témoigner devant la Commission d'enquête parlementaire du sénateur Sorenson. Ils viennent de mesurer la gravité de leur situation.

Dans la forêt sibérienne de Tunguska, Mulder et Krycek descendent d'un camion. Le chauffeur donne, en russe, des instructions à Krycek, qui traduit :

– Il dit que c'est à environ cinq kilomètres, à travers ces bois.

Ils se mettent en route, et parviennent à une barrière en fil de fer barbelé. Alors qu'ils la franchissent, Mulder apprend à Krycek ce qu'ils recherchent. En 1908, Tunguska a été le site du plus grand événement cosmique de l'histoire de la planète. Une boule de feu, peut-être une comète ou un astéroïde, voire une particule d'antimatière, a percuté la Terre avec une force comparable à deux mille fois celle de la bombe d'Hiroshima.

– Aucune preuve définitive n'a jamais été apportée qui fournisse une explication satisfaisante à cet événement. Je crois que quelqu'un a fini par trouver des indices. Et l'explication est quelque chose dont personne n'a osé rêver.

Au-delà de la clôture, Mulder et Krycek sont couchés en haut d'une falaise. Ils observent ce qui ressemble, à première vue, à une mine à ciel ouvert. C'est en fait un camp de travaux forcés. Des gardes à cheval fouettent les travailleurs. Au moment même où ils en prennent conscience, ils entendent des bruits de sabots. Ils se séparent et fuient, mais sont traqués par les gardes. Un fouet s'enroule autour des jambes de Fox, qui s'écroule. Il regarde le ciel, complètement hébété. En se réveillant plus tard, sale et isolé, dans une cellule sombre, le front ensanglanté, il entend les murmures d'un autre prisonnier, qui résonnent autour de lui.

– Je ne parle pas russe, dit-il.

– Alors, on ne vous l'a pas dit, répond le chuchoteur, qui l'observe par une fissure dans le mur.

– Pas dit quoi ?

– Que vous avez été amené ici pour rencontrer la mort.

– Je n'ai pas été amené ici. Je suis venu chercher quelque chose.

– La seule chose que vous pouvez trouver ici, c'est la mort. La mort et la souffrance.

– Quel est cet endroit ? demande Mulder.

– C'est le Goulag. Le lieu où les coupables donnent des ordres aux innocents, répond le mystérieux chuchoteur.

La porte de la cellule s'ouvre et Krycek, qui insulte ses geôliers en russe, est projeté à l'intérieur.

– Il faut que nous nous enfuyions. Ils vont nous torturer, dit-il à Mulder.

Il rapporte à Fox que ses gardes l'ont accusé d'être un espion, et ont tenté de lui arracher une confession.

– Et que leur as-tu dit ? l'interroge Mulder en le plaquant de force contre le mur.

– Que nous étions des Américains stupides, qu'on s'était perdus dans les bois.

Fox le relâche. Krycek lui lance, d'un air mauvais :

– Hé, Mulder, tu vas avoir besoin de moi, ici. Alors ne t'avise pas de porter de nouveau la main sur moi.

L'équilibre des forces en présence s'est radicalement modifié.

Dans le bâtiment des services administratifs du Sénat, à Washington. Le sénateur Sorenson, d'une politesse onctueuse, accueille Skinner et Scully dans son bureau. Sa sollicitude apparente disparaît rapidement. Il menace le directeur adjoint de le poursuivre pour parjure s'il n'explique pas ce que le courrier mort faisait sur son balcon. Et il poursuit :

– ... et puis il y a la question de l'agent Mulder. Pouvez-vous m'expliquer pourquoi il n'a pas déféré à ma convocation, pour ce jour.

C'est Dana qui répond :

– L'agent Mulder enquête sur le terrain, sénateur. Il tente de trouver des réponses aux questions que vous vous posez.

– Et *où* les cherche-t-il, ces réponses ?

Dans la cellule de Mulder et Krycek, au Goulag, un garde leur fait passer deux bols de nourriture infestée de vermine. Fox boit, mais pas Krycek, qui jette son bol et jure copieusement, en russe.

La porte s'ouvre sur un garde. Krycek lui parle fort et abondamment puis quitte la pièce avec le geôlier.

Le chuchoteur avertit Mulder :

– Cet homme n'est pas ton ami. En ce moment, il doit être en train de dîner avec les gardes. Je les ai entendus rire entre eux.

– Qui es-tu ? demande Fox.

– Un prisonnier, comme toi. Mais je n'ai commis aucun crime.

– Alors, pourquoi es-tu ici ?

– Pour faire le travail. Comme les autres. Et comme eux, je mourrai lors d'une expérience, quand je ne servirai plus à rien.

– Quel type d'expérience ? demande Fox.

Mais avant que le chuchoteur puisse répondre, la porte de la cellule s'ouvre à la volée. Un homme à lunettes, impeccablement habillé, aboie des ordres aux gardes qui se saisissent de Mulder. Le nouveau venu injecte le contenu d'une imposante seringue dans le bras de Fox Mulder, réduit à l'impuissance. Ce dernier se réveille dans un décor de cauchemar. Il est nu, allongé sur une plaque entre deux feuilles de grillage métallique, dans une pièce sombre remplie d'autres hommes, tous immobilisés comme lui. Un tuyau en plastique débouche au-dessus de lui et se termine juste à l'aplomb de son visage. On entend le bruit d'un portail que l'on soulève. Les cobayes humains se mettent à hurler.

Un liquide noir s'écoule du tuyau. Le produit, huileux comme du pétrole, éclabousse la joue de Mulder, et les vers noirs s'infiltrent à l'intérieur de son visage. Alors qu'il se fige dans une immobilité complète, les vers commencent à assombrir le blanc de ses yeux.

À suivre...

Coulisses

Le 7 août 1996, l'Administration nationale de l'Aéronautique et de l'Espace, la NASA, organisa une conférence de presse dans ses locaux de Washington, District de Columbia. Elle annonçait :

Une équipe de chercheurs du Centre Spatial de Johnson (JSC), à Houston, Texas, et à l'université Stanford de Palo Alto, Californie, a trouvé des indices qui donnent sérieusement à penser qu'une forme de vie primitive a pu exister sur Mars, il y a environ 3,6 milliards d'années. L'équipe, financée par la NASA, a découvert les premières molécules organiques supposées d'origine martienne, plusieurs minéraux présentant des traces caractéristiques d'une activité biologique ; et de ce qui pourrait être des fossiles microscopiques d'organismes primitifs, comparables à des bactéries. Les échantillons provenaient d'une roche martienne primitive tombée sur Terre sous forme de météorite.

Cette annonce étonnante et encore controversée fut mondialement diffusée et vint alimenter la réflexion de l'équipe des *X-Files*, qui l'utilisa pour amorcer le scénario de l'épisode en deux parties de « Tunguska » (« Tunguska » et « Terma » en version originale).

– Oh, oui ! se souvient le coproducteur, Frank Spotnitz. L'idée de mettre du pétrole martien dans la roche nous a été inspirée par l'histoire de la météorite martienne. Dès que la nouvelle s'est répandue, je me suis écrié : « Ça, c'est pour les *X-Files* ! »

Cet argument emprunté à la une des journaux n'était pas sans rappeler, au moins de manière subliminale, le liquide noir mystérieux présent dans les deux épisodes de la saison précédente constituant « L'Épave » (« Piper Maru » / 3X15 et « Apocrypha »/ 3X16). Il fut soigneusement mêlé à deux autres thèmes qui avaient alimenté bien des discussions : une juste rétribution pour le traître Krycek, et un coup d'œil aux méthodes du service russe homologue de celui des Affaires non classées du FBI.

Chris Carter raconte :

– Le personnage de Krycek n'avait plus d'apparentement politique, ce qui nous laissait les mains libres. Nous cherchions un moyen d'étendre, de globaliser la conspiration, ce qui avait débuté lors de l'épisode final de la saison trois, voyons... oui : « Anagramme ». Le but était d'atteindre une sorte de perspective globale, dont ceci est une extrapolation. Vous verrez que les Russes jouent un rôle dans la saison prochaine, aussi bien que dans le film.

Par ailleurs, explique Carter, la description de la forme de vie extraterrestre sous le concept d'un « cancer noir » agit de manière subtile dans le subconscient comme un précurseur du thème du cancer introduit, quelques semaines plus tard, dans « Régénérations ».

Les scènes de Goulag du double épisode, indique Spotnitz, sont largement redevables envers les œuvres d'Aleksandr Soljenitsyne : *L'Archipel du Goulag* et *Une journée d'Ivan Denissovitch*. Les séquences mettant en scène Krycek furent stimulées par l'enthousiasme de l'acteur Nicholas Lea qui, apprenant que son personnage allait avoir un bras coupé, a poussé un cri de joie en imaginant les possibilités de jeu dramatique que cela permettait d'envisager.

Pour étoffer la distribution de 4X09 et 4X10, un éventail d'acteurs encore plus éclectique qu'à l'accoutumée a été constitué. Fritz Weaver, qui interprète le rôle du sénateur Sorenson, est un acteur américain très connu (il a représenté au moins deux autres sénateurs au cours de la décennie écoulée), et dont la carrière remonte à deux premiers rôles dans des épisodes de la série télévisée *La Quatrième Dimension,* « Obso-

lete Man », et « Third from the Sun » (Troisième Planète après le soleil).

Jan Rubes (prononcer Yan Rubbish) est un acteur canadien des plus connus, aux talents diversifiés. Réfugié politique originaire de Tchécoslovaquie, il a tenu des rôles principaux dans des films comme *Witness* et, étant un chanteur d'opéra de classe internationale, il a animé une émission musicale des années durant sur CBC. Stefan Arngrim, qui joue le rôle du « prisonnier chuchoteur », a débuté enfant sa carrière d'acteur dans le rôle de Barry Lockridge (« Vous savez, le gosse au chien », aime-t-il rappeler) dans la série télévisée ABC de la fin des années soixante, *Land of Giants*.

Les deux réguliers de la série que sont William B. Davis et John Neville, respectivement l'Homme à la cigarette et son patron surnommé l'Homme soigneusement manucuré, furent heureux de disposer de répliques savoureuses, quoique pas assez abondantes à leur goût. Pour des raisons de temps, deux scènes de forte tension entre eux ont été coupées au montage final. Dommage pour tout le monde.

Pour sa part, Gillian Anderson se souvient avec fierté de la manière dont son personnage fit face à la commission sénatoriale, ainsi que de la force et du réalisme avec lesquels elle interpréta ces scènes. Elle a par ailleurs éprouvé une expérience quasi mystique pendant les prises de vues, effectuées tard dans la nuit, au cours desquelles elle est emprisonnée pour offense au Congrès.

– Je ne sais pas exactement ce que c'était. Je me souviens juste d'avoir travaillé sur cette scène, et d'avoir ressenti des aspects que je n'avais jamais perçus avant, ni ressentis depuis. Je ne sais pas ce qui s'est produit, mais c'était, comment dire... *différent*. Je me souviens que, lorsque je me suis éloignée ensuite, je me sentais vraiment bizarre.

David Duchovny se souvient de 4X09 et 4X10 comme de deux épisodes très mouvementés, et « rudement drôles », bien qu'il ait passé de longs moments debout dans la pluie et la neige, et qu'il se soit fait poursuivre par des gardes à cheval dans une carrière.

– Mon père m'a rendu visite ; eh bien, il a vu à quoi cela ressemblait, un tournage de série TV !

Les collègues des acteurs travaillant hors champ de la caméra développent des opinions assez différentes sur « Tunguska », première et deuxième partie. Ils s'en souviennent comme du double épisode le plus coûteux, compliqué et systématiquement empoisonné par les difficultés que les *X-Files* aient compté à ce jour.

Malcolm Stewart, qui incarne le Dr Stays, jouait également dans « La Visite » (3X21), épisode dans lequel il apparaissait sous les traits de l'agent Bonnecaze. C'est ici sa quatrième prestation dans la série après un rôle dans le pilote des *X-Files* et « Les Vampires ».

Dans les sous-titres destinés aux malentendants, on peut lire la ligne suivante lorsque Mulder sort un cafard d'une boîte de conserve :
– Bambi ?
Il s'agit là, bien entendu, d'une allusion directe à « La Guerre des coprophages » (3X12) et à la charmante entomologiste, le Dr Bambi Berenbaum.

à su

Tunguska
deuxième partie
(Terma)

Prisonnier dans l'archipel du Goulag, Mulder subit les effets de la toxine extraterrestre... De son côté, à Washington, Scully se bat contre un sénateur corrompu afin que leur enquête ne soit pas étouffée.

Épisode : 4X10
Première diffusion US : 1er décembre 1996
France : 4 octobre 1997
Scénario : Chris Carter et Frank Spotnitz
Montage : Jim Gross
Mise en scène : Rob Bowman

Distribution :
Mitch Pileggi (dir. adj. Walter Skinner) ;
William B. Davis (l'Homme à la cigarette) ;
Nicholas Lea (Alex Krycek) ;
Laurie Holden (Marita Covarrubias) ;
John Neville (l'Homme soigneusement manucuré) ;
Stefan Arngrim (prisonnier) ;
Jan Rubes (Vassily Peskow) ;
Fritz Weaver (sénateur Sorenson) ;
Bren Stait (Terry Edward Mayhew) ;
Malcolm Stewart (Dr Sacks) ;
Campbell Lane (président du comité) ;
Robin Mossley (Dr Kingsley Looker) ;
Brenda McDonald (tante Janet) ;
Pamela MacDonald (infirmière) ;
Eileen Pedde (Angie) ;
Jessica Schreier (Dr Bonita Charne-Sayre) ;
Oleksiy Shostak (l'homme emmitouflé) ;
Denis Krasnogolov (leader manchot) ;
Anatol Rezmeritsa (Homme aux lunettes) ;
John Hainsworth (Homme maigre).

Sites principaux :
Boca Raton, Floride ; Saint-Pétersbourg, Russie ; Tunguska, Sibérie, Russie ; Greenbelt, Maryland ; Richmond, Virginie ; Charlottesville, Virginie ; Washington, D.C.

vre...

Dans le sud de la Floride, à la maison de repos de Harrow, au milieu de la nuit, une femme approchant de la quarantaine, Angie, promène le faisceau de sa lampe de poche sur les visages de plusieurs malades. Elle trouve la personne qu'elle cherche.

– C'est le moment, tante Janet, prévient Angie à voix basse.

Les deux femmes quittent les bâtiments et rejoignent une camionnette garée à l'extérieur. Un homme d'âge moyen y installe un dispositif à perfusion simple et efficace destiné à injecter des doses mortelles aux candidats au suicide. La tante Janet embrasse sa nièce.

– Ne pleure pas pour moi, ma chérie. Je suis tellement lasse de cette souffrance. Tu es mon ange de miséricorde.

Elle tourne un bouton commandant l'écoulement du produit pharmaceutique, pousse un hoquet et s'écroule en silence. De petits vers d'un noir huileux rampent hors des narines, de la bouche et des yeux de la morte.

– Quelque chose d'anormal se passe, dit l'homme maigre.

Les hurlements de la nièce retentissent dans les rues silencieuses.

Dans un appartement bien tenu mais dégradé par le temps, à Saint-Pétersbourg, un vieil homme prend son thé. Il s'appelle Vassily Peskow. Un messager emmitouflé lui apporte un communiqué urgent d'un camarade de Krasnoïarsk, dénommé Arntzen.

Peskow proteste, rappelant qu'il est à la retraite.

– Le camarade Arntzen s'attendait à cette réponse, lui réplique le messager en lui tendant une enveloppe. Il veut que vous sachiez que la guerre froide n'est pas finie.

Dans sa cellule de la prison de Tunguska, dans le district soviétique de Krasnoïarsk, Mulder récupère peu à peu ses forces à la suite de son exposition aux vers noirs (4X09). Le chuchoteur, captif de la cellule voisine, lui murmure en anglais :

– Hé, prisonnier ! Je pensais que tu étais mort !

Mulder lui demande combien de temps il est resté inconscient.

– Des heures. Je ne sais pas. La première fois, c'est dur, très dur. Ensuite, c'est chaque fois plus facile. Jusqu'à ce que ça te tue.

Il explique à Mulder qu'ils sont les cobayes d'une expérience secrète russe. Ils ont été exposés au « cancer noir, qui vit dans la roche ». Des centaines de sujets humains en sont déjà morts.

– Je ne vais pas mourir, réplique Mulder. Je dois vivre assez longtemps pour tuer ce salaud de Krycek.

Mi-impressionné, mi-amusé, le chuchoteur fait passer à Fox un couteau qu'il a fabriqué.

– Je l'avais fait pour pouvoir me tuer. Ça m'a bien pris deux semaines. Quand il a été prêt, j'en avais perdu l'envie.

– Tu préfères subir la torture ? lui demande Fox.

– C'est merveilleux, l'attachement à la vie. Ce rocher, que nous avons trouvé, si profond dans la terre… penser que quelque chose a pu survivre dans de telles conditions défie la raison… Non. Il leur faudra me tuer eux-mêmes.

Au laboratoire de la NASA à Goddard, Scully et un autre scientifique, le Dr Kingsley Looker, examinent le corps du Dr Sacks, qui présente toujours une forme de coma. Aucune conclusion n'est portée jusqu'au moment où, utilisant un endoscope à fibre optique, Looker analyse la base de la glande pinéale de la victime.

Des créatures microscopiques grouillent autour de l'organe.

– On dirait un nid, un genre d'organisme vermiforme, constate Scully.

À un arrêt de bus de Richmond, un homme aux cheveux gris, vêtu d'un pardessus sombre, attend patiemment ; Vassily Peskow monte dans un autocar dont la bannière indique la destination « CHARLOTTESVILLE ».

Dans un paddock obscur, une cavalière blonde de belle apparence – la protégée de l'Homme soigneusement manucuré dans 4X09 – cherche à savoir ce qui perturbe les chevaux. Peskow sort de l'ombre. Il se présente à la femme blonde, donnant au passage une tape amicale à l'un des chevaux. La cavalière paraît inquiète.

– Il faut que vous partiez d'ici. Je vais vous appeler un taxi. Où allez-vous ?

– Je suis venu ici pour vous rencontrer, docteur Charne-Sayre.

– Est-ce que je vous connais ?

– Non. Je ne vois pas comment vous le pourriez, lui répond Peskow, d'un ton égal.

Le Russe enferme le cou de la jeune femme dans l'étau de sa main massive et lui broie en silence l'artère carotide.

Le directeur adjoint Skinner attend le retour de Scully devant son appartement. Il lui expose avec force le détail des derniers événements. La disparition de la valise diplomatique, le maître sur son balcon et la prochaine enquête sénatoriale les ont placés dans une situation extrêmement difficile. Skinner exige que Scully le *tienne au courant*. Elle ne lui révèle que ce qu'elle peut : la valise diplomatique qui contenait le micro-organisme infectieux provoquant la paralysie se trouve à présent en quarantaine au centre Goddard. En revanche, Scully ne

peut apprendre à Skinner à qui était destinée la valise.

– Eh bien, moi, je le sais, agent Scully. Il m'a fallu enfreindre les règles de déontologie pour connaître le destinataire, puisque je n'ai pu vous trouver.

– Qui était-ce ?

– Le Dr Bonita Charne-Sayre. Vous connaissez ce nom ?

Dana, perplexe, répond sur-le-champ :

– Oui, bien sûr, monsieur. C'est une éminente virologue qui fait autorité en matière de recherche sur le virus de la variole.

– Eh bien, reprend Skinner, elle a été tuée cette nuit. Un cheval lui a piétiné la gorge lors d'un accident équestre, en Virginie.

Un garde fait sortir Mulder de sa cellule en lui assenant sadiquement un coup de pied dans les côtes. L'agent spécial et les autres prisonniers se retrouvent en une longue et grise file, traînant les pieds vers un autre cauchemar.

– Prisonnier, est-ce là ton ami ? demande l'homme qui se tient derrière Fox.

Mulder reconnaît la voix familière du chuchoteur. Sur une estrade se tient Krycek, en pleine forme, donnant l'accolade à l'Homme aux lunettes qui a fait la piqûre à Mulder dans 4X09.

– Tu n'auras qu'une seule chance, lui dit le chuchoteur.

Ils avancent encore de quelques pas. Fox sort alors du rang et, le couteau brandi, se précipite vers l'estrade. Il assomme Krycek, qu'il

jette sur le plateau arrière d'un camion à l'arrêt, et démarre pied au plancher. Mulder pousse le camion à la vitesse maximale le long d'une piste en terre. Krycek, revenant à lui, tente de l'atteindre à travers l'orifice grillagé qui sépare le plateau de la cabine. Les gardes, qui se sont regroupés, poursuivent Mulder à cheval. Les freins du camion lâchent, et ce dernier déboule à travers la forêt en pente. Lors d'un tournant particulièrement serré, Krycek se jette à bas du véhicule, qui manque le virage, quitte la route et va s'écraser au fond d'un ravin rocailleux. On ne détecte aucun signe de vie dans la cabine renversée.

Au ranch équestre de Charlottesville, l'Homme à la cigarette rend visite à son collègue aux mains impeccables. Ils discutent du meurtre du Dr Charne-Sayre, médecin personnel de l'Homme soigneusement manucuré. Le grand fumeur ironise sur cette perte.

– Couchiez-vous avec elle ?

Son collègue ne répond pas.

– Vous ne seriez quand même pas déraisonnable au point de mettre le projet en danger pour satisfaire vos désirs personnels ?

– Trouvez son assassin, réplique en grimaçant l'Homme soigneusement manucuré.

– Arrêtez cette enquête parlementaire, lui demande abruptement le Fumeur.

– Cela ne m'est pas possible, lui répond l'Homme soigneusement manucuré qui poursuit avec une lourde ironie : Mais le sénateur Sorenson est un homme honnête. Ce sont tous d'honnêtes citoyens.

Alors qu'il va se retirer, l'Homme à la cigarette lui rapporte d'autres nouvelles.

– J'ai entendu dire que Mulder a été capturé à Tunguska. Maintenant, il semblerait qu'il se soit évadé.

Son interlocuteur manifeste sa surprise. Il enchaîne, à l'adresse de son compagnon de conspiration :

– Réveillez l'Ours russe, et il pourrait s'apercevoir que vous lui avez volé son miel.

Dans la forêt sibérienne, Krycek s'éloigne de l'épave du camion en titubant. Il croise sur son chemin un groupe d'hommes qui ont tous été amputés du bras gauche. Il leur explique, en russe, qu'il est américain, et accusé à tort d'espionnage.

– Alors, vos ennemis sont les nôtres, lui dit le chef du groupe. Nous pouvons vous protéger.

Pendant la nuit, les gardes du Goulag fouillent la forêt à cheval. Les faisceaux de leurs torches éclairent les troncs des arbres. Ils passent sans le voir à côté de Mulder, profondément enfoui sous un tapis de feuilles mortes.

Lors d'une audition de la commission d'enquête sénatoriale sur l'espionnage et le terrorisme, à Washington, l'agent spécial du FBI Dana Scully prête serment et se prépare à témoigner. Elle lit une déclaration soigneusement élaborée.

– J'ai abandonné la carrière médicale pour devenir agent du FBI voilà quatre ans, parce que je croyais en ce pays, parce que je voulais en faire observer les lois, punir les assassins et protéger les innocents. J'ai toujours foi en mon pays, mais je pense que ce n'est pas le cas de certains hommes puissants qui le gouvernent. Ces hommes ne respectent pas la loi et la violent impunément. J'en suis parvenue à la conclusion qu'il ne m'est plus possible...

Elle est interrompue par le président du comité, qui insiste avec irritation sur le fait qu'elle a été convoquée pour répondre à des questions, et non pour participer à une tribune de foire.

– Agent Scully, savez-vous oui ou non où se trouve l'agent Mulder ? lui demande un autre sénateur, du nom de Sorenson.

– Avec votre permission, monsieur, je m'abstiendrai de répondre à cette question, car je suis convaincue qu'y répondre mettrait en danger la vie de l'agent Mulder.

– Vous ne semblez pas comprendre. Vous n'avez pas le choix. Vous êtes un agent du FBI, lui rétorque le président, stupéfait.

– Eh bien, puis-je donc achever ma déclaration ? demande Scully, nerveuse mais déterminée. Il ne m'est donc plus possible de continuer à exercer mes fonctions d'agent du FBI...

Le sénateur Sorenson l'interrompt :

– Êtes-vous en train de présenter votre démission, agent Scully ? Est-ce ce que vous voulez nous dire ?

– Non, monsieur. Ce que j'étais venue dire, c'est que certaines conditions de désordre et d'anarchie m'ont empêchée de faire correctement mon travail. La véritable cible de cette commission d'enquête devrait être un certain groupe d'hommes qui se prétendent au-dessus des lois, et dont les agissements secrets se dissimulent derrière les crimes sur lesquels vous enquêtez.

Sorenson se penche vers Scully et la fusille du regard.

– Ou vous nous indiquez ce que vous savez de l'endroit où se trouve l'agent Mulder, ou bien vous serez poursuivie pour outrage au Congrès.

Scully demeure impassible. Elle dirige calmement son regard vers le sénateur, en un défi silencieux.

Dans la forêt, un Russe barbu, solidement charpenté – le propriétaire du camion volé par Fox – fouille furieusement l'amas de feuilles mortes et sort l'agent de sa cachette. D'une bourrade, il fait entrer Mulder dans sa cahute ; sa femme prend en pitié le nouvel arrivant et lui donne à boire.

– Pas Russe, dit Fox.

Elle acquiesce et, relevant sa manche gauche, découvre la vilaine marque irritée de l'injection récente.

– Le test ! Ils tuent tout le monde pour le test ! s'exclame-t-elle en anglais, avec un fort accent.

Son mari et elle ont été épargnés, explique-t-elle, parce que les surveillants en chef de la prison avaient besoin du camion et de son chauffeur pour effectuer les livraisons. À présent, leur sécurité n'est plus assurée puisque le camion a été détruit.

– Nous devons fuir, insiste Mulder. Ils vont nous rechercher, vous et moi.

La femme russe l'informe en secouant la tête qu'il existe un autre moyen. Elle désigne un petit garçon au bras gauche amputé, qui se tient dans l'encadrement de la porte, et dit simplement :

– Pas de bras, pas de test.

Comprenant les implications de ce qu'elle suggère, Mulder tente de plaider sa cause :

– Vous ne comprenez pas. Ces tests... la cicatrice de variole sur votre bras représente une sorte de moyen d'identification. Il faut que vous m'aidiez à m'échapper. Je vous aiderai à vous enfuir. Il faut que vous m'aidiez à me rendre à Saint-Pétersbourg !

Mulder se retourne. Le chauffeur du camion est revenu. Il tient un grand couteau à découper.

Dans la forêt, une bande armée de partisans manchots se tient autour d'un feu de camp. Ils se saisissent de Krycek endormi, l'attachent et déchirent la manche gauche de sa chemise. Le chef tire du feu un couteau à la lame chauffée au rouge, et s'approche de lui. Il tranche méthodiquement le bras pendant que Krycek hurle de douleur.

Dans sa cellule, Scully lit un ouvrage du Dr Bonita Charne-Sayre. C'est un traité sur la variole. Skinner lui rend visite. Elle justifie les raisons pour lesquelles elle persiste dans son attitude de méfiance à l'égard de la commission sénatoriale. Elle met en cause leur refus de prendre en compte les informations relatives à la valise diplomatique, à la toxine extraterrestre et aux meur-

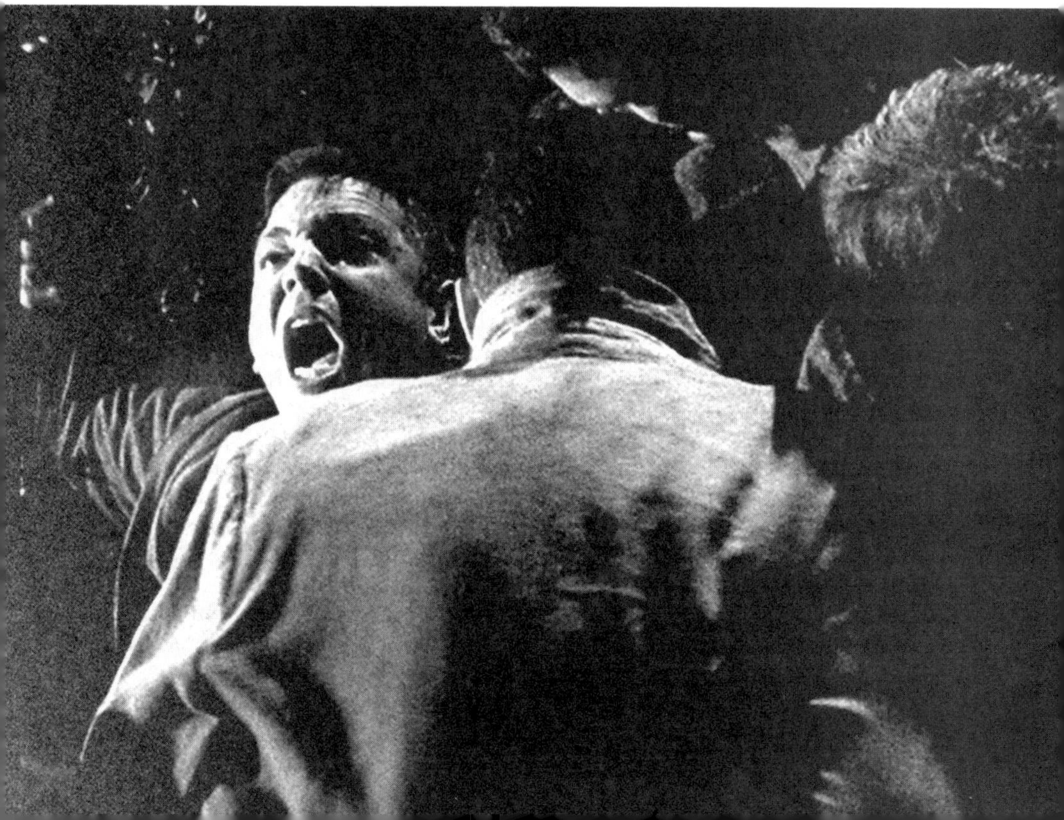

tres qui y sont liés ; tout ce qui les intéresse étant de savoir où se trouve l'agent Mulder.

– Vous voulez dire qu'ils posent la mauvaise question, lui dit Skinner.

– Effectivement. La plupart d'entre eux sont avocats. Et j'ai constaté que les maîtres du barreau mettent souvent en avant un faux problème, pour occulter la vérité.

Au centre de recherche de la NASA, la nuit suivante, Peskow pénètre dans la chambre d'isolement à l'intérieur de laquelle est traité le Dr Sacks. Le Russe injecte le contenu ambré d'une grande seringue à travers la combinaison de protection qui recouvre le corps de l'infortuné médecin. Alors que des vers noirs rampent hors de son organisme, Sacks meurt.

Pendant ce temps, à Charlottesville, l'Homme à la cigarette identifie Peskow, comme étant « un ex-agent du KGB, qui travaillait au service de la Sécurité extérieure »... ayant tourné casaque au profit de l'Homme soigneusement manucuré.

– Mais comment est-ce possible ? s'interroge ce dernier. Comment les Russes ont-ils pu connaître nos travaux d'inoculation ? Nous n'étions que six à savoir.

L'Homme à la cigarette insinue avec malveillance d'une voix doucereuse :

– Le Dr Charne-Sayre ?

– Elle était de toute confiance ! insiste son collègue.

– Alors, je ne vois pas, conclut le grand fumeur.

L'Homme soigneusement manucuré ravale son humiliation et ordonne que l'on retrouve Vassily Peskow.

– Si mes sources sont exactes, répond le Fumeur, je crois que quelqu'un va s'en charger pour nous.

Dans la salle d'audition du Sénat, la session a repris. Sorenson et le président persistent à interroger Scully à propos de Mulder. Elle parvient malgré tout à évoquer les sujets concernant la mort du courrier, la toxine à haut risque et le décès du Dr Charne-Sayre. Sorenson perd son sang-froid, et hurle :

– *Répondez-moi, mademoiselle Scully !*

Un homme lui fait écho, depuis le fond de la salle.

– Vous pouvez répéter la question ?

Mulder, contusionné mais vivant, avance lentement dans la travée et va s'asseoir derrière Scully, dans la galerie.

Stimulée par sa présence, Dana redouble d'efforts pour recentrer les débats sur les véritables questions.

– Puis-je, monsieur, continuer à exposer ma thèse ?

– Et quelle est cette thèse, mademoiselle Scully ? demande le président.

– Simplement que la mort du Dr Charne-Sayre, compte tenu du domaine dans lequel elle exerçait ses connaissances scientifiques, suggère fortement qu'elle possédait des informations à propos de la toxine et de son origine. Et ce qu'elle avait appris pourrait être directement lié au meurtre d'un homme dans l'immeuble où réside le directeur adjoint Skinner.

Ce dernier s'approche d'elle et lui chuchote une information. Scully annonce la mort du Dr Sacks. Elle a fini par convaincre en partie le président du comité de la gravité de la situation. Il ajourne les auditions pour un jour, ou « jusqu'à ce que ce nouveau fait puisse être élucidé, afin que nous puissions continuer à avancer ». Scully et Mulder s'embrassent.

– Ça fait du bien de pouvoir te serrer dans mes bras, Scully. Mes deux bras, ajoute Mulder.

Dana lui explique qu'elle a retrouvé la trace de la toxine en Floride. Le Dr Bonita Charne-Sayre était membre du conseil d'administration et médecin-chef d'une chaîne de maisons de retraite médicalisées couvrant l'ensemble des États-Unis.

– Et devine de quoi est morte l'une de ses patientes à Boca Raton ?

À la maison de repos de Harrow, l'agent russe Peskow substitue dans une armoire à pharmacie un grand flacon, rempli de capsules grises, à un autre, qu'il a apporté. Plus tard dans la soirée, Mulder et Scully se présentent dans l'établissement. Écartant les infirmières, ils vérifient l'état des patients grabataires. L'infirmière leur annonce qu'ils ont été examinés quatre heures auparavant.

– Cet homme est mort, constate alors Dana.

En réalité, tous les patients ont trouvé la mort. Mulder se penche sur la dépouille d'une vieille femme. De petits vers noirs sortent de ses narines.

– Ces personnes ont été les cobayes d'une expérience, dit-il à l'infirmière horrifiée. Et je pense qu'elles ont été empoisonnées.

Les agents se précipitent pour sceller les issues du bâtiment. Un des patients repousse alors sa couverture et se lève : c'est Peskow.

À la maison d'arrêt fédérale de New York, Dana et Fox sont escortés jusqu'à la cellule de Terry Edward Mayhew, le chef de la milice d'extrême droite que Krycek a trahi dans 4X09.

– Je ne comprends toujours pas ce que tu espères apprendre ici, dit Scully à son coéquipier.

– Tout ce qui s'est produit, toutes les morts que nous avons rencontrées dans cette affaire peuvent être reliées à un seul homme, déclare Fox.

– Mais d'après ce que tu dis, il est en Russie, ou peut-être mort !

– Alors, c'est qu'il ne travaille pas seul, conclut Fox.

Mayhew et les deux agents ont une conversation très officieuse. Le terroriste leur apprend que Krycek, ou Arntzen, comme il se faisait alors appeler, n'a pas été libéré du silo par leurs soins, mais qu'il a approché leur groupe de sa propre initiative, leur offrant des « composants » et des plans pour construire deux « engins ».

– A-t-il mentionné le « cancer noir » ? s'enquiert Mulder.

– Oh, ouais ! ricane le milicien. Développé par les Soviets. Saddam l'a utilisé pendant la guerre du Golfe. C'est pourquoi ils ont forcé les soldats à prendre ces pilules. Le gouvernement américain sait tout sur le cancer noir. Mais il a menti. Il n'y a pas de remède. Et pas de vaccin. Je crois que j'en resterai là, conclut le terroriste. J'ai rien de plus à vous dire.

Mayhew refuse de révéler où est cachée la deuxième bombe de Krycek. Mulder le saisit alors à la gorge et resserre l'étreinte autour de son cou ; la menace de mesures draconiennes d'enfermement achève de lui délier la langue.

– La bombe, dit-il, est dissimulée à Terma, dans le Dakota du Nord, dans un camion volé.

Alors qu'ils quittent la maison d'arrêt, Mulder demande à sa coéquipière de rechercher les numéros minéralogiques de tous les camions de deux tonnes volés dans la région.

– Appelle les autorités frontalières canadiennes et dis-leur d'arrêter tout véhicule correspondant à la description, en leur précisant bien qu'il s'agit d'une bombe.

» Il s'est opéré un montage complexe depuis le début, ajoute-t-il, et presque parfaitement exécuté. Quelqu'un a manipulé Krycek, qui nous a utilisés à son tour. Quelqu'un qui ne voulait pas que cette roche tombe dans des mains américaines.

– Mais qu'est-ce qu'il y a au Canada ?

– À ton avis, Scully, si tu voulais cacher ce roc là où personne ne pourrait le découvrir, où le mettrais-tu ?

– Je l'enfouirais dans la terre.

Ils commencent leurs recherches.

Au Canada, à un poste frontière en pleine campagne, Vassily Peskow ouvre l'arrière de son camion de

deux tonnes et montre à un douanier les sacs d'engrais à base de nitrate d'ammonium.

– C'est pour mes tomates de serre.

Sous un ciel lourd, l'hélicoptère de Scully et de Mulder rase la forêt, survole une raffinerie de pétrole et atterrit dans une carrière, où se trouve garé le camion qu'ils recherchent. Tandis que Scully repart à la raffinerie avec l'hélico, Mulder examine le véhicule. Les portières en sont fermées, et il n'y a personne à l'intérieur. Derrière le camion, se situe une tête de puits pétrolier, et ce qui ressemble à un orifice de ventilation. Pendant ce temps, Dana descend de l'hélicoptère et va escalader le grillage pour pénétrer dans la raffinerie. Peskow la repère depuis une coursive, en haut des installations. Elle entend claquer, derrière elle, une porte indiquant « Salle des vannes ».

Mulder se penche sur le puits d'aérage, une sorte de conteneur semble y être suspendu. Avant qu'il n'ait le temps de le hisser, le pétrole jaillit du puits voisin, en une colonne noire qui retombe en l'aspergeant. En quelques secondes, le liquide visqueux l'a entièrement maculé. Mulder se penche de nouveau sur l'orifice de ventilation, et essaie de décrocher le conteneur avec un outil métallique. Soudain, quelque chose émet une série de bips aigus à l'intérieur du camion. Mulder analyse la situation en un éclair et court à toutes jambes pour s'éloigner de l'endroit. Le camion explose, en une énorme boule de feu. Scully assiste avec horreur à l'explosion depuis la coursive. Peskow l'attrape alors par-derrière, arrache l'arme qu'elle a laissée dans son holster et l'applique contre son visage.

– Je devrais vous tuer, aussi ne m'y poussez pas. Mon travail est fini.

Peskow se détourne et s'en va. Dana traverse en courant la carrière en direction du corps de son coéquipier. Le puits de pétrole est toujours en feu. Elle éloigne Mulder de l'enfer des flammes.

Dans la salle des audiences du Sénat, quelques jours plus tard, Scully est encore appelée à témoigner.

– On m'a dit que vous disposiez de nouvelles preuves, commence le président.

– Des documents et des interviews qui démontrent l'existence évidente d'une vaste conspiration dont le but est le contrôle d'une biotoxine mortelle, qui est en fait d'origine extraterrestre.

Le sénateur Sorenson lui rit au nez.

– On parle de quoi, ici ? De petits hommes verts ?

Mulder en a assez vu. Il se lève de son siège dans les tribunes, et s'adresse avec colère au comité.

– Pourquoi est-ce si incroyable que ça quand la découverte d'une forme de vie étrangère à notre planète figure en première page de tous les journaux, quand même les plus conservatrices des revues scientifiques réclament l'exploration de Mars et de Jupiter, et quand nous avons de bonnes chances de penser que la vie naît et s'épanouit en dehors de notre biosphère. Si vous ne pouvez pas admettre ce genre de choses, je demande que cette commission d'enquête soit condamnée pour ignorance volontaire de preuves irréfutables.

Abasourdi, ou peut-être simplement troublé, le président ajourne la séance « jusqu'à ce que les preuves puissent être évaluées de manière satisfaisante ». Au fond de la salle, l'Homme à la cigarette se lève et sort rapidement.

À Saint-Pétersbourg, Vassily Peskow entre dans son appartement. Un homme l'y attend. Peskow s'adresse à lui en russe :

– Je vous en prie, camarade Krycek. Si c'est pour me demander un autre service... je suis à la retraite.

L'agent double lui répond dans la même langue :

– Je suis seulement venu ici, camarade, pour te féliciter d'avoir si bien fait ton travail.

Krycek trempe, soigneusement et lentement, un sachet de thé dans sa tasse avec la prothèse qui remplace sa main gauche.

À Washington, l'Homme à la cigarette se tient dans le bureau du sénateur Sorenson. Ils lisent les témoignages fournis par l'agent Dana Scully. *Cancer Man* jette un coup d'œil à la corbeille à papier du sénateur. Elle est remplie à ras bord de nombreux rapports à l'en-tête du FBI, rédigés par Scully.

Coulisses

En raison de la nature complexe de l'entreprise, des penchants perfectionnistes du créateur et de son équipe, les *X-Files* ont eu plus que leur part de panique, de problèmes et de bricolages de dernière minute. Mais la série de Chris Carter et de ses producteurs a toujours été diffusée. Du moins jusqu'à « Tunguska », 4X09.

Avec un peu de recul, on peut affirmer que les problèmes ont commencé avec le départ du magicien des effets spéciaux, Mat Beck. Ce dernier devant travailler sur des films, notamment *Volcano*, une compagnie indépendante d'effets spéciaux fut donc choisie pour la quatrième saison, et elle fut chargée de faire l'animation sur ordinateur des organismes vermiculaires.

Spotnitz hoche la tête en se souvenant :

– Ils n'ont jamais réussi à rendre crédibles ces vers. Il y a eu des prises de vues que l'on n'a pu visionner que le mercredi, et l'épisode passait à l'antenne le dimanche. Et le mercredi, on leur a fait passer des tonnes de notes sur la manière dont on voudrait les voir modifiées. Finalement, le vendredi, ils nous ont déclaré : « On est désolés de ne pouvoir faire mieux que ça. » Ce n'était pas ce que nous voulions... et de plus, il nous manquait encore deux scènes devant être conservées au montage final. Elles n'étaient même pas prêtes. Et nous, on leur disait : « Attendez, vous ne comprenez pas... ce n'est pas possible ! »

À la dernière minute, Spotnitz, le producteur, Paul Rabwin, le coproducteur et Lori Nemhauser, producteur associé, ont appelé au secours tous les studios d'effets spéciaux et les infographistes de Los Angeles. Plusieurs de ces compagnies extérieures ont travaillé pour produire les effets les plus proches de l'idée qu'en avaient les producteurs. Le trio, auquel s'était joint Michael Stern, a travaillé sans cesse du vendredi au dimanche pour intégrer les nouvelles – et bien meilleures – scènes de vers dans le montage. Les choses ont fini par se mettre en place le dimanche, et trois versions successives de l'épisode ont été diffusées, chacune meilleure que la précédente, par satellite. La première sortit sur deux stations de télé du Middle West qui avaient besoin d'une transmission anticipée ; la deuxième fut envoyée au Canada, et la troisième irrigua le reste des États-Unis.

– Cela veut dire que, selon l'endroit où ils habitent, les gens ont vu des versions différentes de l'épisode, commente Spotnitz. C'est mon plus vif regret en matière d'effets spéciaux depuis le début de la série.

Il ajoute :

– Peu de temps après, Laurie Kallsen-George fut recrutée pour superviser les effets spéciaux. Par chance, les autres services de la production ont fait face à leurs obligations. La plus grande partie des scènes « russes », notamment celles du goulag et de la forêt sibérienne, ont été tournées au parc Stanley, proche du centre de Vancouver, et au Seymour Demonstration Forest, situé juste au nord de la ville, rapidement accessible en voiture.

Todd Pittston, chargé des sites de tournage, se souvient :

– Nous avons dû choisir avec soin nos angles de prises de vues et patauger dans des tonnes de boue. C'était assez basique, mais tout s'est bien passé et le rendu a été excellent.

Pour obtenir ce frisson de véracité, Graeme Murray, qui avait déjà eu l'idée du grillage enserrant les cobayes humains dans la scène finale de 4X09, a décidé que de véritables rochers devraient servir dans les scènes du camp plutôt que les imitations habituelles. Le directeur artistique, Gary Allen, s'est donc rendu dans une carrière voisine, sous une pluie battante, pour choisir d'énormes rochers, et se les est fait livrer par chariot élévateur à fourche.

Les deux épisodes nécessitèrent un nombre considérable de chevaux et de cavaliers, non seulement pour les scènes se situant dans la toundra, mais aussi pour le centre équestre loué dans le Surrey du Sud, qui servait de base à l'Homme soigneusement manucuré. Une autre difficulté à résoudre fut de faire parler Alex Krycek dans un russe idiomatique et avec un accent parfait. Un professeur de russe a donc entraîné Nick Lea pendant le tournage.

La salle d'audience du Sénat est en fait un décor construit sur le plateau numéro un des studios de North Shore. Les conditions climatiques ont rendu le tournage difficile dans la raffinerie de pétrole – bien réelle. Mais les scènes les plus spectaculaires – l'explosion et l'incendie de la tête de puits – se déroulèrent parfaitement.

Le coordonnateur des effets spéciaux, David Gautier, nous raconte :

– Au début, ils voulaient faire sauter la raffinerie entière, mais je leur ai fait remarquer que la facture risquait d'être salée. Alors je leur ai proposé : « Pourquoi ne pas faire des incendies comme au Koweit ? C'est plus spectaculaire et moins cher. »

Gautier et son équipe équipèrent leur tête de puits factice de canalisations et de buses, et utilisèrent une pompe à grand débit pour lui faire projeter au ciel pas moins de 175 mètres cubes d'eau colorée. La même tête de puits fut équipée pour faire jaillir un mélange de kérosène et de mazout, et, le moment venu, 10 000 litres de propane sous pression.

– Nous avions une vanne contrôlable à distance, qui permettait de basculer d'un injecteur sur l'autre. Le moment venu, on s'est contenté de passer du mode « pétrole liquide » sur « pétrole en feu » et de faire exploser le camion juste devant.

En exergue au générique figure la phrase « *Eppur, si muove !* » (« Et pourtant, elle se meut »), qu'aurait prononcée Galilée après avoir abjuré devant le tribunal de l'Inquisition sa théorie sur la rotation des planètes – et notamment celle de la Terre autour du Soleil. Cette phrase évoque ici le mouvement du « cancer noir ».

Dans le bouddhisme tibétain, *terma* signifie « texte caché », en russe, « prison » et en latin « mort ».

Peur, jalousie, superstition et préjugés se rencontrent alors qu'une jeune travailleuse immigrée est tuée par une mystérieuse pluie jaune.

Épisode : 4X11
Première diffusion US : 12 janvier 1997
France : 27 septembre 1997
Scénario : John Shiban
Montage : Heather MacDougall
Mise en scène : Tucker Gates

Distribution :
Mitch Pileggi (dir. adj. Walter Skinner) ;
Ruben Blades (Conrad Lozano) ;
Raymond Cruz (Eladio Buente) ;
Jose Yenque (Soledad Buente) ;
Simi (Gabrielle Buente) ;
Lillian Hurst (Flakita) ;
Susan Bain (coroner du comté) ;
Robert Thurston (Dr Larry Steen) ;
Michael Kopsa (Rick Culver) ;
Markus Hondro (le coiffeur) ;
Janeth Munoz (villageoise) ;
Pamela Diaz (Maria Dorantes) ;
Fabricio Santin (travailleur immigré) ;
Jose Vargas (agent de l'Immigration) ;
Tito Mata (garde de l'Immigration) ;
Tony Dean Smith (magasinier).

Sites principaux :
Vallée de San Joaquin, Californie ; Fresno, Californie.

El Chupacabra

(El Mundo Gira)

Dans un bidonville sordide de la vallée centrale de la Californie, une femme de type hispanique, Flakita, se tient dans une hutte éclairée aux chandelles. Elle s'adresse à un auditoire de femmes qui bavardent.

– Silence ! Silence ! Écoutez-moi, ordonne la conteuse. Ce fut terrible, et vous n'allez pas me croire, même quand je vous l'aurai raconté. Il y en a qui disent que c'est des histoires, un conte de fées, mais moi, j'ai tout vu de mes propres yeux.

Et elle relate l'histoire suivante :

– Un jour de travail, dans le petit matin blême, un contremaître gringo conduit son pick-up le long d'une piste boueuse et parvient au milieu du camp. Les travailleurs latino-américains se regroupent autour de lui pour partir au travail.

» L'un des plus chanceux est un jeune homme du nom de Soledad Buente. Il embrasse une jolie fille avant de monter sur le plateau du camion. Dès que Soledad s'est éloigné, son jeune frère, Eladio, un très beau garçon, s'approche de la jeune femme et flirte ouvertement avec elle.

» – Tu m'as manqué, la nuit dernière, mon amour, lui dit-il.

» Elle lui répond sans colère mais avec fermeté qu'elle n'est pas sa petite amie et que, si Soledad les voit parler ensemble, il croira qu'elle le trompe.

» Hélas, Soledad les aperçoit. Tandis que le camion s'éloigne, la douleur et une rage naissante se lisent dans ses yeux.

» – Maria ! appelle Flakita.

» Absorbée par sa conversation avec Eladio, la jeune femme a oublié de refermer la porte de l'enclos aux chèvres, et trois bêtes décharnées grimpent déjà le flanc de la colline voisine. Maria se lance à leur poursuite, Eladio à ses trousses.

» – Deux frères, une femme. Des ennuis en vue, commente Flakita.

» À ce moment-là, un grondement de tonnerre retentit, ou du moins un bruit énorme, suivi d'un éclair de lumière et d'un déluge torrentiel. La pluie s'écoule alors sur les toits en filets d'un jaune sulfureux. Les femmes du camp, déconcertées, commencent à s'alarmer. De grandes flaques jaunes se forment au sol. La pluie cesse aussi soudainement qu'elle était apparue. Deux des chèvres redescendent la colline.

» – Maria ! appelle de nouveau Flakita.

» Les femmes du camp, inquiètes, se portent en courant à la rencontre de Maria. Elles la découvrent couchée sur le sol, morte, comme la troisième chèvre, gisant à ses côtés. La jeune femme et l'animal ont les yeux dévorés, ainsi qu'une partie du nez et des lèvres. D'Eladio Buente, on ne trouve aucune trace.

Trois jours plus tard, Mulder et Scully se tiennent au même endroit ; ils observent la carcasse en décomposition de la chèvre. Dana, un mouchoir pressé contre son visage, se demande pourquoi les cadavres ont été retrouvés sur cette colline. Le décès sur lequel ils enquêtent, lui dit Mulder, a été précédé par un « événement fortien » : un phénomène météorologique très inhabituel. La pluie chaude et jaune qu'ont décrite les témoins est appelée une « précipitation liquide » par les chercheurs.

– Les pluies noires et rouges sont les plus courantes, mais ils ont aussi rapporté des cas de pluies bleues, pourpres ou vertes.

– Une pluie pourpre... ? répète-t-elle.

– Ouais, un superbe album, dit Mulder en faisant allusion à celui de Prince, *Purple Rain*. Mais le film a été décevant, très imparfait, plaisante-t-il.

Dana apprend qu'aucun examen n'a été pratiqué sur le corps de Maria.

– Personne ne s'en soucie, Scully. La victime et la plupart des témoins sont des travailleurs agricoles itinérants clandestins.

Tandis qu'ils se dirigent vers le centre du camp, Mulder insiste sur l'importance de parler avec eux avant qu'ils n'émigrent à nouveau.

L'arrivée des deux agents provoque une vague d'affolement car ils sont pris pour des employés du service d'Immigration et de Naturalisation. Les clandestins fuient leurs huttes et s'éparpillent dans la nature, cherchant à se mettre en sécurité.

– *La Migra, la Migra !* s'écrie Flakita.

– *No la migra, no la migra !* s'exclament en retour les deux agents.

Flakita réapparaît et les interroge avec méfiance sur leurs intentions. Mulder déclare qu'ils veulent seulement obtenir des renseignements sur la mort de Maria.

– *El Chupacabra*, voilà ce qui est arrivé à Maria Dorantes, répond Flakita.

Scully ne comprend pas, mais Mulder rapporte la légende qu'il connaît.

– C'est un conte populaire mexicain. *El Chupacabra*, le suceur de chèvres. Il s'agit d'une petite créature grise pourvue d'un énorme visage et de gros yeux noirs proéminents.

Les soupçons de Flakita s'atténuent. Elle reconnaît en Mulder une âme sœur.

– *Sí ! Sí !* La lumière, et après, la pluie. Et ensuite, *El Chupacabra* vient et mange les yeux et le visage de Maria.

Les travailleurs itinérants restent figés, comme fascinés. Tous sauf Soledad Buente, qui se rapproche des agents.

– Cette femme est une menteuse. Il n'y a pas de *Chupacabra*. *El Chupacabra* n'est rien d'autre qu'une histoire que l'on raconte aux enfants. Je sais qui a tué Maria Dorantes.

– Et qui l'a fait, selon vous ? interroge Scully, qui observe Soledad avec intérêt.

– Mon frère, Eladio Buente. Il a tué Maria parce qu'elle ne voulait aimer que moi.

– Et comment expliquez-vous le reste ? La chèvre morte, la pluie jaune ? lui demande alors Mulder.

– C'est une supercherie, pour les imbéciles qui croient aux superstitions.

Son explication semble ravir Scully.

– Merci, monsieur Buente. Vous nous avez été très utile.

Au bureau du FBI, à Fresno, Mulder contacte Conrad Lozano, un agent du service de l'Immigration, d'origine mexicaine, pour savoir si Eladio Buente se trouve en rétention administrative sous le contrôle de son service.

– C'est possible, répond Lozano en consultant une longue liste. Attendez voir, nous avons un José Feliciano, un Juan Valdez, un César Chavez, et même Placido Domingo.

Mulder comprend à demi-mot : il s'agit de pseudonymes. Les immigrés sans papiers arrêtés par le service de l'Immigration ne donnent pas leurs vrais noms. Mais, par chance, Lozano a entendu parler du meurtre de Maria Dorantes, et il affirme, d'un air dégoûté, ne pas croire en la légende du *Chupacabra*.

– Mais j'ai confiance en ces gens, ajoute-t-il. Ils mènent une vie triste et étriquée, alors ils ont besoin d'imaginer ces choses, juste pour tenir le coup, pour se sentir vivants. Parce que, vous comprenez, ce sont des étrangers, ici. Ils se sentent haïs, rejetés. Lorsque leurs passions s'enflamment, ils recourent à la violence, et puisqu'ils ne peuvent espérer l'appui des forces de l'ordre, ils inventent ces contes fantastiques. Les contes populaires se développent quand les populations indigènes se sentent victimes d'un système.

Au bureau du coroner de Fresno, Scully informe le médecin de service qu'elle enquête sur le décès d'un travailleur itinérant.

– Juan, ou Juanita ? demande le coroner avec nonchalance.

Le nom de Maria Dorantes lui est « vaguement familier », mais Scully doit manifester beaucoup de persévérance pour l'arracher à l'autopsie d'un gringo afin qu'elle l'assiste dans ses recherches. Le corps de Maria est finalement localisé dans une annexe. Alors que Scully ouvre la fermeture à glissière du sac isolant, le coroner et elle ne peuvent retenir une exclamation de stupeur. Une épaisse couche fongoïde verte recouvre entièrement le corps de Maria.

Dans les entrailles du bâtiment du service de l'Immigration, Lozano et Mulder finissent par découvrir Eladio Buente, isolé et morose, dans une cellule. Sa mise à l'écart des autres prisonniers est justifiée par le fait qu'ils refusent de s'approcher de lui.

– Ils le prennent pour *El Chupacabra*, suppose Mulder.

– C'est bien possible, répond Lozano qui consulte la fiche d'admission de Buente… mais je peux vous assurer formellement que ce type n'est *pas* Erik Estrada, contrairement à ce qu'il prétend !

Lozano lui servant d'interprète, Mulder demande à Eladio s'il a tué Maria. L'agent de l'Immigration traduit la réponse de Buente,

qu'il récite avec la fougue d'une vedette de soap-opéra mexicain.

Le travailleur immigré nie avoir tué Maria. Il rapporte de manière théâtrale qu'après la pluie jaune, il a repris conscience juste à temps pour voir Maria mourir dans ses bras.

– Il y a eu un bruit comme le tonnerre, tout près. Et un éclair très brillant m'a aveuglé. Je me suis écroulé à terre. Puis j'ai senti une pluie chaude me tomber dessus, et quand j'ai enfin pu ouvrir les yeux, j'ai vu la chèvre morte, puis j'ai vu Maria. Elle a dit mon nom. Elle gisait dans une mare de pluie jaune, quelque chose lui avait dévoré le visage. Je l'ai prise dans mes bras et elle est morte.

– Ce type est meilleur qu'Erik Estrada, plaisante Lozano, en conclusion.

Sous les yeux de Mulder et de Lozano, Buente est embarqué à bord d'un camion chargé de reconduire à la frontière un ensemble de clandestins. Il doit s'asseoir auprès du conducteur, car les autres prisonniers refusent de voyager à ses côtés. Mulder essaie d'obtenir de l'agent de l'Immigration qu'il retarde la reconduite d'Eladio à la frontière, jusqu'à la découverte du meurtrier de Maria. Lozano le considère avec une expression proche du dédain.

– Je pensais que le FBI avait mieux à faire.

Devant l'insistance de Mulder, Lozano lui fait remplir un formulaire, certain que Buente sera de retour, avant que le cas n'ait été traité.

En ramenant son compagnon dans une voiture de location, Scully l'informe que le décès de Maria est dû à la prolifération d'un champignon, l'*Aspergillus*. Cette moisissure banale se révèle en général inoffensive chez les humains. Des tests pratiqués ont également décelé des niveaux élevés de résidus de produits pesticides dans son sang. Scully suggère que le système immunitaire de la jeune immigrée pouvait se trouver affaibli.

– Mais tout cela n'explique pas la pluie jaune et l'éclair... ni *El Chupacabra*, rétorque Mulder.

– Mulder, je sais que cela risque de ne pas te plaire, mais en l'espèce, les extraterrestres ne sont pas les méchants de l'histoire, mais plutôt les victimes du sort.

Elle arrête la voiture derrière un camion accidenté. Il s'agit du véhicule de l'Immigration, qui s'est écrasé contre une glissière de sécurité. Sa porte arrière est grande ouverte, et les derniers des clandestins s'enfuient à toutes jambes. Les deux agents ouvrent la portière de la cabine avec précaution. Le chauffeur-gardien est mort. Une substance fongoïde multicolore recouvre la peau de son visage, qui se détache par squames. Eladio Buente a de nouveau disparu. Lozano arrive sur les lieux quelques minutes plus tard. Les deux agents se séparent : Dana va faire effectuer une analyse épidémiologique du champignon, tandis que Fox et Lozano partent à la recherche d'*El Chupacabra*.

Le propriétaire d'une échoppe de coiffeur, également un *coyote* ou passeur, regarde un soap-opéra mexicain érotique à la télévision. C'est un gringo, qui parle espagnol. Il sue la cruauté et l'in-

tolérance par tous les pores de la peau. Eladio Buente, visiblement malade, entre dans le salon. Il demande sur un ton suppliant d'être ramené au Mexique dans le camion d'« El Barbero ». Ce dernier lui fait remarquer que si l'on transporte *mucha basura* (beaucoup d'immondices) dans ce camion, rien ne dit qu'on les ramène d'où ils viennent. Après un long débat, le coiffeur accepte de ramener Buente, moyennant finance, la somme devant être réglée le soir même. Eladio repart très vite.

Un bureau de placement se tient au bord de la route. Un groupe de clandestins essaient d'attirer l'attention de Rick Culver, un contremaître qui cherche des ouvriers pour deux jours sur un chantier de construction. Il choisit deux hommes. Subitement, ils s'enfuient tous en remarquant Eladio, tremblant de fièvre, accroupi à l'arrière du camion de Rick. Culver tente de jeter Buente à bas de son camion lorsqu'il réalise soudain que le malheureux sera la seule main-d'œuvre bon marché qu'il obtiendra à ce jour.

– Tu feras l'affaire, concède-t-il d'un ton dégoûté.

À l'université de Fresno, Scully discute avec le Dr Larry Steen, un mycologue. Steen a identifié le deuxième champignon mortel. C'est un dermatophyte, un des nombreux champignons kératinophiles susceptibles d'entraîner chez l'homme et les animaux des lésions de la peau, mais sans jamais donner de signes viscéraux.

Des échantillons des deux champignons mortels, Steen a extrait une enzyme, un liquide qui ressemble fortement à la pluie jaune. Le médecin explique à Scully que l'enzyme a pour effet d'accélérer la croissance des champignons, leur permettant de vaincre toutes les défenses immunitaires de l'organisme. Pour illustrer son propos, le médecin place une goutte minuscule de l'extrait sur une boîte de Petri contenant une culture de moisissures affligeant les cultures locales. Le champignon croît si vite qu'il déborde de la boîte en bouillonnant.

– Si cette substance se répandait dans l'environnement, le dermatophyte pourrait mettre au chômage les cancrelats, commente le Dr Steen.

Sur le lieu où Eladio a été embauché, Mulder observe des graffitis sur un mur de ciment, annonçant : *El Chupacabra Vive !* Lozano interroge les travailleurs, et apprend qu'Eladio est parti avec Culver.

– L'histoire s'est répandue, commente Fox en indiquant le mur du doigt.

– Oh oui, ces gens-là aiment leurs histoires. C'est la seule chose qui les empêche de devenir fous lorsqu'ils attendent l'embauche, au coin des rues.

– Alors, en réalité, ils ne croient pas que c'est *El Chupacabra* ?

– Bien au contraire, ils en sont certains, lui répond Lozano.

Fox lui demande s'il a parlé aux travailleurs de l'infection par les moisissures. Lozano a effectivement tenté de le leur expliquer, mais ils ne sont préoccupés que par ce qui va arriver à Eladio Buente.

– Et que va-t-il lui arriver ?

Si Soledad, le frère jaloux, retrouve Eladio, il le tuera certainement, lui signale Lozano.

– Donc, il nous faut le trouver avant, conclut Mulder, qui se dirige vers sa voiture.

L'agent de l'Immigration tente de l'arrêter.

– Ma mère m'a appris que le sang doit se purifier tout seul, et que Dieu maudit l'homme qui s'interpose entre deux frères.

– Dans le cas présent, rétorque Mulder, il maudira celui qui ne s'interposera pas.

Sur le chantier de Culver, Eladio travaille seul. Il appelle son patron, sans obtenir de réponse. Il éponge de son T-shirt la sueur de son front. Elle laisse une trace jaune.

– Eladio Buente ! hurle Soledad.

Il est armé d'un tuyau métallique. Mais Eladio a disparu. Soledad le cherche partout ; il se campe en face des toilettes du chantier, et l'invective en espagnol :

– Sors de là ! Viens si tu es un homme, que je puisse te fendre la tête, espèce de bâtard !

Soledad ouvre la porte à la volée. Rick Culver gît à l'intérieur, mort et couvert de moisissure. Soledad recule, horrifié. Eladio fuit dans le camion de Culver. Soledad a recouvré ses esprits et son courage ; il hurle à l'adresse de son fuyard de frère :

– *Asesino !*

À Fresno, dans un quartier résidentiel de la classe moyenne, Eladio titube jusqu'à l'entrée de service de la maison où Gabrielle Buente fait des ménages. Il affirme à sa jeune cousine qu'il est innocent du crime dont Soledad l'accuse. Il la supplie de partir avec lui au Mexique, mais Gabrielle a peur.

– Ils disent que tu es *El Chupacabra*, et que tu as tué Maria Dorantes et plusieurs autres.

Une fois encore, Eladio proclame son innocence avec passion. Il demande de l'argent à sa cousine. Gabrielle doit attendre le soir, pour toucher sa paie au supermarché où elle travaille.

Sa cousine finit par s'emporter contre Eladio qui sanglote ; il escalade alors la clôture et s'enfuit.

Scully appelle Mulder, qui se trouve sur le lieu du décès de Culver, pour lui recommander de ne pas entrer en contact direct avec la moisissure. Fox fait part à sa coéquipière de ses réflexions.

– Ces phénomènes « fortiens », qui nous ont été décrits par la femme, pourraient bien avoir été causés par un objet tombant à grande vitesse à travers l'atmosphère, causant un bang, une déflagration accompagnant le franchissement du mur du son, et un jet de lumière. Un bolide est l'appellation qui servait à désigner les plus importantes des météorites ou un composé de matière extérieur à notre planète. Il en tombe environ deux mille tonnes chaque jour sur la Terre. Maintenant, en ce qui concerne la pluie jaune, suppose que des débris soient tombés dans un lac, surchauffant l'eau et la transformant en vapeur d'eau. Alors on pourrait considérer que la pluie qui en résulte est, elle aussi, d'origine extraterrestre.

Scully l'écoute en s'armant de patience avant d'aller poursuivre ses recherches sur la moisissure pendant que Mulder s'occupera de trouver Eladio. Conrad Lozano a entendu les propos de Mulder pendant la conversation.

– Alors, vous aussi, vous détenez vos propres « histoires », hein ?

Mulder lui fait un sourire embarrassé. Une Cadillac s'arrête à leur hauteur, *El Barbero* au volant.

– Hé, Lozano ! J'ai appris que tu étais à la recherche du *Chupacabra*. Je suis prêt à te dire où il est, moyennant une modeste récompense.

Plus tard, à un arrêt de routiers, Mulder repère Eladio, qui tousse convulsivement. Lozano et Fox le traquent entre les camions garés, semant la panique dans un groupe de clandestins nouvellement arrivés. Eladio plonge sous un semi-remorque... et disparaît. Les agents expriment leur frustration. En fait, Eladio s'est enfui en se cachant dans une bétaillère, au milieu d'un troupeau de chèvres.

Au niveau d'un barrage, sur la Route 99, ce même soir, Mulder et Scully examinent le camion qui a servi à la fuite d'Eladio. Il contient à présent les cadavres putréfiés des chèvres. Mulder demande à Lozano comment un pauvre homme comme Buente peut parvenir à leur échapper ainsi.

– Ces gens-là sont invisibles. Vous les regardez et, soudain, vous ne les voyez plus. Ils représentent juste de la main-d'œuvre à bon marché, pour faire les moissons ou des ménages. Pour la plupart des gens, ils sont le concept le plus absolu de l'*étranger*.

Une voiture de police amène Flakita. Elle apprend aux agents la visite d'Eladio à sa cousine Gabrielle, et que Soledad est sur la piste de son frère, pour le tuer. Dans le minuscule appartement de Gabrielle, Scully et Mulder lui demandent si elle a vu Eladio ou Soledad.

– *Sí*. Mais j'ai très peur. À cause de ce qu'ils disent sur Eladio ; il est *El Chupacabra*.

– Il n'y a pas de *Chupacabra*, Gabrielle ; Eladio est gravement malade et, s'il vient ici, ne le laissez pas entrer, et appelez la police, tente de la rassurer Scully.

Alors que les agents remontent dans la voiture de Lozano, Mulder porte soudain son attention alentour. Eladio, affamé et terriblement malade, entre dans le supermarché chic où travaille Gabrielle. En titubant le long des travées, il saisit dans un bac quelques noix de cajou.

Un gringo, employé du supermarché, l'interpelle avec colère.

– Hé, José ! C'est pas un restaurant, ici. Va falloir que tu payes ça !

Eladio s'écroule dans un spasme, entraînant un présentoir dans sa chute. Il s'enfuit à quatre pattes sous les invectives de l'employé. Ce dernier demeure interdit en apercevant la noix laissée par Eladio. Il la ramasse ; elle est couverte de moisissure verte, à l'aspect velouté.

À l'extérieur de l'immeuble de Gabrielle, les agents voient Soledad quitter les lieux et repartir en voiture ; ils le suivent. Eladio reçoit un appel téléphonique de Gabrielle dans une cabine proche du supermarché. Au désespoir, il lui demande pourquoi elle n'est pas venue à son travail.

– Écoute-moi ! Je n'ai pas pu mentir plus longtemps à Soledad.

Mais Eladio n'écoute déjà plus. Il s'est enfui en apercevant la voiture de son frère à l'entrée du parking.

Soledad entre dans le supermarché et fouille les travées. Eladio est parti depuis longtemps, mais les trois agents l'attendent et lui ordonnent de se rendre. Soledad sort un pistolet bon marché et en menace les représentants de l'ordre. Le périlleux face-à-face dure quelques secondes, puis Soledad fond en larmes, criant vengeance contre son frère.

– Tais-toi, *loco* ! lui dit Lozano.

– Il est passé ici, murmure Fox.

L'employé gringo est étendu dans la travée, complètement recouvert de moisissure. Le corps se trouve au centre d'une prolifération monstrueuse, qui tapisse les denrées éparpillées alentour.

Gabrielle Buente pénètre dans son appartement et recule, horrifiée. En face d'elle se tient Eladio.

– De quoi as-tu peur ? lui demande-t-il.

– Regarde ! Regarde-toi !

Dans le miroir, le visiteur découvre le monstre qu'il est en train de devenir.

– Tu es ce qu'ils ont dit ! s'écrie sa cousine, terrifiée. Tu as tué Maria Dorantes ! Tu es *El Chupacabra* !

– *Non !* hurle le malheureux.

Plus tard, cette même nuit, les agents forcent la porte de Gabrielle, et exhortent Eladio à se rendre. Gabrielle, frôlant l'hystérie, leur rapporte en sanglotant les derniers événements. Eladio s'est enfui au Mexique, pour y cacher son affreux visage.

– Comment fera-t-il pour se rendre au Mexique ? interroge Fox.

– Je lui ai donné tout mon argent. Oui ! J'ai eu peur qu'*El Chupacabra* ne me tue, moi aussi !

Lozano hoche la tête en soupirant, et Mulder, quant à lui, désespère de le retrouver.

L'agent de l'Immigration paraît soudain absorbé dans ses réflexions, murmurant quelque chose à propos de paperasses, et s'en va. Dans leur véhicule, Scully et Mulder se concertent afin de diriger leur action sur la meilleure voie possible.

– Mulder, il pourrait être n'importe où ; s'il pénètre dans une zone urbanisée, porteur de ce germe pathogène…

– Il ne le fera pas, dit Fox d'un air distrait.

– Mais s'il se rend au Mexique…

– Elle mentait, affirme Mulder. (Les pièces du puzzle commencent à se mettre en place.) Si cet homme croit réellement qu'il a tué Maria Dorantes, il ne se rendra pas au Mexique.

– Mais alors, où ira-t-il ? demande Scully.

– Là où se rendent également Lozano et le frère d'Eladio. Il va affronter son frère. (La voix de Mulder s'adoucit.) Dieu maudit celui qui s'interpose entre deux frères.

D'un ton brusque, il demande alors à Scully de téléphoner pour faire mettre sur pied une équipe d'intervention rapide.

Au campement des travailleurs émigrés, Flakita observe de sa cahute Lozano qui s'approche.

– Eladio Buente ! Sors donc ! Fais face à ton frère, si tu es un homme ! crie Lozano.

Eladio émerge de l'ombre et s'enfuit. Lozano le poursuit, suivi par Soledad, les poignets entravés par des menottes. Un coup de feu retentit. La pauvre Flakita, terrifiée, se force à aller voir ce qui s'est produit. Elle aperçoit bientôt Lozano étendu, mort, le nez et la bouche déjà rongés. Une éclatante lumière enveloppe la scène. Du haut de la colline, quatre silhouettes étranges descendent, nimbées de lumière. Elles sont dépourvues de visage. Flakita s'enfuit. Elle est de nouveau dans sa cahute éclairée à la bougie, et achève le récit devant son auditoire.

– D'autres *Chupacabras* sont venus du ciel chercher Eladio, pour le sauver. J'ai barricadé ma porte, et j'ai prié pour qu'ils ne viennent pas me tuer aussi.

Une de ses voisines, fascinée, intervient :

– Et que va-t-il arriver à Soledad ?

– Il a été emporté par un *Chupacabra*. Il sera puni pour sa trahison. Lorsque les *Chupacabras* viendront se nourrir, il sera obligé de ne boire que le sang des chèvres malades et mourantes, lui répond Flakita.

Une autre villageoise proteste :

– Ce n'est pas ce que raconte Gabrielle ! Elle dit qu'elle a menti à *la FBI*, afin que son cousin Eladio puisse vivre, mais que Lozano de *la Migra* savait que Soledad ne pourrait vivre avec la vengeance dans son cœur.

On examine alors la version de Gabrielle.

À la poursuite d'Eladio à travers le bidonville, Soledad sur ses talons, Conrad Lozano tire un coup de semonce.

– *Alto !* Retourne-toi et fais face à l'homme dont tu as tué la femme qu'il aimait.

– Tu as tué Maria ! Parce qu'elle ne voulait pas t'aimer. Parce que son cœur n'appartenait qu'à un seul homme ! s'exclame Soledad. (Il se saisit du revolver de Lozano, et ajoute :) Ne me force pas à t'abattre dans le dos, Eladio ! Fais-moi face comme un homme.

Eladio se tourne alors vers son frère, révélant l'horrible créature grise, à la tête énorme et aux yeux noirs globuleux, qu'il est devenu.

– Je ne suis pas un homme. Je suis *El Chupacabra* !

C'est maintenant Gabrielle, entourée d'un groupe de travailleurs impressionnés, qui reprend personnellement le récit, près d'un mur couvert de graffitis.

– ... Tire ! Tire ! lui a crié *la Migra*.

» – Non, je ne peux pas tuer mon frère. C'est mon frère ! Ma chair et mon sang ! dit Soledad en pleurant.

» – Abats-le ! C'est *El Chupacabra*, lui crie *la Migra*. C'est le suceur de chèvres, il doit être abattu !

Gabrielle continue :

– Soledad ne pouvait pas tuer Eladio, parce qu'il savait que je ne le lui pardonnerais jamais. *La Migra*, Lozano, a alors essayé de lui reprendre le revolver, le traitant de lâche. Et puis le coup est parti : BANG, BANG ! Et *la Migra* est tombé, mort.

Les immigrés clandestins hochent la tête ; ils apprécient ce dénouement.

– Mais non, ce n'est pas la fin, dit Gabrielle d'un air sourcilleux. *La Migra* avait poussé Soledad à tuer son frère, afin qu'il ne soit pas maudit à jamais. Alors Dieu a étendu sa malédiction sur Soledad pour sa traîtrise, et l'a changé en *Chupacabra*, tout comme son frère. Ils se sont enfuis ensemble, au Mexique.

Dans son bureau de Washington, le directeur adjoint Skinner enregistre ce récit et déclare :

– Franchement, je ne comprends rien à toute cette histoire.

– Je ne saurais vous en blâmer, monsieur, répond Mulder.

– Nous ne pouvons nous-mêmes l'expliquer de manière satisfaisante, ajoute Scully.

Les deux agents s'y efforcent pourtant, décrivant à Skinner leur arrivée sur les lieux où gisait le corps de Lozano, immédiatement après l'équipe d'intervention. Les membres de cette dernière, vêtus de combinaisons protectrices et baignés dans la clarté de spots puissants, pouvaient aisément passer pour des extraterrestres. La moisissure n'a pas dépassé les limites du camp. Le revolver de Lozano fut retrouvé dix kilomètres plus loin, près du corps de l'homme connu sous le nom de *El Barbero*, rongé de moisissure.

Scully émet l'hypothèse selon laquelle Soledad et son frère sont porteurs de l'enzyme, et partiellement immunisés contre la moisissure.

– Et d'où provenait cette enzyme ? interroge Skinner.

– De l'espace intersidéral, monsieur, répond Mulder.

– Alors c'est cette histoire que vous me demandez de rapporter ? soupire Skinner avec exaspération. Et ensuite, comment se fait-il qu'avec les moyens dont nous disposons, il soit impossible de retrouver ces deux hommes ?

– Eh bien, monsieur, avance Scully avec embarras, ces gens-là ont un don pour se rendre presque invisibles.

Le long d'une route de campagne très fréquentée, la lueur des phares éclaire Eladio Buente et son frère. Tous deux sont en effet devenus des *Chupacabras*. Ils tendent le pouce, suivant l'usage des auto-stoppeurs. Personne ne s'arrête.

– La vérité, conclut Mulder, c'est que personne ne se préoccupe de cette histoire.

Coulisses

Le titre original de l'épisode « El Mundo Gira », peut se traduire assez librement par « Ainsi va la vie » ou « Et pourtant, elle tourne ». Sa genèse remonte à une époque pas très florissante où le scénariste, John Shiban, ne travaillant pas encore pour la télévision, programmait des ordinateurs pour une société basée dans le comté de Ventura, une zone semi-rurale au nord de Los Angeles.

– Il m'arrivait de voir par la fenêtre de longues files de travailleurs itinérants qui s'activaient dans les champs de fraises au bord de l'autoroute, se souvient Shiban. J'avoue en avoir honte, mais tout le monde, moi y compris, passait chaque jour à côté d'eux en se rendant au travail, sans les remarquer. Lorsque je mettais au point l'histoire, Chris m'a fait observer à quel point « ces gens » sont invisibles. On les voit sans les voir. Ils traversent notre univers, nettoyant nos maisons et entretenant nos jardins ; néanmoins, nous ne les percevons pas comme des semblables. Cette réflexion a fourni l'un des thèmes centraux de l'épisode.

Les travailleurs immigrés constituèrent la touche finale apportée à un scénario centré sur la prolifération de la moisissure, que Shiban élaborait depuis des mois.

– À l'origine, le vecteur de la contamination était un écolier. Puis j'ai suggéré un camionneur, circulant d'un État à l'autre.

Les aspects hors normes, provocants, de l'intrigue, rappelant un soap-opéra mexicain, intéressaient Chris Carter. Au cours des réunions de travail, il a souhaité

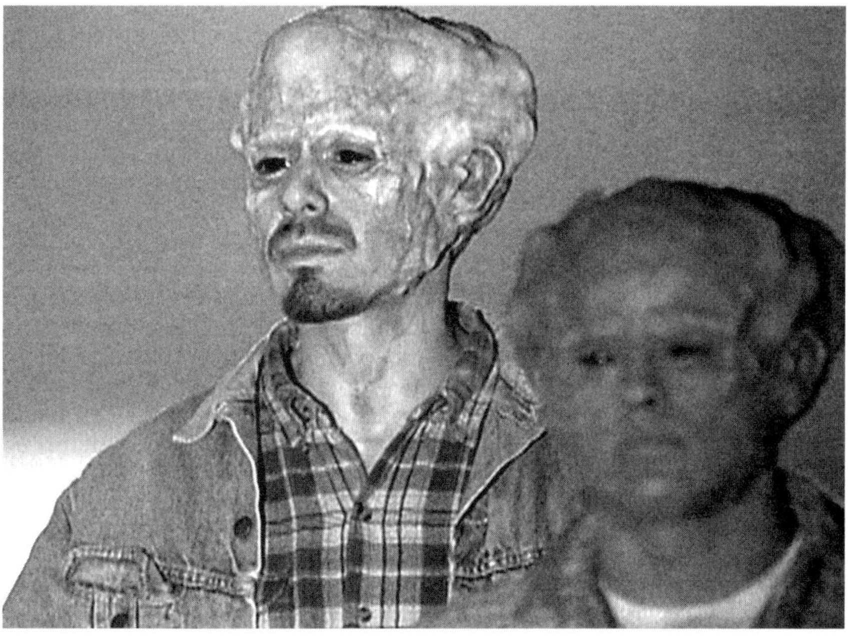

qu'on les mette en valeur pour éviter que le caractère de l'épisode ne devienne trop solennel ou présomptueux.

Pour documenter son scénario, Shiban a observé durant plusieurs jours des immigrés clandestins dont les cas étaient traités par le service de l'Immigration à San Pedro, en Californie.

– Il est exact que les immigrés donnent de faux noms aux agents de l'Immigration, mais ce sont généralement des noms courants, comme *Juan Gonzales*. Ces éléments ont été un peu enjolivés, dans l'épisode.

Le mythe du *Chupacabra*, issu d'un conte folklorique, est toujours vivace dans la communauté hispanophone mondiale.

– Il y a un an, poursuit Shiban, j'ai lu dans un article du *Times* de Los Angeles que l'on avait observé un *Chupacabra* au nord de la Californie. On affirmait que l'un d'entre eux avait enlevé un bébé. Du coup, j'ai creusé la question. J'ai même découvert qu'une chanson sur *El Chupacabra* passait régulièrement sur des radios hispanophones.

Les mélomanes hispanisants auront remarqué la présence de Ruben Blades. Cet artiste panaméen fut l'une des stars du monde de la salsa dans les années soixante-dix et au début des années quatre-vingt ; ses albums aux thèmes éclectiques enregistrent encore de belles ventes. Activiste politique, Blades s'est présenté aux élections présidentielles qui ont suivi l'invasion du Panamá par l'armée américaine en 1989. Parallèlement, il a joué dans des films tels que *Milagro, Two Jakes* et *Dead Man Out*. On ne sait pas en quelles circonstances il fit la connaissance de Chris Carter, mais celui-ci était un de ses fans de longue date et envisageait depuis longtemps de le faire jouer dans la série.

Les autres invités vedettes, rapporte le directeur du casting de Los Angeles, furent aussi aisés à trouver, principalement parce qu'il existe autant d'acteurs latino-américains talentueux dans cette ville que de rôles intéressants à écrire pour eux. Raymond Cruz, qui interprète Eladio Buente, venait de remporter un succès considérable dans la pièce controversée *Blade to the heat*, jouée au *Mark Taper Forum*. Simi (Gabrielle Buente) tenait un des rôles principaux dans *Grand Avenue*, de la chaîne HBO. Les deux acteurs vivaient ensemble à l'époque, situation qu'ignorait la production au début du tournage. Simi et Cruz envisageaient de se marier en mars 1998.

Bien que les scènes exotiques et les effets spéciaux n'abondent pas, cet épisode a connu sa part de problèmes durant la production. Le camp des travailleurs immigrés a été construit *ex nihilo* au milieu d'un vaste terrain vague, près de l'aéroport de la baie de Vancouver (ce lieu peu accueillant a été aussi utilisé pour filmer les scènes de l'accident d'avion dans « Tempus Fugit »).

Malheureusement, une tempête de neige totalement imprévisible a recouvert d'un blanc manteau la prétendue « vallée ensoleillée de San Joaquin », la nuit précédant le début du tournage. Un échange de coups de téléphone affolés entre Shiban, Tucker Gates, dont c'était la première mise en scène, et le producteur exécutif Robert Goodwin, aboutirent à la mise en place d'un plan d'urgence : des membres de l'équipe se précipitèrent sur les lieux du tournage pour faire fondre la neige à l'aide d'eau chaude et de séchoirs industriels.

Le département artistique éprouva des difficultés à trouver

une enseigne tournante démodée à placer au-dessus du relais de routiers. L'adjointe au directeur artistique, Vivian Nishi, a fini par en dénicher une chez un ferrailleur.

L'apparence de la noix de cajou couverte de moisissure a aussi fait l'objet d'âpres discussions entre les producteurs et le département des effets spéciaux.

4X11 a marqué une étape importante pour Mark Snow, dans la mesure où cet épisode a été le seul où Chris Carter lui a demandé de réécrire l'intégralité de la partition musicale.

– Lorsque Chris a entendu ma composition, il m'a déclaré : « C'est trop sérieux, tu devrais ajouter un peu plus de saveur espagnole, etc. » Alors je m'y suis remis, j'ai tout réécrit en une journée, et il ne restait pas une seule note qui ne symbolise ce qui a trait à l'Espagne.

J'ai rajouté de la guitare flamenco et aussi cette mélodie qui ressemble à un tango sur la scène où les immigrés se dispersent. Et ça a marché ! L'histoire était quels commentaires pouvaient bien faire les détracteurs.

Les mycoses reconstituées par les maquilleurs furent définitivement jugées convaincantes lorsque Piper, la fille de Gillian Anderson, demeura bouche bée sur le plateau, fascinée.

– Piper les appelait les « gens beurk », raconte Gillian Anderson. C'est le nom qu'elle réserve à tous les acteurs couverts de sang, de champignons ou autre maladie de peau, ou encore énucléés. Quand, dans la réalité, nous traversons un quartier mal éclairé, tout excitée, elle me demande : « Il y a quelqu'un de beurk, là-dedans, hein ? » Dans l'une des scènes, un mannequin en fort piètre état figurait l'un de ces « hommes beurk ». Piper, ne le voyant pas bouger, est allée lui demander : « Tu vas bien, monsieur ? Tu vas bien ? » Comme il ne bronchait pas, elle a commencé à le chatouiller. C'était hilarant. Nous avons filmé cette séquence, pour que, plus tard, elle puisse en profiter.

Épisode : 4X12
Première diffusion US : 16 février 1997
France : 25 octobre 1997
Scénario : Howard Gordon
Montage : Michael S. Stern
Mise en scène : Kim Manners

Distribution :
Justine Miceli (Ariel Luria) ;
David Groh (Jacob Weiss) ;
David Wohl (Kenneth Ungar) ;
Channon Roe (Derek Banks) ;
Harrison Coe (Isaac Luria) ;
Jonathan Whittaker (Curt Brunjes) ;
Jason Litwiniec (Clinton Bascombe) ;
George Gordon (policier) ;
Timur Karabilgin (Tony Oliver) ;
Murrey Rabinovitch (un Juif hassidique) ;
David Freeman (le rabbin).

Site principal :
Brooklyn, New York.

La Prière des Morts

(Kaddish)

Une personne indéterminée – ou une force mystérieuse – tue les membres d'une bande organisée antisémite. Pour découvrir la vérité, Mulder et Scully doivent se plonger dans les canons du mysticisme judaïque.

Au cimetière Ben Zion de Brooklyn, une assemblée de Juifs hassidiques entoure la tombe d'un jeune homme, Isaac Luria. Ils récitent le Kaddish, la Prière des Morts, en hébreu. Conformément à la tradition, chacun dépose une poignée de terre sur le cercueil.

Ariel Luria, la femme d'Isaac, regarde la scène avec tristesse et dignité. Elle se souvient du jour où Isaac est mort, dans son magasin, abattu par trois néo-nazis en maraude. Soutenue par son père, Jacob Weiss, Ariel est la dernière à se tenir devant la tombe ouverte. Sa main se crispe sur la poignée de terre qu'elle ne parvient pas à déposer. En pensée, elle voit un des voyous penchés sur son époux ; il tire une balle dans la tête d'Isaac.

Un éclair déchire alors le ciel, et un coup de tonnerre retentit dans le cimetière. Jacob aide avec douceur sa fille à desserrer le poing. La cérémonie est terminée.

La nuit suivante, au milieu d'une violente tempête, des mains nues sculptent la terre près de la tombe d'Isaac. Le monticule de terre prend peu à peu la forme approximative d'un homme. L'inconnu disparaît dans la nuit sous un autre grondement de tonnerre. La forme primitive en terre aux contours incertains se met à bouger.

Au Siège du FBI, quelques jours plus tard, Scully montre à Mulder le permis de conduire d'Isaac Luria. Ce dernier, dit-elle, vivait dans le quartier de Williamsburg, à Brooklyn, lieu d'implantation de sa communauté hassidique depuis le XIXe siècle.

– C'est un endroit bien connu pour ses tensions interraciales et ses haines solidement ancrées, commente Mulder qui récite des noms de victimes : Tawana Brawley, Yankel Rosenbaum…

– … et maintenant Isaac Luria, conclut Dana, lui indiquant que leur travail n'est pas, cette fois, de découvrir l'assassin. Car la police connaît le coupable : elle a retrouvé la cassette de surveillance vidéo du magasin, attestant le meurtre, chez un adolescent de seize ans, nommé Tony Oliver.

– A-t-il été arrêté ? demande Mulder.

– Non ; il est mort. Apparemment, il regardait la cassette lorsqu'il a été étranglé.

– Ça fait penser à une vengeance divine dans le style de l'Ancien Testament, commente Mulder.

– Oui, en effet, mais avec un tour inattendu.

Les inspecteurs de la brigade des Homicides de Brooklyn, explique-t-elle, ont contacté la section des Droits civiques du FBI après avoir trouvé un jeu d'empreintes sur le corps de Tony Oliver. Ces empreintes se révèlent être celles d'Isaac Luria, pourtant déjà mort à ce moment-là.

Dans son appartement de Williamsburg, Ariel Luria a entamé la période de deuil des « sept jours », Chive'a, durant lesquels les « endeuillés » demeurent dans la maison mortuaire. Son père, Jacob Weiss, va ouvrir à Mulder et Scully. C'est un homme robuste, âgé de soixante ans environ ; il s'oppose vivement à ce que l'on dérange sa fille, surtout pour l'interroger. Lorsque les deux agents évoquent la possible exhumation d'Isaac pour procéder à un examen de ses empreintes digitales, son intransigeance s'accroît. Mais quand il apprend que ses deux visiteurs essaient de résoudre le meurtre de l'assassin de son gendre, sa colère explose. Au sujet d'Oliver, il s'exclame :

– C'est un animal, un monstre ! Exactement comme les autres, ceux qui ont aidé à tuer Isaac. Pauvre Isaac ! Dire que vous nous demandez à présent de profaner sa tombe, afin de pouvoir les protéger.

Ariel a conservé son calme, abritée derrière son père. Elle tente en vain de l'apaiser.

– Mais *vous*, où étiez-vous lorsque *Isaac* a eu besoin de votre protection ? poursuit Jacob. La police nous a traités de paranoïaques, lorsque nous l'avons appelée. Quand on menace les Juifs, ils recommandent toujours de ne s'inquiéter de rien.

– Y a-t-il eu des menaces spécifiques de violence ? demande Mulder.

– La menace est *toujours* là.

Weiss montre à Mulder un tract antisémite. Sur sa couverture figure une caricature grossière au nez crochu, accompagnée du titre : « COMMENT LES JUIFS ONT CRÉÉ LE SIDA ». Cette brochure était glissée sous la porte de Weiss.

– Et maintenant vous venez, non pas pour nous protéger, mais pour demander notre aide. Et cela afin d'imposer votre justice au seul homme qui ait fait justice de ses propres mains.

Scully rappelle au vieil homme qu'ils peuvent, si nécessaire, obtenir du tribunal un permis d'exhumer. La tension s'accroît. Ariel intervient pour y mettre un terme.

– Pensez-vous que cela soit vraiment nécessaire ? Laissez-nous seuls. Laissez-nous en paix avec notre deuil.

Dans leur voiture, Scully confie à Mulder sa certitude que Weiss connaît l'identité du meurtrier de Tony Oliver.

– C'est possible, mais il est difficile de blâmer son attitude quand on lit un truc comme ça, lui répond-il en lui tendant le tract.

Les deux agents interrogent le propriétaire d'un petit atelier d'imprimerie du quartier, un individu en apparence normal, porteur de lunettes, du nom de Brunjes. Il lui confirme qu'il connaissait Isaac Luria, dont le magasin était de l'autre côté de la rue, mais qu'il ne sait pas qui l'a tué. Il ajoute, avec un rictus :

– Cela dit, je mentirais si je vous disais que j'ai été surpris. Vous savez comment *ils* sont, ces *gens-là*, toujours à trouver un moyen de faire du fric sur le dos des honnêtes Américains moyens qui travaillent pour gagner leur vie.

Scully et Mulder font un effort pour cacher leur dégoût. Mulder lui demande s'il connaissait quelqu'un qui aurait pu avoir un grief à l'encontre de Luria. Le sectaire lui répond avec hargne :

– Je ne vois pas qui n'en aurait pas eu.

– Vraiment ? insiste Mulder.

Brunjes se reprend et se tient sur la défensive. Il affirme ne pas pouvoir identifier les photos de Derek Banks et de Clinton MacGuire, les deux autres adolescents se trouvant sur la bande vidéo. Lorsque Mulder lui demande si le tract antisémite lui est familier, sa paranoïa s'intensifie. Il éructe :

– Vous travaillez pour *eux*, vous aussi ?

– Pour qui ? s'étonne l'agent.

– Vous savez bien. D'ailleurs, vous pourriez très bien être l'un des leurs.

Abandonnant toutes précautions oratoires à l'égard de leur interlocuteur, et ignorant volontairement plusieurs bordées d'insultes racistes subséquentes, les deux agents apprennent à Brunjes que Tony Oliver a été assassiné, et que ses complices dans le meurtre de Luria sont également en danger. Ils indiquent également à l'imprimeur que des rumeurs courent selon lesquelles Isaac Luria serait sorti de sa tombe afin de tuer l'adolescent.

– C'est encore une ruse des Juifs, ou quoi ? glapit Brunjes.

– Nous ne faisons que vous rapporter les faits, monsieur. Vous pouvez en tirer vos propres conclusions, lui répond Scully.

Caché dans l'arrière-boutique, Derek Banks a suivi toute la scène sur un écran de surveillance. Les deux agents sont sortis de la boutique, heureux d'en avoir fini avec Brunjes.

– Soyez béni ! ironise Mulder.

L'imprimeur passe alors dans l'arrière-boutique et appelle Derek, mais ce dernier est parti.

La nuit suivante, au cimetière israélite, Derek Banks et Clinton MacGuire, terrifiés, creusent frénétiquement la terre qui recouvre la tombe d'Isaac Luria.

– Tu es sûr de ce que tu dis ? interroge Clinton.

– Je les ai entendus, mec. Et j'vais pas attendre dans le coin pour savoir si c'est vrai.

Un observateur les surveille, la main posée sur une pierre tombale voisine. Des lettres hébraïques sont dessinées sur sa peau. Les deux vandales ont fini par atteindre le cercueil de pin. Ils le débarrassent de la dernière couche de terreau. Le couvercle est solidement fixé par des clous. Clinton jure, puis se dirige vers son véhicule pour chercher des outils. Il fouille dans le coffre. Une ombre fond sur lui. Il lève les yeux et son visage exprime l'horreur la plus totale.

Dans le cimetière, Derek a réussi à défoncer le couvercle du cercueil avec sa pelle. Il appelle son ami pour lui montrer ce qu'il a découvert, mais en vain. Un silence profond plane sur le cimetière. Tremblant, il appelle de nouveau. Il sort de la tombe et s'avance, terrifié. Le corps de Clinton est enterré non loin, sous un tumulus de boue. Seuls le haut

de sa tête et une main crispée sont encore visibles.

Plus tard dans la nuit, un coroner emporte le corps de MacGuire. Les marques de ligature autour du cou de la victime sont conformes, affirme Scully, à la pratique antérieure du tueur. Selon sa théorie, MacGuire et Banks ont voulu dégrader la tombe de Luria pour venger la mort de leur complice.

– Cela semble un peu superflu, non ? Revenir déterrer quelqu'un que l'on a tué, commente Fox. Je commence à penser qu'ils se sont rendus au cimetière parce qu'ils avaient peur que l'homme qu'ils haïssaient assez pour le tuer ne soit pas réellement mort.

Les agents, qui se tiennent dans la tombe ouverte, écartent la bâche de plastique qui sert de protection temporaire et, reculant devant l'odeur de décomposition, découvrent le visage d'Isaac. Les mains du défunt sont indemnes, permettant d'invalider une explication éventuelle concernant les empreintes digitales sur le cou de Tony Oliver. Quelques lettres hébraïques sont inscrites sur le dos d'une des mains. La tête du défunt repose sur un livre relié de cuir.

– Au moins, ils lui auront laissé un peu de lecture ! plaisante tristement Mulder.

Il ouvre le livre. Ce dernier s'enflamme spontanément. Mulder laisse tomber l'ouvrage, qui continue à se consumer.

Le lendemain matin, alors que Brunjes entre dans sa boutique, Derek émerge d'un coin sombre. Il a le visage couvert de sueur, de saleté. Son expression exprime la peur.

– Vous me devez deux semaines, grince la voix de l'adolescent.

– Où as-tu été ? demande Brunjes.

Devant le silence plein de défiance du garçon, il devine la réponse.

– Alors c'est vrai ? Toi et les autres, vous avez tué ce Juif ?

– Je veux juste mon argent, répond Derek.

– À quoi diable est-ce que vous pensiez ? Je ne vous ai jamais dit de tuer quiconque, je ne vous ai jamais demandé de faire ça ! lance Brunjes en ignorant la demande.

Derek regarde avec dédain celui qui fut son modèle.

– Ah non ? Et à quoi vous attendiez-vous ? À ce que je me cache ici, comme vous, en les traitant de noms d'oiseaux ?

– Nous travaillons à la propagation de la vérité ! s'exclame l'imprimeur.

– La vérité ? Mec, tu es aussi lamentable qu'eux.

– Nous mettons leurs mensonges au grand jour.

– Tout ça, c'est des mots. Vous pensez qu'ils ont tué mes amis avec des mots, aussi ?

Un nouvel éclair de peur passe sur le visage de Brunjes. Derek lui confirme :

– Ouais, c'est exact. Clinton est mort, lui aussi. Maintenant, je *veux* mon fric, ajoute-t-il en regardant son aîné d'un air menaçant.

Pendant ce temps, aux archives Judaica de Manhattan, Mulder et Scully discutent avec un chercheur, nommé Kenneth Ungar, la trentaine environ. Ungar identifie aisément les restes du livre brûlé.

– C'est le *Séfer Yetsirah*, le *Livre de la Création*. Tout ce que nous sommes, tout ce que nous voyons résulte d'un processus grandiose d'expression de la Divinité par soi, de communion entre l'humain et la Divinité. Quand les âmes en attente auront accompli leur pèlerinage terrestre, le Messie descendra pour entamer une ère de bonheur. La plus ancienne exposition de cette théosophie se trouve dans ce Livre.

Aux questions des deux agents, Ungar précise qu'il n'est absolument pas habituel d'enterrer le *Séfer Yetsirah* avec un défunt. D'autre part, l'ouvrage n'est généralement pas imprimé sur un papier ou avec une encre spécifiques, et (dit-il avec un clin d'œil complice), il n'a jamais eu la propriété de s'enflammer spontanément.

– C'est un livre sur le mysticisme, mais pas un élément mystique lui-même !

Scully s'engage dans une théorie scientifique aux termes de laquelle le livre aurait pu être contaminé par le gaz dissous dans la nappe phréatique, et qui aurait pu filtrer dans le cercueil. Les deux hommes la regardent avec perplexité, puis poursuivent :

– Y a-t-il quelque chose qui distingue des autres cet exemplaire particulier du *Séfer Yetsirah* ?

– Oui, dit Ungar. Mais c'est à peine lisible à cause du feu. C'est un nom gravé dans le cuir de la couverture, en hébreu. « Veiss. » « Ya-cob Veiss. »

À la demeure d'Ariel Luria, les deux agents l'informent qu'ils doivent s'adresser d'urgence à son père.

– Nous avons trouvé des indices qui le lient au lieu du crime. Cela prend d'autres dimensions, Ariel, et cela doit cesser, déclare Scully.

La jeune femme se détourne, frissonne, et finalement se confie à Scully et à Mulder.

– Mon mariage avec Isaac... il faut que vous compreniez ce que cela aurait représenté pour mon père.

– Que voulez-vous dire, par « aurait représenté » ? s'étonne Mulder.

– Nous avons obtenu notre acte de mariage civil il y a quelques semaines, mais le mariage religieux ne devait avoir lieu qu'aujourd'hui.

Les deux agents se murent dans le silence face à la tristesse de sa voix. Ariel accepte leur sympathie, puis sourit.

– Je voudrais vous montrer quelque chose.

Sur la cheminée du séjour, on remarque un château en miniature, plus petit qu'une boîte d'allumettes, orné d'un filigrane complexe, d'une extrême délicatesse. Il est fixé sur un anneau de métal, et présenté dans une petite vitrine de verre ciselé.

– C'était l'anneau de mariage de la commune de Kolin, un village près de Prague où il fut fabriqué. Mon père était l'apprenti du joaillier qui l'a conçu.

– C'est ravissant, commente Scully en examinant l'objet précieux.

– Oui. Toute femme qui se mariait à la synagogue le portait à son tour. Ce symbole exprimant le fait qu'elle était une reine, son mari un roi, et le foyer qu'ils bâtissaient, un château, et cela, pas seulement le jour de leur mariage, mais le restant de leur vie commune.

La voix d'Ariel se fait plus sourde et solennelle.

– Mais la plupart de ces vies se sont achevées un jour du printemps de 1943. Neuf mille Juifs furent massacrés, après qu'on leur eut fait creuser leurs propres tombes.

Ariel explique que son père a survécu parce qu'il n'avait que dix ans, et qu'il était apprenti joaillier. Les Allemands avaient besoin des doigts agiles des enfants pour confectionner des cartouches dans leurs nouvelles usines d'armement.

– Et il a caché l'anneau pendant toute la période nazie ? demande Scully.

– Oui, et même après la guerre. Même à ma mère ; pour lui, c'était une relique d'un passé enfui, d'un lieu disparu. Jusqu'au jour où je lui ai appris que j'allais me marier. Pour la première fois en cinquante ans, il a sorti cette alliance de sa cachette. Il m'a avoué qu'il avait l'impression que le village venait de renaître. Il savait combien j'aimais Isaac.

– Ariel, dites-nous où est votre père, insiste Scully.

– Je connais mon père. Il ne serait pas capable de tuer.

– Et si vous vous trompiez ? poursuit Dana.

Mulder et Scully entrent dans la synagogue de Park Street, et se tiennent au fond du Saint des Saints. Leur tournant le dos, plusieurs dizaines de Hassidim récitent leurs prières, face à l'Arche d'Alliance. Les fidèles finissent par s'apercevoir de la présence des agents. Ils se taisent, puis font face aux intrus.

– Qui êtes-vous ? demande abruptement un des Juifs hassidiques.

Scully montre son insigne.

– Nous sommes du FBI. Nous cherchons Jacob Weiss.

– Pourquoi ?

Mulder a repéré Weiss au sein de la congrégation. Weiss s'en aperçoit et s'éloigne lentement. Fox et Dana se faufilent à travers la foule silencieuse à sa poursuite, au-delà de l'Arche, puis gravissent un escalier faiblement éclairé. Parvenus à un grenier obscur et poussiéreux, ils découvrent le corps de Derek Banks pendu à une poutre. Une silhouette traverse vivement un rai de lumière et se perd dans l'obscurité, à l'autre bout de la pièce. Les deux agents sortent armes et lampes, et scrutent les ténèbres. Une silhouette sombre renverse Mulder, tandis qu'une autre, fonçant dans le grenier enténébré, fait chuter Scully. Elle tire.

– Agents fédéraux ! On ne bouge plus ! crie Scully.

La deuxième silhouette s'est arrêtée et se tient immobile, respirant lourdement. Scully met Jacob Weiss en état d'arrestation.

Mulder perçoit alors un mouvement, fait volte-face, mais ne voit rien. Dans un coin obscur, appuyée sur une des poutres, se tient une main dont le dos nous est familier.

Devant la zone de garde à vue du commissariat de quartier, Ariel Luria supplie Scully de la laisser parler à son père. Mais elle devra attendre, son père ayant été arrêté parce qu'il est soupçonné de meurtre, et qu'il est sur le point d'avouer. Scully suggère à Ariel de réfléchir sérieusement à la possibilité de recourir aux services d'un avocat. La jeune femme tente d'assumer cette nouvelle tragédie.

– Ariel, je suis désolée, lui confie Scully.

Dans une salle d'interrogatoire, Jacob Weiss avoue spontanément, peut-être trop spontanément, être le meurtrier de Derek Banks.

– Notre synagogue a été victime de vandales treize fois l'an dernier. J'ai entendu du bruit dans le grenier. Je suis monté voir, et il m'a attaqué. C'était de la légitime défense.

– C'est de la légitime défense que de pendre un homme ? déclare Mulder, ahuri.

– Est-ce pire que ce qu'ils ont fait à Isaac ? demande Weiss.

– Est-ce mieux ? lui réplique Fox.

Mulder apprend à Jacob que son *Séfer Yetsirah* a été retrouvé dans le cercueil d'Isaac Luria. Weiss se crispe visiblement et avoue de nouveau sa culpabilité. Fox informe Weiss de ce qu'il soupçonne quelqu'un d'autre d'avoir été présent avec lui dans le grenier. Jacob fouille intensément le regard de Mulder, puis se détourne. Fox tend la main vers la manche de la veste de Weiss et en retire un grumeau de boue séchée.

Mulder demeure persuadé que la confession de Weiss ne correspond pas à la réalité. La présence, dans le grenier, d'une autre personne lui semble manifeste.

– Sa fille ? interroge Scully.

– Non. Quelqu'un d'assez costaud pour me flanquer par terre.

Les deux agents observent, à travers une glace sans tain, Jacob et sa fille en larmes, serrés dans les bras l'un de l'autre. Mulder se détourne et s'apprête à partir.

– Où vas-tu ? lui demande sa coéquipière.

– Rendre visite à un homme au sujet d'un livre brûlant.

Dans l'arrière-boutique de l'atelier d'imprimerie, Curt Brunjes prépare un nouveau lot de tracts antisémites en cette fin d'après-midi. Un drapeau nazi frappé du svastika est accroché au mur. Il entend un bruit, lève le nez de son travail, puis se remet à sa tâche de reprographie. Entendant de nouveau un bruissement, il se précipite vers un classeur métallique, dont il sort un revolver. Il tente de le charger de ses mains tremblantes. Avant qu'il n'ait fini, une main puissante, sur le dos de laquelle se trouvent trois lettres hébraïques, saisit la gorge de Brunjes, et resserre son étreinte...

Aux archives Judaica, Mulder est penché sur la table où travaille Kenneth Ungar. L'agent pose devant lui un ouvrage à l'aspect familier.

– Vous ne m'avez pas tout dit en ce qui concerne le contenu du *Séfer Yetsirah*. Je voudrais en savoir plus sur le Golem.

Ungar est étonné qu'un Gentil, un agent du FBI de surcroît, soit intéressé par de telles informations. Il lui apprend toutefois que les kabbalistes, les premiers mystiques juifs, croyaient possible pour un Juste, un homme de bien, de créer un être vivant simplement à partir de boue ou d'argile.

– Dans cette légende d'Europe orientale, on donnait momentanément la vie à la créature, espèce de robot ou homunculus, en fixant sur son corps un verset biblique.

Mulder l'écoute avec la plus extrême attention, alors qu'il feuillette le texte hébreu.

– Ces pages, explique Ungar, sont fondamentalement un mode d'emploi pour animer un Golem. Ce passage, par exemple, révèle le mot unique qu'il faut inscrire sur le corps même de la créature.

– Sur le dos de sa main ? demande Mulder.

– Je suis impressionné par votre culture, commente Ungar, stupéfait.

Il explique alors que les trois lettres *Aleph*, *Mem* et *Tov* composent le mot hébreu *Emet*.

– *Emet* signifie « vérité », mais voyez-vous, monsieur Mulder, là réside le paradoxe. Parce que le danger de la vérité est contenu dans le nom même du Golem, qui représente une « matière inachevée, sans forme, une créature sans intelligence et sans âme ».

– Alors, le Golem est une création imparfaite ?

– Une sorte de monstre, en vérité, acquiesce Ungar. Incapable de parler, ou de ressentir les émotions les plus primaires. Dans la légende, il devient d'une violence incontrôlable, et son créateur est obligé de le détruire.

– De le détruire comment ?

– En effaçant la première lettre. Ainsi, *Emet* devient *Met*, qui signifie « mort ». Le pouvoir des mots demeure, monsieur Mulder, pas seulement pour créer, mais aussi pour tuer.

Le téléphone cellulaire de l'agent sonne. Il le porte à son oreille.

– Allô, Mulder ? C'est moi. Un nouvel homicide a eu lieu, lui annonce la voix de Scully.

La police cerne à présent l'imprimerie, devenue le théâtre d'un crime : le corps de Brunjes est étendu sur le sol. Mulder froisse un de ses tracts.

– Encore un homme qui se croyait investi d'une mission, dit-il, dégoûté. Regarde l'énergie qu'il a dépensée pour diffuser sa haine.

Scully lui montre la liste de diffusion de Brunjes. Elle comporte des centaines de noms, y compris ceux des trois jeunes victimes. Les agents conviennent que Jacob Weiss, détenu au moment des faits, peut être remis en liberté. Un agent des services de la police de New York les informe qu'il a visionné la bande vidéo de surveillance du magasin. Sur l'écran, un homme de haute taille, un Juif hassidique, entre dans le magasin.

– Ô mon Dieu ! s'exclame Scully. C'est Isaac Luria ! Il est encore en vie !

– Je n'en suis pas certain, murmure Mulder, regardant fixement l'image vacillante.

Fox et Dana se précipitent à l'appartement d'Ariel, dont la porte d'entrée n'est pas verrouillée.

– Elle n'est pas ici, Scully, commente son coéquipier. (Il remarque le coffret de verre – vide – sur le manteau de la cheminée.) C'est le jour de son mariage.

À l'intérieur de la synagogue obscure, dans la lueur irréelle des chandelles, Jacob Weiss traverse le sanctuaire. Il monte l'escalier qui mène au grenier. Une main touche son épaule. Derrière lui se tient sa fille, Ariel, en robe de mariée.

– Va-t'en, supplie-t-elle son père.

– Pas sans toi. Je ne m'en irai pas sans toi.

– Mais je veux le voir, proteste Ariel.

– Il est mort. Isaac est mort, insiste son père, la voix brisée par la douleur. La haine de ces jeunes te l'a enlevé. Et tu as essayé de le ramener à la vie par la force de ton amour. Mais il faut que tu comprennes, Ariel ; ce que tu as n'est pas lui... c'est une abomination, et il n'a pas sa place parmi les vivants.

Ariel se serre contre son père, et évoque la dernière fois qu'elle a parlé à Isaac.

– On discutait au téléphone, à propos du mariage. Il m'a dit qu'il fallait qu'il me quitte pour s'occuper d'un client, et qu'il me rappellerait. Mais quand j'ai entendu le téléphone sonner, une intuition m'a conseillé de ne pas décrocher. J'entendais confusément une voix de femme qui s'adressait à moi, mais je n'écoutais pas, car je savais qu'Isaac ne rappellerait pas.

Sa voix se fait tendre.

– Je souhaitais seulement échanger un adieu. Ce n'était qu'un vœu... rien que des mots.

Un craquement se fait entendre dans la charpente. Jacob ordonne à sa fille de ne pas bouger, puis il se dirige dans la direction du bruit. Scully et Mulder pénètrent dans le sanctuaire. Jacob Weiss, se débattant encore, est pendu à une solive de bois. Scully se précipite pour soulever le corps et réduire la tension sur la corde pendant que Mulder la tranche avec son canif. Puis elle donne les premiers soins à Jacob tandis que Fox part à la recherche d'Ariel. Il la trouve dans le grenier, effondrée dans un coin, et la rassure sur le sort de son père.

– Je suis au courant, pour Isaac. Où est-il ?

– Je ne sais pas ! s'écrie Ariel, au désespoir.

Alors que Mulder l'aide à se relever, elle aperçoit une ombre par-dessus l'épaule de l'agent.

– Isaac ?

Mulder fait volte-face, l'arme au poing, et fait feu à plusieurs reprises sur la forme massive qui avance vers lui. Les balles font mouche, mais ne semblent avoir aucun effet. Le Golem renverse Mulder et lui pose le pied sur la gorge, l'empêchant de respirer ; il ne lui reste que quelques secondes à vivre.

– Isaac ! s'écrie alors Ariel, une expression d'amour mêlée de peur s'imprimant sur son visage.

La main tendue de la jeune femme est un appel lancé au Golem ; dans la paume offerte brille la bague de mariage finement ciselée.

Le Golem ôte son pied de la gorge de l'agent. Totalement

dénué d'expression, il marche vers Ariel et prend la bague. La jeune femme récite l'ancien vœu de mariage en hébreu :

– *Ani le-dodi, ve-dodi li* (Je suis à mon aimé comme mon aimé est à moi).

Isaac lui glisse l'anneau au doigt. En pleurant, Ariel efface la première lettre hébraïque inscrite sur le dos de sa main. Tendrement, elle l'embrasse. Le Golem retourne à la terre et se dissout sous ses yeux. Scully se précipite en haut de l'escalier pour s'assurer de l'état de Mulder, qui n'est pas gravement blessé. Elle n'est pas arrivée à temps pour voir la transformation s'opérer.

Agenouillée sur le tas de terre, qui possède grossièrement la forme d'un homme, Ariel récite le Kaddish, la Prière des Morts. Elle ramasse une poignée de terre, la serre très fort, puis la laisse s'échapper de ses doigts.

Coulisses

De par la souplesse avec laquelle se fondent la mise en perspective des personnages, le commentaire social et le surnaturel, « La Prière des Morts » est généralement considéré au sein de la quatrième saison comme l'un des meilleurs épisodes n'appartenant pas à la « mythologie » des *X-Files*. Et pourtant, les prémices de 4X12 sont restés dans les cartons pendant des années.

– Il est probable que tout auteur de scénario ayant des origines juives a pu imaginer l'idée de mettre en scène un Golem, commente le producteur exécutif Howard Gordon, qui a finalement reçu le feu vert au cours de sa quatrième – et dernière – année de participation à la série. Le point déterminant a été de trouver un lien entre le monstre et la relation si émouvante entre Ariel Luria et son mari disparu, Isaac.

» Au bout du compte, nous savons que le Golem n'a pas été créé dans un esprit de vengeance, ni pour appliquer la loi du talion, "Œil pour Œil..." – ce qui, je l'accorde, aurait pu paraître un motif suffisant pour les millions de Juifs qui ont subi des persécutions –, mais par amour.

On peut signaler que l'un des kabbalistes les plus connus du XVIe siècle, Itzhak Louria, a fondé l'armature du mysticisme juif. Ses disciples analysèrent les implications numérologiques et astrologiques du *Livre de la Création*.

Pour créer un contraste thématique, Gordon a joué sur les thèmes de l'intolérance et de l'antisémitisme, mais en décidant très tôt de ne pas calquer de trop près le scénario sur la situation réelle de Brooklyn. En effet, les tensions qui y règnent conduisent souvent à des mouvements de violence entre les Juifs orthodoxes et leurs voisins afro-américains.

– J'avais prévu des protagonistes noirs dans la première esquisse du scénario, mais je me suis aperçu que l'antisémitisme noir est un sujet très délicat et subtil, et que ce n'était pas ce dont j'avais besoin pour l'équilibre de ma structure dramatique. Il me fallait des personnages au fanatisme débridé et impardonnable. Cela coïncidait avec les souhaits du réseau de la Fox, et je n'ai pas eu à me forcer beaucoup, parce que je pense qu'ils avaient raison.

Afin de se documenter sur l'état actuel de l'intolérance en Amérique, Gordon a contacté la Ligue contre la Diffamation, qui lui a fourni des exemples de textes d'incitation à la haine raciale qui sont reproduits, avec des variations mineures, dans l'atelier d'imprimerie de Curt Brunjes. Un anneau communautaire datant du XIIe siècle a été utilisé par le rabbin, qui a marié deux des

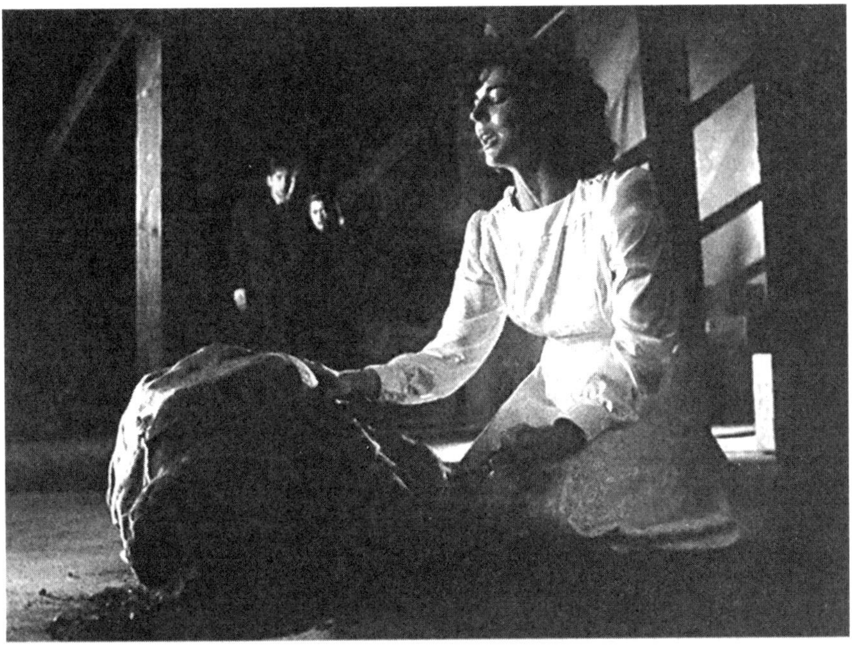

meilleurs amis de Gordon à Detroit, l'an dernier.

Pour jouer le rôle de Jacob, les producteurs avaient envisagé Ron Leibman (que nous avons vu dans *Kaz, Barney, Miller*) ; mais celui-ci n'étant pas libre, ils ont contacté David Groh, bien connu pour son rôle du mari de Valerie Harper dans la série *Rhoda*. Groh a provoqué une mini-catastrophe en rasant, à la suite d'une incompréhension au téléphone, sa belle barbe naturelle avant de venir à Vancouver.

Justine Miceli, qui interprète Ariel Luria, est une jeune actrice connue pour son rôle de la femme policier Adrianne Lesniak, dans la série d'ABC intitulée en France « New York Police Blues », de 1994 à 1996. Miceli n'est pas de confession israélite, mais une amie juive s'était récemment mariée avec un Juif orthodoxe.

– Environ un mois avant que je ne sois choisie pour le rôle d'Ariel, j'étais invitée chez mon amie Holly à Buffalo pour la célébration de la Soukkoth (la fête des « cabanes »). Nous nous sommes rendues chez le rabbin, et ce dernier m'a dit : « Peut-être qu'un jour vous jouerez un rôle de Juive. Vous avez l'âme qu'il faut pour cela. »

Afin de s'imprégner de la douleur et de l'état d'esprit d'Ariel, elle a évoqué le souvenir de son père, mort d'un cancer du poumon. Ayant obtenu le rôle, elle a téléphoné à son ami, le rabbin de Buffalo, qui lui a appris la prononciation très exacte des prières qu'elle allait être amenée à réciter en hébreu. Malheureusement, ce ne fut pas la même prononciation que lui indiqua l'expert recruté à Vancouver pour assister les acteurs.

– Il y a eu quelques complications, raconte Justine Miceli. Toute la semaine, des éléments ont été modifiés, jusqu'à ce que nous parvenions à la version souhaitée. N'empêche, nombre de mes amis juifs m'ont dit que mon accent n'était pas mauvais, pour une Italienne.

De fait, révèle Kim Manners, « La Prière des Morts » a eu un autre conseiller technique, un rabbin hassidique qui se trouve être un amateur de la série mais qui, en raison du contexte culturel et religieux dans lequel il vit, tenait à ce que cet intérêt ne soit pas propagé alentour.

– Quand on l'appelait au Centre hassidique, il fallait laisser un message pour Rabbi Untel, sans dire que vous étiez des *X-Files*, raconte Manners. Il rappelait alors. Enfin, jusqu'à ce que le pot aux roses soit découvert, et que tout le monde soit au courant de ce qu'il faisait. C'est à ce moment qu'il a cessé de nous aider.

Manners estime que « La Prière des Morts » représente un épisode émouvant et une très belle histoire d'amour. Cela dit, le tournage a été fréquemment frustrant. Pour les mêmes raisons qui faisaient que le rabbin Untel dissimulait son attrait pour la série, aucune des congrégations juives de Vancouver n'a accepté de louer les locaux d'une synagogue pour le tournage.

Il a fallu se rabattre sur un temple protestant inoccupé ; le chef décorateur Graeme Murray a dessiné un nouvel intérieur, littéralement construit et installé du jour au lendemain (tout comme furent équipés des dizaines de figurants, devant se produire dans les scènes de la synagogue). Lors d'une expédition dans les magasins fréquentés par la communauté hassidique, assez importante, de Vancouver, la costumière adjointe Janice Swayze a été tellement emballée par les chapeaux noirs et ronds portés par les orthodoxes qu'elle s'en est offert un pour varier sa garde-robe !

Le directeur artistique, Garry Allen, rapporte un incident original survenu pendant le tournage. Pour suspendre une reproduction des Dix Commandements en hébreu, au-dessus de l'autel de la synagogue aménagée, une traduction était nécessaire. Or, la traductrice employée par la série célébrait ce jour-là une fête juive. Il a alors fallu copier un modèle, sans garantie d'exactitude.

Plus frustrant encore, pendant que se déroulait la scène du cimetière, fut le strict refus opposé par le vieux livre mystique de s'enflammer au bon moment... et lorsqu'il finit par flamber, les flammes furent d'une telle violence que David Duchovny fut obligé de le jeter au sol et de sortir du champ de la caméra. Gillian Anderson et lui durent travailler des heures entières avec la seconde équipe uniquement pour mettre au point ce plan précis, qui est devenu l'une des pièces maîtresses du bêtisier diffusé pour Noël.

Mark Snow, qui est juif, rapporte qu'il a éprouvé le plus grand plaisir à composer plusieurs des solos de clarinette, de violon ou de violoncelle pour illustrer l'épisode. Il a aussi emprunté à J.-S. Bach sa « Petite » fugue en sol mineur pour l'une des scènes de la synagogue.

– Le but de l'opération était de se retrouver avec quelque chose qui aurait tenu le juste milieu entre du Klezmer et *La Liste de Schindler*, explique-t-il.

Bien que cet épisode ait été le douzième de la quatrième saison, il a été diffusé au quinzième rang. La raison en est simple : « Régénérations » (4X14) était programmé pour la douzième semaine, et le cancer de Dana Scully aurait été révélé au moment crucial de l'American Superbowl. Son comportement très inhabituel dans « Plus jamais » et « Journal de Mort » y étant directement lié, ces deux épisodes ont dû être diffusés dans la foulée.

« La Prière des Morts » est dédié à la mémoire de Lilian Katz, la grand-mère maternelle de Gordon ; elle travaillait au service de presse de la Warner, à New York.

– Je ne l'ai jamais rencontrée, car elle est morte à quarante-trois ans, avant que je ne sois né, explique Gordon. Mais ma mère m'a raconté combien elle aimait le show-business. C'était une lectrice avide, elle lisait tout ce qui s'y rapportait. Elle amenait ses enfants, ma mère et mon oncle, voir des films ou des spectacles à Broadway chaque fois qu'elle le pouvait. De ce point de vue, elle était unique dans ma famille, qui ne lui ressemblait en rien. Ma mère me dit toujours que je dois à ma grand-mère mes prédispositions artistiques hollywoodiennes. Le jour où « La Prière des Morts » a été diffusé aurait été son quatre-vingt-neuvième anniversaire.

Si l'on en croit plusieurs historiens, c'est le mythe du Golem, personnage du folklore juif d'Europe centrale fait de bric et de broc et doué de vie, qui inspira Mary Shelley lorsqu'elle écrivit *Frankenstein*.

Le nom de la victime, Isaac Luria, est celui d'un célèbre rabbin considéré comme le père du mysticisme juif, l'un des principaux artisans de la Kabbale, interprétation ésotérique et symbolique de l'Ancien Testament.

Le *kaddish*, titre américain de l'épisode, est la prière juive des morts.

Épisode : 4X13
Première diffusion US : 2 février 1997
France : 18 octobre 1997
Scénario : Glen Morgan
et Jim Wong
Montage : Jim Gross
Mise en scène :
Robert Bowman

Distribution :
Rodney Rowland (Ed Jerse) ;
Jodie Foster (la Voix de « Betty ») ;
Bill Croft (camarade Svo) ;
Jay Donohue (inspecteur Gouveia) ;
B.J. Harrison (Témoin de Jéhovah) ;
Igor Morozov (Vsevlod Pudovkin) ;
Jilian Fargey (Kaye Schilling) ;
Jan Bailey Mattia (Miss Hadden) ;
Ian Robison (inspecteur Smith) ;
Barry « Bear » Hortin (barman) ;
Marilyn Chin (Mrs Shima-Tsuno) ;
Rita Bozi (Miss Vansen) ;
Natasha Vasiluk (propriétaire du magasin russe) ;
Peter Nadler (avocat d'Ed) ;
Jenn Forgie (ex-épouse d'Ed) ;
Sean Pritchard (avocat de l'ex-épouse d'Ed) ;
Carla Stewart (juge) ;
Doug Devlin (jeune homme).

Sites principaux :
Philadelphie, Pennsylvanie ; Washington, D.C., Memphis, Tennessee.

Plus jamais
(Never Again)

Alors que Mulder se trouve en congé forcé, Scully se rend seule en mission à l'extérieur. Esseulée, elle rencontre un inquiétant personnage, un célibataire qui est persuadé que son nouveau tatouage lui parle.

Dans une salle de tribunal à Philadelphie, un nommé Edward Jerse, assez beau garçon, la trentaine, assiste, impuissant, à la scène qui va changer le cours de sa vie. Le juge vient de sceller d'un coup de maillet la fin de son mariage. Il est manifeste que les termes du divorce sont plus que favorables à l'ex-épouse, qui fête l'événement avec son avocat, pendant que Jerse appose sa signature au bas du document qui brise sa vie.

La nuit qui suit, le jeune homme se soûle presque jusqu'à l'inconscience dans un bar mal famé, le *Hard Eight Lounge*. Il sort une photo le représentant en compagnie de sa femme et de ses deux enfants puis, du bout incandescent de sa cigarette, brûle l'image de son visage dans un geste incertain. Jerse descend de son tabouret de bar en titubant et se traîne à l'extérieur, sous la pluie. Le néon criard d'une échoppe de tatoueur, de l'autre côté de la rue, attire son regard. Il jette un regard vitreux à un dessin particulièrement tape-à-l'œil, exposé dans la vitrine : il s'agit d'une ingénue aguichante, impertinente, dans la lignée des pin-up popularisées par Bettie Page dans les années quarante, qui cligne de l'œil par-dessus son épaule.

Plus tard, Ed finit par atteindre son appartement pitoyable. Il n'a pas dessoûlé. Il enlève sa chemise, retire le bandage qui recouvre son nouveau tatouage, représentant, évidemment, la fille de la vitrine. Elle cligne de l'œil sur son biceps, au-dessus de la légende « PLUS JAMAIS ». Complètement ivre, il s'endort à même le sol. Les yeux de la fille tatouée sont grands ouverts.

Au Mémorial des Anciens combattants du Vietnam, à Washington, Mulder et Scully ont un entretien clandestin nocturne avec un émigré russe du nom de Pudovkin. Avec l'accent le plus pesant qui se puisse imaginer, Pudovkin leur relate une observation d'OVNI à un centre de recherches spatiales secret de l'ancienne Union soviétique.

– En rroute maison. Moi. Les autres. Marrche sur des mines le champ, prrès base. Grande voiture noirre arrive. Pas poignées porrte. Pas fenêtrre. Personne conduit. On courrt. Mines explosent. Mais ! Pas Brruit. Rrrien ! Silence.

Mulder pose des questions complémentaires, mais Scully, visiblement fatiguée et s'ennuyant manifestement, marche lentement vers le mur. Elle s'agenouille près d'une petite chapelle élevée à la mémoire d'un soldat, entourée d'un cercle de feuilles mortes. Cela l'intéresse apparemment infiniment plus que l'entrevue avec le Russe. Elle ramasse une des feuilles mortes et la considère avec tristesse.

Le lendemain matin, Ed Jerse, chargé de la vente d'assurances par téléphone, se trouve en contact avec une cliente. Devant son ordinateur, se tient la photo brûlée. Il a la gueule de bois et sa voix n'est guère chaleureuse. Alors qu'il tente de lire son accroche à la ménagère harassée, qui perd le fil de son propos quand elle hurle après ses enfants, de la sueur apparaît sur son front.

– *Pauvre type !* lui dit une voix féminine, moqueuse.

– Hein ? s'exclame Jerse, ébahi.

La même voix glousse et ricane. Ed arrache ses écouteurs et traverse la pièce. Deux femmes dans un box voisin sont en train de discuter. Il leur lance :

– Dites-le en face !

Elles le regardent, perplexes.

– Maintenant que je suis en face de vous, osez le dire, que je suis un pauvre type.

– Calmez-vous, dit l'une des femmes.

– *Ravage son bureau !* lui ordonne la Voix.

D'un mouvement violent, il jette par terre tout ce qui se trouve sur la table. D'autres employés, attirés par le bruit, le regardent d'un air méfiant, voire terrifié. La directrice s'adresse à lui d'une voix calme et pleine d'autorité.

– Pourquoi ne rentrez-vous pas chez vous, Ed ? Nous reparlerons de tout cela plus tard.

Dans le bureau des Affaires non classées, au siège du FBI, Scully, assise dans le fauteuil de Mulder, considère posément la collection excentrique de posters, de photos, et d'objets divers accrochés aux murs. Elle tourne et retourne entre ses doigts la plaque au nom de son coéquipier. Mulder fait alors irruption dans la pièce, habillé de manière décontractée, et lui annonce la saisissante nouvelle : il part en vacances.

– J'ai fait tout ce que j'ai pu pour m'épargner ça, mais le Bureau applique de manière inflexible sa politique de congés pour les agents fédéraux. Je n'ai pas pris un jour de vacances en quatre ans. Alors, ou bien je prends une semaine de congés payés maintenant, ou ils *cessent* de me payer pendant huit semaines. Je n'aime pas ça, mais je n'ai pas le choix : j'ai un loyer à payer, et il faut bien que je mange.

Mulder, hyperactif, comme toujours, va et vient énergiquement dans le bureau, entassant des dossiers d'affaires non classées dans son grand sac de voyage. Scully, en revanche, se montre d'un calme et d'une tranquillité étonnants. Ou peut-être est-ce le premier signe d'une déprime larvée. Elle regarde son partenaire avec curiosité, comme si elle le voyait pour la première fois, mais ne dit rien.

– Je ne peux m'empêcher de penser qu'ils ont goupillé ça pour se débarrasser de moi un moment, commente Fox. Mais ça ne fait qu'une semaine, et puis tu pourras surveiller mes dossiers les plus sensibles. Tiens, je te les ai mis de côté.

Il entasse devant elle une pile de chemises cartonnées. Elle n'y prête pas attention et l'interroge :

– Pourquoi n'ai-je pas un bureau à moi ?

Mulder reste muet de surprise puis finit par demander :

– Qu'est-ce que tu veux dire ?

Scully lui montre la plaque gravée à son nom. D'un geste vague, il lui indique le fond de la pièce :

– J'avais toujours pensé que ce coin était à toi…

– Oui, là-bas, répond Dana en scrutant un abîme de désordre.

– Très bien ! Alors, on leur demandera de descendre une table de plus ; il n'y aura plus de place pour passer, mais on les disposera l'une contre l'autre, face à face. Tu crois qu'on pourra jouer à la bataille navale ?

Sa plaisanterie tombe à plat. Scully l'attaque, bille en tête. Elle voudrait savoir sur quoi il veut qu'elle garde un œil, mais la discussion dérape, et ils en viennent à aborder la nature et l'évolution de leurs relations. (Scully médite sans doute aussi sur son manque de relations avec Mulder.) Mulder lui reproche de l'avoir abandonné pendant l'entrevue avec Pudovkin. Dana émet alors des doutes sur la bonne foi du Russe. En fait, lui dit-elle, la limousine sans portières ni fenêtres et l'explosion silencieuse rappellent étrangement l'intrigue d'un épisode de « Rocky et Bullwinkle », un dessin animé. En conclusion : elle refuse de passer la durée des vacances de Mulder à suivre à la trace un ex-cosmonaute russe à travers les rues du quartier de la Petite Russie à Philadelphie.

– Alors tu refuses une mission fondée sur les aventures de l'Élan et de l'Écureuil ?

– Tu parles exactement comme si tu étais mon supérieur hiérarchique.

– Fais ce que tu veux, explose Mulder. Ne va pas à Philadelphie, mais laisse-moi te rappeler que je me suis cassé la tête à faire rouvrir ces dossiers. Toi, tu as juste été affectée ici. Ce boulot, c'est ma vie.

– Et c'est également devenu la mienne, lui répond Dana d'un air triste.

Son humeur a changé. Passant de la colère à la mélancolie, elle explique à son coéquipier son sentiment d'avoir perdu son chemin dans le labyrinthe d'ambiguïtés dans lequel ils se débattent ensemble.

– J'aimerais pouvoir dire que nous tournons en rond, mais ce n'est pas le cas. Nous suivons une ligne sans fin, deux pas en avant, trois en arrière ; et pendant ce temps, ma vie se fige, y perd en dimensions essentielles.

Fox ne comprend pas tout à fait son propos, mais sa colère est tombée.

– Peut-être est-ce une bonne idée de nous éloigner l'un de l'autre quelque temps, avance-t-il doucement.

Il n'indique pas à Scully le lieu exact où il se rend.

– C'est marrant, mais c'est vraiment personnel, dit-il gravement. Un endroit où j'avais toujours rêvé de me rendre. Une sorte de voyage spirituel, du moins, c'est ce que j'en attends. J'espère apprendre des choses sur mon compte, au passage. Peut-être ferais-tu bien d'en faire autant.

À Philadelphie, Ed Jerse téléphone à sa directrice depuis son appartement. Il la supplie de lui conserver son emploi.

– Je voudrais juste une autre chance... j'en ai *besoin*... je sais... oui... je comprends... Merci de m'avoir écouté. Au revoir.

Il raccroche violemment.

– *Merci de m'avoir écouté...* répète la Voix, moqueuse. *Si tu étais vraiment un homme, tu l'aurais envoyée se faire voir. Mais non. Encore une pétasse qui te fait dérailler ! c'est toujours leur faute. N'est-ce pas, Eddie ?*

Ed cherche frénétiquement la source des paroles. Il colle son oreille contre la tuyauterie du chauffage le long du plancher. Déduisant que le son vient de l'appartement du dessous, il martèle les tuyaux métalliques et hurle :

– Hé ! Je peux vous entendre, en bas ! Arrêtez ça !

Dans l'appartement de l'étage inférieur, une jeune femme, Kaye Schilling, regarde vers le plafond, surprise, et augmente le volume de sa chaîne hi-fi pour ne plus entendre les coups. Les accents d'une imitation de la Famille Partridge, accompagnés d'une chanson sur l'histoire d'un « loser » pathétique, parviennent jusqu'à l'appartement de Jerse.

– *Tu entends, Eddie ? C'est de toi qu'il s'agit. On parle de toi*, commente la Voix.

Jerse se trouve face à deux Témoins de Jéhovah qui frappaient à sa porte.

– Vous avez entendu ça ? À l'étage du dessous ! Elle essaie de me rendre dingue. D'une manière ou d'une autre, elle arrive à lire dans mes pensées.

Un des deux Témoins lui assure que cette personne, qu'ils viennent de rencontrer, leur a paru sympathique.

– Je ne veux pas entendre cette voix ! poursuit-il néanmoins, comme en plein délire. Ils *savent* faire entendre des voix ! C'est comme ces histoires de médiums, ou ces implants destinés à vous rendre dingue. Ils ont même programmé une émission de télé pour me critiquer. Vous l'entendez ? Hein ?

– Eh bien, je crois que nous repasserons un autre jour, lui répond le Témoin de Jéhovah avec prudence.

En partant, elle lui laisse un exemplaire de leur magazine, *La Tour de Garde*. Il lit le titre sur la

première page : *Êtes-vous un raté ?*

– *Tu vois*, s'exclame la Voix, triomphante, *même cette fille de Jéhovah ne va pas perdre son temps à s'occuper de toi. Aucune femme ne le voudrait. Et toi, tu restes là et tu encaisses tout. Réagis au moins comme un homme !*

Kaye Schilling s'absorbe dans sa lecture, sur le divan du salon, déterminée à ignorer les coups que l'on frappe à sa porte. Ed finit par défoncer l'huisserie. Malgré ses protestations, puis les hurlements de la jeune femme, il l'attaque, et la tue. Puis, au son de la musique des années soixante-dix, il la descend par l'escalier, dans un carton taché de sang, jusqu'au local de l'incinérateur de l'immeuble. Il l'introduit brutalement dans le foyer où les flammes font rage.

– *Ouah ! mon chou, ça, c'est se comporter en homme ! Désormais, j'serai ta frangine, ta femme. Rien que toi et moi. Et tant que je serai avec toi, rien ne pourra te faire du mal. Jamais plus.*

Ed observe son tatouage. Il commence à comprendre l'effroyable vérité.

Sur une route déserte de montagne, Mulder évolue autour de son véhicule en un étrange ballet. En fait, il tente de trouver la position qui lui donnera la meilleure réception possible sur son téléphone cellulaire. Il appelle le numéro de Scully au FBI, mais tombe sur son répondeur.

– J'appelais juste pour savoir comment tu vas. Donne-moi un coup de fil sur le portable lorsque tu en auras l'occasion. Histoire de me dire où tu en es.

À Philadelphie, Scully a garé sa voiture d'où elle assure la surveillance de Pudovkin. Elle suit ce dernier jusqu'à une épicerie tenue par une Russe, et jette un coup d'œil discret dans l'arrière-boutique. Pudovkin y discute, en russe, avec la propriétaire. Il est clair qu'il tente de la racketter. Puis il s'en va, traverse la rue et disparaît dans l'atelier de tatouage. Dana pénètre à son tour dans l'échoppe, toujours à la recherche de Pudovkin. Ed Jerse y est en discussion avec le tatoueur, le camarade Svo, à qui il demande de recouvrir le tatouage qui orne son bras.

– Et pourquoi donc voulez-vous le recouvrir ? Vous savez, mon vieux, on a le tatouage qu'on mérite.

Scully regarde autour d'elle avec nonchalance. Son regard s'arrête sur une image de tatouage intéressante, un serpent qui se mord la queue. Jerse, au bord du désespoir, propose au tatoueur de masquer, au moins, les yeux et la bouche de la pin-up sur son biceps. Svo lui assure que, même s'il le voulait, il faudrait de toute façon que la peau d'Ed cicatrise d'abord. Le camarade Svo aperçoit Scully, et attire son attention.

– Mademoiselle ! Mademoiselle ! Oui, vous. Vous aimez ça ? Ce qu'il a sur le bras ?

Elle jette un regard à la fille qui cligne de l'œil, sur le bras d'Ed Jerse.

– *Ed-die*... murmure la Voix, l'incitant à la prudence.

– Eh bien... commence Scully.

– *Eddie !*

– ... la couleur des lèvres est extraordinaire.

Svo croise les bras d'un air triomphant. Il explique à Scully et à Ed qu'il a appris à produire cette couleur rouge si particulière dans une prison soviétique ; elle s'obtient en broyant une variété particulière de seigle, et conclut :

– Et de toute façon, on a le tatouage qu'on mérite.

La Voix, nuancée de colère, parle à Ed.

– *Je croyais que j'étais la seule femme de ta vie, Eddie. Tu irais jusqu'à me briser le cœur pour une rouquine bon marché ? Parle-lui, et tu vas voir ce que tu vas voir !*

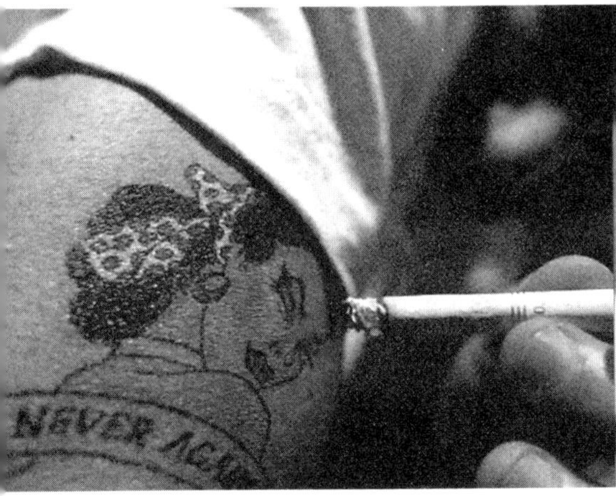

La porte de l'arrière-boutique s'entrouvre ; Pudovkin fait signe à Svo. Ce dernier, l'air nerveux, le suit.

Ed amorce la conversation avec Scully, lui confiant qu'il vient à peine de comprendre que sa décision de se faire tatouer a été trop impulsive.

– Quelquefois, j'aimerais avoir de tels coups de tête, lui répond Dana.

– Oui, mais faites bien attention à ce que vous désirerez dans ces moments.

Pour expliquer ce qui l'a amenée chez Svo le tatoueur, Scully donne la version officielle : elle est en visite chez une tante dans le voisinage. Flirtant un peu avec son interlocuteur, Dana lui demande à son tour les raisons de sa présence en ce lieu. Ed lui narre avec une totale sincérité son aventure de la nuit précédente, sans omettre son marathon éthylique au *Hard Eight*.

– Si je comprends bien, sourit Scully avec un air indulgent, ce n'était pas si impulsif que ça... juste un peu inconscient...

Enhardi par la gentillesse de Scully, il lui propose de l'inviter à dîner le soir même. Dana semble tentée, lui assure qu'elle apprécierait, mais soudain se rétracte, arguant qu'elle doit quitter la ville le soir même. Ed ne s'en offusque pas et note à son intention son numéro de téléphone sur une carte de visite.

– C'est mon domicile. C'est là que je travaille, généralement.

Dans sa chambre d'hôtel, ce même soir, Dana tape les notes de son enquête sur son ordinateur portable. Mulder l'appelle depuis le lieu si particulier qui représentait le but de son voyage : une chambre aux murs peints en bleu hawaïen. Il se trouve à Graceland, le manoir d'Elvis Presley.

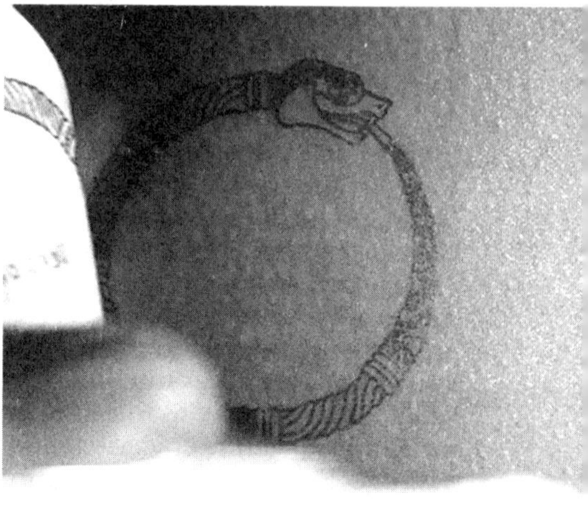

– Comment savais-tu que je serais ici ? lui demande Dana.

– J'ai recensé les endroits où nous descendons généralement quand nous sommes à Philadelphie. Je savais que tu ne me laisserais pas tomber. Que donne l'enquête ?

Scully lui indique qu'elle a transmis l'affaire au bureau du FBI de Philadelphie, car il ne s'agit pas d'une Affaire non classée, mais d'un simple cas d'extorsion de fonds. Pudovkin n'est qu'un exécutant, travaillant pour la mafia russe.

Contrarié, Mulder veut savoir comment elle a obtenu ces renseignements.

– Qu'est-ce que tu veux dire ? se hérisse Scully. Tu m'as donné l'ordre de vérifier le fond de l'affaire, et j'ai obéi, comme toujours.

Leur dispute précédente reprenant, Mulder suggère à sa coéquipière de lui rendre l'affaire.

– L'affaire Pudovkin ne nous appartient plus, insiste-t-elle. Écoute, Mulder, il faut que je te laisse.

– Tu as un rendez-vous galant, ou quoi ? lui demande facétieusement son collègue.

Scully met brusquement un terme à leur conversation, et consulte la carte de visite d'Ed, posée contre l'écran de l'ordinateur.

De retour dans son appartement, Ed Jerse sombre dans un accès de dépression. Alors qu'il allume une cigarette, la Voix resurgit.

– *Est-ce que ce n'est pas mieux comme ça, mon chou ? Tout seuls, toi et moi. Les femmes sont si mesquines, si jalouses. Elles veulent toujours tout contrôler. Cette pétasse, aujourd'hui, aurait été comme toutes les autres.*

Ce discours est interrompu par l'appel de Scully. Pour reprendre contact, elle prétexte que son avion a été retardé par les intempéries. Cette nouvelle revigore Ed ; il convient avec Scully qu'elle viendra le chercher, « sa voiture étant chez le garagiste ».

La Voix se fait venimeuse :

– *Vas-y, cette fille est une véritable poupée, mais sa beauté n'est qu'apparence ; la mienne est tout intérieure.*

Jerse observe son tatouage, saisit sa cigarette allumée et en applique l'extrémité incandescente sur le visage de sa tortionnaire. Dans l'immeuble d'Ed, les deux Témoins de Jéhovah, inquiets, frappent de nouveau à la porte de Kaye Schilling et l'appellent, sans obtenir de réponse. Scully remarque la scène en montant l'escalier pour se rendre à son rendez-vous. Jerse l'accueille. Ils paraissent tout d'abord mal à l'aise. Le comportement d'Ed dénote de la gêne, alors que son tatouage se met à saigner. Devant la photo brûlée où figurent son ex-femme et ses enfants, Jerse décrit tristement son divorce et ses implications. Dana avoue qu'elle ne sort pas beaucoup non plus.

– La dernière fois que je suis sortie avec un homme, c'était pour voir *Glengarry Glen Ross*, et les personnages du film s'amusaient nettement plus que moi, lui confie-t-elle.

L'appartement modestement meublé dégage une impression de solitude. Dehors, la tempête fait rage.

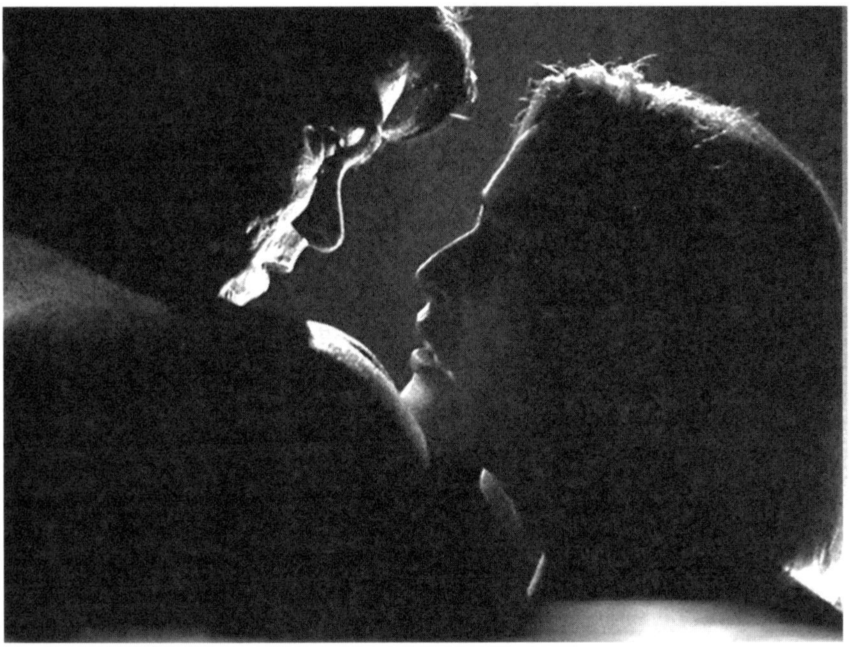

– Ed, ce bar dont vous m'avez parlé, j'aimerais bien que vous m'y emmeniez.

Au *Hard Eight*, le couple plonge rapidement dans l'ébriété, ce qui favorise une forme d'intimité. Au cours de leur deuxième ou troisième tournée, Dana se lance dans le récit de sa vie et de ses amours, légèrement ivre et l'esprit léger.

– J'ai toujours tourné en... heu, en rond, bredouille-t-elle. D'habitude, un personnage autoritaire entre dans ma vie ; au début, ça me convient, j'aime me sentir dirigée, et une partie de moi quête

cette approbation. Et ensuite, il y a un moment où... enfin, vous comprenez, hum...

Elle s'embrouille dans ses explications mais reprend :

– ... enfin, mon père était commandant dans la Marine. Je vénérais, je vénère encore la mer sur laquelle il naviguait. Et quand j'ai eu treize ou quatorze ans, il m'est arrivé ce... enfin, je me suis mise à sortir en cachette de la maison de mes parents, pour fumer les cigarettes de ma mère ; je savais que, s'il me découvrait, il me tuerait. Disons que, le long de ma route, il y a eu d'autres hommes tels que mon père.

Jerse semble se situer sur la même longueur d'onde.

– Je comprends, approuve-t-il.

Par jeu, Dana cherche à voir de nouveau son tatouage. Dans le même esprit, Jerse résiste.

– Si vous êtes curieuse à ce point, pourquoi ne vous en faites-vous pas faire un aussi ?

Dans l'atelier de tatouage si commodément situé de l'autre côté de la rue, le visage de Scully exprime un mélange de douleur et d'excitation, alors qu'elle se fait tatouer sur le dos le symbole du serpent Ouroboros, enroulé sur lui-même et saisissant sa queue.

– Elle veut le même rouge que sur le mien, précise Ed, l'observant.

Utilisant un dermographe électrique, le camarade Svo encre le motif qui orne sa peau.

De retour à l'appartement, Jerse suggère à Scully de passer le restant de la nuit chez lui, étant donné la tempête qui fait rage.

– Je ne veux rien d'autre que votre sécurité. Je dormirai sur le sofa. Le tatouage vous fait mal ?

– Oui... répond Scully, qui se sent à présent plus fatiguée et vulnérable qu'ivre. Enfin, ça procure une sensation vraiment étrange, soupire-t-elle. Je me sens bizarre... je ne sais pas comment l'expliquer.

Jerse s'approche d'elle et ôte le bandage qui couvre son dos.

– Il a l'air normal, dit-il.

Scully remarque que son bras saigne de nouveau. Elle lui retire sa veste et sa chemise, et découvre le visage brûlé du tatouage.

– *Ne me touchez pas !* s'exclame la Voix.

Jerse prend Scully dans ses bras.

– *Voilà de bien vilaines pensées, mon chou. Tu l'embrasses... et elle est morte !*

Ed embrasse quand même Dana.

De retour au siège du FBI, le lendemain, Mulder appelle Scully à son hôtel. Bien évidemment, il n'obtient pas de réponse.

Jerse se réveille sur le sofa de son appartement. Il écrit un mot pour Dana, et quitte les lieux. Scully est réveillée par deux policiers de Philadelphie, Gouveia et Smith, qui cherchent Jerse. Elle les informe qu'elle ne sait pas où il s'est rendu.

– Où étiez-vous, la nuit d'avant-hier ?

– Attendez, leur dit Dana, encore un peu ébranlée, je suis du FBI, puis-je vous aider ?

Les deux agents échangent un regard sceptique, notant au passage que Dana est vêtue, à cet instant, de la chemise de Jerse. Elle leur montre sa carte professionnelle. Avec une certaine réticence, ils lui apprennent que Kaye Schilling est portée disparue ; des traces d'un sang qui ne lui appartient pas ont été trouvées dans son appartement. Le sang de l'intrus, ajoutent-ils, contenait une substance chimique inhabituelle. Scully recopie la formule complexe notée sur le bloc de l'un des deux agents. Ils prennent congé en lui recommandant d'avertir Jerse de prendre contact avec eux.

Dana, assez secouée et légèrement souffrante, utilise le micro-ordinateur portable de Jerse pour se connecter sur la base de données pharmacologiques du laboratoire de médecine légale du FBI. Elle introduit la formule chimique.

Un rapport s'inscrit alors à l'écran, contenant des termes inquiétants : « *ergot* du seigle (champignon vénéneux parasite, qui se développe au détriment du grain de certaines céréales) ; céréales d'espèces voisines ; produit pharmaceutique psychotomimétique, capable d'engendrer les manifestations d'une psychose ; hallucinations auditives... »

L'œil du serpent tatoué sur le dos de Scully brille d'un éclat rouge des plus menaçants. Scully contacte le standard du FBI et demande à être reliée au poste de Mulder. Ce dernier se trouve dans son bureau, mais Dana raccroche précipitamment au moment où Ed revient, apportant un petit déjeuner pour deux.

Elle fait face au jeune homme pour l'interroger calmement et sans passion :

– Des policiers sont venus ici. La femme qui habite en dessous a disparu ; ils ont trouvé du sang dans son appartement, et j'ai de bonnes raisons de croire que c'est le vôtre.

– Je l'ai aidée à emménager. Je me suis coupé.

La voix de Scully se fait plus pressante, plus personnelle.

– Ce qui m'inquiète, et cela nous concerne tous les deux, c'est qu'un alcaloïde de l'ergot a été retrouvé dans ce sang, et cela m'a amenée à penser qu'il s'agissait du vôtre. L'ergot est un champignon parasite qui se développe au détriment de plantes telles que le seigle. Or, Svo nous a expliqué qu'il utilisait du grain de seigle d'une manière ou d'une autre, dans son encre. Nous pourrions alors être victimes de l'ergotisme hallucinogène ; éprouver des hallucinations auditives, visuelles, et nous sentir contraints de céder à des impulsions dangereuses sur lesquelles nous n'aurions aucun contrôle. Il faut se rendre à l'hôpital pour y subir des tests.

– Je n'ai pas besoin de tests, répond-il dans un sanglot, la tête dans les mains.

Il lève les yeux vers Dana, avec une expression effarée qu'on lui a déjà vue.

– C'est un tel soulagement de pouvoir se confier à quelqu'un. Je

l'entends, Dana. Dans ma tête, assez profondément. C'est bien plus qu'une réaction chimique. Elle me parle.

Ses yeux fous se braquent sur son tatouage.

– Elle hait les femmes. Ma femme, ma patronne, vous. Elle est si jalouse, Dana. Elle me pousse à faire des choses que je ne souhaite pas. Et elle me contrôle. Mais je crois que vous avez réussi à la chasser pour de bon.

– Nous avons besoin d'aide, lui répond Scully très calmement.

Elle ramasse son badge du FBI, et se dirige vers l'autre pièce pour s'habiller.

– *Hum, hum... qui est-ce qu'elle appelait, Eddie ? Hein ? Tu meurs d'envie de le savoir, avoue ?*

Les brûlures se sont effacées du visage démoniaque tatoué. Ses deux yeux sont de nouveau grands ouverts. Ed se rapproche du téléphone et appuie sur la touche « Bis ».

– FBI, annonce le standardiste.

– *Dana Scully, je vous prie,* dit la Voix.

– Dana Scully, je vous prie, répète Ed Jerse.

Scully rentre dans la pièce, habillée. Jerse l'attaque, hurlant des propos incohérents. Dana le frappe à l'estomac, échappe à son étreinte et se précipite dans la salle de bains dont elle verrouille la porte. Elle cherche une arme, trouve une paire de ciseaux, quand Jerse fait irruption dans la pièce, et la plaque contre le mur, l'assommant à moitié. Il titube jusque dans la chambre, et arrache les draps du lit.

– *Encore une femme dans mon lit ? Brûle les draps, m'amour. Brûle-la ! Brûle-la !*

La Voix résonnant dans sa tête, Jerse enveloppe Scully dans les draps et la descend dans le local de l'incinérateur. Il ouvre la porte du foyer, et fixe les flammes qui dansent. Scully reprend partiellement conscience.

– *Allez, mon gars ! Vas-y ! Fais ça pour moi !* murmure la Voix à l'adresse de Jerse.

Scully bondit et poignarde Ed au bras, avec les ciseaux.

– Vous n'êtes pas vous-même, Ed ! s'écrie-t-elle.

– *Vas-y, Eddie !*

– Reprenez le contrôle de votre esprit !

– *Ah, mais c'est que c'est bon, de perdre le contrôle.*

– Reprenez-vous !

– *Tu ferais mieux de ne pas l'écouter, Eddie. Fais ça pour moi, Eddie. Fais-le !*

Ed porte les mains à ses oreilles, essayant de faire taire la cacophonie qui le blesse. Il serre violemment le poing, et plonge avec fureur son bras droit dans la fournaise.

– Nooon ! ! ! hurle Dana, le rejoignant.

Hurlant de douleur, Jerse la repousse avant de s'écrouler sur le sol. La peau de son bras est horriblement brûlée et flétrie.

Une semaine plus tard, dans leur bureau du FBI, Mulder accueille sa coéquipière de retour de l'hôpital, comme si de rien n'était.

– Mes félicitations : tu es la seule à avoir fait deux apparitions personnelles dans des dossiers d'Affaires non classées. C'est un record du monde.

Jerse se trouve à présent en détention préventive à l'hôpital des grands brûlés de Philadelphie. Il a bien été empoisonné par l'ergot. Les traces retrouvées dans le sang de Scully étant moindres, elles n'ont pu produire des hallucinations. La boutique de Svo est désormais close, et le dossier Pudovkin fermé.

– C'est dommage, plaisante Mulder, parce que j'envisageais de me faire tatouer les lettres « NY » sur les fesses pour commémorer la victoire de l'équipe des Yankees dans les *World Series*. Mieux vaut tard que jamais, non ?

Sa plaisanterie ne reçoit aucun écho. En silence, Scully joue avec la fleur séchée, trouvée au Mémorial du Vietnam et qu'elle a conservée jusqu'alors. Un peu honteux, Mulder se détourne et monologue sur une affaire en cours, puis finit par s'asseoir. Il jette un long regard à sa coéquipière et complice.

– Et tout cela parce que je ne t'ai pas fait avoir un bureau ? dit-il.

Scully l'observe longuement, mais pas comme si elle le voyait pour la première fois.

– Tout ne te concerne pas, Mulder. Il s'agit aussi de ma vie.

– Oui, mais c'est aussi...

Fox ne termine pas sa phrase. Un silence profond les enveloppe. Quoi qu'il ait eu l'intention de dire, ni elle ni lui n'ont le courage de l'exprimer.

Coulisses

L'épisode 4X13, dénommé avec justesse, est peut-être celui qui a causé le plus de débats, et qui fut le plus original dans son approche, au sein de la quatrième saison. Critiques et spectateurs sont unanimes pour faire remarquer combien les règles fondamentales de la TV ont été malmenées au cours de « Plus jamais ».

Dans quelle autre série télévisée, demandaient-ils, a-t-on jamais vu les principes complémentaires et indissociables du yin et du yang, c'est-à-dire les deux personnages formant un ensemble composé de deux éléments complémentaires, séparés autrement que par la contrainte au cours d'un épisode ; un suspense époustouflant au cours duquel aucun ne se porte au secours de l'autre ; et une scène dans laquelle les deux héros *discutent* tranquillement des conflits, des tensions et des insuffisances les plus cachées qui sous-tendent et conduisent leur relation ?

De plus, existe-t-il un autre exemple d'une héroïne passant aux heures de grande écoute qui ait exposé si ouvertement, et de manière aussi embarrassante, ses désirs les plus essentiels et ses névroses ?

– J'ai trouvé l'idée excellente, commente Gillian Anderson. Personnellement, je traversais à l'époque une période difficile et je voulais explorer la face cachée de Scully. Pour une raison obscure, Glen et Jim se trouvaient dans le même état d'esprit, cette semaine-là. Par la suite, beaucoup de gens m'ont dit combien cet épisode était « différent des autres » ou qu'il « montrait ce dont j'étais vraiment capable ». Je leur ai répondu qu'à mon avis, ils se trompaient.

Elle s'explique sur ce dernier point :

– Dans un spectacle de télévision, seul est dévoilé un petit aspect de la personnalité d'un acteur, comme l'auditoire le souhaite. C'est une forme de norme sur quoi les spectateurs s'appuient d'une semaine à l'autre. Mais nous avons tous des personnalités aux nombreuses facettes, et nous détenons tous des secrets. N'importe qui peut rentrer chez soi et avoir un accès de dépression toute la nuit, puis être souriant dans la journée. On peut aussi s'enivrer au milieu de la nuit, sans que personne le sache.

– Je ne crois pas que ce que j'ai fait dans cet épisode soit aberrant par rapport au personnage de Scully, conclut-elle. La seule différence, c'est que les spectateurs ne l'avaient jamais vu auparavant.

Gillian Anderson admet qu'elle a été déçue qu'il ait fallu intervertir les épisodes 4X13 et 4X14 (« Régénérations », dans lequel les rapports entre Dana et Fox sont conformes au schéma habituel), pour les diffuser après l'American Superbowl.

– Si j'avais été informée que Scully connaissait l'existence de son cancer au moment où nous avons tourné « Plus jamais », j'aurais donné au rôle une tonalité toute différente.

Gillian Anderson insiste sur le fait que Scully et elle ne ressentent pas les mêmes désirs. Elle a trouvé la fascination érotique qu'éprouve Dana pour le tatouage, par exemple, un peu difficile à comprendre. Afin de mieux saisir cette facette du personnage, elle s'est proposée de se faire réellement tatouer le serpent *Ouroboros* sur le dos pendant le tournage.

– On m'a prévenue que cela prendrait trop de temps. Cela n'aurait pas été commode, explique-t-elle avec un petit sourire triste.

En réalité, les tatouages représentés dans l'épisode sont des décalcomanies dessinées par une artiste, Kristina Lyne, puis fabriqués par une compagnie basée à Los Angeles, *Real Creations*. Elles ont été ensuite appliquées, retouchées et modifiées (par exemple, lorsque Bettie ouvre son autre œil) par le maquilleur, Laverne Basham.

La beauté diabolique incrustée sur le bras d'Ed Jerse a été inspirée par le travail d'un artiste tatoueur à l'ancienne, nommé « Brooklyn Joe » Lieber, lequel pratique son art dans la zone de la baie de San Francisco, mais c'est une autre histoire !

Mark Snow raconte, à propos de la bande musicale de « Plus jamais » :

– Cet épisode ressemblait à un *film noir*, alors je me suis dit : « C'est l'occasion de s'offrir une bonne dose de jazz avec beaucoup de saxophone. »

Il fut tout particulièrement excité par les accents sauvages et discordants qui accompagnent Ed Jerse alors qu'il descend Scully vers le local de l'incinérateur. C'était, explique-t-il, « un drôle de mélange entre une séquence rythmique de *Dance* et des échantillons très divers de rock alternatif », qui ont fait l'affaire. Les chansons de la *Partridge Family*, diffusées dans l'appartement de l'infortunée Kaye Schilling, ont été réalisées par un groupe réel qui chante dans ce style.

Relevons un des éléments les plus saillants de l'épisode : Jodie Foster, qui apparaît au générique en tant que « Voix de Bettie », est bien la grande actrice, couronnée d'oscars. C'est une amie proche du responsable de la distribution artistique de la *Fox Television*, Randy Stone, et une fan des *X-Files* de longue date. En fait, c'est à elle que pensait initialement Stone comme modèle du personnage de Scully en 1993. Lorsque Stone lui a proposé le rôle de Bettie, Jodie a accepté sur-le-champ et sous le regard stupéfait de Morgan et de Wong, a enregistré l'ensemble de ses répliques au studio en moins d'une heure, avant de repartir travailler avec Robert Zemeckis sur le film *Contact*.

– Le seul problème, raconte Stone, c'est qu'elle n'ait pas été disponible pour assurer le doublage de l'épisode dans d'autres langues. Elle parle français à merveille, cela aurait été fabuleux.

Exclusif :

Lorsqu'on raconta pour la première fois le scénario de « Plus jamais » à Gillian Anderson, elle demanda, chose inhabituelle, à avoir son mot à dire dans le choix de l'acteur qui tiendrait le rôle principal.

– Je voulais simplement voir un peu à quoi ressemblait le type qui allait jouer le personnage supposé m'embrasser sur la bouche ! Ils ont accepté et m'ont envoyé une photo de celui à qui ils destinaient le rôle. J'ai dit que je ne le sentais pas du tout dans cet emploi et ils ont continué pendant un certain temps à me soumettre les portraits de divers candidats. Pour l'un d'eux, j'ai voulu voir un bout d'essai.

Vraiment, je le trouvais parfait. Coup de chance, car les scénaristes m'ont avoué plus tard qu'ils avaient écrit l'épisode pour lui. En fait, je le trouve tellement bien que nous sortons ensemble depuis plus de six mois maintenant.

Au moment où nous mettons sous presse, Gillian Anderson et Rodney, qui était la vedette de... oui, vous avez deviné : *Space, Above and Beyond*, font encore la une des journaux à potins.

Garry Allen, directeur artistique, nous rappelle que l'incinérateur utilisé par Ed pour se débarrasser de ses victimes est le troisième, pas moins, spécialement fabriqué pour les besoins de la série. Les deux premiers apparaissaient dans « Contamination » (2X22) et « La Règle du jeu » (3X19). Un autre incinérateur, industriel celui-ci, figure dans un épisode postérieur : « Nid d'abeilles ».

Le bar préféré d'Ed Jerse s'appelle le *Hard Eight* du nom de la compagnie de production de Morgan et Wong.

Les angles de prises de vues et les longs plans-séquences du haut d'un escalier sont un hommage à *Frenzy* d'Alfred Hitchcock.

Régénérations
(Leonard Betts)

Un corps décapité disparaît de la morgue de l'hôpital local. Mulder et Scully enquêtent ; ce qu'ils découvrent les amène à la frontière incertaine et mouvante entre la vie et la mort.

Épisode : 4X14
Première diffusion US : 26 janvier 1997
France : 18 octobre 1997
Scénario : Vince Gilligan, John Shiban, Frank Spotnitz
Montage : Heather MacDougall
Mise en scène : Kim Manners

Distribution :
Paul McCrane (Leonard Betts) ;
Jennifer Clement (Michele Wilkes) ;
Marjorie Lovett (Elaine Tanner) ;
Bill Dow (Dr Charles Burks) ;
Sean Campbell (policier local) ;
Dave Hurtabise (pathologiste) ;
Peter Bryant (policier en uniforme) ;
Laara Sadiq (femme du service des Urgences) ;
J. Douglas Stewart (homme du service des Urgences) ;
Don Ackerman (surveillant de nuit) ;
Brad Loree (garde de la Sécurité) ;
Ken Jones (Homme barbu) ;
Greg Neumayer (nouvel équipier) ;
Lucia Walters (service des Urgences).

Sites principaux :
Pittsburgh, Pennsylvanie ;
College Park, Maryland.

Une ambulance emportant à son bord deux infirmiers du service des Urgences médicales et la victime de ce qui semble être une crise cardiaque, roule à grande vitesse vers le Centre médical de Monongahela, à Pittsburgh. À l'avant, Michele Wilkes, une jeune femme d'une vingtaine d'années, assure le pilotage et les contacts radio. À l'arrière, Leonard Betts, un jeune homme au crâne dégarni, âgé d'une trentaine d'années, s'occupe du patient. Le malade, un homme âgé, a un arrêt cardiaque. Betts lui plante une aiguille spéciale à gros diamètre dans la poitrine, et le moniteur cardiaque émet de nouveau des bips réguliers, signalant un retour des fonctions vitales à la normale.

– Qu'est-ce que tu lui as fait ? demande Wilkes.

– Une ponction pleurale. Il a eu un épanchement gazeux au niveau des plèvres, un pneumothorax, comprimant le cœur. Ça donnait l'apparence d'une crise cardiaque.

– Super diagnostic ! Comment tu as trouvé ça ? lui demande la jeune femme.

– Parce qu'il est en train de mourir d'un cancer : ça lui a déjà bouffé tout un poumon.

Wilkes demeure stupéfaite devant le talent de Betts ; elle se retourne un instant pour le complimenter de nouveau sur son diagnostic, quand un camion grille un feu rouge et vient s'encastrer dans le flanc de l'ambulance. Les deux véhicules accidentés dérapent et sont propulsés contre un mur. Wilkes, un peu commotionnée, sort de la cabine et appelle son collègue. Elle trouve Leonard derrière l'ambulance, étendu sur le sol, le corps décapité, sa tête projetée au loin.

À la morgue de l'hôpital, dans la soirée, un employé referme la porte du compartiment réfrigéré où repose le corps rigide de Betts. Puis il va lire son journal. Un bruit soudain attire son attention ; il abandonne sa lecture pour jeter un coup d'œil dans la salle. La porte du compartiment où reposait provisoirement Leonard est grande ouverte. Un drap froissé est jeté en boule au pied du casier. L'employé soulève le drap, qui présente un étrange renflement, et y trouve la tête de Léonard Betts.

Depuis sa cachette dans les ténèbres, quelqu'un assomme le malheureux par-derrière, avec une barre de métal brillant. Des jambes nues se dirigent lentement vers l'extérieur de la morgue. La barre de métal réfléchit une dernière image de l'assaillant. Vu de dos, il paraît absolument normal... à cela près qu'il n'a pas de tête.

À la morgue, le lendemain matin, Scully et Mulder examinent le compartiment vide et ensanglanté qui a contenu la dépouille de Leonard Betts. Fox ironise :

– Plutôt confortable. Qui voudrait quitter un lit pareil ?

Il rapporte à Dana que Betts était un employé modèle du service des Urgences. On ne note aucune trace d'effraction sur ce tiroir réfrigéré. Autre nouvelle étonnante : quelqu'un a volé les vêtements de l'employé de la morgue qui a été assommé.

– Mulder, que faisons-nous ici ? lui demande Scully, exaspérée.

– T'ai-je précisé que Mr Betts n'avait plus de tête ?

Selon Scully, l'explication la plus rationnelle réside dans le fait qu'ils se trouvent en présence d'un cas d'enlèvement de cadavre, probablement dans un but lucratif. Mulder n'est pas convaincu. Pourquoi quelqu'un recherchant

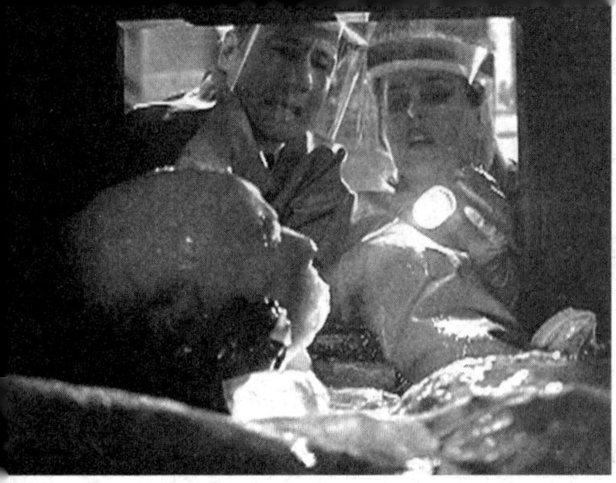

un cadavre récent aurait-il emporté un modèle incomplet, sans tête ?

Un garde de la sécurité de l'hôpital leur apporte quelques clichés tirés de la vidéo de contrôle du service des Urgences. Ils font apparaître un homme, portant les vêtements volés à l'employé de la morgue, qui quitte l'hôpital à 4 h 13 du matin. Malheureusement, une réflexion parasite masque la tête du suspect. La photo est toutefois assez claire pour montrer que l'homme ne transportait pas le cadavre.

– Mais alors, où aurait-il pu cacher le corps d'un adulte afin qu'il ne puisse pas être retrouvé ? s'interroge Mulder.

– Je vais te le dire, lui répond Scully, confiante.

Dans un coin obscur de l'hôpital, Dana indique à son coéquipier l'unité de retraitement des produits biologiques à risques : les résidus des opérations chirurgicales sont déposés dans un vaste conteneur.

– Les organes amputés, les tumeurs excisées, affirme-t-elle de bonne source, y sont stockés avant d'être broyés, détruits aux micro-ondes et transformés en cendres stériles utilisées pour le revêtement routier.

– J'aimerais que tu sois sûre de ce que tu avances, dit Mulder, profondément mal à l'aise, parce que, autrement, je ne vois pas la nécessité de remuer toute cette matière...

– Mulder, je vais avoir besoin de ton aide. Tes bras sont plus longs que les miens, lui répond simplement Dana.

Avec une absence totale d'enthousiasme, Fox plonge ses mains gantées de caoutchouc dans le monceau de débris organiques.

– Ça y est, je crois que j'ai trouvé l'objet, commente-t-il en extrayant une forme ronde et lisse.

– Leonard Betts, annonce Dana.

– Ou du moins sa tête, confirme Mulder qui s'étonne. Maintenant, où est le corps ?

Aucun des deux agents ne trouve de réponse satisfaisante. Mulder propose à Scully de pratiquer l'autopsie de ce qu'ils ont retrouvé du corps pendant que lui ira perquisitionner l'appartement du défunt.

– Nous savons comment il est mort. Je voudrais maintenant comprendre comment il vit.

– « Comment il *vivait* », corrige Scully.

– « Vivait », rectifie Mulder, comme à contrecœur.

Dans la salle d'autopsie, Scully dépose la tête de Betts sur le plateau d'une balance. Elle pèse cinq kilos et demi. Les restes ne manifestent aucun signe de rigidité et de lividité cadavériques. Les cornées de Leonard ne présentent aucune opacité, contrairement au processus habituellement en cours après le décès. Scully effectue la première incision au scalpel. Les yeux et la bouche de Leonard Betts s'ouvrent alors lentement. Elle écarte brusquement le scalpel ; yeux et bouche se referment.

De son côté, Mulder inspecte l'appartement propre et modeste de Betts, qui ne présente aucun aspect particulier, jusqu'à ce qu'il pénètre dans la salle de bains. La baignoire contient un liquide opaque, d'une couleur brun-rouge. Dans le placard situé sous le lavabo, plusieurs bouteilles sont remplies d'un antiseptique iodé. Des vêtements gisent en tas par terre. Des taches de sang recouvrent la cuvette des toilettes et des marques brunes sont imprimées sur le rebord de la fenêtre.

Scully téléphone à son coéquipier pour l'informer que les scanners du crâne de Leonard n'ont rien donné. Les clichés sont voilés, comme les photos du système de surveillance vidéo. La tête de Betts émet probablement une forme de radiations. Dana admet finalement qu'elle n'a pas pratiqué entièrement l'autopsie.

– Et pourquoi ? lui demande Mulder.

– Eh bien, j'ai rencontré chez le sujet un degré inhabituel d'activité galvanique *post mortem*.

– La tête de Betts a bougé ! traduit Mulder avec une pointe d'excitation.

Scully devine où il veut en venir, et l'arrête net :

– Elle a cligné des paupières. Mais je peux te donner l'explication. Il s'agit d'un phénomène électrique dont les muscles et les nerfs sont le siège. En l'occurrence, un résidu d'électricité s'est trouvé stocké chimiquement dans les tissus morts. C'est, heu...

– Elle a cillé, ou elle t'a fait un clin d'œil ? lui demande Mulder, qui semble savourer la situation. Tu as peur d'inciser, Scully, comme si elle était vivante, hein ?

– Non, certainement pas !

– Mais l'idée qu'il pouvait ne pas être vraiment mort t'a tout de même traversé l'esprit, non ? Je suis à l'appartement de Betts. Quel qu'ait été l'homme que nous avons vu sur la vidéo, ses vêtements sont répandus ici sur le sol. Il a fait comme chez lui. Peut-être qu'il *était* chez lui.

– Leonard Betts ? Sans sa tête ? demande Scully, sceptique.

– Ouais... répond Mulder d'un air embarrassé.

Scully ne sait comment aborder ce genre de théorie. Néanmoins, Mulder tient à mettre immédiatement l'appartement sous surveillance policière.

Après le départ de Mulder, des bulles remontent à la surface du liquide antiseptique qui emplit la

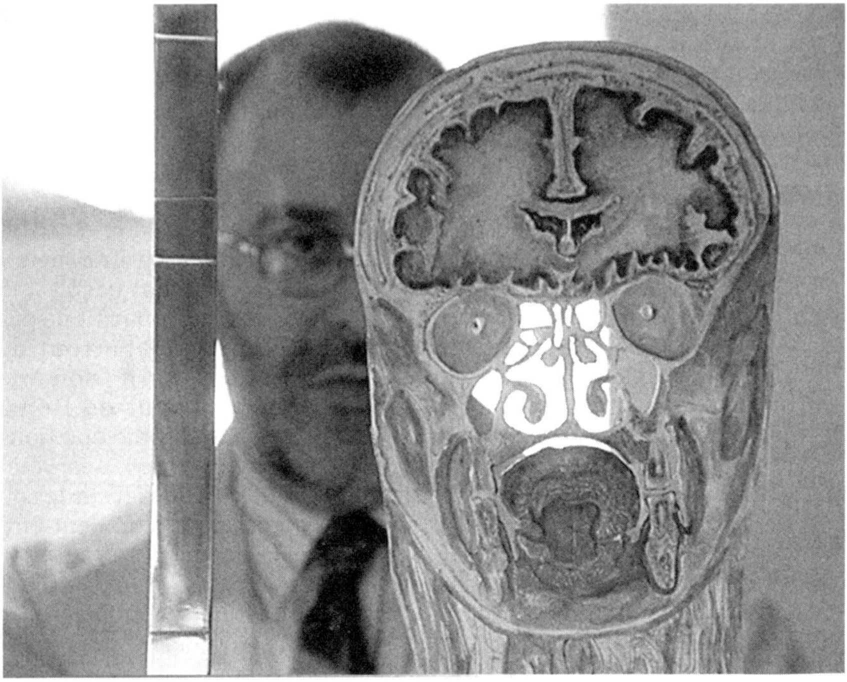

baignoire. Une tête chauve remonte lentement à la surface. Luisante, totalement dépourvue de cheveux et de sourcils, elle paraît étrangement inhumaine, informe. Mais, sans aucun doute possible, elle appartient à l'infortuné Leonard Betts.

Sur le parking du centre médical de Monongohela, Michele Wilkes se dirige vers une ambulance avec un nouvel équipier. Mulder l'intercepte, et l'interroge sur Betts. La jeune femme coopère volontiers, mais ne peut expliquer le vol du corps. Leonard n'avait pas de famille et très peu d'amis. Il se trouvait en parfaite santé, sa seule particularité consistant en une capacité surprenante à établir un diagnostic, qui lui permettait de détecter à coup sûr les maladies, et notamment les cancers.

– Je lui disais qu'il aurait dû être médecin oncologiste, ou quelque chose comme ça, se rappelle Wilkes. Le week-end, il se portait souvent volontaire pour le pavillon des cancéreux. Il leur faisait la lecture, leur proposait des activités.

De retour à l'hôpital, Mulder observe sa coéquipière, qui supervise une autre autopsie de la tête de Betts, utilisant cette fois-ci une procédure dite de biopolymérisation.

– C'est une technique fondamentalement très sophistiquée de momification. Les restes sont immergés dans de la résine époxy ; une fois qu'elle est solidifiée, on peut pratiquer des coupes minces du spécimen afin de l'examiner, explique-t-elle.

– Ou alors, tu en fais un chouette presse-papiers, commente Fox d'un air volontairement irrévérencieux.

Un pathologiste étudiant une coupe du lobe frontal de Leonard s'étonne de ce qu'il vient d'observer dans le microscope. Il apparaît que la tête et le cerveau de Betts présentent des amas cancéreux. Chaque cellule est infectée.

– Pourrait-on vivre dans ces conditions ? interroge Mulder.

– Vivre ? Cet homme aurait dû mourir bien avant d'avoir atteint ce stade de dissémination des métastases ! s'exclame le pathologiste.

– Alors, comment expliquez-vous ce phénomène ?

– Peut-être le processus de polymérisation a-t-il déformé les cellules ; ainsi, ne voyons-nous pas réellement ce que nous croyons voir, hasarde le docteur.

– Hum... Au contraire, répond Fox, peut-être voyons-nous clairement pour la première fois.

De son ambulance, Michele Wilkes répond à un appel d'urgence. Soudain, dans sa radio, une voix familière prodigue des conseils concernant un cas particulièrement délicat.

– Leonard ? s'exclame-t-elle en augmentant le volume.

Au laboratoire du Dr Charles Burks (vu pour la dernière fois dans l'épisode 2X21), Mulder explique à Scully que le médecin a fait des recherches à l'université du Maryland sur la photographie Kirlian.

– ... bien que je préfère le terme de *photographie des auras*, commente Burks.

Alors que Scully lui jette un regard sceptique, Burks place la coupe mince du cerveau de Betts dans un appareil destiné à mesurer l'effluve électrique d'un objet.

– La force vitale ; les Chinois l'appellent le « Chi », dit Mulder. C'est un fait admis dans la plupart des cultures orientales. Le phénomène de l'effluve électrique expliquerait pourquoi l'image vidéo était voilée et que les résultats du scanner cérébral étaient illisibles.

Burks rapporte qu'il a été capable de photographier des images des parties manquantes de feuilles déchirées, et même la queue d'un lézard après qu'elle fut tranchée.

– ... ce qui, vous l'admettrez, est plutôt impressionnant, conclut le scientifique.

Lorsque le négatif « kirlien » des tissus cérébraux de Betts est développé, on constate que l'aura qui l'entoure brille intensément.

– Il y a clairement un phénomène énergétique à l'œuvre ici, analyse Burks.

– Chuck, pourriez-vous croire que l'homme à qui appartenait cette tête a été décapité ? demande Mulder au chercheur.

– Nooon, pas possible. Vous blaguez ! lui répond le scientifique, excité.

– Et pourtant, c'est vrai, déclare Mulder.

Il est clair qu'il a donné à son ami de quoi cogiter pour le mois à venir. Quelques instants plus tard, dans le couloir, Mulder, dont l'activité mentale est de plus en plus intense, expose sa théorie à Dana. Et si, suggère-t-il, l'effluve électrique constituait la preuve que Betts est encore vivant ?

– Qu'est-ce que le cancer, si ce n'est la prolifération anormale et anarchique de cellules, généralement causée par une altération de l'A.D.N. ? Et si, dans ce cas précis, le cancer n'était pas déclenché par un défaut de l'A.D.N. ? S'il ne représentait pas un facteur destructeur ou simplement agressif, mais l'état normal de l'individu ?

– En tout cas, même si cela était possible, Leonard Betts a été *décapité*, je te le rappelle, insiste Scully.

Cela ne décourage pas Fox, qui reprend :

– Supposons que la force vitale de cet homme, son « Chi », ou quel que soit le nom qu'on lui donne, soit capable de conserver, d'une manière ou d'une autre, l'intégrité de l'ensemble de l'organisme. Supposons que cette force

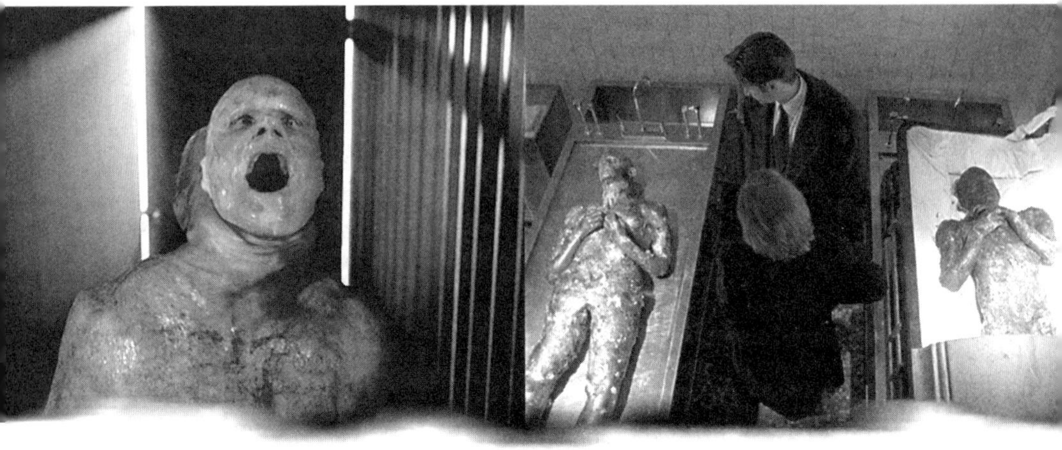

guide un processus de prolifération cellulaire dans le sens d'une régénération...

– Tu crois que Leonard Betts s'est fait pousser une nouvelle tête ? intervient Scully, abasourdie.

Le liquide antiseptique contenu dans la baignoire de Betts, le *Povidone,* est souvent utilisé, explique Mulder, pour favoriser les croissances tissulaires, notamment le développement des membres amputés des reptiles et amphibiens. Scully fait néanmoins remarquer que Leonard Betts n'avait rien d'une salamandre. Un appel téléphonique l'informe alors que, selon les fichiers anthropométriques du FBI, Leonard Betts possédait les mêmes empreintes digitales qu'un nommé Tanner, dont la mère demeure à Pittsburgh.

Elaine Tanner habite une maison ordinaire ; la vieille dame sympathique, grand-mère modèle, accueille les deux agents. La photo de son fils Albert révèle une ressemblance troublante avec Leonard Betts. Cependant, Mrs Tanner ne connaît pas cet homme ; quant à son fils Albert, il s'est tué voilà six ans dans un accident de voiture, affirme-t-elle.

– Alors, toujours troublée ? demande Fox à Dana.

Cette même nuit, sur le parking de l'hôpital catholique d'Allegheny, Michele Wilkes interroge un confrère des Urgences pour savoir où elle peut trouver le conducteur de l'unité mobile 208.

– Le nouveau ? Ouais, il est là-bas. Il vient juste de terminer son service, mais tu pourras le rattraper.

Michele repère une silhouette isolée à l'autre bout du parking. Alors qu'elle s'approche, il s'éloigne. Elle finit toutefois par le localiser à l'écart, sous un arbre.

– Leonard ? avance-t-elle.

L'homme qui sort de l'ombre est en effet Leonard Betts. Il appelle la jeune femme par son nom, et la prend doucement dans ses bras.

– Ô mon Dieu ! comment est-ce possible ? Leonard, c'est vraiment toi ?

– Oui, lui répond-il calmement. J'aurais simplement préféré que tu ne me trouves pas.

– Mais de quoi parles-tu ? s'étonne la jeune femme.

Leonard saisit le cou de Michele dans sa main gauche. Il lui fait une injection sous-cutanée entre les omoplates en disant :

– Je suis désolé, vraiment désolé.

Prise de convulsions, la jeune femme meurt. Leonard la laisse glisser doucement sur le sol.

Le faisceau d'une torche frappe le visage de Betts. Un vigile le poursuit à travers le parking jusqu'au véhicule du fuyard, et le rattrape au moment où il allait déverrouiller la portière. Le garde l'assomme avec sa lampe torche, lui fouille les poches et en retire les clés de la voiture. Pour finir, il le menotte à la portière. Le vigile lance alors un appel radio pour demander des renforts et s'éloigne.

Dès qu'il est hors de vue, Betts met sa main gauche dans la droite, et tire en grimaçant de douleur. Lorsque le garde revient, les menottes sont vides. Betts a disparu ; son pouce droit, tranché, est resté par terre.

Sur le lieu du crime, le lendemain matin, Mulder examine les menottes ensanglantées. Scully rapporte que Michele a été tuée d'une dose mortelle de chlorure de potassium, substance habituellement indécelable par les coroners.

– Betts se trouvait ici, Scully. Elle doit l'avoir découvert, et il l'aura tuée pour protéger son secret.

Scully acquiesce, et lui apprend que le garde a identifié Betts comme un nouveau membre du service des Urgences, du nom de Truelove.

Il semble que la situation s'éclaircisse pour les deux agents.

– Sais-tu que cet homme s'est échappé en s'arrachant le pouce, Scully ? Parce qu'il savait qu'il pourrait le faire repousser.

– Voyons, Mulder, ça ne se passe pas comme ça.

– Mais est-ce inimaginable ? proteste Mulder. La capacité de Betts à se régénérer représente-t-elle un plus grand pas en avant dans l'histoire de l'évolution que la faculté de se tenir debout, ou de communiquer que possédaient nos ancêtres ?

Alors que Scully note la progressivité du processus de l'évolution, Mulder s'appuie sur les théories darwiniennes qui indiquent des discontinuités et des sauts dans les phénomènes de transformation.

– Mais voyons, Mulder, tu décris un organisme si radicalement évolué qu'on ne peut plus le qualifier d'humain !

Mulder hausse les épaules et plaisante en désignant la voiture de Betts :

– D'un autre côté, à quel degré d'évolution peut bien se situer un homme qui conduit cette antiquité ?

En ouvrant le coffre, Mulder découvre une glacière de camping, contenant des sacs en plastique remplis de déchets opératoires. Scully déchiffre, pâle d'horreur, les indications portées sur les étiquettes : sarcome ; myélome multiple ; carcinome épidermoïde. Il s'agit, chaque fois, de tumeurs cancéreuses. Mulder semble progresser dans l'analyse de sa théorie. Leonard Betts ne serait pas seulement animé d'un cancer...

– ... Mais il en aurait besoin pour sa survie ? Ainsi, Mulder, tout cela constituerait...

– Un repas léger pour être consommé en cas de besoin, conclut Fox, qui ajoute : Ne serait-il pas logique que l'évolution ou la sélection naturelle vienne à incorporer le cancer dans notre patrimoine génétique, alors qu'il représente la plus grande menace pour notre espèce ?

– Pourquoi ai-je l'impression, gémit Scully, que Charles Darwin est en train de se retourner dans sa tombe en ce moment ?

Un policier de Pittsburgh leur indique que le véhicule est imma-

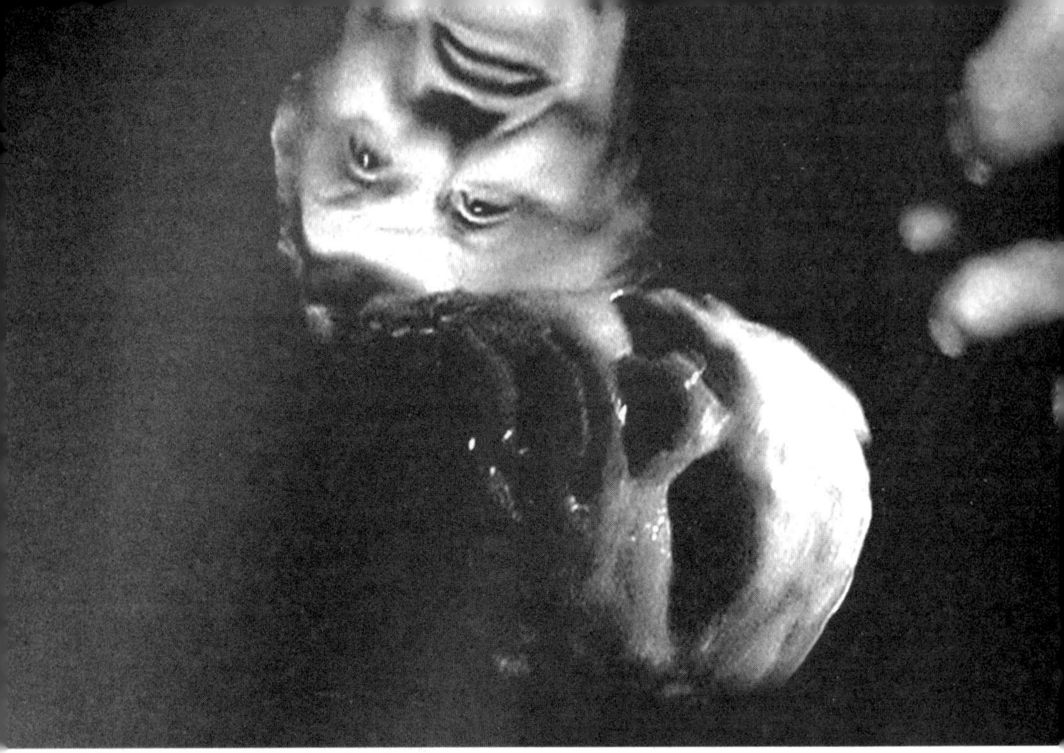

triculé au nom d'une certaine Elaine Tanner.

Les deux agents, munis d'un mandat de perquisition et accompagnés d'un groupe de policiers, se dirigent vers la maison de Mrs Tanner. Bien que l'arrivée des agents la perturbe, elle se refuse à parler de son fils. Tandis que Scully l'avertit qu'elle pourrait être poursuivie pour complicité dans le meurtre de Michele Wilkes, Mulder trouve un grand flacon de *Povidone* et lui demande des explications. Elle sort alors de son mutisme.

– Lorsque mon fils avait huit ans, deux enfants se sont attaqués à lui, parce qu'il était... différent. Il les a ignorés, car il se savait meilleur qu'eux. Un jour, alors qu'il revenait à la maison, ils l'ont battu violemment ; il a juste encaissé les coups, sans essayer de se défendre. Aussi, je ne peux pas croire qu'il aurait tué quelqu'un. Ou s'il l'a fait, il devait avoir de bonnes raisons.

– Quelles raisons, madame Tanner ? lui demande Dana.

– Dieu l'a mis au monde dans un but précis, et Dieu entend qu'il reste en vie, même si les gens ne comprennent pas. C'est tout ce que je peux dire sur le sujet.

Dans un bar d'apparence misérable à proximité, un robuste homme barbu avale d'un trait le contenu de son verre, tire une longue bouffée de sa cigarette sans filtre, et émet une toux déchirante de fumeur. Leonard Betts, un hématome sur le front et un moignon informe à la place du pouce droit, le surveille depuis le fond de la pièce. Le barbu règle son addition et se dirige vers le parking. Leonard le suit, muni d'un scalpel.

Sa proie s'apprêtant à ouvrir la portière de son véhicule, Leonard lui dit :

– Excusez-moi, mais vous possédez quelque chose dont j'ai grand besoin.

Chez Mrs Tanner, les agents trouvent un reçu et la clé d'un entrepôt portant le numéro 212.

Dans ledit local, Leonard Betts se tient, nu, ombre portée dans un rai de lumière. Du sang souille ses lèvres, la transpiration lui mouille la peau et ses yeux sont écarquillés. Il semble ressentir une douleur intolérable, luttant, tête baissée, contre l'action d'une force qui se tapirait au plus profond de lui-même. Le sommet de son crâne augmente de volume, sa peau et ses muscles se distendent, ses os commencent à craquer. Quand il relève la tête, sa bouche s'ouvre démesurément, sa gorge enfle.

Le visage d'un nouveau Leonard Betts, embryonnaire et informe, émerge de l'ombre. Des poussées successives dans le sens de la hauteur et vers l'extérieur l'amènent à se libérer avec effort. L'homme qui vient de renaître pousse un cri perçant, au supplice.

Mulder et Scully arrivent sur les lieux. Une flaque de sang s'écoule sous la porte du box 212. Les agents dégainent leurs armes et soulèvent le rideau de fer. Le corps de l'homme barbu s'écroule alors à leurs pieds. Un instant plus tard, Leonard Betts, au volant de la vieille Camaro de sa victime, démarre en trombe et renverse les deux agents. Ces derniers se relèvent et font feu sur le véhicule en fuite, qui explose dans une boule de feu.

Au laboratoire de pathologie de l'hôpital, Scully examine le corps de l'homme. Son décès provient d'une hémorragie due à l'ablation, très habilement pratiquée, de son poumon gauche.

– Le dossier médical de cet homme confirmera certainement qu'il souffrait d'un cancer du poumon. Et Leonard Betts avait un besoin urgent de la lésion cancéreuse de sa victime, affirme Mulder.

Plus tard, dans le même local, à l'intérieur du cercueil exhumé de Tanner, ils trouvent un autre corps de Leonard Betts. Après six années, son état est étrangement comparable à celui du corps retiré de la voiture en flammes.

Agenouillée devant la baignoire dans laquelle est immergé Leonard Betts, Mrs Tanner badigeonne doucement de *Povidone* le corps rose et encore imberbe de son fils. Elle se lance dans un long monologue.

– J'ai peur du FBI, mon chéri ! Ils semblent tout savoir sur toi. Ils ont exhumé ton cercueil et trouvé ton... ami. Je ne crois pas qu'ils te laissent jamais en paix, et tu es si faible. Il faut que tu gardes tes forces. Tu sais ce qu'il te reste à faire. Je suis ta mère. C'est à moi de subvenir à tes besoins.

Tard dans la nuit, Mulder et Scully font le guet à l'extérieur de la maison de Mrs Tanner. Gyrophare allumé et sirène hurlante, une ambulance stoppe devant eux. Est-ce Leonard ? Les deux agents surgissent, armes au poing, ordonnant aux occupants de ne pas bouger. Aucun des deux n'est Leonard Betts.

– On a reçu un appel. Une vieille dame qui souffre d'un traumatisme thoracique avec hémorragie, explique l'un des ambulanciers, terrifié.

Les agents enfoncent la porte à coups de pied et investissent la maison qu'ils fouillent. Scully découvre Mrs Tanner, gisant sur son lit, inconsciente et ensanglantée.

– C'est une large plaie due à une incision, explique Scully.

– Devine ce qui a été retiré, tu as droit à trois réponses, commente Mulder.

Après l'avoir fait, il a appelé pour elle une ambulance.

Mrs Tanner est chargée dans l'unité mobile de soins intensifs. Scully l'accompagne jusqu'à l'hôpital, tandis que Mulder demande à la police de Pittsburgh de fouiller les environs à la recherche de Leonard. Au centre

médical d'Allegheny, Mrs Tanner est conduite aux Urgences. Scully avertit Mulder que l'état de la vieille dame s'est détérioré. De son côté, Mulder dresse des plans en vue d'une chasse à l'homme de grande envergure. Alors qu'elle l'écoute, Scully porte la main à ses cheveux, et découvre ses doigts poissés d'un liquide visqueux. Du sang s'écoule du plafond de l'ambulance.

– Mulder, viens aussi vite que tu peux, murmure-t-elle dans son téléphone cellulaire.

Elle dégaine son arme et sort de l'ambulance. Leonard Betts, qui s'était entre-temps caché sous le véhicule, l'agrippe par la jambe et la fait violemment basculer. Dressé au-dessus d'elle, le scalpel à la main, il lui dit :

– Excusez-moi, mais vous possédez quelque chose dont j'ai besoin.

L'espace d'un instant, Scully le fixe des yeux, perplexe, puis elle pare l'attaque. Une lutte acharnée s'ensuit, au terme de laquelle Betts prend l'avantage ; il la menace à nouveau de son scalpel. Scully, au désespoir, attrape le défibrillateur portable de l'ambulance. Lorsque Betts plonge sur elle, elle lui imprime une violente décharge électrique. Propulsé hors de l'ambulance, il s'écroule, tétanisé. Épuisée, Scully le contemple avec un mélange de peur et d'horreur. Mulder arrive peu de temps après.

– Ils ont constaté le décès voilà dix minutes.

– Il est mort ? demande Dana.

– Tout ce qu'il y a de plus mort. Sa mère, en revanche, est bien vivante.

Mrs Tanner, comme il le suspectait, souffrait d'un cancer, un rhabdomyosarcome à métastases.

– Tu as fait du bon boulot, Scully, tu peux être fière de toi, lui dit-il avec chaleur.

Manifestement, les pensées de sa coéquipière se portent ailleurs.

– Je veux rentrer à la maison, déclare-t-elle d'une voix atone.

Mulder la raccompagne jusqu'à sa voiture, puis rejoint son véhicule.

Un réveille-matin brillant dans l'obscurité indique « 2 : 08 ». Scully tousse dans son sommeil, se réveille et se penche pour observer plusieurs taches de sang qui maculent son oreiller. Elle touche les cercles rouges et, considérant l'extrémité tachée de ses doigts, se fige, le regard perdu dans les ténèbres de ses terrifiantes réflexions.

Coulisses

La retransmission du Superbowl se répartit d'une année sur l'autre entre les trois chaînes qui ont passé des accords avec la ligue de football. Une année sur deux, l'une d'entre elles saisit l'occasion d'assurer la promotion d'une série télé peu connue, en la diffusant après la finale du championnat. (Mais qui se souvient de *The A Team*, *MacGruder & Loud* ou *Davis Rules* ?) En 1997, les têtes pensantes de la Fox ont résisté à la tentation et obtenu pour leur série la plus célèbre un auditoire dont le nombre avait doublé. Près de trente millions de spectateurs ont regardé un épisode clé, constituant la quintessence des *X-Files*.

– Cela rappelait les meilleurs moments de la première saison, se souvient le scénariste John Shiban. On y trouvait de l'humour, beaucoup d'échanges entre Scully et Mulder, quelques effets spéciaux intéressants ; c'était effrayant, de plus, l'épisode comportait un fondement scientifique.

Les producteurs ont également choisi cet épisode pour infliger son cancer à Scully. Cette décision allait fortement orienter le cours de la quatrième saison. À compter de 4X14, tous les épisodes, même ceux destinés à faire oublier l'état de santé de Dana, devraient prendre en compte ce fait fondamental.

– J'avais lancé cette idée l'été précédent, mais nous avons abandonné l'examen de ce sujet, explique Frank Spotnitz, le coproducteur.

L'idée est restée dans les cartons jusqu'à ce que la quatrième saison paraisse en bonne voie. Shiban et Spotnitz, deux amis qui avaient beaucoup travaillé ensemble lors de la saison précédente, décident alors de collaborer à un épisode.

Le composant original de « Régénérations » venait juste d'être trouvé. John Shiban, relate Spotnitz, avait lu un article dans un magazine de type *New Age*, qui retraçait l'histoire d'individus ayant franchi une étape de l'évolution, laissant en arrière leurs semblables. Ces humains avaient par conséquent acquis de singuliers pouvoirs et des capacités intéressantes pour un monde futur, mais qui demeuraient étranges et effrayantes de nos jours.

– Aussi, ajoute Spotnitz, nous avons travaillé ensemble sur ce concept, nous interrogeant : « Qu'est-ce qui nous menace le plus à l'heure actuelle ? Le cancer. On effectuerait un grand pas dans le développement de l'évolution si on disposait d'un personnage qui non seulement serait immunisé contre le cancer, mais encore le considérerait comme un système d'alimentation. »

Shiban écrivit la première version du scénario, à l'état encore embryonnaire, et qui représentait la parfaite entrée en matière pour le cancer de Scully.

– À ce moment-là, j'ai pensé qu'il était temps d'aller voir Chris Carter. Il a adopté l'idée immédiatement, me disant que c'était le moment qu'il attendait.

– En fait, précise Carter, je savais qu'il s'agissait d'une opportunité sans pareille de faire réagir et réfléchir l'auditoire. Mais je croyais, en toute honnêteté, que nombre de gens ne suivraient pas. Or, ils ont massivement bien réagi.

Vince Gilligan, le troisième homme qui compose la « troïka » de « Régénérations », a voulu étoffer avec indulgence le personnage en ne le confinant pas dans le rôle d'un monstre, mais en le présentant comme un homme qui tue par vengeance ou colère, mais pour survivre.

Afin de jouer ce rôle difficile, les producteurs ont choisi Paul McCrane, qui avait débuté sa carrière à l'écran en tant qu'adolescent mais avait su négocier avec succès son passage à des rôles adultes dans des films comme *Robocop* (« J'étais le gars qui finit dans la cuve de produits toxiques ») et la dramatique policière de CBS *Under Suspicion*, qui obtint les faveurs de la critique.

Pour devenir le technicien médical mince et chauve, McCrane n'a pratiquement rien eu à faire. Il en est allé tout autrement pour les autres parties de son rôle. Il a en effet dû subir de longues séances de maquillage au cours desquelles on lui fixait les accessoires en plastique devant assurer ses transformations. Afin de dépeindre sa tête coupée, McCrane s'est frayé un difficile passage à travers un orifice dans la table de dissection utilisée par Scully, puis s'est tenu parfaitement immobile pendant le tournage.

Les yeux pâles, semblables à ceux d'un bébé, de sa « nouvelle » tête ont été obtenus au moyen de lentilles cornéennes qu'on lui a posées une fois, très douloureusement, à l'envers. Durant les scènes où il est immergé dans la baignoire, il a dû demeurer immobile de longues périodes, le corps couvert de crème étanche aux liquides afin que le produit coloré censé être de l'antiseptique ne lui teigne pas la peau pour le reste de la semaine de tournage.

L'Académie des arts et sciences de la télévision a nommé Toby Lindala et Laverne Basham pour leur travail sur cet épisode.

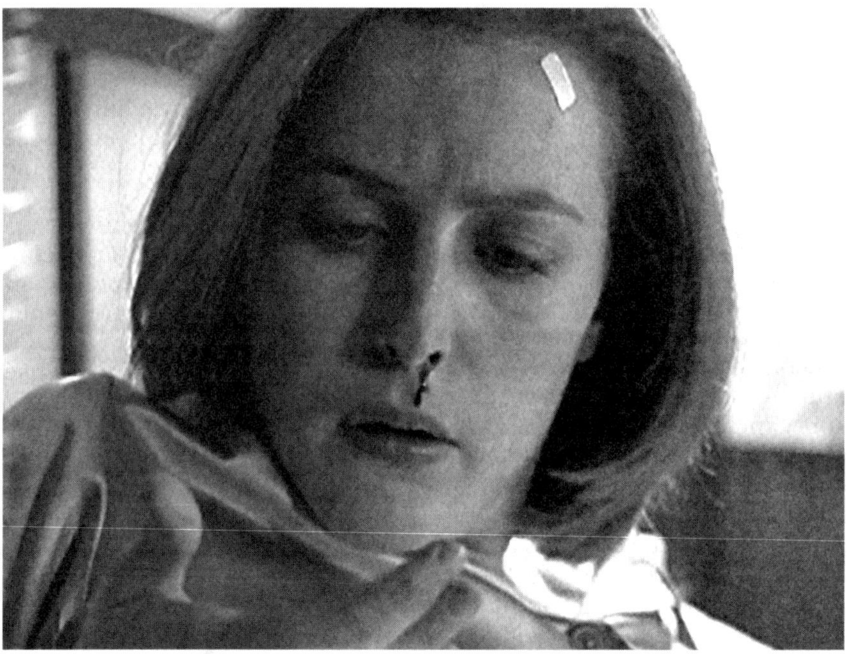

L'illusion de la nouvelle tête de Leonard, émergeant de l'ancienne, fut évidemment créée par Lindala, qui éprouva bien des difficultés à faire fonctionner les effets spéciaux.

Dans le montage final, McCrane, quand il n'est pas entièrement recouvert de maquillage luisant, est « doublé » par un mannequin mécanique, muni d'une bouche et d'yeux télécommandés – quand Lindala essaya d'extraire la nouvelle tête de Leonard de la bouche du mannequin, il trouva qu'aucun accessoire, à l'image de la mousse de synthèse utilisée auparavant, ne ferait l'affaire.

– Alors, nous avons essayé le nouveau matériau d'une entreprise nommée *Circle K Silicone*, confie Lindala. Ils l'appelaient leur « XP series ».

Ce nouveau produit convint à merveille. Et, au bout d'une semaine de travail, Lindala découvrit enfin ce que « XP » signifiait.

– Ça correspond à « expérimental », dit-il.

En d'autres termes, le fabricant n'avait pas complètement analysé la composition chimique de la substance. Il ne connaissait donc pas les propriétés de ce produit.

– Ils étaient toujours en train de faire de la recherche de développement à l'aide de catalyseurs et de résines, dit Lindala, les yeux exorbités par ces impressionnants souvenirs.

– Régulièrement, ils nous envoyaient de nouveaux lots toujours sensiblement différents. Ensuite, ils nous appelaient pour nous dire : « Hé, après avoir essayé, donnez-nous un coup de fil pour qu'on sache le résultat. »

En dépit des assertions apparemment parfaitement rationnelles de Dana Scully, débiter des cadavres en tranches aussi fines que du jambon cru n'est pas pratique courante dans la médecine légale. En réalité, la machine à trancher utilisée pour découper la tête de Betts doit tout à l'imagination du chef accessoiriste Ken Hawryliw. Lui et ses collaborateurs ont également inventé l'appareil « Kirlian » à rayons X du Dr Charles Burks.

Le travail de Mark Snow sur la composition musicale accompagnant cet épisode a suscité l'admiration à la très célèbre école de musique Kerklee de Boston. Si bien que cette année, il fut invité à y donner une conférence. Ses hôtes étaient particulièrement intéressés par sa manière imperceptible d'amener les changements de tempo et de climat lors de la scène d'ouverture.

Bill Dow avait déjà joué le rôle du Dr Burks dans un épisode précédent des *X-Files*. Dans « Les Calusaris » (2X21), il parvenait, grâce à une impressionnante analyse photographique de Charlie Holvey, à faire croire que celui-ci possédait un jumeau spectral.

Journal de mort

(Memento Mori)

Épisode : 4X15
Première diffusion US : 9 février 1997
France : 25 octobre 1997
Scénario : Chris Carter, Vince Gilligan, John Shiban, Frank Spotnitz
Montage : Michael S. Stern
Mise en scène : Rob Bowman

Distribution :
Mitch Pileggi (dir. adj. Walter Skinner) ;
William B. Davis (l'Homme à la cigarette) ;
Sheila Larken (Margaret Scully) ;
David Lovgren (Kurt Crawford) ;
Tom Braidwood (Frohike) ;
Dean Haglund (Langly) ;
Bruce Harwood (Byers) ;
Morris Panych (l'Homme aux cheveux gris) ;
Julie Bond (l'agent immobilier) ;
Sean Allen (Dr Kevin Scanlon) ;
Gillian Barber (Penny Northern).

Sites principaux :
Washington, D.C. ; Allentown et Lehigh Furnace, Pennsylvanie.

Scully apprend qu'elle a développé une tumeur cancéreuse inopérable, du même type que celle qui a tué une douzaine de femmes ayant été enlevées par des OVNIs. Pendant qu'elle suit un traitement médical, Mulder tente désespérément de démonter le mécanisme de la conspiration qui a entraîné sa maladie.

Nous sommes à une extrémité d'un long tunnel. De l'autre côté apparaît un minuscule rectangle de lumière – symbolisant l'état de mort imminente. On distingue la voix de Dana Scully :

– Pour la première fois de ma vie, je ressens le temps qui s'écoule au rythme des battements de mon cœur, les secondes pulsent dans ma poitrine ; les nombreux mystères, qui autrefois m'ont semblé si lointains et si irréels, menacent d'obscurcir la clarté par l'existence d'une vérité éprouvée non dans sa genèse, mais dans ses échappées. Je ressens ces mots comme si leur signification s'élevait au-dessus de mon corps, sachant que tu les liras et que tu m'aideras à porter mon fardeau, comme je n'ai nul autre en qui mettre ma confiance. Que tu connaisses mon cœur, ses méandres et ses secrets, en y découvrant les souvenirs et l'expérience qui te sont propres, est pour moi un réconfort, alors que je sens les rêves se détacher et les perspectives s'assombrir, pour la poursuite d'un voyage ayant débuté il n'y a pas si longtemps, et qui recommence grâce à une foi ravivée et renforcée par tes convictions. Si à cause de cela je n'ai peut-être pas été assez forte, maintenant je franchis le seuil pour me tenir devant toi et te sembler imparfaite, espérant que tu me pardonneras pour ne pas t'avoir accompagné durant le reste du chemin.

Alors que nous nous rapprochons, apparaît désormais l'écran lumineux d'un négatoscope destiné à étudier les clichés des imageries par résonance magnétique. Devant l'écran, Scully, vêtue d'une chemise de nuit, examine à présent, sur la radiographie de sa tête, le nodule sombre situé au-dessus de la cavité nasale.

Peu de temps après, au service d'oncologie du Holy Cross Memorial Hospital de Washington, Mulder rejoint sa coéquipière et lui tend un bouquet de fleurs.

– Je l'ai volé à un type qui avait une jambe cassée, dans le hall. Avec son fauteuil roulant, il n'est pas parvenu à me rattraper, dit-il avec le sourire.

» Comment vas-tu ? ajoute-t-il, abandonnant sa prétendue nonchalance.

– En fait, je me sens bien.

Elle explique à Fox que la tache sombre est une petite excroissance située au niveau des sinus sphénoïdaux.

– Une excroissance ? répète Mulder.

– Une tumeur. Tu es le seul à qui j'en aie parlé.

Manifestant autant de détachement qu'il lui est possible, Scully ajoute que la tumeur est inopérable, toutes les autres formes de traitement demeurant problématiques.

– La vérité, c'est que le type et l'emplacement de la tumeur la rendent difficile à traiter à l'extrême.

– Je refuse de le croire, répond Mulder, assommé.

– Je suis aussi certaine de mon fait aujourd'hui que tu as pu l'être de ton côté dans le passé. Un amas cancéreux s'est logé sur la paroi entre les sinus et le cerveau. S'il pénètre dans mon cortex, mes chances de survie sont statistiquement de zéro, dit Scully avec un air désabusé.

– Je ne peux pas l'accepter, proteste Fox. Il doit exister des gens qui ont reçu un traitement pour ce type de cancer. Nous pouvons...

Sa voix se perd dans le silence.

– Oui, il y en a, répond Dana avec un sourire triste.

Le regard voilé par la douleur et l'incertitude qui l'enveloppent désormais, elle décroche la radiographie du négatoscope et la range.

Au siège du FBI, elle tend son dossier médical à Skinner.

– Ces nouvelles sont pour moi la pire des surprises, agent Scully, lui confie le directeur adjoint, visiblement très affecté... Je suis désolé. Réellement désolé.

Scully le remercie, puis lui demande que son état de santé soit gardé secret. Elle requiert également l'autorisation de continuer son travail pour que Mulder et elle puissent poursuivre leurs investigations jusqu'à la conclusion d'une affaire importante.

Devant l'air interrogateur de Skinner, Mulder répond à la place de Scully.

– L'an dernier, monsieur, l'agent Scully et moi avons traité une affaire dans laquelle plusieurs femmes, ayant apparemment fait l'objet d'un enlèvement, ont éprouvé des symptômes similaires après qu'on leur eut retiré des implants appliqués dans la nuque. Une de ces femmes, Betsy Hagopian, à Allentown, en Pennsylvanie, était en traitement pour un cancer rhinopharyngé. Nous n'avons pas réussi à entrer en contact avec elle.

Skinner n'a pas l'air particulièrement encouragé par cette information. Il offre néanmoins de mettre à la disposition de Scully toutes les ressources médicales du Bureau. Dana le remercie, mais lui fait savoir assez vivement qu'elle s'occupera elle-même de la mise en œuvre de son traitement.

Les deux agents se rendent chez Betsy Hagopian, à Allentown. Quelqu'un ôte un autocollant indiquant : « MUFON » (Mutual UFO Network : Réseau mutuel ufologique) de la fenêtre sur rue. La femme qui les accueille pense qu'ils sont intéressés par la brocante.

– Nous ne venons pas pour la vente, lui répond Scully. Nous cherchons Betsy Hagopian. Personne n'a répondu à nos messages.

– Je suis désolée, Betsy est morte, il y a juste deux semaines et demie. Êtes-vous des parents à elle ? s'enquiert la femme, dont l'expression s'adoucit.

La nouvelle atteint Dana très durement ; elle s'efforce de conserver son sang-froid. Mulder présente son insigne à la femme de l'agence immobilière et ils entrent dans le séjour. Scully se souvient de sa rencontre, en ce lieu (dans 3X09), avec le groupe MUFON. Alors que les visages des

femmes du groupe planent dans la pièce, elle effleure machinalement sa nuque.

– Hé, Scully, écoute ça ! s'exclame Fox, la tirant de sa rêverie.

Dans le combiné du téléphone, elle entend le sifflement d'une transmission électronique, indiquant que l'une des lignes est encore en service.

– Quelqu'un envoie un fax ou utilise un modem, conclut Scully.

Ils descendent quatre à quatre les escaliers et parviennent à un bureau de fortune agencé dans les sous-sols. Des affiches du groupe MUFON ornent encore les murs. Un téléchargement de fichiers est en cours sur l'ordinateur. Les deux agents obtiennent l'identification de la source de la communication : un dénommé Kurt Crawford, habitant un appartement du voisinage.

Leur appel à l'interphone de ce dernier demeure sans réponse. Sur l'arrière du bâtiment, Mulder remarque un jeune homme blond qui s'élance dans l'allée. Scully l'intercepte. Après une brève lutte, Mulder le plaque au sol, Scully à ses côtés, l'arme au poing. L'homme, résigné, décline son identité. Mulder fait un signe discret à sa coéquipière, dont la respiration haletante se fait plus régulière. Elle essuie une légère trace de sang qui perle de son nez.

– Ça va, Mulder. Cesse de me regarder comme ça. Je t'assure que je vais bien.

Dans la salle de bains de l'appartement de Crawford, Scully tente de maîtriser l'écoulement de sang qui a repris. Lors de leur discussion, Kurt Crawford, membre du réseau MUFON, a signalé à Mulder qu'il téléchargeait le dossier médical de Betsy pour le mettre en sécurité.

– Alors, pourquoi s'est-il enfui ? demande Scully à Mulder, hors de portée de voix.

– Il croit sa vie en danger. Il pense qu'une conspiration gouvernementale a pour but de faire disparaître ces fichiers.

– Et tu penses que c'est crédible ? insiste Dana.

– Il semble détenir beaucoup de renseignements au sujet de Betsy Hagopian et des autres femmes du MUFON.

Alors que Scully propose de faire se recouper ces informations, Mulder lui en annonce l'impossibilité, sans avoir le courage de lui fournir l'explication. Crawford l'informe alors du décès de onze des femmes, membres du MUFON, qui prétendaient avoir été enlevées par des OVNIS. Seule Penny Northern est encore à l'hôpital, gravement atteinte.

Scully fait part de ses doutes à Crawford, concernant une conspiration dans laquelle le gouvernement serait impliqué. Kurt lui oppose le schéma selon lequel toutes les femmes ont vécu la même expérience et ont été emportées par une tumeur… Malgré cette convergence des faits, Scully n'est pas convaincue. Mulder s'efforce alors de mettre en lumière l'origine de son cancer, mais Scully refuse de faire le lien.

– C'est important, Scully. Si ta tumeur est la résultante de ton enlèvement, et si le gouvernement en a eu connaissance, ces faits doivent être connus de tous.

– *Je ne sais pas ce qui m'est arrivé !* Je n'en garde aucun souvenir, et je ne suis même pas certaine que ces enlèvements aient vraiment eu lieu.

– Ces femmes sont mortes, insiste doucement Fox.

– L'une d'entre elles est vivante, Penny Northern, dit Dana, au bord des larmes.

– Alors, Scully, si tu ne veux pas m'écouter, tu ferais bien d'aller parler à cette Penny.

– À propos de ce que l'on ressent lorsqu'on meurt du cancer ? Pour savoir ce que ça représente de rester désarmé et faible ?

Mulder se raidit, refusant de céder aux émotions qui risquent de les dominer tous deux. Il propose alors à sa coéquipière, avec douceur et fermeté, de se rendre auprès de Peggy en tant qu'agent du FBI, pour mener une enquête qui devrait être pour elle d'un grand intérêt.

À l'hôpital Bethlehem d'Allentown, Scully entre dans la chambre d'une femme émaciée, reposant dans son lit, un pansement en forme de turban lui recouvrant le crâne.

– Dana, bonjour ! s'écrie Penny, visiblement heureuse de la revoir.

Elle se souvient de sa rencontre avec sa visiteuse, auparavant, et du temps qu'elles ont passé ensemble, prisonnières des extraterrestres.

– Excusez-moi, je ne voudrais pas que vous me croyiez insensible, mais je ne partage pas vos souvenirs, fait Scully avec une crispation de douleur.

– Cela ne fait rien, lui répond Penny dans un sourire.

Penny Northern pense que Dana veut l'interroger à propos du Dr Scanlon. Comme Scully ne le connaît pas, Penny lui apprend qu'il a soigné son cancer, et qu'il a aussi traité celui de Betsy. Ce médecin semble en avoir isolé le facteur. S'il avait pu connaître la cause avant, ajoute Penny, il aurait peut-être pu la sauver, ainsi que Betsy. Scully écoute ces propos, pétrifiée de peur et d'espoir. On n'entend pas le reste de ses questions.

Dans le sous-sol de la maison Hagopian, Mulder et Crawford passent au crible les fichiers du MUFON. Lorsque Scully l'appelle de l'hôpital, Mulder lui révèle rapidement qu'il se trouve sur une piste.

– Toutes les femmes enlevées – y compris Penny et Betsy – étaient sans enfants et subissaient un traitement de la stérilité dans une clinique voisine. J'ai passé quelques coups de fil et essayé de rassembler des renseignements, mais personne ne veut parler, poursuit-il.

– Mulder, j'ai besoin que tu viennes.

– Pourquoi ? Tu as trouvé quelque chose ?

Scully lui demande d'apporter son sac de voyage contenant ses affaires, et de prévenir sa mère, afin qu'elle lui apporte d'autres effets. Un long silence s'ensuit, que Scully finit par rompre :

– Mulder, quoi que tu aies trouvé – ou quoi que tu puisses trouver –, je pense que nous savons tous les deux que, désormais, la vérité est en moi. Et c'est pour cela que j'ai besoin de la mettre au jour. Le plus tôt possible.

Après lui avoir assuré qu'il fait le nécessaire, Mulder referme violemment le tiroir du bureau et s'éloigne précipitamment dans la nuit. Un autre véhicule se gare à la place de Mulder. L'Homme aux cheveux gris en sort, muni de son arme familière, le stylet. Il entre dans la maison. Quand Crawford entend un bruit et que Mulder ne répond pas, il comprend qu'il est en danger. Tandis qu'il s'empêtre dans les cartons de dossiers, son assaillant avance inexorablement, puis accomplit sa besogne destructrice et s'éloigne. L'homme que fut Kurt Crawford est répandu sur le sol, sous l'aspect d'un limon vert.

Le lendemain, au centre médical Allegheny, Scully dort dans sa chambre. Le Dr Kevin Scanlon, la quarantaine, d'allure agréable, rend visite à Scully pour l'informer du traitement, encore expérimental, qu'elle va subir ; celui-ci implique une chimiothérapie et une radiothérapie, suivies d'une thérapie génique. Entre-temps, Margaret Scully arrive. Après le départ du médecin, les deux femmes se retrouvent dans une étreinte douloureuse, non sans que la mère de Scully lui ait reproché de n'avoir rien dit.

– Je voulais trouver les réponses avant, s'explique-t-elle. J'ai obtenu ici quelques éclaircissements. Et peut-être un moyen de lutter contre ma maladie.

Dans la salle de radiothérapie du service d'oncologie, Dana est exposée au bombardement de particules de l'accélérateur linéaire, destiné à détruire sa tumeur. Sa voix nous communique la substance des pensées qu'elle transcrira plus tard dans son journal intime.

– *À l'École de médecine, j'ai appris qu'un cancer s'invite dans un organisme sans se faire annoncer, comme un inconnu sombre et mystérieux, dressant contre elle-même la demeure qui l'accueille. Ainsi se caractérise l'influence néfaste du cancer : se présentant au départ comme un colonisateur, il va vivre en étroite union avec sa victime, la contraignant à le détruire, mais au risque de l'anéantir avec lui.*

Les techniciens ont fixé un masque de plastique au-dessus du visage de Scully, dont la tête est immobilisée. Un faisceau de radiations se dirige sur elle.

– *De cette possession démoniaque, les traitements de la science veulent m'exorciser. Mulder, j'espère que ces mots te permettront de le comprendre et de me comprendre, et d'accepter cet inconnu que beaucoup savent recon-*

naître, mais ne peuvent jamais totalement rejeter...

L'instrument de torture de haute technologie poursuit son œuvre. Dana a les yeux grands ouverts.

– ... *et si les ténèbres m'ont engloutie lorsque tu liras ces lignes, ne pense jamais qu'une intervention occulte ou une action de ta part aurait pu changer le cours des choses. Bien que nous ayons parcouru un long chemin ensemble, je dois couvrir seule cette dernière distance.*

Au centre de médecine eugénique, à Lehigh Furnace, Pennsylvanie, au milieu de la nuit, Mulder pénètre subrepticement dans la salle des dossiers médicaux, et tape sur un ordinateur les noms de Penny Northern et Betsy Hagopian. Le mot de passe faisant défaut, l'accès lui est refusé. Percevant un bruit, il se cache derrière un bureau, puis surgit, l'arme au poing, près de la silhouette sombre, qu'il éclaire de sa torche : c'est Kurt Crawford.

Mulder accuse Crawford de trahison, du vol des fichiers chez Betsy Hagopian. Kurt se défend, arguant qu'il a perdu du temps à tenter de s'introduire dans la base de données de la clinique, sans trouver le mot de passe. Mulder prend alors un globe de neige, posé sur la table, et en lit l'inscription : « Vegreville ». Crawford tape le mot étrange et déverrouille l'accès aux programmes enregistrés.

Pendant ce temps, à l'hôpital, Dana se réveille, épuisée et nauséeuse, à la suite d'un cauchemar, Penny Northern à ses côtés.

– J'ai fait un mauvais rêve, explique-t-elle à sa compagne de traitement. Quelqu'un... quelqu'un me restituait quelque chose. Vous étiez là. Je pouvais entendre votre voix.

Penny lui raconte qu'elle a pu rester auprès d'elle durant les tests. Néanmoins, la compassion lui semble étrangère au monde médical.

– Je suis désolée, Penny, mais je ne suis pas en état d'écouter cela en ce moment, soupire Scully en détournant la tête.

– Mais il faut que vous essayiez de comprendre le sens de ce qui vous arrive, Dana. Cela vous aidera à supporter la douleur.

Mulder attend Skinner dans son bureau, le lendemain matin. Le directeur adjoint ne semble pas particulièrement heureux de le voir. Mulder apporte une disquette comportant le nom de Scully dans le fichier de la clinique fédérale spécialisée dans le traitement de la stérilité. Il assure que Scully n'a jamais été traitée pour ce problème, et tient à organiser une réunion avec Skinner et l'Homme à la cigarette, dont il pense qu'il est au courant de cette affaire. Le directeur adjoint refuse net en grimaçant.

– Trouvez un autre moyen. Si vous faites affaire avec cet homme, en échange de quelque chose, vous lui appartiendrez à jamais.

– Il sait ce qu'ils ont fait à l'agent Scully ! s'exclame Mulder.

Il se peut qu'il sache comment la sauver !...

– S'il le sait, vous pouvez aussi le découvrir. Mais vous n'obtiendrez pas la vérité de la part d'un homme qui vit dans le mensonge. Et je ne vous laisserai pas faire.

– *Il s'agit de la vie de l'agent Scully !* insiste Mulder, inflexible.

– *Trouvez un autre moyen*, lui répond Skinner sur le même ton.

Dans les locaux des Justiciers Solitaires, Frohike, Byers et Langly entourent Mulder. Sur l'écran de l'ordinateur défilent des lignes de caractères, apparemment sans signification.

– Le Lombard est un ordinateur central spécialisé, impossible à pirater... enfin, c'est ce qu'on dit, commente Frohike.

– Alors, comment avez-vous réussi à vous introduire dans son système ? demande Mulder à ses hôtes.

– Grâce à une puce Clipper modifiée que nous avons récupérée d'une base de données chiffrée, provenant d'un surplus de l'armée, lui dit Byers.

– Enfin, nous l'avons rachetée aux Chinois. Cela a demandé énormément de travail, et nous ne savons pas si ce que nous avons trouvé dans le dossier de l'agent Scully peut être d'une quelconque utilité.

Le fichier contient un code génétique qui avait déjà été détecté dans le sang de Dana après son enlèvement. Cela pourrait être, disent-ils, la cause de sa maladie.

Langly et Mulder suggèrent que des recherches sont sans doute effectuées, tant sur le plan de la cause des cancers que sur les traitements curatifs.

Mulder réfléchit quelques instants, puis propose :

– Dites, les gars, vous êtes déjà allés au centre de recherche Lombard ? Bon, alors enfilez quelque chose de noir et de sexy, et préparez-vous à faire une bonne partie de braconnage.

Dans le sous-sol du bâtiment du FBI, Walter Skinner rejoint l'Homme à la cigarette dans le bureau de Fox Mulder. Le Fumeur demande des nouvelles de la santé de Scully d'un air désinvolte. Skinner contient avec difficulté son dégoût et sa colère ; il veut connaître les exigences de son adversaire en échange d'une thérapeutique pour Scully. Le grand fumeur sourit d'un air supérieur.

– *Que voulez-vous ?* s'emporte Skinner.

– Eh bien, je vais y réfléchir ; je vous recontacterai à ce sujet, lui répond l'Homme à la cigarette, d'un air détaché.

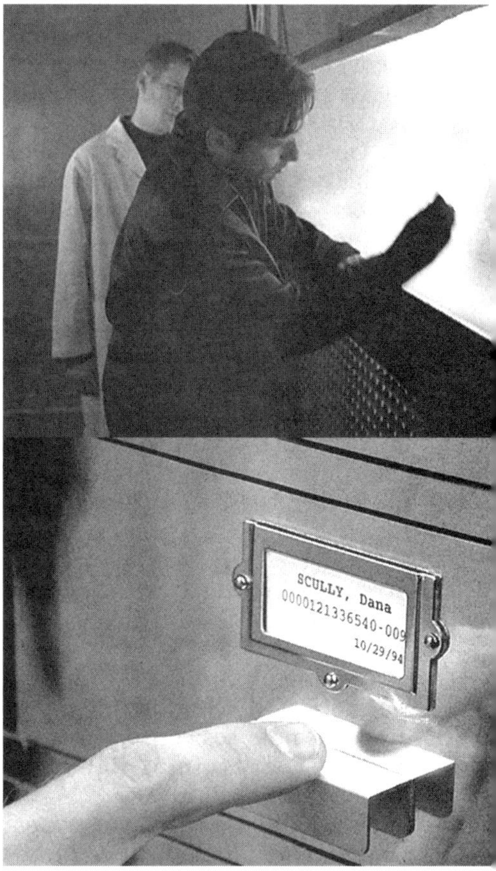

Un sac à outils et un pied-de-biche sont jetés dans une canalisation d'eaux d'égout au centre de recherches Lombard. Frohike et Langly descendent dans le collecteur à leur suite, et connectent leur ordinateur portable à un relais de télécommunications, entrant en contact radio avec Mulder et Byers, situés sur une colline voisine.

Mulder et Byers entrent par la porte principale du bâtiment, juste au moment où Langly parvient à court-circuiter le système de sécurité et à diriger la tension de sortie des caméras de surveillance sur son écran d'ordinateur. Les deux intrus s'élancent dans le couloir, bientôt arrêtés par une porte de Plexiglas verrouillée. Alors que Byers s'efforce de faire sauter l'obstacle, Mulder découvre, dans un bureau voisin, un panneau intitulé « Liste des médecins de garde » : le nom du Dr Kevin Scanlon lui saute aux yeux.

– On a un problème, intervient Mulder dans sa radio. Le docteur qui soigne Scully fait partie de l'équipe du centre.

– Bien des mystères nous attendent encore, lui répond Langly. Le court-circuitage est total.

Fox crie ses ordres à un Byers déjà nerveux, surmené.

– Écoute, j'ai besoin de quelqu'un pour me permettre de parvenir à faire arrêter le traitement de Scully, et tu es le seul qui puisse le faire.

Mulder se rue vers la porte à présent ouverte. Byers déglutit avec effort en le regardant s'éloigner.

Dans sa chambre, à l'hôpital Bethlehem d'Allentown, Scully, affaiblie, note ses conseils, ses espoirs et ses craintes dans son journal intime :

« *Je ne t'ai pas écrit depuis vingt-quatre heures, parce que le traitement m'a affaiblie psychologiquement et physiquement. Mulder, il est difficile de décrire la peur d'affronter un ennemi que je ne peux vaincre, et auquel je ne puis échapper. Les forces de Penny Northern déclinent chaque jour. Je la considère à présent avec respect, à l'idée que je vais suivre le même chemin. Lorsque je la vois, je ne puis m'empêcher de me projeter dans un mois, dans un an. Je prie pour avoir le courage de faire face à ce voyage.* »

Mulder descend avec précaution un hall spacieux.

« *Mulder, je te sens si proche, bien que tu poursuives tes propres objectifs. Je t'en suis reconnaissante au-delà de ce que je pourrai jamais t'exprimer. J'ai besoin de savoir que tu existes, si jamais je pouvais réchapper de cet état.* »

– Langly, où diable est-ce que je me dirige ? lance Mulder dans son émetteur.

Les Justiciers Solitaires perdent le contrôle du système de sécurité. Fox ne peut plus entrer en communication avec les pirates. Byers, tout seul à présent, repère un véhicule de police qui s'arrête devant la porte principale du bâtiment. Alors que Mulder frappe contre une porte verrouillée, il se retrouve face à Kurt Crawford en blouse blanche. Dans le vaste laboratoire, d'autres hommes, identiques à lui, travaillent.

– Vous êtes des hybrides, lui dit Mulder.

Crawford le fait entrer. Le laboratoire contient de grandes cuves transparentes emplies de liquide, qui rappellent celles des « Hybrides » (1X23). Alors que Mulder l'accuse de s'être servi de lui, Crawford et un autre clone lui apprennent que sa démarche a juste coïncidé avec leur objectif, consistant à saboter le projet qui les a créés.

En essuyant la condensation sur l'une des cuves, Mulder révèle le visage d'un garçon blond (celui qu'il a vu dans 4X01).

– Ces enfants sont votre copie exacte.

– Nous sommes au nombre des résultats finaux, lui répond Kurt numéro 1.

Kurt numéro 2 précise à Mulder qu'ils ne veulent pas les détruire, et recherchent la même chose que lui. Mulder et Kurt numéro 1 rejoignent une longue pièce étroite dont les parois sont recouvertes de nombreux tiroirs métalliques, contenant des ovules prélevés. Mulder découvre alors le dossier de Scully : « Scully, Dana. 0000121336540-009 29/10/94. Plusieurs tubes minces en verre emplis d'un liquide clair sont maintenus dans une enceinte réfrigérée.

– Le prélèvement s'est effectué lors de l'enlèvement de Scully, indique Crawford. Puis une irradiation massive a provoqué un processus d'accélération de l'ovulation, en vue d'une fécondation. Ils constituent la moitié des matières premières indispensables.

– Dans le dessein de produire des hybridations et des sélections, poursuit Mulder. Ce sont vos mères biologiques.

– Stériles, à présent. À cause de l'utilisation des mêmes procédés qui ont conduit à leur cancer. Maintenant, on les laisse mourir, leur état de santé se dégradant plus rapidement du fait de l'indifférence des hommes responsables de ce projet.

Avec une désarmante simplicité, Crawford reconnaît qu'ils essaient de les sauver.

Mulder empoche le tube et sort du laboratoire. Son lien phonique avec Langly étant rétabli, il apprend qu'un autre intrus a pénétré dans le bâtiment. Byers se cache dans une embrasure de porte, hors de portée d'un groupe

de policiers. L'Homme aux cheveux gris entre dans le laboratoire, à présent désert.

Grâce à leur émetteur, les Justiciers Solitaires guident Fox vers la sortie, *via* une porte en Plexiglas, puis une autre en acier, que les pirates tentent de déverrouiller. À l'autre extrémité du couloir, l'Homme aux cheveux gris arrive à grandes enjambées. Il vide plusieurs chargeurs en tirant sur le verre de sécurité qui se brise en très petits morceaux, formant un large trou.

– Sortez-moi de là ! crie Mulder à ses équipiers.

Ils finissent par déverrouiller les systèmes de sécurité. Mulder bat en retraite à l'instant même où le tueur fait feu.

À l'hôpital, Mulder cherche désespérément Dana, dont la chambre est vide. Il lit un moment son journal intime, posé sur la table de nuit. Byers la localise enfin. Agenouillée auprès de Penny Northern, elle parle avec la mourante, la rassure en lui caressant la joue.

– Dana, je veux que vous guérissiez. Vous avez été d'un tel réconfort. Il faut que vous soyez celle qui s'en sortira. Vous ne pouvez pas abandonner l'espoir, lui dit Penny d'une voix à peine audible.

Scully l'entoure d'attentions. Mulder attend à l'extérieur, recru de fatigue et de chagrin. Scully quitte bientôt la chambre, les traits tirés et tendus. Alors que Mulder lui demande si la fin approche, Scully, en larmes, se contente d'acquiescer. Il ne peut lui cacher à quel point il est heureux de la revoir, lui avoue qu'il a pris connaissance de son journal.

– Je ne voulais pas que tu le lises. J'avais décidé de le détruire. Cette nuit, j'ai pris la décision de ne pas me laisser abattre. Quand je suis entrée dans cet hôpital, j'étais capable de travailler. C'est pourquoi je vais recommencer.

Mulder l'approuve et l'informe qu'ils doivent prouver que Scanlon a tué les autres femmes du MUFON, lorsqu'ils la retrouveront.

Devant le scepticisme de Scully, Mulder tente de lui insuffler son espoir, à travers un discours ému et ferme, empreint de sa logique, de l'inquiétude qui occupe son esprit.

– Scully, il t'est arrivé quelque chose dont le souvenir va revenir peu à peu. Cette situation devra trouver une explication. Quelle que soit ton opinion de scientifique ou ton appréciation de médecin, tu trouveras le moyen de te sauver.

– Mulder, je ne puis me leurrer. Des gens vivent avec leur cancer. Je dois comme eux poursuivre mon travail. J'ai des choses à finir, à me prouver à moi-même, à ma famille. Mais pour des raisons personnelles.

– La vérité te sauvera, Scully. Je crois bien qu'elle nous sauvera tous les deux.

Alors qu'elle sourit à travers ses larmes, Mulder la serre dans ses bras et l'embrasse doucement sur le front. À 5 h 30 du matin, Dana se prépare à quitter l'hôpital, tandis que Mulder téléphone à Skinner.

Contre toute attente, le directeur adjoint lui répond, et note que Scully reprendra bientôt ses fonctions.

– Je vous appelais aussi pour vous remercier de votre conseil, à propos de notre ami le grand fumeur. Vous aviez raison, il nous faudra découvrir ce qu'il sait, en employant simplement un autre moyen.

– Il y a toujours un autre moyen, acquiesce Skinner.

– Oui, je le crois... approuve l'Homme à la cigarette, installé dans un fauteuil, face au directeur adjoint... si vous êtes disposé à payer le prix.

Coulisses

Un débat passionné peut s'instaurer sur le fait de savoir si « Journal de mort », qui a été soumis à l'Académie des arts et techniques de la télévision pour représenter cette année les *X-Files* à la compétition des Emmys, est ou non le meilleur épisode de la quatrième saison. Un plaidoyer plus intéressant encore peut être formulé pour prouver que 4X15 est une expression quasi absolue de toutes les qualités qui font des *X-Files* une série à part, différente de toutes les autres.

L'argumentaire pourrait se présenter en ces termes :

– Nous avons décidé d'infliger à Scully un cancer au début de la quatrième saison, explique Chris Carter. J'en avais parlé avec Gillian l'année précédente, lorsque nous avions envisagé que sa mère dans la série en contracte un. Nous jouions avec cette idée parce que le cancer fournit l'occasion d'aborder des thèmes variés : la foi, la science, la santé et la thérapeutique, mais aussi un certain nombre d'éléments relevant du paranormal, notamment la lumière au bout du tunnel, les expériences extracorporelles, et les situations de mort imminente. (*Near Death Experience*, expérience de mort imminente.)

» Par ailleurs, le thème du cancer nous permettait d'enchaîner avec force sur la cinquième saison. Il nous a aidé à renouer bien des éléments dans le double épisode qui ouvrira la saison. Tout cela va s'enclencher de manière très intéressante. On a immédiatement compris que la maladie de Scully allait l'inciter, tout comme Mulder, à radicaliser son système de croyances, si différent pour chacun des deux personnages, dans leur quête de la vérité, ce qui devait tendre leur relation à la limite de la rupture. Cet état de fait était considéré comme appréciable. Il était aussi manifeste que la terrible maladie de Dana allait permettre aux scénaristes de rapprocher par des liens de sympathie les spectateurs et leurs personnages. Mais elle pouvait aussi conduire ces derniers, en les faisant tomber dans les bras l'un de l'autre, à créer un contexte conventionnel, sentimental et mièvre. Cet état de choses fut jugé dangereux. Je ne fabrique *pas* de la guimauve ! lance Chris Carter en riant.

» Bien des gens m'ont dit : "Vous devriez fournir aux spectateurs cet instant magique, ils l'attendent avec impatience" ; mais je m'efforce de le retarder autant que je le puis. Dans "Journal de mort", Scully écrit à Mulder, mais lorsqu'il lui rend visite à l'hôpital, ils n'en parlent pas vraiment ! Je pense que leur relation est définie non pas par ce qui est exprimé, mais par toute l'épaisseur du non-dit.

» Il est néanmoins absolument évident qu'ils s'aiment, chacun à sa manière. Et cela représente la plus belle forme d'amour, car il est inconditionnel, fondé non pas sur une attirance physique, mais mû par une passion partagée de la vie et de leur quête. Ils incarnent l'idéal romantique des héros, qui aspirent à l'infini, conformément à la tradition dans la littérature et les arts.

Les deux acteurs principaux, depuis longtemps en harmonie avec les idées profondes de Carter et la manière dont elles se traduisent dans leurs personnages, n'ont pas eu besoin d'une direction précise et détaillée pour adopter cette nouvelle ligne dramatique.

– Bien évidemment, Scully est terrorisée par cette maladie, explique Gillian Anderson. Mais la peur n'est pas une bonne émotion sur laquelle fonder son jeu pour une actrice. Je dois marquer les limites dans ce registre pour éviter d'atteindre le ridicule. Et d'une certaine manière, cela est utile, car ça m'informe de ce que Scully essaie d'éviter, à sa manière. Elle ne veut pas lui faire face avant que le monstre ne relève sa tête immonde pour frapper. Bien sûr, elle est parfois submergée par la peur. Quelquefois, il m'arrive de penser aux choses que je vais perdre ; je fais des choix qui me laisseront l'impression d'avoir accompli quelque chose dans ma vie.

David Duchovny raconte :

– Lorsque ce scénario a pris forme, j'ai pensé que nous avions une bonne chance d'ajouter une nouvelle dimension, qui ne serait pas symbolique ou typique d'une relation idéale. Je n'avais pas envie de voir Mulder jouer au bon petit soldat. Car lorsque l'on n'est pas authentique, cela nuit également à tout le monde autour de soi. Je ne voulais pas faire prévaloir non plus le côté trop protecteur, du style : « Tu devrais rentrer à la maison et te reposer », qui est pitoyablement mélodramatique, comme dans les soap-opéras.

» Ce qui m'intéressait, c'était de me rapprocher de caractéristiques d'une vraie relation humaine, avec ce que ça entraîne comme frustrations, moments de colère, même et surtout lorsqu'une personne est sur le point de mourir. Alors, j'ai recommandé aux scénaristes : "Si je peux vous demander quelque chose, j'aimerais que vous me laissiez manquer totalement de compassion ; faites de moi un véritable conard face à elle, parce que c'est ce que sont les gens dans la réalité." Ils vont à l'encontre de leurs meilleurs instincts. En fait, ils ne se comportent pas toujours avec noblesse dans ce type de situation.

Tout ambitieux qu'il fût, « Journal de mort » est cependant

comparable à tous les autres épisodes des *X-Files*, en ce que les gens qui ont été impliqués dans sa réalisation ont oscillé fréquemment entre de brèves périodes d'inspiration et de longs moments de frustration et d'effort. Avant de décider quel type de cancer Scully allait avoir, le co-scénariste consulta son frère, neurologue, Seth Spotnitz, et put ainsi, grâce à l'avis de l'expert, décider qu'un cancer des sinus, quoique inopérable et virtuellement impossible à traiter, n'affecterait pas les forces ou l'apparence de Scully avant la phase ultime de la maladie.

Le premier jet du scénario, essentiellement écrit par Spotnitz, Vince Gilligan et John Shiban, fut très largement réécrit par Chris Carter.

Le premier montage de l'épisode se révéla si long qu'une émouvante apparition du frère de Scully, Bill junior, joué par un acteur du nom de Pat Skipper, a dû être complètement retranchée. (Skipper apparaît toutefois dans « Le Baiser de Judas », le dernier épisode de la saison.)

Afin de créer la banque des ovules si orwellienne, qui joue un rôle important dans 4X15, le directeur artistique Graeme Murray a allègrement franchi les limites de la décoration traditionnelle dans les séries télé. Par exemple, les unités de réfrigération ne sont pas, comme il est de coutume, en contreplaqué peint, mais bien en acier inoxydable et en aluminium usiné. Le département artistique au grand complet s'est réuni pour concevoir les tiroirs et les poignées dans leurs moindres détails.

– Ce fut de la folie, une tâche exorbitante ! s'exclame, admiratif, un autre membre de la production qui préfère garder l'anonymat.

En récompense de leurs efforts, Murray, Gary Allen et la décoratrice de plateau Shirley Inget se sont partagé l'*Emmy Awards* de cette année au titre de la meilleure direction artistique sur une série.

Objectif atteint.

Mulder se sert du mot de passe « Vegreville » pour s'ouvrir l'accès à la banque de données du bureau d'un médecin. Vegreville est le nom d'une petite ville de l'Alberta, au Canada, qui attire chaque année de nombreux touristes venus y admirer un objet en rapport avec l'épisode : un œuf de Pâques géant.

La date figurant sur le tiroir contenant des ovules prélevés sur Dana est le 29 novembre 1994, date à laquelle elle est retournée à l'hôpital dans « Coma » (2X08).

L'Homme invisible

(Unrequited)

Un Marine, prisonnier de guerre, abandonné au Vietnam par ses supérieurs, revient aux États-Unis avec l'intention de se venger… et un talent très particulier pour devenir invisible.

Épisode : 4X16
Première diffusion US : 23 février 1997
France : 8 novembre 1997
Scénario : Howard Gordon et Chris Carter
Montage : Jim Gross
Mise en scène : Michael Lange

Distribution :
Mitch Pileggi (dir. adj. Walter Skinner) ;
Nathaniel Teager (Peter Lacroix) ;
Scott Hylands (général Benjamin Bloch) ;
Don McWilliams (Gus Burkholder) ;
Bill Agnew (Lt général Peter MacDougall) ;
Larry Musser (Denny Markham) ;
Lesley Ewen (Renée Davenport) ;
William Nunn (général Jon Steffan) ;
Ryan Michael (agent Cameron Hill) ;
Mark Holden (agent Eugene Chang) ;
Alla Franz (Dr Ben Keyser) ;
D. Harlan Cutshall (adjudant) ;
Jen Jasey (femme soldat).

Sites principaux :
Washington, D.C. ; Fort Evanston, Maryland ; Demeter, Virginie.

Une foule nombreuse est rassemblée devant le Mémorial des vétérans du Vietnam, pour une nouvelle inauguration. Le directeur adjoint Skinner, ancien combattant du Vietnam, se tient sur l'estrade, coordonnant la sécurité tandis que le major général des Marines, Benjamin Bloch, prononce son discours. Mulder, Scully et l'agent Cameron Hill, en liaison constante avec Skinner par écouteurs-récepteurs, semblent être à la recherche d'un individu bien précis.

– Il est ici, je le sens, dit Mulder.

– Oui, mais où, s'irrite Skinner.

Scully est la première à le repérer. Maigre, barbu, portant une vieille veste de treillis, il se déplace très rapidement à travers la foule, entrant et sortant de son champ de vision. En réponse aux appels frénétiques de Skinner, les agents le rabattent vers la tribune, et vers Mulder.

Ce dernier le repère, puis il disparaît l'instant d'après.

– Attrapez-le, Mulder ! Il est juste devant vous ! lui crie Skinner.

Mulder le voit sortir quelque chose de sa poche.

– Il est armé ! s'exclame Fox, dégainant son arme.

Skinner se jette devant le général. La panique s'empare de la foule, qui hurle. Mulder vise l'individu armé, qui scintille devant lui, devient transparent et s'évapore comme un feu follet.

Douze heures plus tôt, un général trois étoiles de l'armée de Terre, Peter MacDougall, arrive par hélicoptère à Fort Evanston, dans le Maryland. Il salue son chauffeur, le Caporal Burkholder, et monte dans sa limousine. La vitre le séparant du chauffeur se relève et les portes se verrouillent automatiquement. Le général compulse ses dossiers. Il remarque alors, sur le plancher du véhicule, une carte à jouer : le roi de cœur. Au dos, un dessin grossier représente un crâne grimaçant au-dessus de deux sabres sanglants entrecroisés. Levant les yeux, MacDougall se trouve face à un homme maigre et barbu.

– Qui diable êtes-vous ? Comment êtes-vous entré ?

L'intrus sort un pistolet automatique de sa poche. Un coup de feu retentit.

Au siège du FBI, deux heures plus tard, Skinner préside une réunion de travail improvisée, à laquelle viennent se joindre Scully et Mulder. Le général Bloch se tient aux côtés du directeur adjoint. Skinner informe les agents de ce que Burkholder, lié à un groupe paramilitaire extrémiste, la Main Droite, est le principal suspect. Bien qu'un test chimique ait indiqué que Burkholder n'a pas tiré avec l'arme du crime, le FBI se montre vigilant, étant donné les dizaines de hauts responsables militaires qui convergent vers Washington, pour la cérémonie. Quelle sera la marche à suivre, interroge Mulder, si Burkholder se révèle innocent ?

– Jusqu'à ce que nous trouvions un autre suspect, répond Skinner, le FBI appliquera une stratégie préventive : il traquera la Main Droite et son chef, un ancien Marine du nom de Denny Markham, afin d'empêcher la mise en œuvre de tout autre projet.

Les agents reçoivent leurs instructions individuelles avant leur départ. Skinner leur avoue son embarras devant cette situation, dans laquelle il ne peut développer aucune stratégie efficace.

Incisif, Mulder commente :

– Vous voulez dire qu'il n'existe pas de plan d'action type pour débusquer un assassin invisible ?

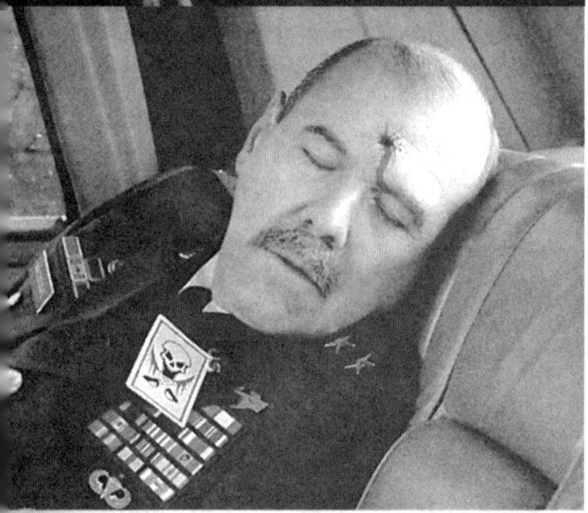

Burkholder, de son côté, a réussi le test du détecteur de mensonge que Scully lui a fait passer.

– Vous avez entendu l'histoire du chauffeur, Mulder ? lui demande Skinner.

– Oui, monsieur. Je la trouve irrésistible. Cela dit, j'ai aussi cru en la commission Warren.

Finalement, le directeur adjoint accepte, non sans réticence, que Mulder et Scully interrogent Denny Markham.

Dans un endroit retiré de la Virginie profonde, les deux agents s'approchent du campement, d'apparence primitive, de la Main Droite. Après que Mulder a décliné son identité d'agent du FBI à l'interphone, la voix rogue de Markham lance :

– La grille n'est pas fermée.

Tandis que Scully et Mulder avancent à pas mesurés dans la cour, une meute de rottweilers féroces surgit devant eux ; ils n'ont que le temps de faire retraite au pas de course. Markham s'approche alors de la clôture, d'une démarche chaloupée, rappelant ses chiens. C'est un homme d'une cinquantaine d'années vêtu d'un jean et d'un blouson de pilote. Les agents lui indiquent que son organisation et le soldat de première classe Gus Burkholder sont soupçonnés du meurtre du général MacDougall.

Markham nie avoir eu connaissance du meurtre et refuse de coopérer. Ses rottweilers flairent alors une autre piste vers les arbres, en bordure du camp : une escouade d'agents du FBI, armée de fusils d'assaut, se dirige vers eux.

– Tiens, voilà les voisins, commente Mulder.

Markham assiste à la scène sans surprise. Il dit, avec du mépris dans la voix :

– La Main Droite croit en le pouvoir de l'individu, face à un gouvernement fédéral corrompu et corrupteur, dit-il, méprisant. Nous sommes prêts à sacrifier nos vies quand la résistance armée deviendra nécessaire, mais ce jour n'est pas encore venu.

Markham refuse le test du polygraphe, arguant que son témoignage suffira. Mulder lui présente la copie de la carte à jouer (le roi de cœur). Surpris, le chef de la milice, fixant attentivement l'agent, déclare d'une voix où percent la colère, la menace et l'inquiétude :

– D'autres hommes vont mourir.

Pendant que les agents fédéraux confisquent l'arsenal illégal de la Main Droite, Markham, menottes aux poignets, indique à Mulder une photographie à extraire de ses dossiers. La photo représente le vétéran maigre, posant à côté de Markham. Ce dernier commente :

– Son nom est Nathaniel Teager. Vingt-six éliminations d'ennemis homologuées. En solo. Une véritable machine à tuer, laissé pour mort par le gouvernement qui l'avait créé.

Selon le milicien, Teager était membre du détachement des Bérets Verts B11, une escouade connue sous le surnom de « Sabres Sanglants ». Porté disparu en 1971, Teager avait été libéré par la Main Droite de son camp de prisonniers au Vietnam, en décembre 1995, soit vingt-trois ans après que le gouvernement des États-Unis avait déclaré qu'il ne restait plus un seul prisonnier américain au Nord-Vietnam.

– Les militaires américains, précise Markham, avaient tenté de capturer Teager lorsque les miliciens l'avaient ramené aux États-Unis.

– Le gouvernement aurait kidnappé un prisonnier de guerre américain ? s'étonne Scully.

– J'ai dit qu'ils avaient tenté de le faire. Ils ont pris d'assaut notre avion sur l'aéroport de San Diego. Lorsqu'ils ont fait irruption dans la soute où nous l'avions caché, Teager s'était déjà enfui. Je n'ai jamais su comment.

Au Mémorial du Vietnam, une femme noire dépose des fleurs à la base du monument de granit noir. On lit clairement le nom « Nathaniel Teager ». L'homme maigre, Nathaniel Teager, l'interpelle. Elle confirme qu'elle est bien Renée Davenport, l'épouse du caporal-chef Gary Davenport,

des Forces spéciales. L'homme lui assure que, contrairement à ce qu'elle croit, son mari est encore prisonnier de guerre ; c'est en son nom qu'il effectue cette démarche, ajoute-t-il solennellement.

– Puissiez-vous me pardonner comme vous le pardonnerez, en tant qu'homme comme en tant que soldat, d'avoir restauré l'honneur du B 11.

Teager lui remet les plaques d'identité militaires de son mari.

– Où les avez-vous trouvées ? lui demande Mrs Davenport, sous le choc.

Teager ne répond pas. La femme, tremblant et pleurant, contemple les médailles au nom de son mari. Lorsqu'elle relève les yeux, Nathaniel Teager a disparu.

Ailleurs, près du Mur, les préparatifs de la cérémonie vont bon train. Skinner rapporte à Mulder et à Scully que Renée Davenport a identifié Nathaniel Teager sur une vieille photographie. Il ne peut toutefois pas le considérer comme unique suspect, dans la mesure où le laboratoire de médecine légale de l'armée a confirmé le rapatriement de sa dépouille. Selon Scully, l'organisation de Markham aurait monté de toutes pièces l'incident, dans le dessein de créer une diversion pour attirer leur attention. Ce qui semblerait fonctionner, ajoute-t-elle.

Cependant, Skinner tient à découvrir l'identité du mystérieux personnage rencontré par Renée Davenport. Celle-ci, encore ébranlée, reconnaît Teager, de manière indiscutable, sur la photo cédée par Markham. Elle demeure troublée par le fait que cet homme se soit évanoui brusquement, comme par enchantement.

– Ô mon Dieu ! Et s'il m'avait dit la vérité ? Je suis remariée, à présent. Que vais-je dire à mon mari, et que dois-je faire ?

Scully fait remarquer à la malheureuse qu'elle s'est rompu un vaisseau capillaire ; elle saigne de l'œil. Mulder propose immédiatement un examen ophtalmologique pour leur témoin.

– Les rapports effectués sur l'homme que nous recherchons, et que nous avons vu, donnent à penser qu'il possède un talent particulier pour disparaître sous les yeux des gens. Peut-être existe-t-il un lien ?

– Mulder, cette femme ne souffre que d'une simple hémorragie subconjonctivale, probablement causée par la tension nerveuse.

Mulder s'éloigne, allant vérifier, dit-il, s'ils poursuivent vraiment un homme mort. Au laboratoire central d'identification de l'armée, Mulder considère les restes supposés de Nathaniel Teager : trois dents, dont deux bicuspides et une molaire.

Le Dr Keyser ne peut affirmer si elles ont été extraites avant ou après la mort. D'ailleurs, le rapport de Teager, partiellement détruit, porte la mention : « Peu concluant ».

– Quiconque a signé ce rapport a délibérément choisi d'ignorer les faits, hein ? avance Mulder.

Keyser acquiesce, mais, signale-t-il, le fait qu'il manque une grande partie du rapport implique que l'on en ignore l'auteur.

– Y a-t-il un autre moyen de le savoir ? s'enquiert Mulder.

– Eh bien, en se fondant sur les registres, et en examinant les rapports établis à la même époque, on a de bonnes chances de tomber juste.

Sur la banquette arrière d'une limousine qui se dirige vers le Pentagone, un général de l'armée américaine, nommé Jon Steffan, reçoit un appel téléphonique de Mulder. L'agent l'informe que sa vie est en danger, car il pourrait bien être la prochaine cible de l'assassin du général MacDougall.

– Sur quelles informations vous fondez-vous ? lui demande Steffan.

– Sur le certificat de décès du sergent Nathaniel Teager, que vous avez signé.

– Je ne vois pas de quoi vous voulez parler, lui répond le général, d'un ton peu convaincant.

Steffan accepte de rencontrer les deux agents du FBI que Fox a envoyés à sa rencontre. Il traverse à grands pas la zone ouverte au public du Pentagone, escorté par l'agent Hill et un de ses collègues. Tous trois passent sous un portique détecteur de métaux. Quelques secondes plus tard, Teager franchit le même contrôle et déclenche l'alarme du portique ; lorsque l'officier de la sécurité réagit au signal sonore, Teager a disparu.

Les agents du FBI inspectent le bureau de Steffan. Une fois convaincus qu'il n'existe rien d'anormal, ils se postent en faction à la porte. Le général se dirige vers sa table de travail, sur laquelle est posée la carte à jouer portant le signe de mort des Sabres Sanglants. Au verso figure le roi de carreau.

Alors qu'il entre dans les locaux du Pentagone, Mulder reçoit un appel de Scully, du Centre médical de Georgetown. L'ophtalmologiste qui a examiné Renée Davenport a diagnostiqué un scotome arciforme : un scotome en forme d'arc qui prolonge la tache aveugle, soit vers le haut, soit vers le bas, et quelquefois même dans les deux directions, pour former un scotome annulaire.

– Mais, Scully, tu ne trouves pas bizarre qu'elle n'ait jamais perçu une anomalie de son champ visuel ?

– Pas nécessairement. La configuration des voies optiques ainsi que le cortex visuel permettent une synthèse des deux champs visuels monoculaires. Grâce au champ visuel binoculaire en résultant, il se produit la compensation d'une éventuelle anomalie de la vision monoculaire.

– Cela pourrait expliquer la disparition de Teager.

– J'ai posé la question à l'ophtalmo ; il m'a ri au nez, conclut Scully.

Steffan, extrêmement troublé, appelle Mulder de son bureau pour lui signaler la découverte de la carte. Mulder conseille au général de faire entrer sur-le-champ les deux agents chargés de le protéger ; mais Steffan, angoissé, lui crie :

– Mais *qui* a posé ça ici ?

Teager se tient debout derrière l'épaule droite du général. Au téléphone, Mulder perçoit le bruit d'un automatique que l'on arme.

– Écoutez-moi attentivement. Je suis en chemin vers votre bureau, et...

On entend la détonation d'une arme à feu. Lorsque Mulder parvient au bureau du général, il trouve les deux agents penchés sur le cadavre de Steffan, écroulé sur le sol, une balle dans le front. Mulder s'agenouille près du corps ; la carte est posée sur la poitrine. Teager se tient derrière l'épaule gauche de l'agent. Ce dernier l'aperçoit du coin de l'œil, se retourne vivement, et ne voit rien de perceptible.

Sur le lieu du crime, Scully et une équipe de techniciens de la police examinent le corps. Aucun indice, dit-elle, ne permet de corroborer le scénario fatal décrit par Mulder. À ce moment-là, Skinner, très agité, présente aux deux agents une bande vidéo de surveillance, sur laquelle Teager franchit le contrôle de sécurité. Le directeur adjoint exige une explication.

– Je crois, avance Mulder, que cet homme possède la capacité de ne pas être perçu par les cellules visuelles des gens.

– S'il est invisible, rétorque Skinner, pourquoi est-il sur cette vidéo, bien repérable ?

– Je crois qu'il peut se cacher des regards humains en agissant sur une propriété de la vision mettant en évidence l'existence de la tache aveugle.

– Cela est une hypothèse, monsieur, précise Scully.

– N'est-il pas exact que des soldats américains ont signalé des cas d'apparitions et de disparitions inexpliquées de guérilleros viêt-congs ? J'ai lu moi-même ces dépêches, reprend Mulder, qui conclut : Peut-être Teager a-t-il appris quelque chose de ses geôliers, pendant ses vingt-cinq années de détention ?

Totalement exaspéré, Skinner s'exclame que, si cette thèse est exacte, rien ne pourra protéger efficacement les trente et un responsables militaires de haut niveau rassemblés pour la cérémonie... et le défilé qui aura lieu jusqu'au site. Tandis que Scully suggère d'annuler le défilé, Mulder estime que la seule solution réside dans l'arrestation de l'assassin, les hommes impliqués demeurant vulnérables. Il reste, selon lui, à identifier la prochaine victime avant le tueur.

Au centre de détention militaire de Fort Evanston, le général Bloch pénètre dans la cellule de Denny Markham. Ce dernier affiche un sourire narquois.

– Alors, il a recommencé ? Je les avais prévenus qu'il le ferait, commente le chef de la milice.

Bloch lui demande pour quelle raison les autorités ne parviennent pas à mettre la main sur Teager.

– Pour la même raison que vous n'arrivez pas à l'attraper, et c'est pourquoi vous êtes ici, je présume.

– Je suis ici parce que des gens meurent, se hérisse-t-il. Des soldats qui ont voué leurs existences

à la défense de ce pays ! s'exclame-t-il avec dignité.

– C'est une manière de voir les choses, lui répond Markham d'un air dégoûté.

Bloch change de tactique. Il menace de faire condamner le milicien et ses fidèles pour trahison et conspiration. Puis il offre à Markham un marché : s'il l'aide à éliminer Teager, les chefs d'accusation qui pèsent sur les miliciens seront réduits ou même supprimés.

– J'ai juste besoin de savoir ce qu'il veut, explique le général.

– Mais vous savez ce qu'il veut, répond Markham. Et nous savons tous deux que vous ne pouvez pas le lui accorder, du moins pas sans traîner ce bel uniforme dans la boue.

Bloch saisit son interlocuteur par la chemise, l'arrache à sa chaise et le plaque contre le mur. Markham n'est pas impressionné.

– Tout ce que vous pourrez me faire n'y changera rien, général. Il envoie un message, et veille à ce que tout le monde le reçoive, cinq sur cinq.

Sur le lieu du défilé, un orchestre de musique militaire se met en place ; une colonne de véhicules se prépare à démarrer. La foule joyeuse se presse le long du boulevard, Nathaniel Teager se tenant au premier rang.

Marita Covarrubias et Mulder se rejoignent sur les marches du Mémorial de Lincoln. Elle ne possède pas d'informations sur Teager, mais peut l'informer en ce qui concerne Steffan et MacDougall.

– Ils étaient liés, au sujet d'un épisode des plus embarrassants pour l'armée américaine : l'exécution de soldats sud-vietnamiens.

Mulder est au courant de ce scandale. Des hommes engagés par le gouvernement en tant qu'espions ou membres de commandos furent abandonnés derrière les lignes ennemies, condamnés à une arrestation certaine, ou à la mort. L'opération ayant été désavouée, leurs noms furent rayés des registres...

– ... par une commission secrète composée de trois membres. Lesquels pourraient maintenant figurer dans le box des accusés, et dont le témoignage pourrait être inestimable pour le calcul des réparations, ajoute Covarrubias.

– Vous voulez dire que le gouvernement pourrait souhaiter la mort de ces trois hommes ? s'enquiert Mulder.

Marita Covarrubias gardant le silence, Mulder l'interroge alors sur les raisons qui auraient poussé le gouvernement à les faire protéger.

– Parce qu'ils savent que vous en êtes incapables.

Mulder demeure abasourdi pendant quelques secondes, essayant de prendre la mesure de ces informations.

– Bon, alors, qui est le troisième homme ?

Covarrubias s'éloigne en silence.

– J'ai besoin d'un nom ! lui crie-t-il, mais elle ne se retournera pas.

Les troupes du défilé s'ébranlent. Scully et Skinner se précipitent vers la jeep du général Bloch, enjoignent à l'officier de quitter le défilé, sa vie étant menacée. Scully repère alors Nathaniel Teager dans la foule et crie un avertissement tout en dégainant. La foule s'égaille dans la panique la plus totale. Scully tente de retrouver l'homme qu'elle n'a fait qu'apercevoir, quelques secondes auparavant. Mais Teager a de nouveau disparu.

Alors que la nuit commence à tomber, les participants et les spectateurs se préparent pour le début de la cérémonie au Mémorial du Vietnam. Derrière le podium, Scully raconte à Mulder sa déconcertante rencontre avec Teager. Fox lui confirme que Bloch est la prochaine victime, et que les « cerveaux » du complot parient que le FBI ne sera pas capable de le protéger.

– Mulder, le gouvernement ne peut être prêt à sacrifier la vie des officiers de haut grade dans le seul but de nous discréditer, proteste Scully.

– Le discrédit jeté sur nous ne représenterait qu'un effet secondaire. Ce qui les intéresse, c'est de maintenir le secret sur les prisonniers de guerre abandonnés, sur leur politique de reniement, et cela exige que soient réduits au silence les hommes qui ont mis en œuvre cette politique.

Mulder s'approche du général Bloch, et le met au défi de réfuter sa théorie. L'officier s'entête à vouloir prononcer son allocution, bien que Skinner essaie de l'en dissuader. Mulder comprend alors qu'il ne changera pas d'avis, de peur d'avouer sa culpabilité. Bloch se dirige vers le podium, alors que les orateurs sont présentés. Teager se faufile entre les spectateurs quand un autre vétéran en veste de treillis l'aperçoit.

– Teager ! Hé, mon pote, c'est toi ?

Surpris et heureux de retrouver un vieux copain, l'ancien combattant se fraie un chemin dans la foule pour rejoindre Teager. Il le suit jusqu'à une zone déserte, derrière les gradins, où Nathaniel disparaît soudainement, surgissant bientôt derrière Leo Danziger, qui se retourne vivement, surpris.

– Je... je croyais que tu étais mort. C'est ce qu'ils nous ont dit.

– C'est ce qu'ils voulaient vous faire croire.

– Je ne comprends pas.

– Tu comprendras. Après cette nuit.

– Mais de quoi parles-tu ?

– Je les ai attendus, Leo, et ils ne sont jamais venus me chercher.

– Peut-être qu'ils ne savaient pas ?

Teager lui affirme qu'il se trompe et lui fournit la preuve que d'autres survivants ont subi le même sort que lui. Sur une feuille de papier froissé, Danziger découvre des dizaines de noms transcrits dans une écriture soignée. Quand Danziger relève la tête, Teager s'est évaporé.

Dans une attitude hiératique, Bloch se dirige vers le podium ; sur le pupitre l'attend une carte à jouer : l'as de trèfle. Mulder, Scully et l'agent Hill, dans l'assistance, sont en liaison constante avec Skinner par écouteurs-récepteurs.

– Il est ici, je le sens, dit Mulder.

– Oui, mais où ? s'irrite Skinner.

Scully est la première à le repérer. Il se déplace très rapidement à travers la foule, entrant et sortant de son champ de vision. Hill l'aperçoit aussi, puis le perd de vue à nouveau. En réponse aux appels frénétiques de Skinner, les agents le rabattent vers la tribune et vers Mulder.

Ce dernier le repère, puis il disparaît l'instant d'après.

– Attrapez-le, Mulder ! Il est juste devant vous ! lui crie Skinner.

Mulder le voit sortir quelque chose de sa poche.

– Il est armé ! s'exclame Fox, dégainant son arme.

Skinner se jette devant le général. La panique s'empare de la foule, qui hurle. Mulder vise l'individu armé, qui scintille devant lui, devient transparent et s'évapore comme un feu follet.

Alors que Mulder scrute désespérément la foule, Scully lui conseille d'abandonner ; il décide alors de rejoindre au plus vite le général Bloch.

– Il ne peut se cacher que dans l'axe visuel d'une personne. C'est pourquoi il a tué MacDougall et Steffan de très près.

Lorsque les agents débouchent derrière les gradins, Skinner pousse Bloch vers sa limousine.

– Teager est dans la voiture ! hurle Mulder.

Tandis qu'un coup de feu éclate de la banquette arrière, Skinner projette au sol le général. Mulder, ordonnant à Teager de se rendre, manque d'être renversé quand la limousine démarre. L'agent Hill, sur la trajectoire du véhicule, tire sur le pare-brise, faisant zigzaguer la voiture et l'immobilisant. Teager, grièvement blessé, s'écroule au sol. Scully se penche sur lui. L'écume aux lèvres, il va réciter péniblement, à plusieurs reprises :

– Teager, Nathaniel J. Sergent, détachement des Bérets Verts B11. Matricule 82278. Date de naissance : 7 mars 1954... Teager, Nathaniel J...

Le lendemain, Skinner, l'air sombre, se tient devant le Mémorial du Vietnam. Mulder vient l'informer des derniers développements.

– Le Pentagone prétend que l'homme qui a été tué était un certain Thomas Lynch, un ancien combattant qui aurait séjourné dans différents hôpitaux psychiatriques au cours des quinze dernières années.

– ... et de surcroît membre de la Main Droite, complète le directeur adjoint. Markham a identifié le corps.

– Ils auront donc réussi à l'acheter, lance Mulder avec une grimace de dégoût.

Skinner ajoute qu'une unité de médecine légale militaire a pratiqué des recoupements confirmant l'identité du défunt. Mulder laisse éclater sa colère.

– *Vous* l'avez entendu. Nous l'avons entendu *tous les deux*. Ça recommence ! Ils ne font que couvrir leurs mensonges par d'autres mensonges.

Mulder exige que l'enquête soit rouverte.

– Cela n'est pas possible, agent Mulder, grommelle Skinner.

L'affaire a été transférée aux services de renseignements de l'armée, conclut-il.

– Ne les laissez pas faire cela ! supplie Fox.

– Laissez tomber, agent Mulder, dit Skinner à voix basse. Vous avez fait votre travail.

– Nathaniel Teager aussi, commente Mulder avec amertume.

– Vous avez trouvé l'homme que vous recherchiez, mais il est mort, maintenant.

– Est-ce là vraiment ce que vous croyez ? lui demande Fox.

Skinner ne répond pas.

– Ils ne refusent pas seulement à cet homme le droit de vivre, ils lui volent même jusqu'à sa mort. Et avec le respect que je vous dois, monsieur, cela aurait pu vous arriver.

Coulisses

Au cours du dernier quart de siècle, un abîme de suspicion, fondé sur la conviction que des soldats des États-Unis demeurent emprisonnés au Vietnam, envahit l'inconscient américain. L'an dernier, l'émission de CBS, *60 Minutes*, diffusait un reportage révélant que, durant les années soixante et soixante-dix, la CIA avait impitoyablement abandonné et déclaré morts des centaines d'agents secrets sud-vietnamiens dont elle savait qu'ils avaient été capturés par les Nord-Vietnamiens.

En ce qui concerne l'idée de « L'Homme invisible », le producteur exécutif Howard Gordon fut conseillé par son frère, le Dr Richard Gordon, ophtalmologiste dans le comté de Rockland, État de New York. H. Gordon bénéficiait alors de temps libre, n'étant pas censé fournir de scénario avant l'épisode 4X19 ; il l'écrivit donc durant les congés de Noël de la série.

– À la dernière minute, on a eu du mal à démêler l'embrouillement des idées, rapporte Gordon. Aussi, la veille des vacances de Chris, nous avons remis à plat l'histoire, Chris, Frank et moi. Comme je n'étais pas satisfait de ma première version du scénario, j'ai demandé l'aide de Chris. C'est pourquoi il est juste que son nom soit associé au mien. Ce fut une naissance difficile, mais le jeu en valait la chandelle.

» Ce thème de l'homme qui devient politiquement et métaphoriquement invisible lui trottait par la tête depuis quelque temps, continue Gordon.

» Le problème consistait à déterminer comment on peut parvenir à cet état d'invisibilité. L'an dernier, mon frère m'avait suggéré de se baser sur l'existence de la tache aveugle, qui est une ellipse, comprise dans le champ visuel, située vers la tempe et en dessous du point de fixation de l'œil. Cela correspond à une zone où il n'y a aucune cellule réceptrice. Mais le cerveau neutralise de telle façon qu'il n'y a aucune perte dans le champ visuel.

» Par ailleurs, en tant qu'auteurs, nous recherchons toujours des personnages tels que Nathaniel Teager, ancien combattant animé par la vengeance. Rejetés, en marge de la société, ils constituent des sujets riches de possibilités. Mais il semble que je n'écrirai plus d'autre histoire sur un vétéran du Vietnam, car les survivants commencent à se faire rares. De même que ceux de l'Holocauste (traité dans « La Prière des Morts »).

Gordon éprouve toujours beaucoup de satisfaction lorsqu'il écrit des textes où Mitch Pileggi tient une place importance : cela se révélait d'autant plus facile dans le cas de 4X16 que Skinner a été clairement identifié dans « Coma » (2X08) comme un ancien du Vietnam.

Le casting s'est entièrement effectué à Vancouver, ce qui explique que nombre des militaires américains s'expriment dans l'épisode avec l'accent canadien. La reconstitution du Mémorial du Vietnam, qui avait débuté avec trois panneaux, pour les besoins du rendez-vous de Scully et Mulder avec Pudovkin, dans « Plus jamais », s'acheva par la fabrication de deux sections de deux mètres dix de haut – dont les longueurs respectives étaient de dix-huit et de trente-six mètres.

Pour donner l'apparence du granit, on utilisa du Plexiglas peint au pistolet par l'arrière.

Les noms recouverts d'un écran de soie sur le faux monument sont purement imaginaires. Pour des raisons légales, les noms réels ne pouvaient être conservés. L'assistante du directeur artistique, Kristina Lyne, a chargé sa sœur de créer deux mille noms fictifs. Celle-ci, excellente dactylographe, a planché sur le sujet pendant vingt-quatre heures, réfléchissant et tapant les noms au fur et à mesure de son inspiration.

Le monument était érigé dans le parc Jéricho de Vancouver, lors des scènes de jour. Les prises de vues de nuit n'y étant pas autorisées, l'ensemble du décor sera transporté au Ballantyne Pier, un site de mouillage pour les vaisseaux de croisière, qui ne sert pas durant le long hiver affligeant le nord-est du Pacifique. L'endroit est le royaume des courants d'air glacés.

La multitude de personnes rassemblées lors de la cérémonie d'inauguration représente 450 figurants judicieusement disposés, renforcés par les 50 heureux gagnants du concours « Gagnez un rôle dans les *X-Files* », commandité par la Fox et organisé par des radios locales américaines. Laurie Kallsen-George et son équipe des effets spéciaux ont d'autre part doublé électroniquement la foule chaque fois que cela s'est révélé nécessaire.

Les épisodes de la série exigent souvent des performances diverses de la part des acteurs. Gillian Anderson analyse quelques particularités de son travail, dans le cas de « L'Homme invisible » :

– Le challenge, c'était de comprendre physiquement comment nous pouvions voir ce type, avec notre seule vision périphérique. En dehors de ça, je me souviens que c'est l'un des épisodes où l'on doit courir énormément.

Le nom de Peter McDougall a été inspiré par Heather McDougall, producteur de séries télé.

Lorsque Nathaniel Teager retrouve Mrs Davenport devant le monument à la mémoire des soldats tombés au Vietnam, deux des noms qui apparaissent nettement au téléspectateur sont : Jesse R. Ellison et Harlan L. Hahn. Harlan Ellison est un célèbre auteur de science-fiction et un fan de longue date des *X-Files*. Quant à Jessica Hahn, elle a été rendue célèbre lors d'un scandale dans lequel se trouvait également impliqué Jim Baker.

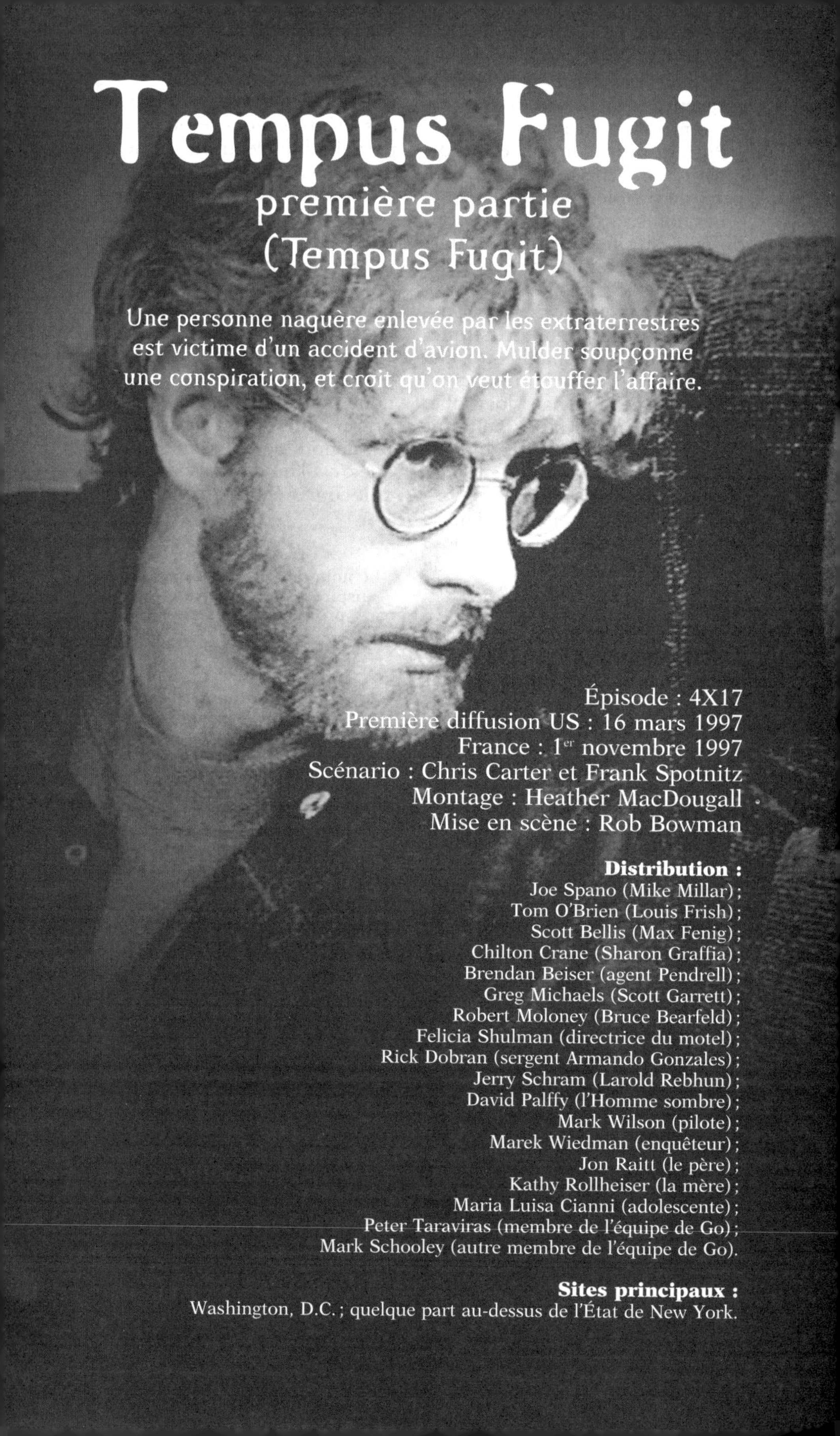

Tempus Fugit

première partie
(Tempus Fugit)

Une personne naguère enlevée par les extraterrestres est victime d'un accident d'avion. Mulder soupçonne une conspiration, et croit qu'on veut étouffer l'affaire.

Épisode : 4X17
Première diffusion US : 16 mars 1997
France : 1er novembre 1997
Scénario : Chris Carter et Frank Spotnitz
Montage : Heather MacDougall
Mise en scène : Rob Bowman

Distribution :
Joe Spano (Mike Millar) ;
Tom O'Brien (Louis Frish) ;
Scott Bellis (Max Fenig) ;
Chilton Crane (Sharon Graffia) ;
Brendan Beiser (agent Pendrell) ;
Greg Michaels (Scott Garrett) ;
Robert Moloney (Bruce Bearfeld) ;
Felicia Shulman (directrice du motel) ;
Rick Dobran (sergent Armando Gonzales) ;
Jerry Schram (Larold Rebhun) ;
David Palffy (l'Homme sombre) ;
Mark Wilson (pilote) ;
Marek Wiedman (enquêteur) ;
Jon Raitt (le père) ;
Kathy Rollheiser (la mère) ;
Maria Luisa Cianni (adolescente) ;
Peter Taraviras (membre de l'équipe de Go) ;
Mark Schooley (autre membre de l'équipe de Go).

Sites principaux :
Washington, D.C. ; quelque part au-dessus de l'État de New York.

Quelque part au-dessus du nord de l'État de New York, un Boeing 737 fend sans effort le ciel nocturne. Les passagers fatigués semblent s'ennuyer. Le siège 13D est occupé par Larold Rebhun, un homme d'affaires. Celui-ci n'est pas ivre de fatigue, mais il a bu un whisky-soda de trop.

Sur le siège 13 F, Max Fenig, un rouquin barbu à lunettes, que l'on a vu dans « L'Ange Déchu » (1X09), affiche un visage terrorisé sur lequel on remarque des traces de brûlures récentes. Dans une attitude figée, il serre un sac à dos sur ses genoux. Rebhun, que son ivresse rend loquace, s'adresse spontanément à son voisin de siège.

– Autrefois, j'étais comme vous. Horreur de prendre l'avion... À partir du moment où j'étais assis, j'agrippais les accoudoirs comme chez le dentiste. Pourtant, statistiquement, c'est vrai que vous pourriez voler tous les jours pendant vingt-six mille ans avant d'avoir un accident. Vous croyez ça, vous ?

Fenig ne prête aucune attention au discours de l'homme. Il tend le cou pour observer un homme à la peau sombre, situé quelques rangs devant lui. Celui-ci se lève pour se rendre aux toilettes. Dans les W.-C., l'Homme sombre sort un stylo de sa poche, le démonte et, le combinant avec d'autres éléments non identifiables, construit une sorte de pistolet en plastique. Au moment où il achève son montage, de violentes secousses répétées, dépassant en intensité l'effet d'une zone de turbulences, agitent l'avion qui se met à vibrer comme un gros bourdon fou. Dans le cockpit, des alarmes retentissent et des avertisseurs lumineux clignotent.

– Qu'est-ce qui se passe ? s'exclame le pilote.

Dans la cabine des passagers, les tremblements s'amplifient. Les lumières s'éteignent. Les passagers hurlent. Une irradiation lumineuse d'un insoutenable éclat se dirige vers les hublots, d'avant en arrière de l'avion, balayant l'avion de son faisceau puissant, comme à la recherche de quelque chose. La source de lumière s'approche de la rangée où se tient Fenig, toujours figé sur son siège. Le rayon atteint une sortie de secours, près de Max Fenig. Si inconcevable que cela paraisse, la lumière semble saisir la porte, et l'arrache du fuselage. Un halo rayonne autour de la sortie de secours. Le métal se distord sous la traction violente, alors que la brèche dans le corps du fuselage s'agrandit.

Des flots de lumière se répandent et l'avion se dissout dans une blancheur éclatante.

Au pub de la Femme sans Tête, un établissement modeste mais agréable au centre de Washington, Mulder et Scully prennent un verre après leur travail. Un trio de serveurs s'approche en chantant « Joyeux anniversaire, Dana » ; ils déposent devant elle une bougie scintillante.

– Mulder, depuis quatre ans que nous nous connaissons, tu ne t'es jamais souvenu de mon anniversaire !

– C'est comme ça que j'aime les fêtes, tous les sept ans, comme pour les chiens.

– Les chiens ? Je te remercie, plaisante Scully avec toute la gratitude que mérite sa comparaison.

Sans se démonter, Mulder lui tend un petit paquet-cadeau joliment enveloppé.

– C'est quelque chose qui m'a fait penser à toi.

– Je suis très touchée. C'est quoi ? Un implant extraterrestre ? ironise Dana.

– Pas un, mais deux. Je les ai fait monter en boucles d'oreilles.

En réalité, la boîte contient un porte-clés Apollo 11. Alors que Scully contemple ce témoignage d'attention, relevant d'un choix légèrement bizarre, une jolie femme blonde s'arrête au niveau de leur table.

– Excusez-moi. Êtes-vous Scully et Mulder ?

– Promets-moi que la situation ne va pas devenir embarrassante, dit Scully à son coéquipier.

Ce dernier, au comble de la perplexité, hoche la tête.

– Mon nom est Sharon Graffia. Je suis désolée de vous aborder ainsi, mais je vous ai suivis. Je devais vous contacter si quelque chose arrivait.

» Vous n'avez aucune raison de me croire, poursuit Graffia, mais mon frère, que vous connaissez, m'a dit que vous sauriez ce qu'il faut faire, s'il ne s'en sortait pas.

Elle finit par préciser ses dires devant l'insistance des deux agents.

– Mon frère, Max Fenig, se rendait ici pour remettre une chose qui lui faisait craindre pour sa vie. Le gouvernement tuerait pour l'obtenir. Mais son avion s'est écrasé, il y a deux heures.

Dans une vaste salle de conférences, à Washington, se réunit la vingtaine de membres du « Go Team », le Bureau national de la Sécurité civile, une équipe d'enquêteurs envoyés systématiquement sur les lieux d'accidents aériens. Le responsable de l'équipe est Mike Millar, la quarantaine, un air de compétence tranquille.

Il relate que le vol 549 s'est écrasé quelques heures plus tôt dans une zone boisée près d'Albany. Les autorités locales ont annoncé qu'on ne comptait aucun survivant parmi les cent trente-quatre passagers et membres d'équipage. Millar fait défiler un enregistrement des dernières transmissions radio de l'avion :

– Ici vol 549 à la tour de contrôle. Est-ce qu'une correction est nécessaire ?

– Négatif, 549. Gardez vitesse régulière 296 nœuds. Maintenez cap sur 1.0.0, altitude 29 000 pieds. Allez-y, 549.

– Qu'est-ce qui se passe ?

– 549 ? M'entendez-vous ?

– Nous avons intercepté quelque chose. Mon Dieu ! Mon Dieu ! Mayday ! Mayday !

– Fin de la transmission, conclut Millar.

Celui-ci informe que l'équipe se réunira de nouveau sur les lieux de la catastrophe.

Mulder, présent avec Scully au fond de la salle, l'interrompt.

– Excusez-moi, monsieur. Je suis l'agent Mulder, du FBI. Y a-t-il le moindre soupçon indiquant que le vol 549 aurait été forcé d'atterrir ?

– Forcé ? s'étonne Millar.

– Vous avez clairement entendu le pilote prononcer le mot « intercepté » sur l'enregistrement.

D'après Millar, aucune trace d'un autre avion dans la zone n'a été relevée, à moins que lui, Mulder, n'ait d'autres informations à ce sujet.

– Je ne peux rien dire pour l'instant ; se trouvait à bord un passager bien connu des services gouvernementaux pour avoir été enlevé par les extraterrestres.

Des rires nerveux éclatent dans la salle.

– Enlevé par des extraterrestres ? répète Millar.

– Un nommé Max Fenig. Victime de multiples enlèvements, ce que l'on appelle un récidiviste. Il avait prédit l'accident. Et à entendre votre enregistrement, l'avion aurait pu être contraint de se poser.

Les rires et lazzi prennent de l'ampleur.

– Forcé par qui ou par quoi ?

– Je ne voudrais pas avoir à spéculer sur ce point, répond Fox.

Miller le regarde durement.

– Vous vous appelez Mulder ? Eh bien, Mulder, voilà dix-huit ans que je fais ce boulot, et je croyais pourtant avoir tout entendu, dit Miller en le regardant durement.

Un membre de l'équipe observe que Max Fenig ne figure pas sur la liste des passagers. Mulder prétend qu'on peut chercher à masquer les preuves.

– Agent Mulder, est-ce une position officielle du FBI ?

– Non, monsieur.

– Parce que vos arguments banalisent cette tragédie, et donnent un éclairage sur cette équipe de spécialistes qui ne joue certainement pas en faveur du travail qu'ils effectuent.

– Je crois que nous partageons le même objectif : chercher à savoir ce qui a provoqué l'accident.

– Si jamais des petits hommes verts devaient être mêlés à cette histoire, soyez assuré que vous seriez le premier averti.

Mulder garde le silence.

Le lieu de la catastrophe représente une scène de dévastation. Bien peu des restes fumants de la carcasse sont identifiables. De petits drapeaux rouges indiquent les endroits où des corps, ou des fragments humains, ont été retrouvés. Une longue rangée de sacs en plastique, contenant certaines victimes, s'étend le long d'une route adjacente. Des dizaines d'agents de la Sécurité civile, dont la plupart portent un masque, travaillent avec efficacité, l'air sombre.

Mulder et Scully, manifestement affectés par les horreurs dont ils sont témoins, observent la scène. L'accident est officiellement attribué à une brusque dépressurisation provoquée par un courant tourbillonnant, provenant des monts Adirondacks, signale Scully à son coéquipier.

– Mais pas à Max Fenig, commente Mulder.

Scully esquisse une grimace. Elle proteste en disant que, même si Fenig était à bord, son corps serait à présent très difficilement identifiable.

– Il était sur ce vol, Scully, j'en suis sûr.

– Mais, à supposer qu'on le trouve, qu'est-ce que cela prouvera ? renchérit Dana.

– Je ne sais pas. Peut-être simplement que la vie d'un seul homme justifiait qu'on en sacrifie cent trente-trois autres.

Ailleurs, sur le site de l'accident : deux enquêteurs, dont l'un se nomme Garrett (il participait à la réunion du groupe d'intervention), localisent un corps sous un monceau de débris. C'est l'Homme sombre. Garrett retire le pistolet en plastique de la poche du mort. Alors que son coéquipier pulvérise un produit sur le visage brûlé et l'extrémité des doigts, la peau se boursoufle et se met à fondre.

Plus loin, sur l'espace dévasté, Scully remarque dans les décombres un bras quasi calciné, portant un bracelet-montre. Mulder trouve également une montre dans le même secteur. Ils les comparent ; elles indiquent toutes deux 8 h 01.

– À quelle heure ont-ils dit que le crash avait eu lieu ? interroge Mulder.

– Sept heures cinquante-deux P. M.

– Cela fait neuf minutes de différence. Neuf minutes, Scully. Te souviens-tu de la dernière fois où on t'a volé neuf minutes ?

Selon Scully, l'heure officielle de l'accident n'est qu'une estimation.

– Tu sais, reprend Mulder, je commence à penser que nous ne retrouverons pas Max Fenig, finalement.

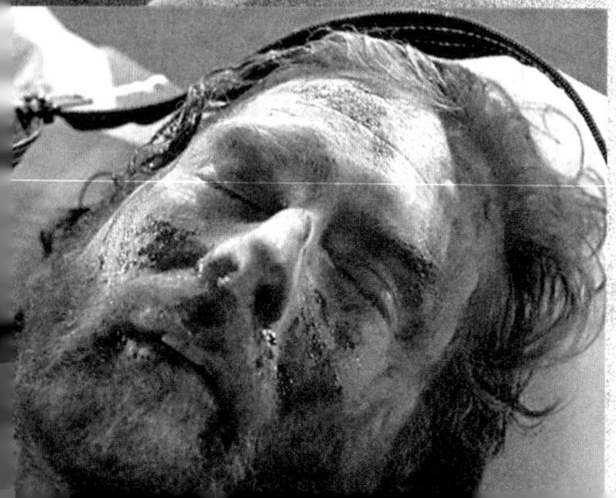

– Tout à l'heure, tu étais certain qu'il était sur ce vol.

– C'est exact. Mais je doute à présent qu'il ait fini le voyage avec les autres passagers.

Derrière eux, un enquêteur cherche d'urgence un médecin. Scully se rend en hâte près de Rebhun, le passager ivre, vivant, mais très grièvement blessé. Son visage porte maintenant les mêmes brûlures que l'Homme sombre et Max Fenig.

Sur un petit aéroport privé voisin, Scully attend de nuit l'arrivée d'un Cessna de location. Sharon Graffia en est la seule passagère. Elle apporte plusieurs valises contenant toutes les lettres que son frère lui a adressées. Scully lui révèle que plusieurs passagers du vol 549 souffraient de sérieuses brûlures par radiations. Elle avertit Graffia que toute rétention d'informations, notamment sur ce que son frère transportait, pourrait avoir des conséquences graves.

À l'intérieur d'un vaste hangar, les enquêteurs rassemblent les débris du 737. Le compteur Geiger que Mulder passe sur les sièges brûlés et tordus émet un son aigu. L'agent apprend à sa coéquipière que Larold Rebhun et son numéro de siège ont été identifiés.

– À mon avis, Max Fenig devait être assis en 13 F, du côté du hublot. Mais la liste des passagers indique un certain…

– … Paul Gidney, complète Scully. C'est un des nombreux pseudonymes sous lesquels il écrivait ses lettres lorsqu'il est entré dans la clandestinité.

Elle ajoute que, sous un autre nom, Fenig travaillait au Centre de Rocky Flats, dans le Colorado où l'on stocke et où l'on traite de l'uranium 238 pour obtenir du plutonium ; l'isotope fissile 239 du plutonium dans les réacteurs nucléaires. Il a écrit des milliers de lettres, à partir de janvier, où il faisait référence au vol d'une chose qu'il savait extrêmement dangereuse.

– S'il transportait du plutonium fissile, et que ce dernier ait été accidentellement exposé à l'air dans la cabine, dit Scully, cela aurait pu provoquer l'accident.

Mulder, dont le compteur Geiger grésille toujours, n'est pas convaincu.

– Tu veux savoir ce que j'en pense, Scully ? Eh bien, je vais te le dire. Je crois que Max a été enlevé, arraché de son siège à vingt-neuf mille pieds d'altitude. (Bien que Dana tente de l'interrompre, il poursuit :) Les brûlures que nous constatons sont la conséquence de cet enlèvement, et toutes les pièces à conviction tendront vers cette conclusion, mais on la rejettera, à cause de son caractère improbable... et le crash du vol 549 restera une énigme à jamais inexpliquée... à moins que nous ne trouvions le moyen d'y parvenir. Lorsque Max reviendra, il nous racontera la même histoire, à moins qu'on ne l'intercepte avant nous.

Scully réussit enfin à placer un mot dans une pause du monologue de son coéquipier :

– Mulder, Max *est* de retour. Je l'ai appris il y a quelques minutes. Ils ont retrouvé son corps à faible distance de l'épave. Il voyageait sous le nom de Paul Gidney. Siège 13 F.

Dans la chambre du motel Paradise, Sharon Graffia feuillette les lettres de son frère. Une lumière intense traverse soudain la fenêtre et l'enveloppe, la terrifiant. Une bourrasque à l'origine indéterminée arrache les feuilles qui se répandent alentour. Un courant aspire par la porte arrachée de ses gonds le contenu de la pièce. La chambre se fond dans une blancheur éclatante.

Dans une morgue improvisée, Mulder examine le corps de « Paul Gidney ». Le visage de Max Fenig est en effet sévèrement brûlé. Dans la poche du mort, Mulder découvre sa carte de visite professionnelle. Ce dernier reste silencieux un moment, perdu dans ses douloureuses pensées. Il referme la glissière du sac qui contient le corps de Fenig et inspecte plusieurs autres corps, apparemment au hasard. Dans le hangar, Scully écoute quelques membres de l'équipe d'intervention, en pleine discussion. Lorsque Mulder la rejoint à grands pas, elle lui apprend que la Sécurité civile estime que le crash n'a pu être provoqué par la brèche dans la sortie de secours, bien que ce fait ainsi que l'origine des brûlures radioactives leur posent un problème.

– Ils ne le croient pas, ou ils ne le veulent pas ? demande Fox, avec une nuance de mépris.

– Mais enfin, Mulder, ne peux-tu pas accepter les faits ?

– Il n'y a aucun fait, Scully, ils les ignorent. Leur rapport sera faux. Mais lorsqu'on affirme avec assurance ce que l'on ignore, l'ignorance revêt toutes les apparences de la vérité.

– Et que voudrais-tu qu'ils notent dans leur rapport ?

– Que l'on n'a retrouvé aucune montre sur les cadavres ; elles ont été volées.

Il ajoute que les techniciens enquêteurs ont beau être des experts effectuant sérieusement leur travail, ils ne voient pas ce qui s'est réellement passé. Puis, se dirigeant vers l'épave de l'avion :

– Ils sont entraînés à relier les indices apparents aux événements passés pour construire un rapport explicatif. Mais dans ce cas, on a volé aux passagers neuf minutes de leur passé ; neuf minutes qui sont devenues une éternité pour eux, et à présent pour leurs familles. D'une manière ou d'une autre, il nous faudra parvenir à comprendre ce qui s'est passé pendant ces neuf minutes.

Sur une base de réserve de l'armée de l'Air située sur le trajet du vol 549, Scully et Mulder interrogent le sergent Louis Frish, l'un des deux contrôleurs de navigation de service le soir du drame.

Frish répète aux agents ce qu'il a déjà dit aux enquêteurs de la Sécurité civile : le vol 549 a disparu de leurs écrans. Puisqu'il s'agissait d'un avion civil, de même que pour un vol commercial, ils n'avaient pas de contact radio avec lui. Quand les deux agents quittent les lieux, Armando Gonzales, un autre sergent, rejoint Frish.

– Qu'est-ce que tu leur as dit ?

– Ce que j'étais censé leur dire, répond Frish.

– Quelqu'un va finir par deviner ce qui s'est passé.

– Je n'ai rien demandé. Je ne sais rien, et je ne veux rien savoir, insiste Frish.

Gonzales s'inquiète ; il craint qu'on ne les accuse d'avoir commis un délit si la vérité se fait jour, et veut parler aux enquêteurs, s'ils reviennent. Frish saisit alors son collègue par les revers de sa veste et lui assène :

– Ce sera moi le menteur, dans ce cas.

Au motel Paradise, la gérante fait constater à Scully et à Mulder, dont les noms figurent sur le registre, les dégradations commises dans la chambre de Sharon Graffia.

– Regardez-moi ce bordel ! s'exclame-t-elle. Je ne sais pas à quoi elle a pu jouer, mais la porte est même sortie de ses gonds. Je ne pense pas que l'assurance couvrira une chose pareille.

– Est-ce que votre contrat vous garantit contre les dégâts d'origine extraterrestre ? s'enquiert Mulder, impassible.

Peu après, Mike Millar examine à son tour l'encadrement de la porte. Une bonne part de son dédain antérieur envers Mulder semble avoir disparu.

– Je suis venu vous dire que nous avons trouvé des indices intéressants.

– Sur ce qui a provoqué l'accident ? demande Scully.

– C'est bien possible. Mais je ne me sens pas prêt à faire un communiqué.

– Pourquoi ? interroge Mulder.

– J'aurais peur d'avoir l'air aussi dingue que vous.

Millar présente aux deux agents des images aux rayons X de la porte qui équipait la sortie de secours de l'avion. Des contraintes cycliques strient le fuselage de cet appareil pourtant neuf.

– Vous pouvez observer que les lignes de fracture rayonnent d'un point central, commente Millar. On dirait que la porte a été secouée et soufflée vers l'extérieur de l'avion, arrachée à son encadrement. Si vous ne nous aviez pas mis sur la voie, on n'aurait jamais pensé à chercher dans cette direction.

– Il s'agit pourtant d'un phénomène physique impossible.

– En fonctionnement normal, lui confirme Millar, cela ne pourrait jamais se produire, enfin, pas comme ça.

– Mais cela s'est produit, répond sobrement Mulder.

À la tour de contrôle de la base aérienne militaire, Frish vient assurer sa vacation du soir. Armando Gonzales, assis à sa console, tourne le dos à son coéquipier. Frish s'excuse pour son attitude de l'autre soir.

– J'ai pété les plombs, je me suis laissé emporter, je crois.

Gonzales ne réagit pas. En faisant pivoter la chaise, Frish découvre son coéquipier, un pistolet à la main, le front troué par un impact de balle. Terrifié, Frish aperçoit alors, par la baie vitrée,

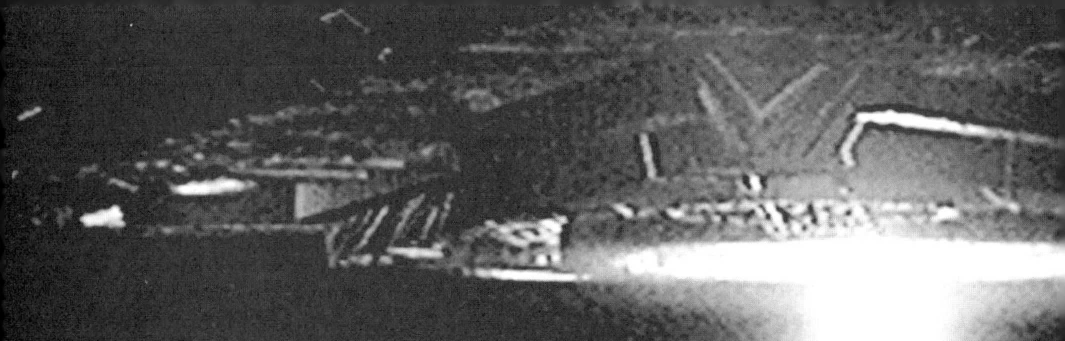

une colonne de véhicules, phares allumés, se dirigeant vers la tour de contrôle. Garrett et un commando d'hommes armés entrent dans la tour, à la recherche du sergent Frish ; celui-ci, glacé d'horreur, s'est caché.

Dans sa chambre de motel, Mulder écoute une fois de plus, les yeux clos, l'enregistrement des derniers instants du vol 549. Soudain, une idée lui vient et il téléphone à Scully.

– Hé, Scully, c'est moi. Je viens juste de penser à quelque chose. La voix du contrôleur de navigation, je l'ai déjà entendue.

– Mulder, cela fait trente-six heures que nous sommes réveillés.

– Je sais, je sais. Tout ce dont j'ai besoin, c'est que tu écoutes l'enregistrement maintenant, d'accord ?

Scully sort pour rejoindre son coéquipier. Sur le chemin une main la saisit par-derrière et lui couvre la bouche. Louis Frish sort de l'obscurité.

– Ne criez pas ! Écoutez-moi seulement ! lui chuchote-t-il d'une voix angoissée. C'est moi qui suis responsable de l'accident.

Dans le hangar, les deux agents présentent Frish à Millar, comme étant le vrai contrôleur aérien du vol 549.

– J'ai reçu l'ordre de mentir sur ce qui est arrivé au vol 549.

– Des ordres de qui ? demande Millar.

– De mon commandant. Le vol 549 est apparu sur mon radar à dix-neuf heures zéro-zéro ; on nous a demandé de donner ses coordonnées à quinze secondes d'intervalle. Environ deux minutes après qu'il a dépassé les trente degrés Nord, nous avons vu un autre avion pénétrer dans l'espace aérien du 549, dans une configuration d'interception. Il a suivi le 549 pendant dix minutes environ, avant qu'on nous demande une nouvelle fois les coordonnées du 549. Quelques secondes plus tard, une explosion a eu lieu et le 549 a disparu de mon écran.

Millar éprouve des réticences à accepter un tel scénario, impliquant des interventions officielles de haut niveau. De plus, dit-il, aucune preuve légale ne vient étayer le récit de Frish.

– Les militaires œuvrent pour escamoter ces preuves, lui affirme Mulder.

– L'histoire du sergent n'a aucun sens, lui rétorque Millar.

– À moins que l'avion sur lequel on a tiré ne soit pas apparu sur l'écran ; un troisième appareil, qui aurait attaqué l'avion civil... et que le sergent n'a jamais vu, ajoute Mulder.

– Un avion furtif ? s'étonne Millar.

Mulder acquiesce et enchaîne :

– ... qui aurait été abattu par l'avion intercepteur que Frish a vu sur son écran, et dont la destruction aurait à son tour provoqué le crash du vol 549. Ce qui signifie que la cause de l'accident ne se trouve pas dans ce hangar, mais quelque part ailleurs, sur un second site.

D'après Scully, quelqu'un aurait nécessairement remarqué ce deuxième accident. Selon Mulder, personne, sauf les militaires à l'origine de l'accident, n'aurait su où chercher.

– Ce qui signifie que la vie de cet homme est en danger, parce qu'il peut rassembler les morceaux du puzzle, conclut-il en désignant Frish.

– Dans ce cas, il faut le mettre en sécurité, ajoute Scully qui finit par se ranger, au moins partiellement, aux arguments de Mulder.

Le jugement de Millar fléchissant légèrement, il convient de localiser ce deuxième site. Les deux agents et Frish quittent le hangar dans leur voiture de location. Au moment où ils démarrent, la projection de phares dans leur rétroviseur leur indique qu'ils sont suivis. Mulder conduit alors pied au plancher, menant une course à un rythme endiablé sur les pistes de l'aérodrome. Il finit par semer ses poursuivants en dirigeant avec précision son véhicule sous un jet en train d'effectuer son décollage. Puis ils se fondent dans la nuit.

Sur le site de la catastrophe, à présent désert, Mike Millar sort de son véhicule et regarde fixement l'horizon. Dans le lointain, plane un engin étrange, de forme triangulaire. Un faisceau de lumière sort de sous l'appareil, éclairant le sol. Millar court à toutes jambes vers cette vision. Alors qu'il s'approche du vaisseau extraterrestre, la lumière s'éteint et l'engin disparaît brusquement. Mais le faisceau lumineux réapparaît, éblouissant Millar. Le vaisseau spatial se tient au-dessus de lui, l'enserrant dans son pinceau de lumière. L'éclat aveuglant se dissipe de nouveau. À une vitesse vertigineuse, le vaisseau disparaît dans la nuit.

– Au secours ! Aidez-moi, je vous en supplie !

Une voix de femme désespérée provient d'un endroit proche de celui où se tient Millar. Celui-ci trébuche à travers champ et trouve Sharon Graffia. Sur son visage baigné de larmes se lit la terreur qu'elle a éprouvée. Il la prend dans ses bras.

– Je vous en prie, ne les laissez pas me reprendre, dit-elle, éclatant en sanglots.

À l'aéroport privé, Scully pousse Frish dans un petit avion. Elle l'accompagne jusqu'à Washington. Pendant que les moteurs de l'appareil se mettent en route, Mulder et Frish examinent une carte géographique, afin de déterminer les sites potentiels d'un deuxième accident. Ils s'accordent à penser que le Grand Lac de Sacandaga formerait un site idéal, parce qu'un crash dans l'eau laisserait très peu d'indices. La même nuit, Mulder roule vers une maison de pêcheur, située au bord du lac. Il réveille le propriétaire, un nommé Bruce Bearfeld, et décline son identité d'agent du FBI.

– Alors, vous avez quelque chose à voir avec tout ça ? lui demande Bearfeld.

– Qu'est-ce qu'il se passe ici ?

– Ben, ça avait tout l'air d'une opération de recherche ou de sauvetage.

– Où cela ? s'enquiert Fox.

– Au-delà de Democrat Point. Il y a eu des sortes de lumières en suspension. Et puis, elles ont disparu.

L'attention de Mulder est en éveil ; il demande à Bearfeld de lui indiquer l'endroit. Alors que Bearfeld lui désigne le centre du lac, l'agent lui précise qu'il a besoin de lui pour l'y amener.

Dans son appartement, à Washington, Scully promet à Frish de mettre en œuvre pour lui une protection rapprochée et de veiller à ce qu'il soit interrogé par « les gens appropriés ».

– Pensez-vous que je serai poursuivi ?

– Pourquoi ? lui demande Dana, surprise.

Frish lui confesse qu'il se sent coupable d'avoir été impliqué dans la mort de cent trente-quatre passagers, plus celle de son collègue, le sergent Gonzales. Le souvenir de l'avion disparaissant de son écran radar le hante encore. Il regrette également d'avoir menti dès le début, et entraîné les enquêteurs sur une fausse piste.

Scully tente de le réconforter, de lui faire comprendre qu'il n'est pas à blâmer.

– Ce n'était pas votre faute, Louis. Écoutez, je ne peux pas vous dicter vos sentiments. Mais je puis vous garantir que je ferai tout ce qui est en mon pouvoir pour que vous puissiez raconter votre histoire à la personne qui saura prendre la bonne décision.

Scully lui permet d'appeler sa petite amie pour lui dire qu'il est en sécurité.

Sur un petit hors-bord, au milieu du Grand Lac de Sacandaga, Mulder, en combinaison de plongée, balaie la surface de l'eau avec une lampe-torche.

– Quelle est la profondeur, ici ? demande-t-il à Bearfeld.

– Quinze, peut-être dix-huit mètres. Vous avez déjà travaillé en profondeur ?

Mulder met en place son masque et s'assoit sur le platbord.

– Pas exactement...

– Quelle expérience avez-vous, exactement ? insiste le pêcheur.

– Une fois dans ma vie, j'ai réussi à atteindre le quart de la profondeur du grand bassin à la piscine du quartier.

Il bascule en arrière dans les profondeurs obscures.

– Dernier verre, les gars, on ferme ! annonce le barman du pub de la Femme sans Tête.

Scully escorte Frish jusqu'à une table, puis se dirige vers le bar pour chercher les consommations. L'agent Pendrell, qui a bu assez pour se sentir d'agréable humeur, est accoudé au comptoir.

– Alors, c'est toujours votre anniversaire ? lance-t-il à Dana.

L'agent du FBI, en pleine euphorie, propose à Scully de lui offrir un verre. Il fait bonne figure malgré sa déception lorsqu'il apprend qu'elle est « avec quelqu'un ».

– Alors, laissez-moi lui offrir un verre aussi !

Scully retourne à la table. Pendrell attend les boissons, puis se dirige vers Scully et Frish. De son siège, Scully repère Scott Garrett à l'autre bout de la pièce, son arme pointée dans la direction de Frish.

– Couchez-vous ! crie Scully.

Frish plonge sous la table. Dana dégaine son automatique. Apportant les boissons, Pendrell se situe dans la ligne de tir. La balle de Garrett l'atteint en pleine poitrine. Scully réplique, blessant Garrett à la jambe. La foule, en proie à la panique, le masque à la vue de Scully. Cette dernière se penche sur Pendrell, grièvement blessé.

– Continuez à respirer, Pendrell, lui enjoint-elle. Vous m'entendez ? Je reviens.

Dans les eaux sombres et troubles, Mulder dirige sa lampe-torche vers le bas. Il s'approche d'un fragment d'objet non identifiable, qui émet une faible lueur. Les débris se font alors plus nombreux, constituant une piste que l'agent va suivre lentement jusqu'à la source. Le rayon de sa torche balaie soudain un visage gris, celui d'un extraterrestre. Il esquisse un mouvement de recul. Une lumière puissante irradie alors de la surface vers Mulder, qu'elle illumine. Le plongeur solitaire se tourne vers elle, figé dans le faisceau.

À suivre...

Coulisses

Au cours des deux dernières années, Scott Bellis a auditionné pour un petit rôle d'agent du FBI dans les *X-Files*. Scott, acteur canadien de trente et un ans, marié, père de deux enfants et fixé à Vancouver, raconte :

– Chris m'a jeté un seul regard, et m'a dit que les gens se souviendraient trop de mon rôle précédent.

Son « autre » rôle, bien entendu, était celui de Max Fenig, le chasseur d'OVNIs fanatique dans « L'Ange déchu » (1X09). Après cet épisode, Carter avait proposé Bellis pour les Emmys. Dans les années qui suivirent, Bellis se spécialise dans les rôles de doux dingues et rencontre fréquemment David Duchovny, qui fréquentait la même salle de sport. Ses conversations avec son célèbre collègue et les rumeurs insistantes lui ont donné à penser que « Max » pouvait renaître dans la série.

Dans le monde des *X-Files*, les rumeurs sont souvent fondées. En novembre 1996, les producteurs avertirent l'agent de Bellis qu'ils le voulaient comme invité vedette, et pour un épisode en deux parties, pas moins. Puis ils le tinrent dans l'ignorance totale de ce qui allait suivre, fidèles en cela aussi au climat des Affaires non classées, jusqu'à une semaine avant le début du tournage de « Tempus Fugit ». Frank Spotnitz, coproducteur et coscénariste de l'épisode, nous en dit plus :

– Au début de la quatrième saison, Chris a eu l'idée de ramener

Max et de le faire jouer dans l'épisode de l'accident d'avion. J'aimais bien cette idée, car je savais que Mulder s'impliquerait affectivement davantage dans la catastrophe, s'il connaissait quelqu'un à bord. Mais je ne voulais pas que ce retour marque une répétition de ce que l'on avait déjà exploré, ou qu'il affadisse son personnage. C'est alors que j'ai pensé : « Quel coup d'audace ce serait de le faire apparaître de nouveau... et de le tuer immédiatement. » C'est pourquoi vous apprenez sa mort dès le premier acte de l'épisode.

Une fois immergé dans la mécanique du tournage, et de surcroît entouré par nombre de gens qu'il avait côtoyés pendant le tournage de « L'Ange déchu », Bellis n'a pas trouvé grand-chose à changer dans sa composition initiale de Max.

– Pour « L'Ange déchu », mes instructions étaient claires : le personnage devait inspirer la sympathie. J'ai donc fait de Max un névrosé, mais dépourvu d'agressivité, afin qu'il ne puisse paraître sombre ou dangereux.

En ce qui concerne « Tempus Fugit » et « Max », Bellis a fait le choix de le rendre un peu plus sérieux, en raison du caractère ténébreux de la conspiration dans laquelle il est impliqué. Il a consacré beaucoup de temps à travailler sur sa vidéo posthume, en collaboration avec la deuxième équipe ; certaines des scènes, tout comme dans le scénario, furent enregistrées par Chilton Crane, l'actrice qui interprète sa petite amie et co-conspiratrice.

Bellis fut équipé d'un harnais, lors de la scène de son enlèvement, et tracté par l'ouverture pratiquée dans la maquette de la cabine, au moyen d'une grue.

– Ensuite, ajoute-t-il, ils m'ont remplacé par un cascadeur, et ils l'ont tiré *beaucoup* plus fort.

En récompense de ses efforts dans le double épisode, relate Bellis, les critiques lui furent très favorables ; il a recueilli un bon métrage de scènes intéressantes pour son dossier d'évaluation ; un important courrier de fans s'est intéressé à la façon dont Max était escamoté. En outre, on le reconnaît parfois, dans la rue.

Interpréter des rôles à la Fenig ne le gêne en rien, affirme-t-il.

– J'ai l'habitude de jouer des personnages pour lesquels il est clair que les producteurs n'ont pas d'a priori. Je comble les trous.

Et il cite à cet effet le cas de la série *MacGyver*, dans laquelle il a été amené à jouer « un gars des rues, muet, qui est témoin d'un meurtre ».

Bellis ajoute qu'il n'a pas complètement écarté « Max Fenig » de ses plans.

– Quelqu'un m'a dit un jour que la scène de l'enlèvement dans l'avion représentait seulement la *théorie* de Mulder sur ce qui s'était passé. Alors on ne sait jamais...

La femme de Scott Bellis, l'actrice Sandra Ferens, a joué le rôle d'un personnage assassiné lors de la première saison de *Millennium*.

Pour leur travail sur « Tempus Fugit » les douze membres de l'équipe de postproduction ont gagné l'Emmy Award du meilleur montage son pour une série. Il s'agit de : Thierry J. Couturier, Stuart Calderon, Ira Leslie, Maciek Malish, Debby Ruby-Winsburg, Chris Fradkin, Jay Levine, Chris Reeves, Susan Welsh, Jeff Charbonneau, Gary Marullo et Mike Salvetta.

Le personnage de Larold Rebhun, seul survivant du crash, qui se trouvait assis pendant le vol aux côtés de Max Fenig et fut témoin de son enlèvement, porte le nom du mixeur de la série.

Tempus Fugit

deuxième partie
(Max)

Mulder et Scully sont sur le point de prouver l'implication d'extraterrestres dans l'accident du vol 549. Ils déclenchent ainsi une campagne massive de désinformation militaire, et la mort de plusieurs collègues et amis.

Épisode : 4X18
Première diffusion U.S : 23 mars 1997
France : 1er novembre 1997
Scénario : Chris Carter et Frank Spotnitz
Montage : Michael S. Stern
Mise en scène : Kim Manners

Distribution :
Mitch Pileggi (directeur adjoint Walter Skinner) ;
Joe Spano (Mike Millar) ;
Tom O'Brien (sergent Louis Frish) ;
Scott Bellis (Max Fenig) ;
Chilton Crane (Sharon Graffia) ;
Brendan Beiser (agent Pendrell) ;
Greg Michaels (Scott Garrett) ;
John Destry (Mr Ballard) ;
Rick Dobran (sergent Armando Gonzales) ;
David Palffy (l'Homme sombre) ;
Jerry Schram (Larold Rebhun) ;
Stewart Laine (policier militaire) ;
Stacy Fair (hôtesse de l'air) ;
Vladimir Stefoff (barman) ;
Brayden Kayce (agent de sécurité à l'aéroport) ;
Jaclynn Grad (hôtesse de l'air) ;
Dave Hannay (premier serveur) ;
Michael Short (deuxième serveur) ;
Reg Sayhay (troisième serveur).

Sites principaux :
Quelque part, au-dessus de l'État de New York ; Washington, D.C.

Dix-huit mètres sous la surface du Grand Lac de Sacandaga, et quelques mètres au-dessus d'un engin extraterrestre accidenté (*Cf.* 4X17) : Mulder observe la luminescence qui descend de la surface. Un deuxième faisceau le touche, un mouvement agite l'eau.

Deux hommes-grenouilles plongent et se dirigent vers Mulder. Celui-ci se dépouille de son équipement de plongée et nage vigoureusement pour leur échapper. Il fait surface plusieurs dizaines de mètres au-delà de son point de départ. Se retournant, il remarque qu'un bateau plus puissant a jeté l'ancre près du hors-bord. Tandis que l'agent nage vers le rivage, une autre embarcation le poursuit ; son projecteur le repère alors qu'il déchausse ses palmes. Un véhicule tout-terrain émerge alors de l'obscurité et le pourchasse à travers l'étendue de sable. Des commandos vêtus de noir l'encerclent et le mettent en joue avec leurs fusils d'assaut. Mulder demeure étendu, cherchant à recouvrer sa respiration.

Au pub de la Femme sans Tête, à Washington, Dana Scully administre les premiers soins à l'agent Pendrell, qui vient d'être grièvement blessé.

– Une ambulance est en route, se force à lui dire Scully ; vous serez rapidement à l'hôpital, vous allez vous en tirer.

L'expression d'un des badauds donne à penser le contraire. Scully cherche désespérément à masquer son inquiétude.

– Nous n'avons pas fini de fêter mon anniversaire, Pendrell. Je ne vous laisserai pas vous défiler comme ça.

Garrett, le tireur, a pris la fuite ; une traînée de sang conduit à l'entrée principale. Scully se remet à saigner du nez (*Cf.* 4X15).

Louis Frish, le contrôleur aérien militaire qui a, sur ordre de sa hiérarchie, dénaturé les faits lors de l'accident du vol 549, semble très soucieux. Il n'a informé personne de sa présence à Washington. Scully en conclut que les militaires impliqués dans la conspiration ont un informateur au sein du FBI.

Lorsque Skinner arrive sur les lieux pour s'enquérir de Sean Pendrell, Scully lui répond d'un ton glacial qu'elle ignore ce qui lui est arrivé. Le directeur adjoint, mécontent, l'informe qu'il a été appelé au sujet du transfert d'un témoin dans une enquête fédérale.

– Le sergent Louis Frish, confirme Scully. Il était la cible de l'attentat. Un officier de police fédéral était censé nous attendre pour le détenir en sûreté.

– L'ordre a été annulé, assène Skinner.

Ce dernier ajoute que Frish est mis aux arrêts pour faux témoignage lors d'une enquête fédérale. L'ordre d'arrestation émane directement de l'état-major suprême. Les autorités militaires ont également mis Mulder en état d'arrestation, sous l'inculpation « d'avoir pris l'initiative d'interférer avec l'enquête militaire sur l'accident survenu à un avion civil ». Scully est indignée.

– Mais monsieur, ils sont *responsables* de la catastrophe.

– Ils ne le nient pas, mais la thèse qu'ils avancent ne correspond pas à l'histoire du sergent Frish.

À la base militaire de réserve, dans le nord de l'État de New York, Mulder est libéré de sa captivité au moment où Scully le rejoint.

– Tu viens me tirer de taule ?

– Je suis venue te parler.

– À quel sujet ? Un « regrettable malentendu » ? dit Mulder, sarcastique.

– Selon les militaires, Mulder, il n'y a pas de malentendu.

Elle rapporte à son coéquipier, extrêmement sceptique, la nouvelle explication des militaires. Frish et Gonzales ont par erreur dirigé un avion de chasse F-15 Eagle de l'armée de l'Air sur une trajectoire interceptant celle du vol 549, celui-ci demeurant invisible sur leur écran radar jusqu'au moment où il a été trop tard. Les deux avions sont entrés en collision. Gonzales, bourrelé de remords, s'est suicidé. Quant à Frish, il a menti aux deux agents, concoctant un scénario susceptible de le dégager de ses responsabilités.

– Voilà pourquoi ils l'ont poursuivi, afin de le traduire en justice, conclut Dana, qui tente péniblement d'assimiler le rapport qu'elle vient de présenter.

– Et alors, ils auraient pu faire porter le poids de cette affaire à un mort, commente Mulder.

– Exact, dit Scully, l'air embarrassée.

– Et toi, tu crois cette histoire ?

– Je ne sais que croire, avoue-t-elle.

Mulder lui signale une brûlure radioactive qu'il porte au front, résultant, selon lui, de sa rencontre sous-marine avec l'OVNI accidenté. Le « deuxième avion », commente-t-il, était en fait le vaisseau extraterrestre, abattu par l'armée, et qui a entraîné l'avion civil dans sa chute. Scully oppose des réserves à cette théorie : aucune preuve matérielle ne vient confirmer que le vol 549 a été victime d'une collision.

– Selon qui ? interroge Mulder.

– Mike Millar, le coordonnateur de la Sécurité civile, qui mène l'enquête sur l'accident.

– Es-tu sûre qu'il ne ment pas ?

– Ce dont je suis certaine, c'est qu'il semble être le seul à vouloir vraiment résoudre l'énigme du crash. De plus, il m'a fourni des informations qu'il n'avait aucune raison de divulguer.

Scully décrit la rencontre sur le site de la catastrophe, entre Millar et Sharon Graffia.

– La sœur de Max Fenig ?

– Ce n'est pas sa sœur, en réalité. Elle est ingénieur aéronautique, actuellement au chômage, et a passé un certain temps dans des institutions psychiatriques ; c'est dans l'une d'entre elles qu'elle a rencontré Max Fenig.

Elle lui rapporte aussi, au bord des larmes, la mort de l'agent Pendrell, et les circonstances de son décès. Mulder est sincèrement bouleversé.

– Pourquoi ces gens sont-ils morts ? Pour la vérité ? Ou au nom du mensonge ? achève Scully.

– Il faut que ce soit pour la vérité. Nous le leur devons.

Dans un terrain de camping en piteux état, quelque part dans l'État de New York, les deux agents fouillent le domicile de Max Fenig, une caravane dont les murs intérieurs sont tapissés de photos, de coupures de presse et de notes manuscrites.

– Tu admettras, commente Mulder, impassible, que ce type avait un style de vie échappant à toutes les modes.

– Seuls Fenig et toi seriez capables de vivre dans un endroit comme celui-ci.

Scully passe un doigt sur la chaîne hi-fi poussiéreuse. Alors qu'elle la met en marche, retentit la chanson « Unmarked Helicopters », par Soul Coughing. Au bout de quelques secondes, elle coupe le son.

– Je crois que, d'une manière étrange et mystérieuse, vous étiez deux âmes sœurs, dit-elle à son coéquipier.

– Qu'entends-tu par là ?

– Des hommes menant des existences spartiates, dans un confort rudimentaire, afin d'avoir le maximum de temps pour s'adonner à la complexité de leurs passions.

Les passions de Mulder sont en effet enflammées par la découverte d'une boîte de conserve sur le plan de travail de la cuisine.

– Miammm, des haricots et des saucisses !

Mulder cherche ici à savoir ce qui pourrait expliquer la présence de Fenig dans cet avion. Que venait-il lui montrer, ou que voulait-il lui dire ?

– Qu'est-ce qui te fait croire qu'il venait te voir ?

Mulder lui montre sa carte de visite professionnelle tachée de sang retrouvée sur le corps de Fenig.

– Max est la clé de cette affaire, lui explique-t-il. Il savait que cet avion était en danger avant qu'il n'entre dans l'espace aérien militaire. Et même avant qu'il ne décolle.

– Mais comment l'aurait-il su ? Et est-ce que cela aurait mérité de courir le risque ? interroge Scully.

En contournant le bureau de Fenig, Mulder découvre une cassette vidéo. Il la glisse dans le magnétoscope : Max, debout devant sa caravane, apparaît sur l'écran.

Quelqu'un tient la caméra, d'une main incertaine. Pendant que la bande magnétique se déroule, les agents regardent l'excentrique rouquin barbu qui débite son discours.

« Salut. C'est Max. Cela est... heu... mon histoire, bien sûr, puisque c'est moi qui la raconte, ah ! ah ! ah ! Bon. En tout cas, pour ceux d'entre vous qui me connaissent déjà, ce sera de l'histoire ancienne, mais pour les autres, ce sera, eh bien, l'histoire de ma vie. J'ai jamais voulu qu'une chose, c'est qu'on me fiche la paix. Après tout, c'est ce qu'on souhaite tous, hein ? Mais il a fallu que je me fasse enlever par des extraterrestres ! Et maintenant, j'ai plus jamais la paix. N'importe quand, et surtout quand je m'y attends le moins. Le pire, c'est que personne veut vous croire ! Enfin, presque personne. Ah ! ah ! ah ! Donc j'ai décidé de passer ma vie à rassembler pour tous ces cabochards d'incrédules des preuves indéniables qu'il existe des entités biologiques extraterrestres, qui visitent notre planète dans des vaisseaux spatiaux, au moment même où je vous parle, avec des objectifs plutôt inquiétants, connus de certains membres du gouvernement, du FBI, et de certains cadres tout-puissants de la communauté militaro-industrielle... »

Au bord du lac où s'est abîmé l'OVNI, une escouade de militaires vêtus de noir travaillent sous une grande tente ; ils disposent les débris du mystérieux engin. Le corps grisâtre d'un extraterrestre est déposé dans un sac fermé par une glissière.

À l'intérieur de la caravane Airstream, Fenig continue de discourir :

« ... qui ont réussi à récupérer ces engins. Ils n'admettraient pas ça en public, bien sûr. Mais ils comptent utiliser leur technologie à des fins militaires... Non, ça serait indigne de l'Amérique ! Et ils ne l'admettront pas avant que quelqu'un ne les confronte à des preuves indiscutables, irréfutables. Quelqu'un comme moi. Et, heu... je pense que je devrais quand même préciser que je fais ça à mes risques et périls, car je peux y laisser ma peau ou ma santé. Mais quoi ! Après avoir été enlevé par de petits hommes gris, pourquoi est-ce que je me casserais la tête pour quelques fantômes de la CIA ? »

Sur le site du lac, un plongeur militaire vomit. Son corps est couvert de brûlures radioactives. Des soldats l'aident à entrer dans une tente. On transporte sur une civière un autre homme-grenouille, dans un état critique. Un homme qui porte la moustache se penche sur les mourants ; du sang suinte de son pantalon.

– On l'a trouvé, lance Scott Garrett.

Dans le hangar où les débris du Boeing ont été assemblés, Mike Millar réunit ses hommes. Tristement, il les informe que les éléments en leur possession ne peuvent ni confirmer ni infirmer la thèse des autorités militaires. Il remercie les enquêteurs pour leur travail acharné, et les renvoie dans leurs foyers. Scully et Mulder arrivent à temps pour la dernière réunion de Millar. Ils lui font part de leurs soupçons : la thèse développée par l'armée de l'Air représente à leurs yeux une tentative de diversion et d'étouffement.

Mulder précise à Millar que Scully et lui partagent le même avis en ce qui concerne les mobiles, mais non les faits.

– Vous possédez des éléments que j'ignore ? s'enquiert Millar.

– Non, mais je peux vous rapporter une histoire, si vous voulez bien l'entendre. Sentez-vous libre de me dire que c'est de la foutaise, comme l'agent Scully l'a fait. Pour ma part, je crois qu'elle est aussi plausible que tout autre récit que j'aie pu entendre. Et à tout le moins, c'est la seule qui ne puisse être réfutée par les faits.

Millar jette un coup d'œil alentour pour s'assurer que les derniers de ses enquêteurs quittent le bâtiment.

– Très bien, allez-y, dit-il avec réticence.

Mulder fait part à Millar de sa théorie sur l'accident :

– Il existait un homme, Max Fenig, qui connaissait les raisons de l'écrasement de cet avion, avant même de monter à bord. Mais il a néanmoins entrepris ce voyage, sur le siège 13 F. Plusieurs explications possibles aux soupçons de Max peuvent être avancées. Pour ma part, je pense qu'il a été suivi quelque temps avant de prendre le vol 549, et jusqu'à ce qu'il monte à bord. Cette personne voulait obtenir un certain objet que Max transportait, ou quoi que ce fût, cet objet ayant provoqué la catastrophe. C'est la cause qui vous a échappé.

Intrigué malgré lui, Millar suit Mulder alors que ce dernier se déplace à travers la carcasse.

– Et quel était cet objet ?

– La preuve matérielle de l'existence d'une vie et d'une intelligence extraterrestres.

» La personne qui a suivi Max devait être prête à tuer pour cet objet. Certaines choses ont plus de valeur que des vies humaines… les vies de cent trente-quatre personnes. Nous ne saurons jamais si le plan s'est déroulé jusqu'au bout, parce que le vol 549 a été intercepté par un autre appareil. Un engin qui n'a pas été détecté par les radars militaires. Max Fenig a compris immédiatement quelle était la nature de cet appareil, et il a su qu'il ne finirait pas son voyage. Il aura reconnu les opérations classiques annonçant un enlèvement : le vaisseau prenant le contrôle de l'avion et de tous ses systèmes, uniquement pour enlever Max. Mais l'entreprise a mal tourné. Un troisième avion, probablement un F-15 Eagle, a reçu les coordonnées du vol 549.

Le temps d'un flash-back, nous retrouvons les sergents Frish et Gonzales qui observent le point lumineux représentant le vol 549, traversant l'écran de leur radar.

– Cap sur 1.0.0., altitude 29 000 pieds, dit le sergent Frish dans sa radio.

Mulder reprend :

– Les contrôleurs aériens ont vu l'avion de chasse pénétrer dans l'espace aérien de l'avion de ligne dans une configuration d'interception. Ils n'ont pas compris ce qu'ils avaient mis en route, ne possédaient aucun moyen de déterminer la présence d'un troisième engin, qui n'apparaissait pas sur leurs écrans. Et surtout, ils ne pouvaient savoir que, pendant neuf minutes, le temps s'arrêterait pour le vol 549.

Évoquons de nouveau la situation à bord du vol 549. La fin est proche. Lorsque le faisceau de lumière atteint la rangée de Max Fenig, les secousses violentes ces-

sent et un état d'immobilité pesant s'abat sur les passagers. Max, son sac à dos toujours pressé contre lui, semble frappé d'une attaque : il est soulevé de son siège, le buste en avant, attiré irrésistiblement par la force du rayon lumineux. L'Homme sombre dégaine son arme de plastique et vise Max ; il appuie en vain sur la détente. Max est lentement tiré vers l'extérieur, à travers la sortie de secours. Il disparaît dans la lueur aveuglante.

Mulder poursuit :

– Si l'imprévisible ne s'était pas produit, je pense que Max Fenig aurait été enlevé, puis ramené à bord du vol 549, sans aucune perte en vies humaines, sans même une trace. Mais le 549 et l'engin extraterrestre qui en avait pris le contrôle ont été interceptés par un chasseur de l'armée qui avait pour ordre d'abattre l'OVNI. Les neuf minutes « manquantes » à bord de l'avion de ligne, neuf minutes qui auraient été effacées des mémoires des cent trente-quatre passagers, furent en fait les dernières minutes de leurs vies.

Sur le radar de Frish et Gonzales, les échos lumineux représentant le chasseur et l'avion de ligne convergent. À l'intérieur du vol 549, les passagers sont comme en transe. Max flotte de nouveau à travers l'issue de secours, en direction de son siège, qu'il n'atteindra jamais. Une explosion assourdie se déclenche, et le rayon lumineux s'éteint.

Fenig est aspiré à travers la sortie de secours, et l'avion, subissant une brusque dépressurisation, entame une violente chute libre. Certains passagers sont projetés dans l'allée centrale, d'autres tentent désespérément d'utiliser leurs masques à oxygène. Des amis, des couples et des personnes qui ne se connaissent pas, sentant la mort imminente, joignent leurs mains à travers le

couloir. Tout ce qui n'est pas arrimé à bord s'éparpille bientôt dans la stratosphère. Sur l'écran du radar militaire, l'indicateur d'altitude du 549 clignote en affichant un triple zéro.

L'action principale de l'épisode reprend son cours. Dans le hangar, Mike Millar lance un regard d'acier à Mulder, puis s'exprime lentement, pesant ses mots.

– Ce que vous me dites, en fait, c'est que le vol 549 a été saisi dans une sorte de champ d'attraction ufologique.

– Vous employez une terminologie hollywoodienne, mais c'est à peu près ça.

– Et l'armée de l'Air a fait abattre l'OVNI, ce qui a interrompu la propagation du champ électromagnétique et causé la perte du vol 549.

– Exact.

– Eh bien, là d'où je viens, on appelle ça un énorme mensonge. Même si c'était vrai, jamais je ne pourrais faire admettre une telle explication à Washington. Et vous non plus.

Mulder le reconnaît volontiers. Millar réfléchit, cligne des yeux et ajoute :

– ... ou du moins pas sans l'objet que transportait Max Fenig, nuance-t-il.

Scully partage les conclusions de Millar, à cela près que personne n'a pu fournir une explication satisfaisante aux traces de radioactivité relevées sur les sièges de l'avion et sur l'issue de secours.

– N'avez-vous rien trouvé dans les décombres ? lui demande-t-elle. Pas de source d'émissions radioactives ?

– J'ai trouvé quelque chose, annonce-t-il en clignant encore les yeux. Et je crois que vous feriez bien d'y jeter un coup d'œil.

Du coffre de sa voiture, il sort un havresac vide, celui de Max Fenig, puis s'en va.

L'histoire de Mulder présente des lacunes, selon sa coéquipière ; elle craint qu'ils ne trouvent jamais ce que transportait Fenig.

– Dans ce cas, nous ne saurons jamais qui a tué l'agent Pendrell, ni pourquoi. Et si nous ne trouvons pas la solution, quel sens prendront leurs vies, ou leurs morts ? Max Fenig restera dans les esprits comme un cinglé de l'enregistrement vidéo.

Il suggère de reprendre leurs recherches en commençant par interroger Sharon Graffia.

– Elle n'est pas fiable, Mulder. Cette femme n'est même pas celle qu'elle prétend être, signale Scully.

Elle ajoute que Sharon se trouve dans un établissement psychiatrique. Contre toute attente, Mulder ne paraît pas considérer cette nouvelle comme préoccupante.

– Je t'y accompagnerais bien, lui dit-il, mais j'aurais trop peur qu'ils ne me laissent pas repartir.

– Moi aussi, soupire Scully, sur un ton résigné.

Mulder se rend pour la deuxième fois à la caravane Airstream de Max. « Unmarked Helicopters », par Soul Coughing hurle dans les haut-parleurs de la chaîne hi-fi ; la vidéo de Max défile sur la télévision. Le logement a manifestement été fouillé de fond en comble. Mulder se présente au gérant du parc de caravanes, Mr Ballard, et lui apprend la mort de Max Fenig. Ballard, qui éprouvait de la sympathie pour son locataire excentrique, est bouleversé par la nouvelle et s'enquiert de la possibilité de faire suivre son courrier. Il sort pour vider la boîte aux lettres ; tandis que Mulder, regardant la vidéo, effectua un arrêt sur image, révélant dans la fenêtre de la caravane le reflet du cameraman : c'est Sharon Graffia.

Le gérant revient avec une pile de lettres, qu'il tend à Mulder. La première est au nom de « Paul Gidney », l'*alias* de Fenig. L'enveloppe contient un ticket de consigne.

Dans un établissement psychiatrique près de Georgetown, Scully rend visite à Sharon Graffia. La jeune femme, morose, se tient dans une pièce sombre. Elle avoue tristement ne pas être la sœur de Max.

– Je sais, dit Dana. Mais je ne suis pas certaine de comprendre pourquoi vous nous avez menti sur ce point, Sharon. Et je me demande ce que vous avez pu nous dissimuler sur d'autres sujets.

– Cela n'a plus aucune importance, désormais.

– Mais si, c'est important. Si vous savez quelque chose sur ce que transportait Max, cela représenterait beaucoup.

– Pour qui ?

– Pour Max.

Les yeux de Sharon se remplissent de larmes ; elle se détourne. Scully allume une lampe posée sur la table, et observe le visage de Graffia, rouge et boursouflé.

– Max avait les mêmes cloques, dit Dana. Vous avez tous deux été exposés à un même phénomène. Qu'était-ce ?

Sharon reconnaît que, lorsqu'elle travaillait en tant qu'ingénieur aéronautique chez Cummins Aerospace, elle a volé à son patron un objet radioactif.

– Seulement parce que je croyais en Max, précise-t-elle. Max affirmait qu'il s'agissait d'une technologie extraterrestre. La superstructure était composée de trois sections qui s'emboîtaient ; nous l'avons démontée. J'ai pris une de ces pièces rondes, Max en a emporté une autre à bord de l'avion.

– Et la troisième ? Qu'est devenue la troisième partie ? interroge Scully.

À l'aéroport international Hancock de Syracuse, dans l'État de New York, Mulder tend le ticket de consigne à un garde de la sécurité. L'agent aperçoit alors plusieurs hommes en costume sombre qui le surveillent manifestement et l'attendent. Le fonctionnaire remet à Mulder un sac à dos identique à celui que Millar

avait présenté. Les hommes en noir étant toujours postés derrière lui, il montre rapidement au garde son badge du FBI.

– Je suis agent fédéral. J'ai besoin d'accéder d'urgence au terminal.

Alors qu'il est escorté à travers la consigne, suivi à distance par une sombre escouade, Scully le joint sur son téléphone cellulaire.

– Mulder, ce que tu transportes a été volé à un fournisseur de l'armée, l'entreprise Cummins Aerospace.

Étant donné que Scully ne lui fournit pas de précisions, Mulder décide d'ouvrir le sac. À cet instant, leur liaison téléphonique se dégrade. Scully l'exhorte à ne pas sortir l'objet de son conteneur, afin de ne pas s'exposer à une importante radioactivité. Mais la communication est perturbée par des interférences. Pendant que Scully se fait un sang d'encre, son coéquipier dépose le sac fermé sur le tapis roulant du contrôle des bagages.

– Ça ressemble à une petite superstructure contenant trois pièces circulaires. C'est difficile d'en voir plus sur une image aux rayons X.

Scully pousse un soupir de soulagement indiquant à Mulder qu'ils sont tombés sur une opéra-

tion d'espionnage industriel très sophistiquée. Ils conviennent de se retrouver à Washington, à l'arrivée de son vol.

L'agent monte à bord de l'avion, avec pour tout bagage le sac à dos. Scott Garrett, l'assassin de Pendrell, s'y trouve déjà. Quelque temps plus tard, Garrett s'approche du siège de Mulder.

– Excusez-moi, dit-il, mais il y a beaucoup plus d'espace libre ici. Je vous dérange ?

– Je vous en prie, fait Mulder, la voix ensommeillée.

Le tueur s'assoit sur le siège proche du couloir, Mulder se trouvant près du hublot. Il tente d'engager la conversation, mais l'agent a remarqué le sang qui sourd à travers la jambe du pantalon.

– Vous habitez dans le district de Columbia ? demande aimablement Garrett.

– J'ai une arme braquée sur vous, murmure Mulder. À cette distance, je suis certain de ne pas vous atteindre seulement à la jambe. Si vous bougez ne serait-ce que vos bras des accoudoirs, je fais le test.

– Et si vous me manquez ?

– C'est impossible.

Garrett décrit à Mulder les conséquences catastrophiques d'une perforation du fuselage avec la dépressurisation qui s'ensuivrait. Il lui dit être équipé dans cette éventualité d'un parachute ultraléger, et qu'il se prépare à attraper le sac à dos et à sauter.

– Et si le pilote ne peut garder le contrôle de l'appareil ? demande Mulder.

Garrett lui déclare qu'un homme digne de ce nom doit savoir se sacrifier pour des causes plus importantes que sa vie propre.

Mulder le toise avec mépris.

– Je suis sûr que les autres passagers de ce vol apprécieraient de mourir pour votre noble philosophie, dit Mulder en le toisant avec mépris.

– Regardez par le hublot, agent Mulder. Vous voyez ces lumières ? Réfléchissez : si l'une d'elles vacillait et s'éteignait, le remarqueriez-vous ? Une douzaine, deux douzaines de lumières éteintes... cela mérite-t-il de sacrifier l'avenir, la vie de millions de gens ? Pour garder quelques lumières allumées ?

Mulder regarde brièvement le sac à dos.

– Qu'est-ce qu'il y a dedans ?

– Des objets volés.

– C'est une source d'énergie extraterrestre, n'est-ce pas ? Est-ce que cet objet radioactif servirait de matière première pour la fission à froid, dans l'industrie ?

Qu'est-ce qui justifiait l'assassinat des passagers du vol 549 ?

– L'origine de la catastrophe a été une erreur humaine, note Garrett.

– Et je vais m'employer à vous faire payer cette erreur, ainsi qu'à votre employeur, et au gouvernement qui finance ses contrats.

Mulder pousse Garrett jusqu'aux toilettes, où il le barricade avec un chariot de plateaux-repas. Il joint Scully sur le téléphone de bord, lui annonce la capture de l'assassin de Pendrell et lui demande des renforts à l'arrivée. Jetant un coup d'œil à sa montre, il constate qu'elle vient de s'arrêter. Après avoir prévenu Scully, il se précipite vers le chef de cabine, l'informant que l'avion va être intercepté et abordé, et recommande que le commandant fasse une manœuvre d'évitement. La femme regarde Mulder comme si elle avait affaire à un fou dangereux.

Le tueur a réussi à s'échapper des toilettes, et menace à présent Mulder de son arme en plastique.

– Posez ce sac par terre ! crie Garrett.

Alors que les passagers se mettent à crier, Mulder pose le sac à terre. De violentes secousses répétées, dépassant en intensité l'effet d'une zone de turbulences, agitent alors l'avion. Les passagers hurlent de nouveau, mais cette fois sous l'influence d'une lumière éclatante, pénétrant par les hublots et cheminant vers l'arrière. Garrett se dirige tant bien que mal vers le sac à dos, qu'il ramasse. Il le suspend sur sa poitrine, l'arme toujours pointée sur Mulder.

– Jetez le sac ! Jetez-le ! lui crie l'agent.

La lumière a atteint l'issue de secours. Le rayon lumineux semble agripper la porte, la tirant vers l'extérieur du fuselage. La lumière enveloppe la porte. Le métal se tord et des fissures s'agrandissent tandis que la lumière s'intensifie ; puis l'avion se dissout dans une blancheur insoutenable.

À l'aéroport international de Washington, l'avion de Mulder vient de se poser. Scully, Skinner et plusieurs autres agents s'élancent le long du tunnel pour rejoindre l'appareil. À bord, tout semble normal. Les passagers se lèvent, s'étirent et se dirigent vers la sortie. Les agents s'arrêtent, perplexes. Ils découvrent Mulder assis, seul, près de son hublot.

– Mulder, où est-il ? lui demande sa coéquipière.

– Il n'est plus ici.

– Mais tu m'as dit qu'il était dans l'avion, et que tu détenais la pièce volée...

– Quelle heure avez-vous ? dit Mulder en consultant sa montre.

– Dix heures cinquante-six, lui répond Skinner.

La montre de Mulder indique dix heures quarante-sept.

– Pourriez-vous m'expliquer ce qui se passe ici, agent Mulder ? demande le directeur adjoint.

Scully, méfiante, le prévient :

– Je ne crois pas que vous aimeriez connaître la réponse, monsieur, le prévient Scully d'un ton las.

Skinner fait face à Mulder.

– Cet homme est-il à bord de l'avion ?

– Je crois qu'il a pris une correspondance.

Dans la caravane de Max Fenig, la vidéo posthume défile à l'écran. Max discourt, comme à l'accoutumée, dissertant sur la supraconductivité, l'antigravitation, et les conspirations gouvernementales. Sharon Graffia regarde son vieil ami avec affection. Elle sourit à Mulder et à Scully, qui se tiennent un peu en retrait.

– Me permettez-vous de conserver ces enregistrements ?

– Certainement, répond Mulder. Je crois que vous devriez vous considérer comme la légataire universelle de Max Fenig et la représentante exclusive de Fenig Archives multimédia. Essayez d'obtenir une aide de l'État. Ces documents vaudront peut-être très cher un jour.

Sharon remercie les deux agents pour leur aide.

– Max aurait aimé qu'il en soit ainsi, lui répond Scully. Vous avez perdu un être qui vous était très cher.

– Vous aussi, je crois, lui répond Sharon.

Scully sort de la caravane et lève son regard vers le ciel nocturne. Mulder la rejoint.

– Tu penses à Pendrell ?

– Je viens de réaliser que je n'ai jamais su son prénom.

Elle demeure un instant silencieuse, puis reprend :

– J'étais en train de réfléchir au cadeau que tu m'as fait pour mon anniversaire. Tu ne m'as pas dit exactement pourquoi tu me l'avais offert et ce qu'il signifiait pour toi. Je crois le savoir. Je crois que tu te rends compte qu'il existe des femmes et des hommes exceptionnels, et qu'il y a des moments exceptionnels où l'Histoire fait un bond en avant, portée par ces individus. Que ce qui peut être imaginé peut être accompli. Il faut avoir de grands rêves, mais rien ne remplacera jamais la persévérance et le travail en collaboration, parce que personne n'y arrive seul. Et tandis que nous commémorons la grandeur de ces exploits et de ceux qui les ont réalisés, nous devons toujours nous souvenir du sacrifice de ceux qui ont permis à l'Histoire de faire ces bonds en avant.

Mulder se rapproche de sa coéquipière, et lui dit avec un humour teinté de tendresse :

– Et moi qui croyais qu'il s'agissait d'un porte-clés très ordinaire...

Alors qu'ils s'éloignent, la constellation d'Orion dresse sa flèche haut dans le ciel, au-dessus de la caravane, dans la nuit étoilée.

Coulisses

Sans représenter vraiment les deux épisodes les plus dramatiques ou comportant la charge émotionnelle la plus forte, « Tempus Fugit » et « Max » fournissent un bon exemple de ce que l'équipe des *X-Files* produit lorsqu'elle atteint un haut degré de créativité.

– Les deux épisodes constituaient de vastes entreprises, raconte Gillian Anderson. Nous y avons probablement dépensé plus d'argent que sur n'importe quel autre. Mais pour des tas de raisons, David et moi étions si crevés que nous n'avons jamais eu complètement l'énergie phénoménale qui aurait été nécessaire pour faire face à des événements aussi exceptionnels que ceux qui étaient mis en scène. Ce fut un grand regret pour nous deux.

Duchovny évoque à son tour ses souvenirs.

– Les épisodes ont été agréables à tourner. En fait, ça rappelait Las Vegas : on présente le spectacle des girls, on fait rutiler la quincaillerie en éclairant le tout, et hop ! cela donne du grand spectacle.

La préparation très anticipée de 4X17 et 4X18 a commencé durant la troisième saison, lorsque Chris Carter a décidé qu'un épisode ultérieur serait centré sur un Boeing 737 qui subit des tremblements, est violemment secoué, et finit par s'écraser.

– Au-delà de ces indications initiales, raconte Frank Spotnitz, nous ne savions pas quelle serait la substance de l'histoire.

Cela ne constituait pas un problème particulièrement important. En revanche, une question matérielle se posait : il était impossible de louer un intérieur d'avion transportable dans la région de Los Angeles ou au Canada, qui serait à la fois susceptible de simuler les effets d'une dépressurisation violente, et capable de s'ouvrir tout du long pour laisser entrer caméras et autres équipements.

Le dessin et la construction d'une cabine de 737 à l'échelle, entièrement manœuvrable et agitable en tous sens, et qu'on pouvait ouvrir pour filmer, fut un projet qui associa les décorateurs, le service de la construction et le département des effets spéciaux. Sa réalisation coûta environ quatre millions de dollars ; la construction mécanique de la cabine fut montée en suspension hydraulique de six mètres de haut, son articulation à la Cardan transmettant le mouvement de rotation. La cabine pouvait s'ouvrir tous les six pieds (1,80 m) et être refermée sans que les joints apparaissent, ce qui permettait de filmer sous tous les angles.

– Bon sang ! Cet avion secouait vraiment, raconte Kim Manners, le metteur en scène de 4X18. L'engin pouvait se déplacer de long en large d'un mètre vingt dans tous les sens, puis pencher sur vingt-deux degrés. Ça ressemblait vraiment à du rock-and-roll !

» Je n'avais jamais travaillé auparavant avec une équipe obligée de porter des casques protecteurs. Quatre-vingts figurants ont été engagés pour cet épisode, et ils ont *fait* le spectacle. Lisa Radte, notre responsable du casting des figurants, a vraiment effectué un travail exceptionnel ; elle m'a proposé des tas de gens talentueux. Imaginez un peu, on rassemble des figurants, et on leur dit : « Voilà ce qu'on va faire : on va vous enfermer pendant trois jours dans cet avion, et on va lui imprimer des secousses violentes. Et en plus, cette scène comportait des enfants dont certains n'avaient pas plus de quatre ans. Aucun ne s'est plaint. Personne n'a même eu le mal de l'air, seules quelques personnes ont été sujettes à des nausées. Mais lorsque Chris a voulu ajouter des bébés à bord, j'ai pensé qu'on ne pouvait pas leur faire subir ce sort, aussi des poupées ont remplacé les vrais nourrissons.

L'équipe eut l'occasion d'éprouver un autre type de malaise. Alors que la catastrophe du Boeing de la TWA, le vol 800, était encore présente dans les mémoires, une partie du terrain situé près de l'aéroport de Vancouver fut calciné. On éparpilla sur sa surface des débris, de petits drapeaux, des bagages, et des corps de victimes, avec l'assistance technique d'un véritable enquêteur de la sécurité.

La section arrière d'un Boeing 707 a constitué la plus importante pièce des débris ; elle fut dénichée dans un entrepôt de ferrailleur, en Caroline du Nord. Val Arntzen, du département de la décoration de plateau, l'a rapportée sur un camion et déposée sur le site. L'opération a demandé cinq jours de transport continu, a coûté trente mille dollars, pour un plan de quelques secondes dans le montage final.

Le spécialiste de la flore, Frank Haddad, a supervisé l'accrochage des lambeaux de vêtements (et d'une main coupée, dont la séquence sera finalement retirée au montage) sur des arbres dénudés, plantés pour la circonstance.

– Je crois que le site de l'accident est le seul décor dans lequel j'aie jamais vu l'équipe réellement mal à l'aise, se souvient le directeur artistique, Gary Allen.

Mais le travail le plus ardu incombait probablement à l'ingénieur du son, Michael Williamson, qui avait la tâche quasi impossible d'enregistrer les voix de Duchovny et de Tom O'Brien (Louis Frish) alors qu'ils parlaient, dans une scène de nuit autrement inoffensive, tout près du moteur en marche de leur Cessna.

– Ç'a été l'enfer, raconte Williamson. Cette scène a été la plus difficile que j'ai eu à enregistrer pendant les quatre années de la série.

En comparaison, les scènes de plongée sous-marine se sont déroulées sans anicroche. Elles furent filmées, comme d'habitude, dans le réservoir à eau couvert d'une entreprise de matériel de plongée, nommée CanDive.

L'OVNI qui illumine brillamment l'enquêteur Mike Millar (Joe Spano, l'ex-star de la série *Hill Street Blues*), fut créé en postproduction par la directrice des effets spéciaux visuels, Laurie Kallsen-George. La lumière qui éclaire vivement Mulder près de l'épave du sous-marin provient du projecteur d'un hélicoptère de secours en mer des gardes-côtes canadiens. Les deux pilotes d'hélicoptère, appartenant aux gardes-côtes canadiens, tournèrent eux-mêmes la scène. Ce sont d'ailleurs des fans de la série.

George Chapman, qui assure la continuité stylistique de la production, s'en amuse encore :

– Dans leur esprit en tout cas, ils ont dû considérer cette mission comme une véritable aventure.

La chanson qu'écoute Max Fenig dans sa caravane est *Unmarked Helicopters* du groupe Soul Coughing, qui figure sur le CD-compilation des chansons de *X-Files*, intitulé : « Songs in the Key of X ».

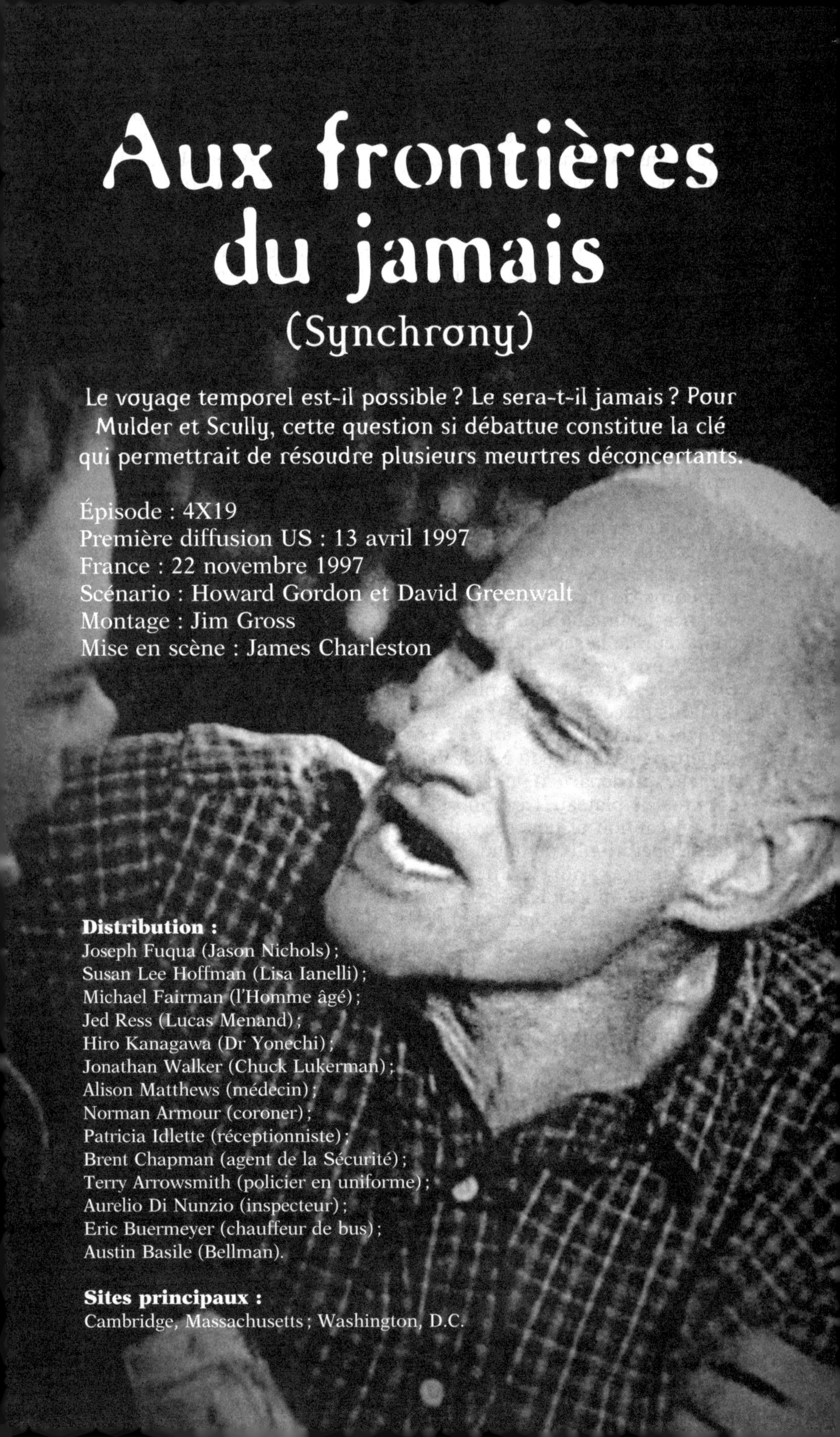

Aux frontières du jamais

(Synchrony)

Le voyage temporel est-il possible ? Le sera-t-il jamais ? Pour Mulder et Scully, cette question si débattue constitue la clé qui permettrait de résoudre plusieurs meurtres déconcertants.

Épisode : 4X19
Première diffusion US : 13 avril 1997
France : 22 novembre 1997
Scénario : Howard Gordon et David Greenwalt
Montage : Jim Gross
Mise en scène : James Charleston

Distribution :
Joseph Fuqua (Jason Nichols) ;
Susan Lee Hoffman (Lisa Ianelli) ;
Michael Fairman (l'Homme âgé) ;
Jed Ress (Lucas Menand) ;
Hiro Kanagawa (Dr Yonechi) ;
Jonathan Walker (Chuck Lukerman) ;
Alison Matthews (médecin) ;
Norman Armour (coroner) ;
Patricia Idlette (réceptionniste) ;
Brent Chapman (agent de la Sécurité) ;
Terry Arrowsmith (policier en uniforme) ;
Aurelio Di Nunzio (inspecteur) ;
Eric Buermeyer (chauffeur de bus) ;
Austin Basile (Bellman).

Sites principaux :
Cambridge, Massachusetts ; Washington, D.C.

À 23 h 15, sur le campus du MIT, le Massachusetts Institute of Technology, un vieil homme ébouriffé, la respiration haletante, court après deux jeunes chercheurs, Jason Nichols et Lucas Menand, engagés dans une discussion animée. Arrivé à leur hauteur, le vieil homme s'adresse à Menand sur un ton indiquant une urgence désespérée.

– Il faut que je vous parle ; cette rue est dangereuse...

Les deux scientifiques le regardent comme un inoffensif excentrique et replongent dans leur différend.

– Je suis venu de très loin pour essayer de sauver votre vie ! s'écrie alors le vieil homme.

Comme le vieil homme empoigne Menand, celui-ci s'emporte et le rejette. Nichols, éprouvant de la compassion pour le vieillard, tente de calmer le jeu.

– Mais il va mourir ! s'écrie l'homme âgé à l'adresse de Nichols. À vingt-trois heures quarante-six exactement. Le bus...

Un garde de la sécurité du campus, attiré par le désordre, s'approche d'eux.

– Puisque je vous dis qu'il va mourir ! À vingt-trois heures quarante-six exactement. Le bus...

– On va tous mourir un jour ou l'autre, papa, commente le garde en tirant le vieillard vers sa voiture de patrouille.

– Non, Jason ! Ne le laissez pas traverser la rue ! À cause de ses papiers, il ne verra pas le bus ! Arrêtez-le !

Le divagateur est introduit brutalement à l'arrière du véhicule. Nichols le considère avec curiosité.

– Comment connaissait-il mon nom ?

– Comment diable veux-tu que je le sache ? lance Menand qui s'éloigne, toujours furieux, dans la rue sombre.

Nichols s'engage dans la direction opposée. Un bus vide attire soudain son attention ; il tourne le coin de la rue et se dirige vers Menand. La montre de Jason indique 23 h 45. Au loin, Menand a laissé tomber ses feuillets dans la trajectoire du bus.

– Lucas ! s'écrie Jason.

Nichols s'élance vers son collègue, trop occupé à ramasser ses documents épars pour avoir conscience de l'arrivée du bus.

– Non ! hurle Nichols.

L'autocar percute violemment Menand, qui gît à présent sur l'asphalte, saignant abondamment, le corps tout tordu. Le chauffeur, affolé, considère le corps ensanglanté, puis aperçoit Nichols.

– Qu'est-ce que vous lui avez fait ? demande-t-il.

Nichols, en état de choc, demeure prostré.

– Vous l'avez poussé sous mes roues ! Vous l'avez tué ! Mais qu'est-ce qui vous a pris ?

Nichols est trop bouleversé pour s'exprimer. Debout auprès du cadavre, il consulte sa montre, qui indique : 23 h 21.

Au siège du FBI, Mulder et Scully analysent les éléments de l'affaire. Menand, au dire de Mulder, était un brillant scientifique, qui poursuivait ses recherches au MIT après avoir obtenu son doctorat. Nichols, professeur de faculté en biologie, était le subordonné de Menand. Il a refusé de révéler aux enquêteurs le motif de leur polémique.

– Hum... Cela ressemble à un mobile, non ? avance Mulder. Tu veux entendre son alibi ?

Dans l'enregistrement vidéo de l'interrogatoire de Nichols, le jeune homme affirme qu'il a juste voulu empêcher que ne se réalise la prédiction du vieil homme.

– Son alibi se résume à ça ? s'étonne Dana.

– Eh bien, il poursuit par un récit extrêmement convaincant, et donne du vieillard une description très détaillée.

– Il portait une robe noire et une faux ? ironise Scully.

– Pas lorsque le garde de la sécurité l'a arrêté.

Scully veut savoir si on a interrogé le garde et demeure perplexe en apprenant sa mort.

À l'institut médico-légal de Boston, Scully et Mulder, accompagnés par un coroner, se dirigent vers la salle où repose le corps du garde.

– Je n'ai pas pu déterminer définitivement l'heure et la cause de la mort, dit le praticien d'un air embarrassé. Il existe un désaccord au sein du service sur la meilleure façon de pratiquer l'autopsie ; il s'agit essentiellement de savoir si l'on doit couper ou scier.

Il découvre le corps, en état de congélation. Scully remarque qu'on a inséré quelque chose dans l'oreille de la victime.

– C'est exact, répond le coroner.

Il lui montre le thermomètre à infrarouge qu'il a introduit dans l'oreille du défunt, mesurant une température de 8° Fahrenheit, soit – 9,7° Celsius. De plus, une bouteille de gin vide a été retrouvée sous le siège du conducteur de la voiture de patrouille. Scully refait une mesure : la température du corps est tombée à – 13° Celsius.

– Quel est ton avis médical, Scully ? s'enquiert son coéquipier.

– Je dirais qu'il a été exposé à un corps réfrigérant, qu'il a pu, par exemple, ingérer de l'azote liquide.

– Tu vois ce qui se passe quand on prend le volant alors qu'on a bu ? plaisante Mulder.

Il suggère de demander à Jason Nichols s'il a une explication à fournir sur ce phénomène.

– Et s'il ne le peut pas ?

– Alors, il nous faudra espérer qu'il se conserve jusqu'à Thanksgiving, dit-il en haussant les épaules.

Au poste de police proche du MIT, Mulder observe Jason Nichols à la fenêtre de la salle d'interrogation. Ce dernier, l'air grave, parle à une jeune femme qui a entre vingt et trente ans. Lorsque Mulder entre dans la pièce, la visiteuse sort.

– C'est votre petite amie ?

Le scientifique acquiesce de mauvaise grâce et demande à Mulder s'ils sont à la recherche du vieil homme, fondement de son alibi. L'agent lui assure qu'ils s'en occupent.

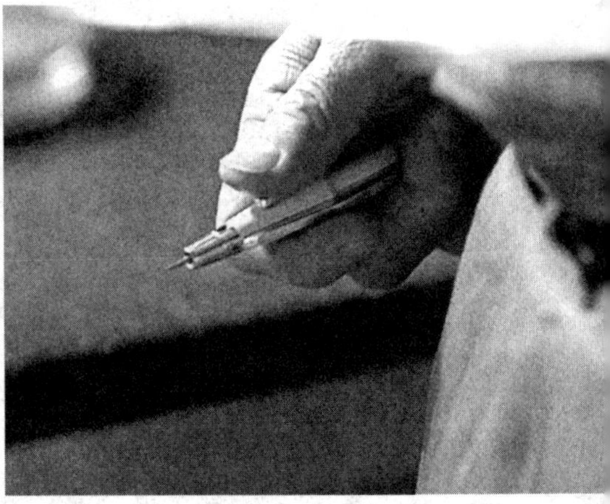

– Vous devez savoir que l'homme qui a, selon vos dires, arrêté le vieillard est mort.

– Non, je ne le savais pas. Allez-vous aussi m'accuser de l'avoir tué ? lance Nichols d'un ton grincheux.

– Je ne crois pas, à moins que vous n'ayez le pouvoir de tuer les gens en les congelant.

Le scientifique semblant perturbé par cette allégation, Mulder y voit une ouverture possible.

– Est-ce que cela peut avoir un lien avec vous et Lucas Menand ?

L'indignation de Nichols est à son comble ; il bredouille que Menand a tenté de porter atteinte à sa réputation d'universitaire, en l'accusant d'avoir falsifié des données dans un document.

– Et c'était le cas ?

– Non, répond Nichols. La théorie était solide et fiable. Si mon interprétation de certaines données a pu paraître peu précise, c'est parce que j'étais sous pression pour obtenir des résultats. Ma bourse d'études de la NSA venait à expiration, et Lucas savait combien ses accusations seraient préjudiciables à son renouvellement.

– Est-ce que Menand souhaitait la même bourse ?

Nichols acquiesce.

– Quel domaine de recherche aurait-il été financé ?

– La cryobiologie, dit Nichols d'un air soucieux, conscient du mauvais effet que peut produire sa réponse. J'ai étudié les effets des basses températures sur les êtres vivants.

Scully appelle alors Mulder pour lui révéler que les empreintes digitales de Jason Nichols ont été retrouvées sur le corps et dans la voiture du garde.

– Je crois que le vieil homme de l'histoire sera sans doute Nichols, quand il aura fait vingt-cinq ans de prison, conclut-elle.

Dans un hôtel du centre de Boston, un Japonais du nom de Yonechi s'apprête à remplir sa fiche d'entrée. À la grande surprise de la réceptionniste, il ne figure aucune trace de sa réservation.

– Docteur Yonechi ? demande une voix derrière lui.

C'est le vieil homme qui a fait son apparition dans la première scène. Il informe Yonechi qu'il s'agit d'une erreur ; son assistant a oublié de faire la réservation, mais il tient une autre chambre à sa disposition. Yonechi demeure perplexe.

– Vous n'êtes pas le Dr Nichols ?

– Il m'a chargé de vous présenter ses excuses, n'ayant pu se

rendre ici à temps, aussi m'a-t-il chargé de vous accueillir.

– Excusez-moi, mais qui êtes-vous ? interroge Yonechi.

– Un grand admirateur de vos travaux.

L'air souffrant, le vieil homme accompagne le Japonais à sa chambre. Il lui demande un verre d'eau, puis s'attarde, lui avouant qu'il est responsable du problème concernant la réservation. Devant l'étonnement redoublé de Yonechi, il lui murmure qu'il lui doit beaucoup.

– Et pour quoi ? s'étonne Yonechi.

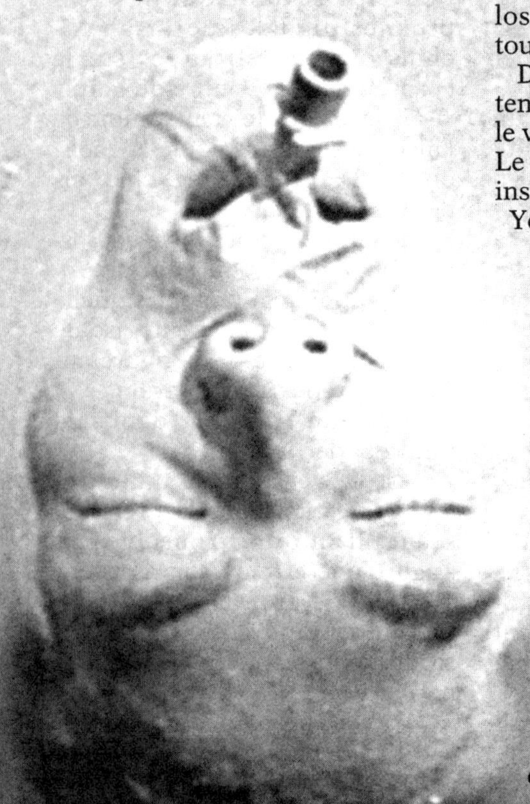

– Pour vos contributions à mon travail. C'est vous qui avez résolu le problème de la vitrification de la matière vivante.

– Moi ? Non, pas encore. Personne n'a résolu le problème de la vitrification.

– Oh si, Yonni. Vous avez trouvé un moyen de remplacer l'eau par un sucre disaccharide, le tréhalose. Votre étude sur le sujet a tout changé.

Déconcerté par ce qu'il a entendu, Yonechi regarde fixement le verre d'eau qu'il tient à la main. Le vieil homme lui plante alors un instrument pointu dans la paume. Yonechi hurle de douleur, devenant blanc comme le givre, puis se congèle instantanément.

Dans la chambre d'hôtel du Japonais, Dana Scully examine le corps du scientifique, congelé dans une attitude de terrible souffrance. Mulder apprend des employés de l'hôtel que Yonechi était accompagné par un homme âgé.

– On dirait bien que Nichols a un complice, commente Scully, ce qui semble logique, étant donné les enjeux économiques importants dans le domaine de la science. Jason Nichols est en train de parvenir à éliminer ses concurrents.

– Oui, mais s'il est victime d'un complot ?

– C'est un cryobiologiste, Mulder. Il pratique la congélation pour gagner sa vie. Combien de gens seraient capables de faire cela, à ton avis ?

– Quiconque recherche le même financement que lui.

Scully montre à Mulder un diagramme de l'imagerie par résonance magnétique, décomposant et isolant une molécule d'une substance chimique inconnue, trouvée aussi bien dans le sang de Yonechi que dans celui du garde assassiné.

– Une injection mortelle ? demande Mulder.

– Je crois que tu devrais poser la question à Jason Nichols.

– Je voudrais d'abord m'entretenir avec quelqu'un d'autre.

Au centre des Recherches biomédicales du MIT, Mulder et Scully interrogent une scientifique du nom de Lisa Ianelli – l'amie de Nichols, qui se trouvait au poste de police avec lui. Elle travaille en collaboration étroite avec le suspect. Scully lui apporte la représentation du composé inconnu.

– Où avez-vous trouvé cela ? dit Ianelli, extrêmement surprise.

– Vous reconnaissez ce composé ? lui demande Dana.

Comme la scientifique ne répond pas, Scully insiste sévèrement :

– Lisa, nous pouvons vous citer à comparaître en justice pour apporter votre témoignage. Nous finirons de toute façon par apprendre ce que vous savez à ce sujet.

Ianelli parle alors avec réticence : la substance est un catalyseur, une molécule réfrigérante, provoquant une réaction cellulaire fulgurante, sur laquelle Nichols a travaillé. Selon la théorie de ce dernier, les individus qui y sont soumis pourraient être efficacement décongelés et ramenés à la vie. Elle indique un modèle virtuel de la molécule sur l'écran de son ordinateur.

– Est-ce que Jason a déjà testé ce composé ? s'enquiert Scully.

– Non, pour la bonne raison qu'il n'a pas encore été créé.

– Est-il possible qu'il ait synthétisé la molécule sans vous en avoir informée ?

– C'est tout à fait improbable. La technologie nécessaire à la mise au point d'un tel produit ne sera disponible que dans cinq à dix ans, au minimum.

– Ce n'est apparemment plus le cas, commente Mulder.

Dans le service des Victimes du froid, Lisa Ianelli, entourée de plusieurs médecins, tente de réchauffer le corps de Yonechi. Il est immergé dans un bain de fluide porté à une température élevée. Lorsque la température du corps atteint 37 °C, elle ordonne aux médecins de le réanimer. Ceux-ci appliquent le défibrillateur sur la poitrine du patient pour lui délivrer une décharge de courant, dans le but de resynchroniser les fibres et de retrouver le rythme cardiaque. Le savant respire durant quelques secondes, puis subit une série de violentes attaques. Sa température monte rapidement, dépassant bientôt 40 °C. Les médecins le maintiennent en place, et constatent, impuissants, que son état se détériore. Quelques instants plus tard, son corps se boursoufle et prend feu. Les détecteurs de fumée se déclenchent, une sirène retentit. Des pompiers se précipitent dans le laboratoire pour éteindre l'incendie.

Après l'événement, Lisa Ianelli se montre incapable d'expliquer ce qui est arrivé.

– Tout ce que je puis imaginer, c'est qu'il y a eu une inversion de l'effet du produit, susceptible d'impliquer une instabilité de la molécule réfrigérante.

– Je crois que la véritable question est de savoir comment quelqu'un a eu accès à un composé qui n'existe pas.

Lisa les quitte brusquement, prétextant qu'elle doit rencontrer Nichols d'urgence. Elle prend un bus et remarque qu'elle est suivie par un vieil homme. Elle tente de le semer, en continuant son chemin à pied, traversant rapidement le centre-ville de Boston, mais le vieillard parvient à ne pas se laisser distancer. Lisa entre alors dans une grande bibliothèque publique, et lui fait face dans un couloir désert.

– Vous êtes l'homme que Jason a vu, n'est-ce pas ? Vous avez tué Lucas Menand et le Dr Yonechi.

Il tend la main et agrippe le poignet de Lisa.

– Et je peux vous tuer aussi.

– Lâchez-moi !

Alors que le vieil homme sort l'instrument affilé de sa poche, Lisa a un hoquet de peur.

– Je suis venu ici pour vous tuer, lui dit-il.

– *Qui êtes-vous ?*

Le vieillard garde le silence et se contente de faire demi-tour pour s'en aller.

Sur un banc du parc, devant la bibliothèque, Ianelli consulte un portrait-robot du vieil homme, puis livre un compte rendu succinct de l'incident à Scully et à Mulder.

– Lisa, si vous cachez quoi que ce soit, si vous masquez la vérité, vous pourriez être tenue pour responsable, si Jason a commis un crime, précise encore Scully.

Ianelli hésite un moment, mettant son esprit à la torture.

– Jason n'a rien fait ; c'est moi qui ai falsifié les données pour obtenir la bourse. Il ne fait que me protéger. C'est par ma faute qu'il est emprisonné.

– Et c'est pour cela qu'il ne peut pas en parler ? dit Mulder.

Lisa acquiesce.

– Mais des gens auraient pu s'en rendre compte : Menand, le Dr Yonechi, s'ils n'étaient pas morts, suggère Scully.

Le sens de ce propos trouble Lisa.

– Ce n'est pas ce que vous pensez !

Les deux agents se consultent. Scully émet l'hypothèse que le vieil homme fait partie d'un complot visant à protéger le secret des données falsifiées.

– Voyons, Scully, cela ne tient pas debout. Pourquoi l'aurait-il menacée s'il devait sauvegarder le secret ?

– Parce que ce n'est pas son secret à elle seule, mais aussi celui de Jason. Et le vieil homme protège Jason.

– Avec un instrument de chirurgie ? demande-t-il.

– Je suppose que c'est une arme du crime assez improbable, soupire Scully.

– Et si ce n'était pas une arme ? Supposons que l'instrument ait été conçu pour un autre usage ?

Ils sont interrompus par un policier local, qui les informe de la présence d'un suspect correspondant à la description du vieil homme dans un hôtel du voisinage. Les deux agents laissent Lisa sous la protection du policier. Elle regarde fixement le portrait-robot.

Dans la chambre d'hôtel du vieil homme, les agents trouvent un bloc-notes comportant le numéro

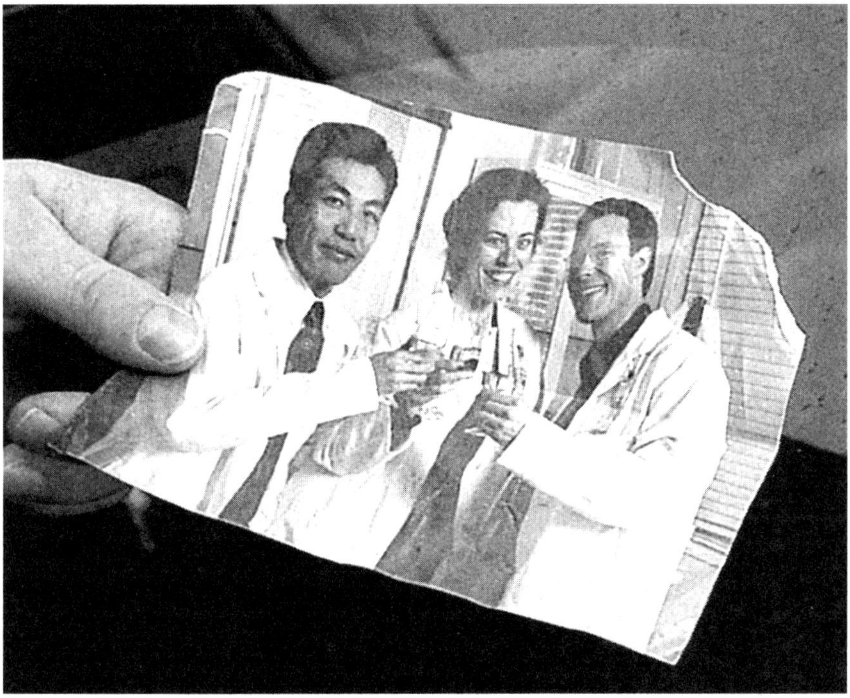

et l'heure d'arrivée du vol de Yonechi (vol 1701 de la Pan Oceanic), ainsi qu'une photographie. Celle-ci représente Jason Nichols, Lisa Ianelli et le Dr Yonechi, des flûtes à champagne à la main, portant un toast.

– Ils fêtent quelque chose, mais quoi ? s'interroge Scully.

– Quelque chose qui n'est jamais arrivé, dit son coéquipier.

– Mulder, cette photographie établit bien un point donné de la durée fixé matériellement.

– Dans un futur, quelqu'un essaie désespérément d'empêcher que des événements aient lieu. Réfléchis, Scully ; si Lucas Menand n'est pas renversé par ce bus, sa plainte est entendue par le comité des Allocations d'études. En conséquence, Nichols perd son financement et ne pourra jamais collaborer avec le Dr Yonechi. En définitive, cette photo n'a jamais pu être prise, parce que ces festivités n'ont pas existé.

– Et si ta sœur est ma tante, et que ta mère épouse ton oncle, tu seras ton propre grand-père, poursuit Scully, incrédule.

– Le vieil homme ne pouvait pas sauver Menand. Alors, il devait tuer le Dr Yonechi, poursuit imperturbablement Mulder.

– D'accord, répond Scully, au bord de l'exaspération. Alors, cette photo qui n'a jamais été prise, *quand* n'a-t-elle jamais été prise ?

– Au moins cinq ans dans l'avenir. Lorsque la molécule aura été synthétisée d'une façon satisfaisante, pour la première fois.

Scully rappelle que le catalyseur existe déjà, qu'ils ont eu une preuve matérielle de son existence.

– Oui, mais seulement parce que le vieil homme l'a rapporté ici.

– Rapporté d'*où* ?

– La véritable question, Scully, serait plutôt : « Rapporté de quelle étape dans le temps ? »

Selon Mulder, le vieil homme est arrivé du futur. Cela expliquerait qu'il a pu prédire la mort de Menand, savoir que les empreintes digitales de Jason se trouvaient dans la voiture, et connaître le coupable secret de Lisa Ianelli.

– Si je comprends bien où tu veux en venir, Mulder, le vieil homme serait...

– Jason Nichols, complète l'agent, qui cite : « Même si le bon sens rejette l'éventualité du voyage dans le temps, les lois de la physique quantique l'admettent parfaitement. » Au cas où tu l'aurais oublié, c'est écrit dans ta thèse de doctorat. Tu avais une plus grande ouverture d'esprit quand tu étais plus jeune.

Dans sa chambre à l'hôtel du Phare, le vieil homme paraît très malade. Il transpire abondamment, s'efforçant de se piquer avec le stylet métallique. Il y parvient enfin ; une goutte de sang perle de son poignet. L'homme pousse un soupir de soulagement.

– Jason ? dit une voix derrière lui.

Il ne se retourne pas pour identifier la voix, cela ne lui est pas nécessaire.

– Je ne comprends pas, dit Lisa Ianelli. Comment est-ce possible ?

– Mais c'est toi qui as tout rendu possible.

Il se tourne enfin vers elle.

– Dans trente ans – dix ans dans l'avenir à compter de maintenant –, tu assisteras à une conférence, à Zurich. Tu y rencontreras un nommé McGuane, qui aura tout juste découvert la preuve de l'existence des tachyons, ces particules subatomiques soupçonnées d'aller plus vite que la lumière dans le vide, donc de remonter le temps, mais seulement pour quelques secondes, et à une température proche du zéro absolu. Mais de cette rencontre, et de la correspondance qui s'ensuivra, germera une idée. Tu auras une révélation.

– Quelle révélation ?

– Elle sera si remarquable qu'elle changera le cours de l'histoire.

– Mais alors, pourquoi es-tu... tu as dit que tu étais revenu pour me tuer ?

– Je n'ai pas pu le faire.

Le vieil homme tend la main vers elle.

– Tu es froid, Jason, dit la jeune femme, en se serrant contre lui.

Le vieil homme attire à lui celle qu'il a aimée et la poignarde avec le stylet. Elle a un sursaut, frissonne et se congèle. Visiblement au comble de la souffrance, le vieil homme la dépose délicatement sur le sol.

Au poste de police, à Boston, Mulder fait libérer Jason Nichols, l'informant que Lisa a eu un accident, dont le vieil homme est responsable.

– Écoutez, Jason, je sais qu'il doit être difficile pour vous d'admettre tout cela en ce moment, mais je dois vous préciser que l'homme que nous recherchons – le vieillard –, c'est vous.

Nichols est en effet trop accablé pour le croire. Alors qu'ils se dirigent en voiture vers l'université, Mulder lui tend la photographie et lui explique que, le but du vieil homme étant d'empêcher le succès fêté sur cette photo, Jason représente probablement la prochaine victime.

– Ça donne un sens nouveau à la vieille formule qui veut que l'homme soit son propre ennemi, non ? dit Mulder.

Nichols persiste à résister à cette idée. Mulder renforce alors son argumentation :

– Lorsque nous nous appuyons sur les travaux de Stephen Hawking sur les « trous noirs » et les boucles du temps, nous voyons que les bases du voyage dans le temps sont jetées. Selon Einstein, le temps qui n'est, disons, qu'une fonction de l'espace, peut être incurvé, replié sur lui-même ; ainsi, deux points du temps peuvent se rapprocher. On a juste besoin de l'énergie nécessaire au passage d'un point à un autre. Néanmoins, des phénomènes tels qu'une chaleur extrême ou la gravitation rendraient le voyage impossible pour un être vivant.

– Si je comprends bien, répond Jason, vous me dites que les propriétés de mon composé vont rendre possible un tel voyage ?

– En fin de compte, oui, c'est bien ce que je veux dire.

– Mais pourquoi vouloir empêcher le voyage temporel ?

– J'espère que le vieil homme va nous l'apprendre.

À l'entrée du centre des Recherches biomédicales, Nichols place sa main sur un scanner à reconnaissance palmaire. La porte s'ouvre, mais un garde de la sécurité, assis à son terminal d'ordinateur, l'interpelle.

– Vous êtes le Dr Jason Nichols ?

– C'est exact.

– Alors il y a quelque chose qui cloche. Cette machine dit que vous êtes déjà dans le bâtiment.

Mulder envoie Nichols prévenir Scully que le vieil homme se trouve dans les parages. L'équipe médicale et Scully, au service des Victimes du froid, tentent de réanimer Lisa. Comme elle a dépassé 41 °C, ils la placent dans une baignoire dont ils contrôlent la température.

À l'entrée du laboratoire de cryogénie, un chercheur, qui dit n'avoir pas vu entrer le vieil homme, indique à Mulder l'accès aux fichiers informatiques de Jason Nichols. Scully prévient son coéquipier sur son portable qu'ils maîtrisent la température de Lisa grâce au bain froid ; quant à Jason, il n'est pas apparu en salle de réanimation.

Le chercheur informe alors Mulder que les fichiers de Nichols ont été écrasés, effacés depuis l'ordinateur central.

Dans la salle informatique, Jason Nichols fait face au vieil homme.

– Je savais que je vous trouverais ici, lui dit Nichols. Je me suis dit que c'est là que je me rendrais si je voulais m'arrêter moi-même.

– Je n'ai plus guère de temps, laisse-moi finir, s'il te plaît.

– Vous laisser achever la destruction de mon travail ? s'indigne Jason.

– C'est aussi le mien, réplique tristement le vieillard.

– Je la veux saine et sauve, dit Nichols.

– Je sais.

– Dites-moi comment la sauver, je vous en prie.

Le vieillard observe Nichols avec tristesse.

– Je sais que tu ne peux comprendre. Ce qu'elle a créé, ce que vous... ce que *nous* l'avons aidée à créer n'est qu'un monde dépourvu d'histoire, sans espoir. Où chacun peut savoir tout ce qui arrivera.

Il se tait un instant, absorbé dans ses réflexions sur les terribles implications de ce qu'il vient d'exprimer, puis conclut :

– J'ai vu ce monde.

Mulder court vers la salle informatique. À travers une porte verrouillée en verre de sécurité, il voit Nichols se jeter sur le vieil homme.

– Jason ! crie-t-il. Elle est vivante ! Lisa est vivante ! Ne lui faites pas de mal ! Si vous le blessez, nous ne connaîtrons jamais la vérité.

Alors que Jason se tourne vers Mulder, le vieillard en profite pour le piquer au poignet.

– Il vaudrait mieux que nous n'ayons jamais existé, dit-il.

Mulder tente de briser le verre avec un extincteur, mais en vain. Devant les yeux de l'agent, les flammes dévorent le jeune savant, tout comme le vieil homme, étroitement agrippé à la torche humaine.

Lisa Ianelli, allongée sur une civière, est à présent dirigée vers une ambulance. Scully lui explique que sa théorie sur l'instabilité du composé s'est révélée exacte, son cas venant de le démontrer. Lisa essaie de s'exprimer, relatant que le vieil homme a admis qu'il était Jason.

– Écoutez, j'ai éprouvé moi-même des difficultés à expliquer des éléments bizarres et contradictoires.

– Agent Scully, *c'était Jason*, insiste Lisa.

– Jason est mort, Lisa. Un incendie s'est déclaré dans la salle des ordinateurs. Je suis désolée ; je vous reverrai à l'hôpital.

Mulder rejoint Scully quand l'ambulance s'éloigne, lui apprenant qu'un seul cadavre a été retrouvé. Scully suggère de lancer un avis de recherche concernant le vieil homme.

– Nous ne le trouverons pas. Je sais ce que j'ai vu, Scully, et je crois comprendre ce qui s'est passé.

– Même si cela ne peut jamais être prouvé ?

– Jamais ? Jamais, c'est bien long, Scully. Tu l'as dit toi-même : « Bien que la multidimensionnalité suggère des conséquences sans nombre dans une infinité d'univers, chaque univers ne peut produire qu'une seule causalité. »

– Mulder, j'avais vingt-trois ans quand j'ai écrit cela.

– Oui, mais ça impliquait, je crois, que le futur ne peut être changé. Donc les tentatives du vieux Jason Nichols pour interrompre ses propres recherches doivent échouer. Ce qui amènera éventuellement un jour à la découverte de son composé et du voyage temporel.

Tandis que Mulder s'éloigne vers sa voiture, Scully demeure songeuse.

Plus tard, dans le laboratoire de cryogénie, Lisa Ianelli saisit des données sur son ordinateur. Sur l'écran s'affiche le diagramme en trois dimensions de la molécule réfrigérante, dont l'image se reflète dans ses lunettes.

La chercheuse marque un temps d'arrêt pour se plonger dans ses pensées.

Coulisses

Howard Gordon conseille aux scénaristes du monde entier, en manière de plaisanterie, d'éviter les deux sujets portant sur les vétérans traumatisés de la guerre du Vietnam et les voyages temporels, car ils sont rebattus. Ils représentent des sujets tabous, s'esclaffe Gordon, qui se souvient des contorsions nécessaires à la production de son avant-dernier scénario des *X-Files*.

Gordon fut le coscénariste de cet épisode immédiatement après avoir achevé (« en suant sang et eau, comme toujours ») son travail dans « L'Homme invisible ». Chris Carter a favorisé la collaboration de Gordon et de David Greenwalt, nouveau coproducteur exécutif (dont les précédentes productions comportaient *Profit* et *Buffy the Vampire Slayer*), qui a passé plusieurs mois sur les *X-Files* au milieu de la quatrième saison.

– David vit à Santa Barbara, et moi à Los Angeles ; aussi, un week-end pluvieux, on s'est rencontrés à mi-chemin, dans la vallée de Simi, afin de concevoir l'idée du scénario d'un épisode prévu deux ou trois semaines plus tard. J'ai pu réellement faire connaissance avec David, au cours de nos pérégrinations et de nos recherches dans nombre de librairies ; c'est vraiment un type très bien. Mais on s'est aussi rendu compte combien il était difficile de trouver une bonne idée pour les *X-Files*.

Le dimanche pluvieux s'est prolongé par quatre jours humides, au cours desquels ils ont exploré la possibilité d'écrire une histoire sur un prisonnier qui s'évade en échangeant son corps contre celui d'un homme libre.

– Cela ressemblait trop à ce que j'avais déjà fait, explique Gordon.

Après s'être accordé un temps de réflexion, chacun a fourni trois nouvelles idées. Par chance, Gordon découvrit un article intéressant dans le numéro de mars 1994 du *Scientific American*, intitulé : « Les bases du voyage temporel en physique quantique ». Rédigé par deux professeurs d'Oxford, il décrivait les possibilités qui permettraient, en théorie, comme le disait Hawking, de tomber dans un « trou de ver » et de ressortir dans une autre région de l'univers, en se fondant sur le principe des boucles du temps. Ainsi le caractère « impossible » du voyage dans le temps est-il remis en question par les lois de la physique quantique, modifiant le cours de l'histoire. Gordon et Greenwalt en

comprenaient suffisamment pour se lancer dans cette direction.

– Je me suis souvenu de cette anecdote à propos de J. Robert Oppenheimer ; il a déclaré formellement au président Truman sa désapprobation concernant le largage sur le Japon de la bombe atomique, qu'il avait inventée avec son équipe. Et si Oppenheimer avait pu remonter le cours du temps pour « effacer » sa découverte ? Cela conduisait à un autre problème : que se passerait-il si nous connaissions notre avenir ? L'essentiel de notre vie recouvre l'inconnu qui se situe devant nous, et la découverte que nous en faisons progressivement. Mais si tout le monde, ou même simplement quelques-uns d'entre nous, savait ce qui va se produire, cela créerait d'autres sujets d'horreurs, et il faudrait y mettre un terme.

Malheureusement, ni Gordon ni Greenwalt ne pouvaient mettre en pratique ces principes pour sauter une étape et voir apparaître un scénario déjà rédigé. Ils travaillèrent une semaine entière, à raison de quinze heures par jour, et durent bénéficier des apports de Shiban, Spotnitz et Horton pour structurer une histoire aussi tarabiscotée qu'un bretzel. Gordon passa également le dernier weekend, avant le début du tournage, à réécrire le scénario pour en éliminer deux personnages, dont un scientifique en fauteuil roulant qui rappelait beaucoup Stephen Hawking.

– Ces deux-là n'apportaient rien à l'histoire, et les exclure a permis de resserrer la trame. Mais tard dans la nuit du dimanche (le tournage commençait le mardi matin), j'ai sérieusement envisagé de téléphoner à Bob Goodwin pour lui dire que j'abandonnais l'opération.

Après cela, tout s'est déroulé à merveille. Le metteur en scène, Jim Charleston, se souvient avec plaisir que la scène où le Dr Yonechi (en l'occurrence le coordonnateur des cascades, Tony Morelli, revêtu d'un vêtement protecteur) prenait feu n'a pas posé de problèmes.

– Douze secondes exactement se sont écoulées entre le moment où son corps s'enflamme et celui où les gars se précipitent sur lui, munis d'extincteurs.

David Duchovny raconte :

– Je me souviens que nous tournions souvent des scènes complémentaires, parce qu'il était visible que personne ne savait si le public comprendrait ce qui se passait. Alors, les scénaristes écrivaient des petites scènes tenant sur une page, chacune apportant une explication, pour le cas où...

Et Gordon conclut :

– Je pense qu'on s'en est bien tiré, en fin de compte. Mais laissez-moi vous dire une chose : lorsque ç'a été fini, je me suis promis de ne plus jamais aborder un nouveau sujet traitant du voyage temporel, aussi longtemps que je vivrai.

Hiro Kanagawa jouait dans « Intraterrestres » (2X09) l'un des nombreux scientifiques tués par les mystérieuses spores volcaniques.

La Queue du diable

(Small Potatoes)

Dans une petite ville du sud de la Virginie, cinq bébés possèdent, à la naissance, un appendice caudal. Cette étrange particularité constitue-t-elle une anomalie génétique, du ressort des deux agents ?

Épisode : 4X20
Première diffusion US : 20 avril 1997
France : 15 novembre 1997
Scénario : Vince Gilligan
Montage : Heather MacDougall
Mise en scène : Cliff Bole

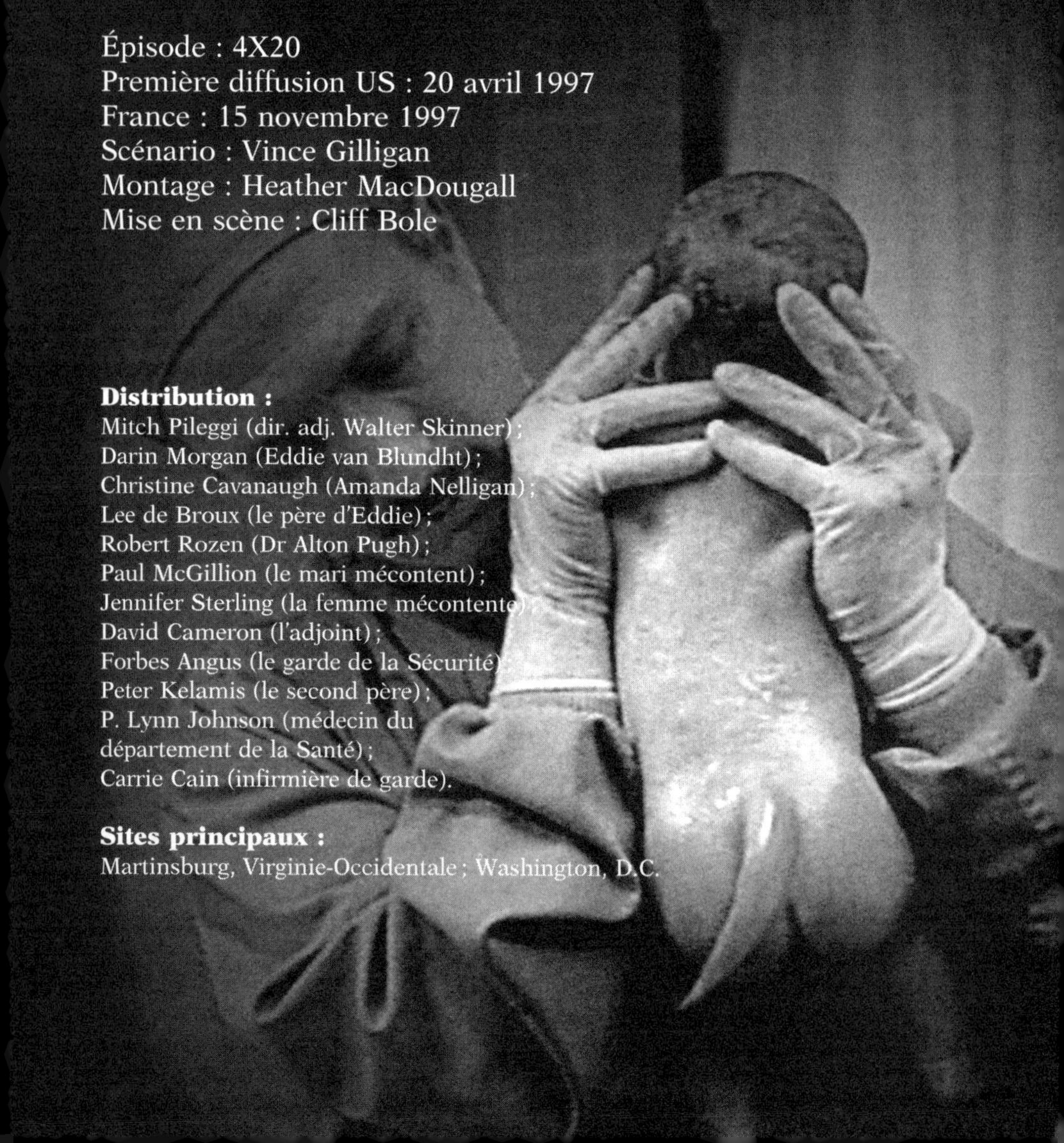

Distribution :
Mitch Pileggi (dir. adj. Walter Skinner) ;
Darin Morgan (Eddie van Blundht) ;
Christine Cavanaugh (Amanda Nelligan) ;
Lee de Broux (le père d'Eddie) ;
Robert Rozen (Dr Alton Pugh) ;
Paul McGillion (le mari mécontent) ;
Jennifer Sterling (la femme mécontente) ;
David Cameron (l'adjoint) ;
Forbes Angus (le garde de la Sécurité) ;
Peter Kelamis (le second père) ;
P. Lynn Johnson (médecin du département de la Santé) ;
Carrie Cain (infirmière de garde).

Sites principaux :
Martinsburg, Virginie-Occidentale ; Washington, D.C.

À l'hôpital communal de Martinsburg, une femme sur le point d'accoucher est emmenée d'urgence en salle de travail. Une infirmière de garde trottine à ses côtés, lui demandant les coordonnées de ses assurances sociales.

– Madame, j'aurai besoin de votre nom et de votre numéro de sécurité sociale.

– Amanda Nelligan, 545-02-0809, répond la future mère.

– Votre mutuelle ?

– L'Atlantic Mutual.

– Très bien ! Devons-nous contacter quelqu'un de votre part ? Le père du bébé ?

– Je ne suis pas sûre que vous pourriez le joindre.

– Donnez-moi son nom, j'essaierai.

– Il n'est pas d'ici, précise Amanda.

– Il est d'un autre État ?

– Non, il appartient à une autre planète.

Dans la salle d'accouchement, Amanda pousse, gémit, halète, et met au monde son nouveau-né avec l'aide efficace de l'obstétricien.

– Ah, quel joli visage ! s'écrie gaiement le médecin.

Alors que le corps du bébé se présente à lui en entier, on lit la consternation sur son visage. « Oh !... » De stupeur, l'infirmière laisse tomber son forceps. Le gynécologue recouvre son calme, prend délicatement la petite fille dans ses bras, annonçant sans conviction à la mère que l'enfant est en parfaite santé.

Derrière une cloison légère, le médecin observe le bébé bien portant, certes, mais doté au bas du dos d'une queue rose et pointue mesurant dix centimètres.

– Bon Dieu ! s'exclame le médecin d'un ton las. Encore un !

Quelques jours plus tard, Mulder et Scully arrivent en ville. La nature du mystère qui les attend est illustrée par la couverture d'un journal à sensation posé sur le siège avant de la voiture, et dont la une annonce : « Les enfants-singes envahissent une petite ville » ; « Les femmes de Virginie-Occidentale s'unissent-elles à des extraterrestres ? » (Au programme du même numéro : « Michael Jackson fait prisonnier par des animaux domestiques exotiques » et « un patron d'ETAP en faillite »). Mulder se montre manifestement excité à l'idée de cette enquête, alors que Scully y prête visiblement moins d'intérêt.

– Qu'est-ce que tu en dis, Scully ? Des enfants nés avec une queue résiduelle, est-ce que tu ne trouves pas ça extraordinaire ?

Cette déficience génétique donnant un appendice caudal est un phénomène bien connu en médecine, bien que se présentant rarement, répond Scully. Le coccyx s'élargit pour contenir le liquide spinal, et rétrécit quand l'enfant se développe. De temps en temps, il garde sa taille.

– Mais ça s'est produit cinq fois en l'espace de trois mois, et dans une ville de quinze mille habitants. Cela semble être davantage qu'une simple anomalie statistique, commente Mulder.

– Je le pense aussi, dit sa coéquipière.

Elle lui accorde qu'une enquête doit être menée par les services de santé locaux.

– J'ai passé quelques coups de fil, répond l'agent. Une enquête est en cours.

– Dans ce cas, pourquoi cela t'intéresse-t-il ? lui demande Scully, prenant l'exemplaire du *National Informer*. Pourrait-il s'agir de... visiteurs de l'espace ?

Les deux agents se rendent dans la chambre d'Amanda Nelligan

pour la questionner. Elle semble plutôt en bonne forme, compte tenu de ses émotions récentes.

– Le docteur a dit que mon bébé est en parfaite santé. Il faudra juste attendre quelques mois pour... la détacher !

– Voilà qui est réconfortant, lui répond Mulder.

Scully demande à la jeune femme si elle a eu des complications pendant sa grossesse, ou si elle a suivi un traitement de la stérilité.

– Non, sourit Amanda. Je n'essayais même pas d'être enceinte. On peut dire que, maintenant, je suis une mère célibataire.

– Lors de votre admission, vous avez dit que le père était d'une autre planète. Qu'entendiez-vous par là ? s'enquiert Mulder.

– Eh bien, vous savez, il n'est pas de *cette* planète.

– Avez-vous été enlevée ?

– Hein ?

Il faut bien quelques secondes à Amanda pour saisir le sens des questions de Mulder.

– Non, non, glousse-t-elle, il s'est juste tiré un jour, et je ne l'ai jamais revu.

– Est-ce que le père de l'enfant est un extraterrestre ?

– Non, je n'ai pas dit ça. J'ai dit qu'il était d'une autre planète. Son nom est Luke Skywalker, c'est le chevalier Jedi.

Mulder a l'air dépité. Il ne veut pas que Scully ait la satisfaction de voir son expression, aussi ne la regarde-t-il pas ; mais elle demeure impassible.

– Est-ce qu'il avait un sabre ?

– Non. Il ne l'a pas amené. Mais il m'a chanté sa chanson. « Dum-Dum. Dum-da-dum-dum. Dum da da dum dum ! Dum da da *dum*... »

Scully acquiesce avec sympathie et amusement.

– Combien de fois avez-vous vu *La Guerre des Étoiles*, Amanda ?

– Trois cent soixante-huit fois. Je devrais avoir dépassé les quatre cents pour les fêtes.

Mulder se lève, salue et sort de la chambre. Scully, absolument ravie, salue amicalement Amanda. Au moment où elle va quitter la pièce, Amanda se souvient d'une chose qui la tracasse.

– Oh, un instant, attendez. Ces quatre autres bébés qui sont nés dans le secteur, avec une queue... Serait-il possible que Luke en soit aussi le père ?

Dans la maternité, Mulder a rejoint un groupe de personnes qui contemplent le bébé d'Amanda, agitant la queue avec contentement. Un homme au visage rond, en uniforme de concierge, semble particulièrement fasciné. Après avoir passé un coup de fil sur son téléphone portable, Scully rejoint son coéquipier.

– Vas-y, fiche-toi de moi, mais il y a plus d'éléments bizarres dans cette histoire que Luke Skywalker et son sabre.

– Je crois que tu as raison, Mulder. Tu viens ? dit-elle en se dirigeant vers la porte.

Au siège local du service de la Santé, un médecin présente à Scully les tests génétiques pratiqués sur les cinq bébés. Ils prouvent que les cinq enfants sont du même père. De plus, les femmes ont eu le même obstétricien. Quatre des cinq femmes, Amanda étant l'exception, ont suivi une thérapie d'insémination.

Au cabinet du Dr Alton Pugh (le praticien aperçu au début de l'épisode), quatre couples en colère font face au médecin. Ils l'accusent d'avoir pratiqué l'insémination de manière inadéquate – un homme, au milieu de la confrontation, appelle sa femme par son petit nom, « Baboo ».

Pugh les exhorte au calme.

– Vous n'allez pas en plus me demander d'être serein ! proteste un père, furieux. Qu'est-il advenu de mon sperme ?

– Pour l'amour du ciel, Alton ! lance un autre. C'est déjà dur de se retrouver avec un enfant doté d'une queue, mais apprendre en plus que ce n'est pas le sien... Combien de cas similaires y a-t-il ?

Scully et Mulder arrivent sur ces entrefaites. Interrogé, Pugh leur explique que, pour résoudre un simple problème de motilité, il a procédé à des inséminations en utilisant exclusivement le sperme du mari.

– Le processus intra-utérin auquel j'ai recouru a environ quarante pour cent de chances de succès. J'ai été surpris, car les résultats semblaient satisfaisants dans les quatre cas. (Il regarde ses patientes et, baissant les yeux, ajoute :) Maintenant, je crains que cela n'ait marché dans aucun des cas.

De nouveau, les accusations fusent dans la pièce. Un bruit attirant son attention, Mulder s'esquive en direction du couloir. Dans une salle d'examen voisine, un concierge, que l'agent a déjà aperçu à l'hôpital, bricole sous un évier. Son pantalon glisse un peu, dévoilant ce qu'il est convenu d'appeler le « décolleté du plombier ». Mulder remarque alors une sorte de tache.

– Excusez-moi, je suis agent du FBI ; j'aimerais vous poser quelques questions.

Le concierge se relève. « Ouais. O.K... », dit-il avant de s'enfuir à toutes jambes.

Mulder lève les yeux au ciel, puis le poursuit jusqu'au groupe de femmes, vitupérant toujours. Quand l'homme s'étale de tout son long devant elles, Mulder saisit l'arrière du pantalon de son captif.

– Hé ! Scully, regarde un peu ça.

Il révèle une cicatrice à présent décolorée, indiquant l'emplacement d'une habile opération d'ablation.

Dans la salle d'interrogatoire du shérif local, Scully jette sur la table cinq dossiers comportant les tests de paternité effectués sur « Van Blundt, Edward H. », et annonce :

– Cinq sur cinq.

– Vous avez mal épelé mon nom, précise le concierge. C'est Blundht, avec un « h » muet. B-L-U-N-D-H-T.

– On rectifiera, répond Mulder.

– Des tas de gens ne savent pas l'écrire. C'est un nom hollandais. Je peux partir, à présent ?

– Non, monsieur, pas encore, intervient Scully. Nous voudrions éclaircir avec vous quelques points essentiels.

Elle lui demande s'il a une idée de la manière dont cinq femmes ont été inséminées avec son sperme.

– Vous exprimez cela d'une façon si romantique, commente Eddie.

– Vous voulez dire qu'il s'est agi d'histoires d'amour ? interroge Mulder, dont l'intérêt s'éveille.

– Pourquoi serait-ce si difficile à croire ? s'indigne Blundht. Ce n'est pas parce que je suis né avec une queue qu'aucune femme ne voudrait de moi. Peut-être que j'ai de la personnalité, du caractère. Y avez-vous au moins songé ?

– Vous avez fait l'amour avec ces femmes, reprend Scully. Alors comment se fait-il qu'elles n'en aient gardé aucun souvenir ?

– Écoutez, poursuit Eddie d'un air patient, je n'ai rien dit, dans un sens ou dans l'autre. Je veux juste avancer une hypothèse : si une femme veut avoir des enfants et que son mari n'en soit pas capable, ça peut arranger tout le monde, sans que personne ait à en souffrir. (Eddie hausse les épaules.) Où est le crime, dans tout ça ? se plaint-il.

Mulder accompagne sa coéquipière hors de la salle d'interrogatoire, lui avouant que, cette fois, il lui est impossible de proposer une théorie cohérente, pour expliquer ces événements.

– Au nom de toutes les femmes du monde, dit Scully, je doute sérieusement que cela puisse avoir un lien avec un acte sexuel volontaire.

Elle suggère qu'Eddie a administré une drogue, un désinhibiteur, dans la boisson des différentes femmes. Il s'agirait, selon elle, d'un viol au Rohypnol : grâce à sa fonction de concierge au centre médical, il aurait pu avoir la possibilité de les repérer et de les suivre jusqu'à un club ou un bar.

– Je n'ai pas l'impression que ces femmes ont l'habitude de se

rendre seules dans les bars, objecte Mulder.

– Je crois que nous avons suffisamment d'éléments pour le mettre en détention préventive pendant qu'on recoupe nos informations, conclut Scully.

Dans la salle d'enregistrement du poste de police, plus tard cette même nuit, un adjoint pianote sur son clavier le nom d'Eddie, omettant le « h » muet. Le prévenu le corrige sur ce point, puis le fixe du regard avec une intensité extrême. Peu après, le policier lève les yeux vers Eddie et s'exclame : « Que diable !... » Un homme qui présente avec l'adjoint une ressemblance remarquable se tient en face de lui, et lui assène sur le crâne un coup violent avec un objet en céramique. Le policier s'écroule.

– Le « h » est muet, commente le sosie de l'adjoint, d'une voix qui ressemble beaucoup à celle de son modèle.

Le lendemain matin, le véritable adjoint, qui soigne une forte migraine, raconte à Scully son étrange aventure. Les vêtements d'Eddie ont été retrouvés près du vestiaire de l'adjoint.

– J'ai une théorie, propose Mulder. Vous voulez l'entendre ?

qu'elle s'ouvre brutalement, la lettre « h » tombe, sans que quiconque s'en aperçoive. Un homme âgé en robe de chambre se tient dans l'encadrement.

– Qu'est-ce que vous faites à rôder autour de mon porche ? demande-t-il, furieux.

Les deux agents s'identifient et l'informent qu'ils sont à la recherche de son fils, Eddie junior.

– Eddie ? Ce nigaud ? Qu'est-ce qu'il a encore fait ?

Ils lui relatent les événements dans lesquels son fils est impliqué.

L'homme, l'air ahuri, les fait entrer. Sur le mur du salon, une vieille affiche de cirque proclame : « VENEZ VOIR EDDIE, L'HOMME-SINGE, LE MAGICIEN».

– Van Blundht est devenu la réplique de son geôlier, puis il s'est enfui, sans que personne comprenne ? suggère Scully, qui obtient en réponse un grand sourire de son coéquipier.

La maison d'Eddie van Blundht est située dans une banlieue moyennement résidentielle. Un voisin observe attentivement Mulder et Scully alors qu'ils sonnent à la porte. Le nom « Van Blundht » s'inscrit en lettres de plastique à côté de la porte. Lors-

En dessous du titre figure la photographie d'un jeune homme souriant, avec une queue qui dépasse à l'arrière de son pantalon de smoking. Eddie Blundht senior déclare aux agents qu'il n'a pas vu son fils depuis deux jours. Mulder regarde fixement le poster.

– Est-ce vous ?

– Exact : le seul et unique, lance van Blundht, prenant une pose. Je vous fais la démonstration ? demande-t-il en déboutonnant son pantalon de travail.

– Non, merci ! répond vivement Scully.

Van Blundht affiche un air déçu et blessé. Il hausse les épaules et poursuit :

– Mon fils s'est fait enlever la sienne lorsqu'il était gosse. Il m'a rebattu les oreilles jusqu'à ce que je finisse par le laisser faire. Tenez, voilà.

Il extirpe un magazine ancien d'un bric-à-brac. Sur la couverture, un groupe de chirurgiens entourent un gamin à l'air triste ; l'un des médecins met la queue du garçonnet en évidence pour la photo.

– Je lui ai dit que c'était une erreur : « Fils, t'as pas grande allure, t'es pas un athlète, et sûr que t'es loin d'être Einstein. Mais au moins, tu possèdes cette queue. Sans elle, tu ne vaux pas tripette. » Mais il ne m'a pas écouté.

Mulder, qui essaie d'assimiler ces informations, lui demande si Eddie junior souffrait d'autres particularités médicales exceptionnelles.

– Monsieur Mulder, ce gosse était malingre. Il a eu ce que dans le Sud on appelait la pellagre.

– Excusez-moi, monsieur, mais comment savez-vous mon nom ?

– C'est elle qui me l'a dit, rétorque van Blundht.

– Non, riposte Scully, je suis sûre que non...

Eddie van Blundht senior réfléchit l'espace d'un instant, et se précipite à une vitesse surprenante vers la porte principale. Mulder et Scully, comprenant ce qui se passe, le suivent à l'extérieur, pour se retrouver dans un quartier à l'aspect tranquille, banal, où les gens vaquent normalement à leurs occupations. Une note de couleur, cependant, est apportée par une robe de chambre rouge, jetée sur une poubelle.

– Plutôt agile pour un vieux bonhomme, non ? commente Mulder.

– Eddie *junior*, pas senior, rectifie sa coéquipière.

– Qu'importe ? commente Mulder. Tu ne pourras pas dire que ce type n'a pas une vie secrète.

Dans un quartier plus agréable, une des ex-patientes en colère du Dr Pugh, maintenant rassérénée, lange son bébé. Seule une bande de gaze au-dessus des fesses de l'enfant rappelle la récente excision. Son mari entre alors en coup de vent. Il verrouille la porte et regarde nerveusement derrière lui.

– Chéri, qu'est-ce que tu fais si tôt à la maison ? lui demande son épouse.

Son mari lui fait signe d'attendre, et se précipite vers la salle de bains. Il se lave le visage et, lorsqu'il relève les yeux, un visage différent apparaît dans le miroir, celui d'Eddie van Blundht junior. La femme, son bébé dans les bras, se tient devant la porte de la salle de bains.

– Fred ? Est-ce que tout va bien ?

– Tout va bien.

– Qu'est-ce qui est arrivé aux vêtements que tu portais ce matin ?

– Je t'expliquerai plus tard. Laisse-moi juste seul un moment, d'accord, Baboo ?

– D'accord, « Sugar Patootie », dit son épouse, souriant d'un air charmeur.

Pendant ce temps, les deux agents fouillent la maison d'Eddie. Au premier étage, Mulder repère une trappe menant au grenier. Il tente de l'ouvrir. De la poudre blanche s'écoule par les interstices.

– C'est de la chaux, annonce-t-il à Scully, qui le rejoint.

Il tire plus fort sur la corde, provoquant l'ouverture de la trappe, et la chute d'un corps momifié, doté d'un appendice caudal.

– Pas si agile que ça. Tu crois que c'est la chute qui l'a tué ? ironise l'agent.

De son côté, Eddie est toujours coincé dans la salle de bains. Une voix retentit soudain dans la maison.

– Baboo, c'est moi !

– Oh, merde ! s'exclame Eddie.

La femme, abasourdie, observe son vrai mari, qui porte les habits du matin. Ils s'approchent avec précaution de la salle de bains. La poignée tourne, et l'agent spécial Fox Mulder apparaît dans l'encadrement de la porte.

– C'est libre, dit-il en sortant de la pièce.

Au service de la Santé, Scully examine le cadavre. La chaux a brûlé les tissus, tout en les préservant. Elle communique ses observations à son coéquipier : outre l'anomalie appendiculaire, Eddie senior possédait une couche de tissu musculaire strié sur tout l'ensemble du corps, recouverte par le tissu conjonctif. Ces muscles striés volontaires, en nombre excédentaire, confèrent des possibilités évidentes de modifier son apparence, suggère Mulder.

Ainsi, Eddie senior et à présent Eddie junior pouvaient prendre l'apparence des autres, en contractant judicieusement cette couche musculaire... (Mulder vient de briser la queue de la momie, par inadvertance. Légèrement déconcentré, il essaie de la fixer tandis que Scully lui fait part de ses commentaires.)

Elle admet que cette anomalie de la structure musculaire est étonnante, mais elle demeure dubitative, et pense plus simplement qu'Eddie peut avoir un frère jumeau.

– Je le vérifierai, dit l'agent, qui essaie de plus en plus fébrilement de remettre l'appendice en place.

Alors qu'il se dirige vers la sortie, Scully lui demande où il va.

– Une chose me tracasse à propos de la façon d'opérer de

Blundht. Ses victimes sont quatre femmes mariées qui voulaient être enceintes...

– ... et une célibataire qui n'y tenait pas, achève Dana.

Au moment où Mulder sort, la queue tombe sur le sol.

À l'hôpital, dans la chambre d'Amanda Nelligan. Après l'heure du dîner, l'infirmière a ramené le bébé à la nursery. Mulder rend visite à la jeune mère.

– Vous savez, lui dit-elle, je pensais au début qu'ils me laissaient rester à l'hôpital aussi longtemps parce que j'avais une bonne assurance. En fait, ils me gardent parce qu'ils pensent que je suis cinglée. Ils veulent être sûrs que je ne serai pas une menace pour mon bébé.

– Vous avez le câble gratis.

Amanda glousse. Mulder fouille dans sa poche et en sort une petite photo de médiocre qualité.

– Je voulais vous demander... Connaissez-vous cet homme ?

– Oh, oui... Beuh ! C'est Eddie van Blundht.

– Que pouvez-vous me dire sur son compte ?

– On a été au collège ensemble, dit-elle en levant les yeux au ciel. (Elle soupire.) Oh ! la la !

– Quoi donc ?

– Rien. C'est juste un loser. Un de ces types dont vous vous rappelez en vous disant : « Mon Dieu, où avais-je la tête ? Mais *à quoi* est-ce que je pensais ? »

Amanda rit. Mulder ne semble pas partager son hilarité.

– Et... qu'est-ce qui faisait de lui un loser ? demande-t-il, sombre.

– Je n'en sais rien. C'était un ringard, un vieux garçon avec des tas de manies, toutes plus agaçantes les unes que les autres. Il n'avait ni romantisme, ni ambition, ni aucune direction. À présent, je crois qu'il est concierge. Sa famille était bizarre ; son père travaillait dans un cirque, ou quelque chose comme ça. Grâce à Dieu, il ne m'a jamais permis de le rencontrer.

Mulder médite gravement ces informations.

– Il devait tout de même avoir des qualités ?

– Oui, bien sûr, tout le monde en a. On a eu de bons moments. Il aimait beaucoup *La Guerre des Étoiles*, et on a pris l'habitude d'aller le voir tous les week-ends. C'était sympa.

Elle rit au souvenir de ces jours enfuis.

– Mais il n'avait rien de Luke Skywalker, ça, c'est certain.

Elle regarde alors Mulder d'un air interrogateur.

– Pourquoi voulez-vous savoir tout ça sur Eddie ?

– C'est une affaire confidentielle qui concerne le FBI, dit Mulder d'un air sévère.

– Ouah ! super !

Mulder sourit, lui tendant une rose qu'il avait cachée dans sa veste.

– Je tenais à vous féliciter pour l'heureux événement.

– Merci, lui répond Amanda. « Que la Force soit avec Toi ! »

Mulder quitte la pièce. À bout de nerfs, il s'effondre de l'autre côté de la porte, mais il voit arriver le second Fox Mulder et s'enfuit rapidement. L'autre Mulder

entre à son tour dans la chambre d'Amanda.

– Sérieusement, lui dit cette dernière, pourquoi vouliez-vous savoir tout cela sur Eddie ?

À ce moment-là, le mari de « Baboo » joint l'agent sur son téléphone portable pour savoir s'il peut maintenant entrer sans risque dans sa salle de bains et demander ce qu'est devenu le costume gris sombre qu'il lui a emprunté. Mulder lui dit qu'il le rappellera. Il regarde Amanda avec des yeux ronds.

– J'étais ici. Où suis-je parti ensuite ?

Dans le couloir de l'hôpital, l'agent demande à une infirmière si elle a vu son sosie. Elle lui indique la direction du vestiaire des hommes. À l'intérieur se trouvent un garde de la Sécurité, à demi nu, et le Dr Alton Pugh, vêtu d'une simple serviette. Il menotte les deux hommes et appelle Scully pour lui demander de le rejoindre aussi vite que possible. Fox Mulder repère plusieurs tubes au néon qui clignotent. Il soulève prudemment le coin d'un panneau d'accès. Une voix douce provient du plafond.

« T'es un putain de beau mec », lui dit Eddie, avant de bondir du plafond, tête la première, pour atterrir sur Mulder.

Plus tard, l'agent Mulder, massant sa tête endolorie, essaie sans grand succès d'expliquer aux agents administratifs de l'hôpital pourquoi il a cru que Pugh ou le garde de la sécurité pouvaient être Eddie van Blundht. Scully arrive dans un service en pleine pagaille.

– Qu'est-ce qui s'est passé ici ? demande-t-elle, déconcertée.

– Van Blundht m'a attaqué par surprise ; il m'a assommé et a filé.

Il ajoute alors à l'adresse de sa coéquipière que cette affaire n'est qu'une vaste perte de temps.

– Tu penses que ce n'est pas une Affaire non classée ?

– Non, ici, on ne trouvera, que de la petite bière.

Bien que surprise, Scully semble disposée à suivre son avis. Les deux agents quittent le bâtiment. Dans les entrailles de l'hôpital, loin, derrière une forêt de chaudières noircies et de tuyaux, un homme est enfermé derrière une porte d'accès verrouillée. Il applique son visage contre une minuscule ouverture grillagée.

– Hello ! Au secours ! Y a-t-il quelqu'un ? s'époumone le véritable Fox Mulder sortez-moi d'ici !

Il donne des coups de pied dans la porte. Personne ne peut l'entendre, mais, par chance, quelqu'un a eu la délicate attention de lui laisser une pomme, un sandwich au beurre de cacahouète et une canette de soda.

Dans son bureau au siège du FBI, Skinner feuillette un rapport. Le faux Mulder, Eddie van Blundht, et Scully sont assis en face de lui.

– Lequel de vous deux a écrit ce rapport ? demande-t-il, agacé.

– C'est moi, monsieur, lui répond Mulder.

– Vous avez mal orthographié « Federal Bureau of Investigation ».

– C'est une coquille, monsieur.

– Deux fois.

Mulder hausse les épaules. Scully rend compte au directeur adjoint de l'autopsie d'Eddie van Blundht senior, dont la mort naturelle est ainsi démontrée. Mulder ajoute avec assurance que le fils a probablement caché le cadavre de son père pour pouvoir continuer à toucher les chèques de remboursement de la sécurité sociale du défunt.

– Alors, le fils n'est pas un meurtrier ? dit Skinner.

– Oh non, vraiment pas, répond Mulder.

Scully précise qu'elle a fait inscrire le nom d'Eddie dans le fichier des délinquants sexuels ; la police de Virginie-Occidentale étant sur le qui-vive, une arrestation devrait normalement intervenir sous peu.

– Voilà, c'est à peu près tout pour cette affaire, conclut Mulder avec désinvolture.

Tandis qu'ils rejoignent leur bureau du sous-sol, Mulder, plein d'espoir, s'enquiert des projets de Scully pour la soirée.

– Eh bien, comme c'est déjà vendredi, je pensais que je pourrais travailler à cette monographie que j'écris pour la société de Pénologie, concernant le rapport entre la production d'acétylcholine et le comportement délinquant.

– Oh, fait Mulder, déçu.

– ... mais je crois que je peux laisser tomber cela, pour l'instant.

– Vraiment ?

– Oui. Je dois dire, Mulder, que la musculature anormale du cadavre que nous avons trouvé m'intrigue. En fait, je crois que je vais aller à Quantico pour effectuer quelques prélèvements tissulaires. Rendez-vous lundi !

Le faux Mulder, frustré une fois de plus, essaie une à une les clés de son trousseau avant de trouver celle qui convient. Il allume, puis se dirige vers « son » bureau et saisit sa plaque nominative.

– « Fox », lit-il. Ben mon vieux...

Il s'allonge dans son fauteuil et pose les pieds sur le bureau, manquant de justesse de basculer en arrière. Il remarque alors le poster « Je Veux Croire », fixé au mur ; et les coupures de presse sur le Bigfoot et les OVNIs.

– Bon sang, voilà où passe l'argent de mes impôts !

Il sort le portefeuille de sa veste et examine le permis de conduire.

– Où est-ce que j'habite ? marmonne-t-il.

Le pseudo-Mulder inspecte l'appartement de l'agent à Alexandria, Virginie. Il cherche en vain une chambre. Eddie s'intéresse alors au répondeur téléphonique, qu'il met en marche, et se dirige vers l'aquarium pour nourrir les poissons.

« Mulder, ici Langly. Tu devrais voir ça ; un associé à nous, qui travaille sur Internet et veut garder l'anonymat, a trouvé un moyen de fournir des images numérisées des séquences du film de Zapruder, afin de pouvoir extrapoler une vue aérienne de la Dealey Plaza, au moment exact de l'assassinat (de Kennedy). Tu ne devineras jamais d'où est parti le troisième coup de feu ! » À l'arrière-plan, la voix de Frohike fait irruption : « Dis-lui pour les steaks au fromage. – Oh, ouais. Frohike, Byers et moi sortons manger des steaks au fromage. Est-ce que ça te tente ? Efface ça après l'avoir écouté. »

– Les amis de ce mec sont cinglés, dit Mulder, dégoûté.

Deuxième et dernier message :

« Hello, Marty ? susurre une voix sensuelle. C'est Chantal. Ça fait si-i-i-i longtemps qu'on n'a pas parlé, et je me sens si-i-i-i seule quand je n'entends pas ta voix si sexy. »

Mulder attrape un crayon et du papier.

« Marty ? On a baissé exprès pour toi nos tarifs ; ça ne coûte que 40 *cents* la minute, deux dollars quatre-vingt-dix-neuf la première minute, et on applique les tarifs longue distance. Appelle-moi, mon chou, je t'attends. »

Déçu de découvrir que Chantal est une opératrice de messageries érotiques, Mulder cherche d'autres distractions. Il se plante devant le miroir et s'exerce à prendre des poses en s'exprimant

comme un agent spécial. Il tente de dégainer son arme, faisant tomber le chargeur, qu'il remet en place piteusement, puis s'observe de nouveau dans le miroir et déclare :

– T'es un putain de beau mec.

Dans son appartement de Washington, Scully étudie soigneusement des rapports de laboratoire, quand on frappe à la porte. Elle voit « Mulder », dans le judas, un large sourire de satisfaction aux lèvres.

– Mulder, qu'est-ce qui se passe ? lui demande-t-elle, surprise.

Elle lui assure, un peu confuse, qu'il ne la dérange pas, et le fait entrer. Encore perplexe, elle débouche la bouteille de vin qu'il a apportée, tout en lui relatant de nouveaux éléments intéressants dans l'autopsie de van Blundht ; à savoir une autre anomalie génétique, détectée à l'examen des follicules de son cuir chevelu au microscope électronique à transmission.

Les deux agents finissent par s'asseoir sur le canapé.

– Sérieusement, Mulder, qu'est-ce qui se passe ? Ça va ?

– Oui, dit-il, l'air pensif. En fait, je tournais en rond, et je me suis dit qu'on n'avait jamais vraiment eu l'occasion de parler beaucoup ensemble...

– Qu'est-ce que tu veux dire ? Parler... *sérieusement* ? C'est vrai, je crois que tu as raison.

– Et qu'est-ce qui nous en empêche ? dit-il avec une expression tendre.

Une bouteille de vin plus tard, l'ambiance s'est considérablement détendue ; le feu crépite dans la cheminée, et Scully est plongée dans un récit hilarant datant de ses années d'université.

– ... ils avaient essayé d'allumer ce feu de camp qui a finalement échappé à tout contrôle, et on a tous dû rentrer dans... comment est-ce qu'on appelle ça... le camion des pompiers.

Mulder rit tout bas, avec des hochements de tête appréciateurs.

– Oui, poursuit Scully. Marcus a été le douzième dans l'échelle des amours de ma vie, et... je n'arrive pas à croire que je te raconte tout ça.

– Et moi, j'ai du mal à comprendre que tu ne l'aies pas fait avant.

– Je te découvre sous un nouveau jour, Mulder.

– Est-ce une mauvaise chose ?

– J'aime bien ça, dit-elle avec retenue.

– Voudrais-tu que les choses soient différentes ? reprend-il avec sérieux.

– Que veux-tu dire ?

– Est-ce que tu as réussi à devenir la personne que tu rêvais d'être en grandissant, pendant tes années d'université ? dit-il,

essayant de donner un tour plus intime à la conversation.

– Tu veux dire, dans ma carrière ? Je suis loin de l'objectif.

– Non, Scully, ce n'est pas tout à fait ça. As-tu jamais souhaité revenir en arrière, et tout recommencer différemment ?

– Et toi ? lui demande-t-elle.

Ils se regardent intensément. Mulder s'approche alors d'elle, se penchant pour l'embrasser. Scully n'accompagne pas son mouvement, mais n'esquisse pas non plus un geste de recul. Leurs lèvres sont sur le point de se joindre, quand...

... De violents coups de pied ouvrent brutalement la porte de l'appartement. Le vrai Fox Mulder apparaît, sale, échevelé et sans arme. Poussant un petit cri de panique, Scully se relève, écartant le pseudo-Mulder. Eddie reprend son apparence normale avec un soupir de résignation – ou de regret ?

Un mois plus tard, Mulder rend visite à Eddie, sans enthousiasme, au centre d'Éducation surveillée de Cumberland. L'homme est sous traitement ; on lui administre un décontractant musculaire, qui l'empêche à présent, dit-il, de « faire des grimaces ».

– Est-ce que c'est vous qui leur avez demandé de faire ça ? s'informe-t-il.

Comme Mulder ne répond pas, il regarde anxieusement autour de lui.

– Est-ce que... heu... l'agent Scully est ici ?

– De quoi vouliez-vous me parler, Eddie ?

– J'ai juste pensé à une chose marrante ; je suis un perdant-né, un loser, mais vous, vous l'êtes par choix.

– Et sur quoi fondez-vous cette estimation astucieuse ? lui demande l'agent, irrité.

– L'expérience, lui chuchote Eddie, se penchant vers lui. Vous devriez vivre un peu. Vous faire plaisir. Dieu sait que je le ferais, si j'étais à votre place.

Mulder se lève et sort sans un mot. Scully l'attend à l'extérieur. Elle a suivi l'intégralité de l'entretien, retransmis par le système de surveillance vidéo.

– Je ne crois pas que tu aies besoin qu'on te le dise, Mulder, mais tu n'es *pas* un loser, dit Scully avec bienveillance.

– Oui, répond-il. Mais je ne suis pas Eddie van Blundht, non plus, n'est-ce pas ? répond-il en lançant à sa coéquipière un regard éloquent.

Coulisses

Le grand talent du scénariste Darin Morgan a créé sa légende ; la trentaine, infatigable et intelligent, il racontait simplement à un reporter, voilà deux ans, que son expérience de scénariste dans les *X-Files* constituait son premier véritable travail, toutes catégories confondues. On se souvient avec bonheur des histoires les plus bizarres et les plus mémorables qu'il ait écrites, dont « Faux Frères siamois » (2X20) ; « Voyances par procuration » (3X04) et « Le Seigneur du magma » (3X20). C'est aussi un excellent acteur : celui qui joue ici le rôle d'Édouard van Blundht a déjà fait merveille dans « L'Hôte » (2X02), où il portait un incroyable déguisement en caoutchouc de douve géante !

Après la troisième saison, il s'est reposé.

– J'étais fatigué de travailler pour la série, explique Morgan, qui a quitté l'équipe des scénaristes sans un regard en arrière. Je ne voulais plus poursuivre dans cette voie. J'avais écrit quatre épisodes, ce qui était plus que suffisant pour moi. Je préférais rester chez moi, et si possible réfléchir sur mes projets.

Vince Gilligan, toutefois, voulait que Darin Morgan examine ses propres projets, et plus spécifiquement un épisode ayant pour but un changement d'humeur dans les bureaux d'*X-Files*.

– J'étais fier de « Cœurs de tissu », raconte Gilligan, mais ce script était excessivement sombre, et je ne voulais pas qu'une réputation d'auteur sinistre et lugubre me soit attribuée. Vous savez, le plus amusant, c'est que six des sept films que j'ai écrits pour le cinéma sont des comédies. J'ai donc rencontré Chris Carter pour lui faire part de mes observations : la saison s'était révélée intéressante, mais plutôt sombre, avec des éléments comme le cancer de Scully, etc. Il m'a compris et fortement encouragé.

Alors que le personnage d'Eddie van Blundht prenait forme, Vince lançait une véritable campagne téléphonique pour forcer Morgan à sortir de sa retraite.

– Il m'a dit que le rôle avait été écrit pour moi ; je devais juste être moi-même. Puis, quelques minutes plus tard, il m'a rappelé pour me préciser : « En fait, le personnage est un loser. Je ne voudrais pas que tu le prennes en mauvaise part », relate Morgan.

Ce dernier soutient inflexiblement que les capacités d'acteur qu'il a pu posséder se sont évaporées depuis longtemps.

– Vince m'a relancé pendant une bonne nuit. Immédiatement après avoir dit oui, je me suis dit que j'aurais dû refuser.

Quoi qu'il en soit, tout le monde sur le plateau affirme qu'il a joué à merveille. Et de surcroît, ce qui est plutôt rare chez ce groupe de perfectionnistes, tous ceux qui ont été impliqués dans la production de « La Queue du diable » ont éprouvé au moins un moment ou deux de pure satisfaction pendant le tournage.

– Un scénario génial, commente David Duchovny, dont le souvenir favori est le moment où Mulder lève les yeux au ciel (ce qui fut une improvisation totale), parce qu'il réalise qu'il va devoir poursuivre Eddie dans les couloirs du cabinet d'un gynécologue de province.

Gillian Anderson garde un souvenir amusé du moment où elle a dû sélectionner dans un lot de photos de préproduction celle de Morgan/Eddie, que devait utiliser le faux Mulder dans sa scène avec Amanda.

– Le gars des accessoires a fait défiler sur un écran vidéo toute une série de photos de Darin, comportant des tas d'expressions différentes et, bien sûr, nous piquions des fous rires hystériques en les regardant.

L'actrice sourit aussi à l'évocation du souvenir de sa scène à l'hôpital avec Christine Cavanaugh, qui est la voix de *Babe*, le petit cochon du film portant le même nom. Cela explique pourquoi la voix de Christine lui semblait si familière. Lorsque Amanda raconte qu'elle est enceinte des œuvres de « Luke Skywalker », on se trouve dans l'une des rares scènes de la série où le pragmatisme de Scully triomphe du quasi-fanatisme de Mulder.

– J'ai aussi eu grand plaisir à chanter le thème de *La Guerre des Étoiles* avec elle, conclut Gillian Anderson.

Si étrange que cela puisse paraître maintenant, dans les premières moutures du script de Vince Gilligan, les bébés très particuliers de Martinsburg étaient pourvus d'ailes comme les anges, et non de queues.

L'auteur explique :
– Au moment où j'ai écrit ce scénario, je me demandais s'il était génétiquement possible pour un être humain de naître avec quelque chose qui ressemble à des ailes. Notre documentaliste, Jessica Scott, a fait une recherche sur la question. Elle a découvert qu'il existait bien une maladie qui provoquait des excroissances au niveau des épaules ou des omoplates. Mais cela n'avait vraiment rien de joli. Aussi avons-nous décidé que ces bébés seraient bien plus mignons avec des petites queues. De bébés anges, ils sont donc devenus bébés singes.

Un gros plan sur son permis de conduire nous apprend que Mulder habite 42-2630 Hegal Place, à Alexandria, en Virginie, et qu'il mesure un mètre quatre-vingts.

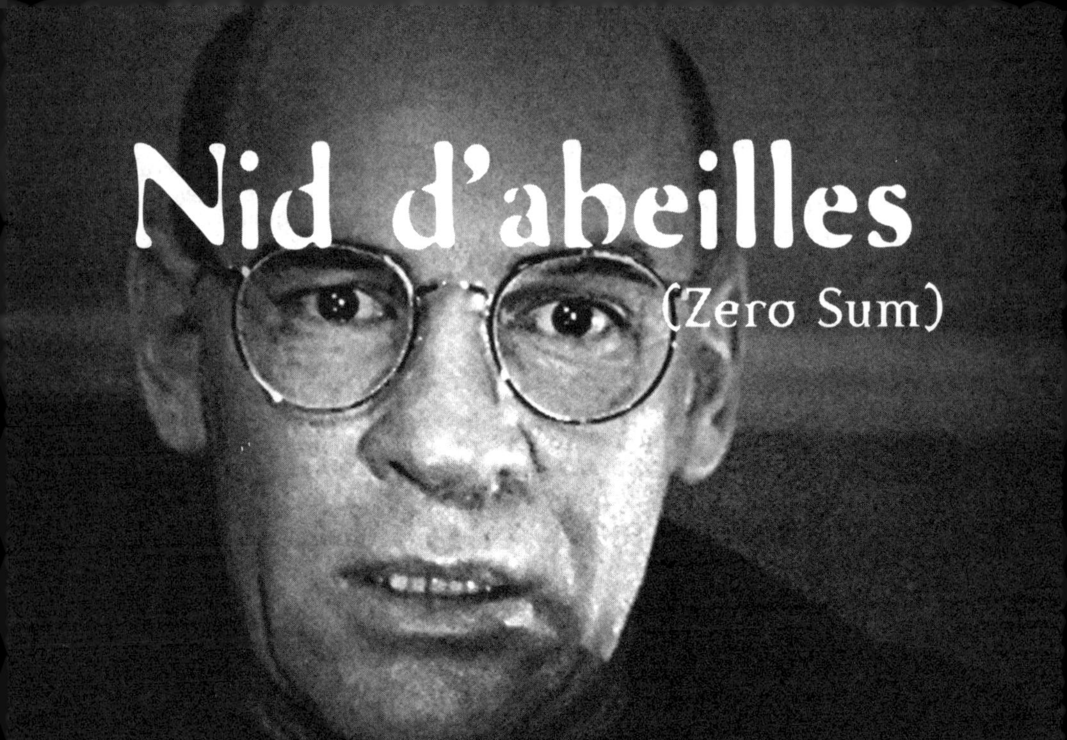

Nid d'abeilles

(Zero Sum)

Le directeur adjoint Walter Skinner, qui cherche désespérément un remède pour soigner l'agent Scully, signe un pacte avec le diable, en la personne de l'Homme à la cigarette, afin qu'elle ne meure pas de son cancer.

Épisode : 4X21
Première diffusion US : 27 avril 1997
France : 8 novembre 1997
Scénario : Howard Gordon et Frank Spotnitz
Montage : Michael S. Stern
Mise en scène : Kim Manners

Distribution :
Mitch Pileggi (dir. adj. Walter Skinner) ;
William B. Davis (l'Homme à la cigarette) ;
Laurie Holden (Marita Covarrubias) ;
Nicolle Nattrass (Misty Nagata) ;
Paul McLean (agent spécial Kautz) ;
Fred Keating (inspecteur Roy Thomas) ;
Allan Gray (l'entomologiste) ;
Addison Ridge (gamin à lunettes) ;
Don S. Williams (premier doyen) ;
Lisa Stewart (Jane Brody) ;
Barry Greene (médecin des Urgences) ;
Christopher J. Newton (photographe) ;
Morris Panych (l'Homme aux cheveux gris) ;
Oscar Goncalves (surveillant de nuit) ;
Jason Anthony Griffith (l'officier en uniforme) ;
Fred Keating (inspecteur Hugel) ;
Julia Body (surveillante en chef) ;
Allan Gray (Dr Peter Valdespino) ;
John Moore (second doyen).

Sites principaux :
Desmond et Crystal City, Virginie ; Washington, D.C. ; Elsinore, Maryland ; New York City ; Payson, Caroline du Sud.

Au centre principal de la Transcontinental Express, une société d'expédition de colis, deux jeunes femmes, Jane Brody et Misty Nagata, trient des enveloppes, côte à côte. Jane, ayant envie de faire une pause pour fumer une cigarette, demande à son amie de surveiller alentour afin qu'on ne la voie pas. Elle se rend aux toilettes, verrouille la porte et feuillette un magazine. Bientôt, des abeilles bourdonnant furieusement sortent par les interstices et les ouvertures de la pièce. Une nuée essaime jusqu'à l'ouvrière terrifiée, et l'assaille. Comme l'absence de Jane se prolonge, Misty, inquiète, se rend aux toilettes. Elle découvre son amie effondrée sur le sol, le visage boursouflé, couvert de plaies cramoisies. Nagata hurle de terreur.

Peu de temps après, dans le bureau de l'agent spécial Fox Mulder, un écran d'ordinateur affiche le corps de Jane Brody. Dans l'obscurité du bureau inoccupé, Walter Skinner saisit des données, puis efface systématiquement la représentation de Jane et l'intégralité des pièces constituant son dossier, depuis l'ordinateur central du FBI.

Plus tard, dans la soirée, Skinner décroche le téléphone de son domicile et s'engage sur la route de Desmond, Virginie, vers le centre de tri. Vêtu de noir et chargé d'un sac de sport rempli d'outils de cambrioleur, il entre par effraction dans le centre et se rend aux toilettes où la jeune femme est morte. Il enlève le ruban qui délimite la scène du crime, range un mégot de cigarette, puis nettoie le sol avec un aspirateur portable et une brosse dure, faisant disparaître tout indice. À la jonction du mur et du plafond, il remarque une substance jaune gluante, dont il prélève un échantillon avant de quitter les lieux, après avoir replacé le ruban.

Le directeur adjoint se rend ensuite à la morgue locale où il enlève le corps de Jane du compartiment réfrigéré. Toujours se dissimulant, il transporte le cadavre jusqu'à un incinérateur industriel. Le laboratoire médicolégal du département de police de Desmond est la dernière étape de son parcours. L'agent de garde lui apprend qu'ils possèdent le rapport du labo, mais que l'autopsie n'a pas eu lieu. Skinner, le visage masqué par la visière d'une casquette de base-ball, arbore son badge : « Agent spécial Fox Mulder ». Il signe de ce nom sur le registre, et se fait présenter le dossier. Profitant que l'officier de police tourne un instant le dos, il remplace l'échantillon de sang de la victime par un tube identique, qu'il sort de sa poche. Dans le parking, il jette la pièce à conviction à l'intérieur d'une poubelle.

Un homme en parka surgit alors du poste de police et l'interpelle en courant derrière lui : « Agent Mulder ? » Gardant son calme, Skinner lui répond froidement : « Qui êtes-vous ? »

– Inspecteur Ray Thomas. C'est moi qui vous ai contacté par email pour vous envoyer les documents. L'officier de police Robbins m'a dit que vous êtes venu pour prendre connaissance des preuves médico-légales. Alors, est-ce que vous avez découvert quelque chose d'intéressant ?

– Je n'ai rien trouvé qui justifie ma participation à cette enquête.

– Mais qu'en est-il au sujet de cette femme ? Comment pouvez-vous expliquer ce qui lui est arrivé ?

– Je ne sais pas.

Skinner se dirige rapidement vers sa voiture et y insère la clé.

– Mais vous avez bien vu les photos, insiste Thomas.

– En effet, dit Skinner, sur le point de partir.

– Troublé et en colère, Thomas lui lance :

– Je croyais que vous étiez spécialisé dans les affaires insolites ou relevant du paranormal, et que vous trouveriez ici matière à investigation. Et s'il n'y a rien à relever ici, pourquoi vous être déplacé en pleine nuit ?

– Parce que je fais mon devoir, inspecteur, tout comme vous.

Alors que la voiture de Skinner s'éloigne, un peu plus loin sur le parking, l'Homme aux cheveux gris, assis dans son véhicule, l'observe.

De retour chez lui, Skinner raccroche son téléphone, dépose ses vêtements dans un sac-poubelle et se change. Le sac à la main, il s'apprête à sortir et se trouve face à Mulder, sur le seuil.

– Ah ! vous êtes bien chez vous ! s'écrie-t-il.

– Heu… oui. Que voulez-vous ?

– J'essayais de vous joindre ; votre téléphone doit être décroché.

– J'avais besoin d'un peu de sommeil.

– C'est pour ça que vous descendez votre poubelle à quatre heures du matin ?

– Que voulez-vous, agent Mulder ? dit Skinner, l'air excédé.

– Des réponses.

– À quel sujet ?

– Il semble qu'on se donne beaucoup de mal pour garder secrètes les circonstances de la mort d'une employée d'une compagnie de transport postal.

Mulder lui communique une liasse de photos qui lui ont été envoyées par l'inspecteur Thomas.

– Quand j'ai essayé de les consulter sur mon ordinateur, j'ai constaté que les fichiers avaient été effacés.

– Si on les a effacés, comment se fait-il que vous ayez les photos ?

– Le coéquipier de Thomas me les a données après que celui-ci a été tué.

Skinner cache avec difficulté sa stupeur et sa frayeur.

– On a retrouvé son corps voilà deux heures. Une balle dans la tête ; une exécution dans les règles. L'assassin pourrait être la même personne qui s'est fait passer pour moi et a examiné les pièces du dossier au service médico-légal de la police.

– Que voulez-vous de moi ? répète le directeur adjoint.

– Je veux votre aide, déclare Mulder avec impatience.

– Et l'agent Scully ?

Mulder hésite un instant, baissant les yeux.

– Elle est à l'hôpital.

– Me cachez-vous quelque chose à son sujet ? dit Skinner, alarmé.

– On la soumet à des tests, parce que les oncologues craignent que sa tumeur ne développe des métastases.

L'état d'esprit s'est modifié. Mulder, son intérêt pour l'affaire un peu étouffé, demande à Skinner d'étudier les photos. Alors que le directeur adjoint acquiesce, Mulder se dispose à partir.

– Vous voulez que je jette votre poubelle en sortant ?

– Non, dit Skinner, encore abasourdi. Je le ferai.

Plus tard, cette nuit-là, Skinner descend dans le parking situé sous son immeuble. Un faisceau de phares perce l'obscurité devant lui. L'Homme à la cigarette descend du véhicule.

Skinner, furieux, lance un coup d'œil vers le pare-brise et reconnaît, assis au volant, l'Homme aux cheveux gris, impassible.

– Qui de vous deux a appuyé sur la détente ? Qui ? Ou bien avez-vous fait exécuter la tâche par quelqu'un d'autre ?

Cancer Man tire une bouffée de sa cigarette.

– Je ne suis pas venu répondre à vos questions.

Skinner attrape le grand fumeur par le revers de son manteau et le soulève du sol.

– Vous l'avez tué ! Vous avez tué un représentant de la loi !

– Je vous conseille de parler moins fort, monsieur Skinner, dit l'Homme à la cigarette, d'un ton glacé, à moins que vous ne souhaitiez que vos voisins sachent en quelle compagnie vous êtes à cette heure-ci de la nuit.

Skinner relâche son étreinte.

– Je refuse d'être mêlé à un meurtre !

– Je ne me sentirais pas trop à l'aise sur le terrain de votre haute moralité, monsieur Skinner. Cela est arrivé parce que vous n'avez pas fait votre travail jusqu'au bout.

– J'ai traité cette affaire en suivant vos instructions !

– Vous n'avez pas neutralisé un élément qui pouvait potentiellement compromettre la situation.

– Vous ne deviez pas le tuer ! crie Skinner. Il ne devait pas mourir !

– Vous n'êtes pas dans une position qui vous permette de critiquer les termes de notre arrangement, dit-il d'une façon menaçante.

– Dans ce cas, il n'existe plus d'arrangement, lâche Skinner en faisant demi-tour.

– Vous verrez qu'il n'est pas si facile de se débarrasser de nous, monsieur Skinner.

– Ah non ? dit le directeur adjoint en lui lançant un regard furibond.

– Quand un homme creuse un trou, il risque d'y tomber, achève son bourreau.

À huit heures, ce matin-là Skinner, étendu de tout son long sur le divan, est réveillé par la sonnerie du téléphone : Mulder lui rapporte que le corps de Jane Brody a été volé, et que les preuves médico-légales ont été falsifiées par l'homme qui a emprunté son identité.

– Comment êtes-vous au courant de cette falsification ?

– J'ai fait pratiquer des analyses : l'échantillon de sang qui se trouve au laboratoire de la police est bien en groupe B, rhésus positif, comme celui de l'ouvrière, mais la victime souffrait d'une forme d'anémie, caractérisée par une carence en acide folique ; cette particularité ne se retrouve pas dans le sang contenu à présent dans le tube.

Skinner, comprenant que Mulder le suit de près, est ébranlé.

– Y a-t-il des suspects ? interroge-t-il.

– Non, mais j'ai un indice qui devrait me permettre d'avancer. La balistique a identifié l'arme du crime comme étant un Sig Sauer modèle P 228.

Cette nouvelle fait bondir Skinner. Mulder poursuit :

– Je fais examiner les dossiers balistiques des armes de tous les agents fédéraux et des officiers de police régionaux.

Posant le téléphone, Skinner va précipitamment vérifier si le tiroir de son bureau a été forcé : ses craintes étaient fondées, l'étui de revolver est vide.

– Monsieur ? appelle Mulder, perplexe devant le silence du directeur adjoint.

– Tenez-moi au courant de vos recherches, répond-il finalement, assommé.

Peu de temps après, un téléphone sonne dans un bureau quelconque. L'Homme à la cigarette décroche.

– Nous ne pouvez pas me faire cela ! hurle Skinner dans le combiné.

Fou de culpabilité et de colère, Skinner demande si son arme a servi à tuer l'inspecteur Thomas. Le Fumeur lui conseillant d'un ton railleur de s'adresser à la police, Skinner lui en confirme son intention.

– Alors pourquoi m'appelez-vous ? dit l'Homme à la cigarette avec une feinte innocence. Peut-être, ajoute-t-il d'un ton moqueur, parce que vous comprenez que vous êtes complice d'une conspiration criminelle, de falsification et destruction de preuves. Les conséquences pourraient être sérieuses pour vous, même dans l'éventualité où vous prouveriez que vous n'avez pas tué l'inspecteur.

Le grand fumeur précise qu'il tient à lui en dire le moins possible sur cette affaire.

– J'ai besoin de savoir pourquoi Thomas est mort, dit l'agent.

– Il est mort pour vous, monsieur Skinner, pour que vous obteniez ce que vous souhaitez... un traitement pour l'agent Scully. N'est-ce pas ce que vous désirez ?

– L'agent Scully est à l'hôpital, annonce Skinner. Si vous pouvez faire quelque chose pour elle, j'exige que ce soit maintenant ! S'il lui arrive quelque chose, je dévoilerai ce que je sais sur vous. Peu m'importe ce qui en résultera pour moi.

Avec un soupçon de durcissement dans la voix, l'Homme à la

cigarette lui transmet calmement un message teinté de menace :

– L'agent Scully vivra longtemps et en bonne santé. Je souhaiterais qu'il en soit de même pour vous, monsieur Skinner.

À la Transcontinental Express, Skinner est conduit jusqu'aux toilettes où Jane Brody a trouvé la mort. Il dirige son regard vers l'arête du plafond où la matière gluante continue de suinter. Il en saisit une parcelle qu'il frotte dans sa main.

Ayant réclamé un marteau, il pratique une large brèche dans le mur ; un énorme nid d'abeilles, en formations alvéolaires, recouvert de miel rance et d'abeilles mortes, est mis au jour.

Skinner l'interroge sur la variété d'abeilles qui a pu produire ce miel. Le scientifique estime qu'il est difficile de le déterminer à partir du rayon de miel qu'il possède ; mais il prélève un échantillon du rayon et, par chance, celui-ci contient de la gelée royale, utilisée pour nourrir les larves de la colonie.

En examinant à la loupe la gelée, l'entomologiste voit une poche minuscule contenant des œufs ; quand ceux-ci auront subi leur transformation, dit Valdespino, il sera en mesure de fournir une explication. Il ajoute qu'il a reçu un appel, voilà six mois, émanant d'un autre agent du FBI, Fox Mulder, qui désirait obtenir

des renseignements concernant des abeilles tueuses.

– Je me demandais s'il existait une relation…

– Non, dit Skinner en s'éloignant.

Plus tard, dans la journée, Skinner se rend dans le Maryland, chez l'entomologiste Peter Valdespino. Dans son vaste laboratoire, Valdespino apporte un conteneur comportant des éléments de la structure alvéolaire.

– Pourquoi ne soumettez-vous pas cela au labo du FBI ? dit le spécialiste.

– Cette pièce à conviction doit demeurer secrète. Nous avons eu quelque controverse à ce sujet au Bureau ; aussi je compte sur votre discrétion.

– Certainement.

Quelque temps après, le directeur adjoint regagne le bureau vide de l'agent Mulder, ouvre un dossier pour examiner les photos du rucher canadien, vu dans le premier épisode de la saison (4X01). Il feuillette le carnet d'adresses de l'agent, et note le numéro de téléphone de Marita Covarrubias.

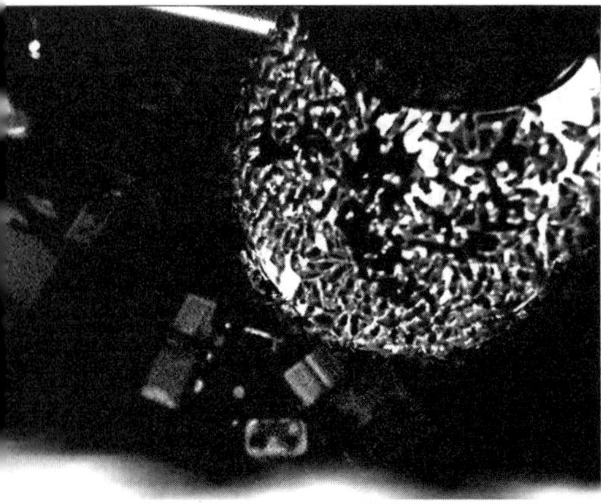

– Monsieur ! dit Mulder, sur le seuil de la pièce, observant Skinner. Vous me cherchiez ?

– J'étais justement en train de vous écrire un message, répond Skinner, se ressaisissant. Où étiez-vous ?

Avec un soupçon accru, Mulder raconte sa démarche à la First Nations Bank de Virginie, succursale située par-delà le parking de l'administration centrale de la police de Desmond. Il en rapporte des photos de surveillance de la banque, sur lesquelles apparaissent l'inspecteur Thomas, et un homme coiffé d'une casquette de base-ball, identifié par l'officier de service comme étant l'agent Mulder.

Skinner étudie le cliché de près. L'image en est trop sombre et granuleuse pour qu'on puisse le reconnaître. Le directeur adjoint masque difficilement son anxiété.

– Peut-on en obtenir un cliché utilisable ? dit-il.

– Je vais demander au labo de faire un traitement spécial.

Profondément préoccupé, Skinner ne répond pas.

– À quel sujet vouliez-vous me voir, monsieur ? Vous m'écriviez une note...

– Je voulais juste savoir si vous progressiez dans votre enquête.

Le directeur adjoint part, sous le regard scrutateur de Mulder.

De retour dans son bureau, Skinner appelle Marita Covarrubias à l'ONU, et lui demande des informations au sujet du projet de ferme expérimentale au Canada. Elle lui transmet ce qu'elle a déjà dit à Mulder dans l'épisode 4X01, à savoir qu'elle n'a pu mettre en évidence ni la présence de ruches ni l'existence d'un élevage d'abeilles.

– Et si je vous disais que j'ai les moyens de le prouver ?

– Vous êtes sur le point d'approcher de ces abeilles ? dit la jeune femme, saisie d'étonnement.

– Oui, mademoiselle, j'en aurai bientôt la possibilité. Très bientôt.

Peter Valdespino entre dans le laboratoire de son domicile du Maryland et bascule un interrupteur mural, sans résultat. Il allume une lampe de bureau pour examiner l'échantillon du rayon de miel : le haut du conteneur est brisé. Un léger crissement attirant son attention, il dirige sa lampe vers une fenêtre proche du plafond ; l'intérieur du verre est recouvert d'un ondoyant tapis d'abeilles irritées.

Une nuée d'insectes, attirés par la lumière, environnent Valdespino, qu'ils recouvrent bientôt. Il tente de les écarter, mais la situation est sans espoir. Les abeilles piquent irrémédiablement la surface exposée de son corps. Il frappe en vain contre la fenêtre verrouillée.

À la morgue de l'hôpital voisin, Skinner rejoint Mulder, qui a déjà examiné le corps de Valdespino.

– Je voulais que vous y jetiez un coup d'œil avant que quelqu'un ne le vole, dit Mulder. Vous constaterez que le corps porte les mêmes pustules et cloques que la postière décédée.

– Ce sont les symptômes de quoi ? demande Skinner.

– De la variole. Le premier cas recensé depuis au moins sept ans.

Mulder explique que l'infection de Valdespino est due à un caractère mutant particulièrement virulent de la maladie. Elle s'est propagée dans son corps à travers les piqûres et le venin des insectes. En fait, ajoute l'agent, il avait consulté Valdespino sur la possibilité d'une telle éventualité.

– Vous voulez dire que vous avez déjà vu cela avant ? dit Skinner.

– Oui, mais je n'ai jamais eu de preuve tangible, jusqu'à maintenant. Je crois que quelqu'un s'est donné beaucoup de mal pour empêcher que la vérité se fasse jour.

– Et pourquoi ? demande Skinner.

– Je ne peux que supposer. Mais je pense que quelqu'un tente de mettre au point une méthode de dissémination d'une maladie qui a tué plus de gens à travers l'histoire que toute autre contagion connue de l'humanité.

– Peut-on les arrêter ?

– Comment le pourrions-nous ? Nous ne savons pas même qui sont ces gens. Et nous ne le saurons pas, jusqu'à ce que nous puissions identifier le tireur.

– Où en êtes-vous ? s'informe Skinner, mortellement inquiet.

– J'ai bon espoir, répond Mulder d'une voix ferme.

Dans une salle de repos des installations de Transcontinental, Misty Nagata, déprimée et solitaire, ouvre une barre de confiserie. Skinner la rejoint, lui présentant son insigne.

– J'ai besoin de vous parler, Misty, à propos de votre collègue.

Nagata tressaille, affirmant qu'elle a déjà raconté à la police ce qu'elle savait.

– Tout ? lui demande Skinner en la regardant au fond des yeux.

Il lui révèle alors que la mort de Jane Brody n'est pas un accident. Luttant contre sa peur, elle avoue que Jane était sa meilleure amie, et que les enquêteurs l'ont menacée de lui faire perdre son travail si elle en parlait à quiconque.

– Est-ce que ces hommes ont dit qui ils étaient ?

– Non, et je n'ai pas posé de question. Tout ce qu'ils voulaient, c'était le colis.

– Quel colis ?

Misty explique que les colis endommagés sont inspectés avant d'être réexpédiés. Skinner, commençant à comprendre comment tout s'articule, la regarde avec plus d'attention encore.

– L'endroit où sont stockés les paquets endommagés est-il proche de la pièce où vous avez trouvé Jane ?

– C'est juste la pièce à côté ; une aire de stockage.

– Est-ce que vous vous souvenez d'où était envoyé le paquet abîmé ?

– Comme ça de but en blanc, je ne le sais pas.

– Y a-t-il un moyen de le déterminer ?

– Je peux rechercher le numéro d'identification du colis.

– Cela me serait d'une grande aide, Misty, et peut-être aussi pour Jane.

Au laboratoire de photographie spécialisé du FBI, Mulder examine par-dessus l'épaule d'un technicien la photo de surveillance qui vient d'être numérisée. Au fur et à mesure que les corrections sont apportées, le visage de l'homme à la casquette apparaît de plus en plus clairement. Un traitement final révèle l'image granuleuse, mais facilement reconnaissable, de Walter Skinner.

Les yeux fixés sur le cliché, Mulder demeure atterré, bouleversé.

– Vous m'en tirerez une copie sur papier, je vous prie, a-t-il la force de demander.

Au quartier général new-yorkais du Syndicat de l'Ombre, l'Homme à la cigarette et deux doyens contemplent une fiole contenant le cadavre d'une abeille.

– Ceci est le seul spécimen encore existant, explique *Cancer Man*. Les abeilles provenant du domicile du savant ont été circonscrites, puis détruites.

– Et le corps du chercheur ? demande le premier doyen.

– Il a été également stérilisé.

Alors que le premier doyen demande des précisions sur l'accident survenu, l'Homme à la cigarette reste évasif, assurant que tout autre problème concernant la sécurité a été pris en main par un homme en place, celui-ci n'ayant que la possibilité de réussir dans la mission confiée.

– Quelle assurance avons-nous que nous pouvons faire confiance à cet homme ?

– Nous ne pouvons pas nous permettre le moindre risque de fuite, intervient le second doyen.

– Il n'a rien à dévoiler, si ce n'est l'aveu de sa propre duplicité, répond l'Homme à la cigarette.

– Dans ce cas, pouvons-nous en conclure que la procédure d'essai a été organisée ?

Cancer Man tire une longue bouffée de sa cigarette, ramasse la fiole et se prépare à partir.

– Elle a déjà commencé.

Dans la cour de l'école élémentaire J.F. Kennedy à Payson, Caroline du Sud, des enfants jouent sous la surveillance de leur institutrice, Mrs Kemper. Une abeille vole, sans être remarquée, vers une cage à écureuil ; elle se pose sur la main d'un petit garçon, qui crie de douleur, avant de s'affaisser au sol. L'enseignante, s'occupant déjà d'une petite fille qui a été piquée, voit d'autres enfants accourir vers elle en criant, et ordonne aux élèves de rentrer dans l'école. Alors qu'elle se précipite vers un enfant qui tente de récupérer ses lunettes au milieu des abeilles, un nuage d'insectes fous l'assaille.

Les enfants de la classe de Mrs Kemper sont soignés aux Urgences. À son arrivée, Skinner informe le médecin chargé des traitements que les enfants doivent être immédiatement vaccinés contre la variole. Le médecin le considère comme s'il s'agissait d'un fou et, lui rappelant que la variole a été éradiquée, il refuse catégoriquement de procéder à la vaccination.

– Monsieur Skinner ? dit une voix féminine derrière lui.

C'est Marita Covarrubias.

– Que faites-vous ici ?

À la suite de l'appel de Skinner relatif aux abeilles, elle a décidé d'entreprendre sa propre enquête.

– Sept boîtes ont été envoyées du Canada à une boîte postale de Payson, Caroline du Sud. Je suis venue voir ce que contenaient ces boîtes.

– Vous arrivez un peu tard pour cela.

– Vous aussi, apparemment, lui rétorque Covarrubias.

Marita invoque son devoir d'agent assermenté d'instruire le secrétaire général de l'ONU, et presse Skinner de lui communiquer les informations qu'il détient. Le directeur adjoint finit par faire taire les scrupules qui harcèlent sa conscience.

– Je crois qu'il s'agit d'une expérience visant à tester des agents biologiques sur le sol américain ; ces abeilles mutantes servent de vecteur de contamination.

– L'avez-vous dit à l'agent Mulder ?

– Je ne le puis, dit-il en grimaçant, puis il se mure dans un silence douloureux.

– Êtes-vous impliqué dans cette affaire, monsieur Skinner ? Non ? Alors, que faites-vous ici ?

Skinner ne répond toujours rien.

– Que me cachez-vous donc, monsieur Skinner ? Si vous connaissez ceux qui trament cette affaire, il vous faut prendre position. Personne d'autre ne peut le faire.

La nuit suivante, le directeur adjoint pénètre dans son appartement, décroche le téléphone, puis se ravise. En ouvrant le tiroir de son bureau, il constate que le pistolet a été rangé dans son holster.

Alors qu'il s'en saisit, une voix retentit derrière lui.

– Posez cette arme ! ordonne Mulder, sortant de l'ombre.

Il pointe son arme sur la tête de Skinner.

– J'allais juste vous appeler.

– *Posez cette arme !*

– Vous ne comprenez pas, dit-il sur un ton fatigué.

– Je comprends tout au contraire, lance Mulder. Est-ce l'arme avec laquelle vous avez tué l'inspecteur ?

– Non.

– Quel effet cela fait-il de tuer un innocent d'une balle dans la tête ?

– Je n'ai pas tué cet...

– Menteur ! Vous avez sans cesse collaboré avec le Fumeur. Vous étiez au courant lorsqu'ils ont tué mon père. Et vous saviez qu'ils avaient enlevé Scully !

– Écoutez-moi, Mulder ! Il m'a pris au piège, il a volé mon arme, puis l'a remise en place. Ce qui veut dire que la police va probablement arriver.

– Je ne vous crois pas, répond Mulder.

– Regardez mon tiroir, agent Mulder. Il a été forcé. Pourquoi aurais-je forcé ma propre serrure ? Je vous ai menti, mais je ne ferai aucune excuse à ce sujet, parce qu'une bonne raison soutenait mes agissements. Une raison que vous êtes le seul, je crois, à pouvoir comprendre.

Mulder fléchit, mais ne baisse pas son arme.

– Je vous ai mis en garde, il y a quelque temps, contre un certain type d'action à entreprendre pour sauver l'agent Scully. Je n'ai pas suivi mon propre conseil ; les régles du jeu ont bel et bien été modifiées à mon insu. Et je me suis trouvé au cœur d'une conspiration...

– Donnez-moi votre arme, achève Mulder.

Le Sig Sauer P228 de Walter Skinner tire six fois, dans un réservoir à eau du laboratoire de balistique du FBI. L'agent spécial Kautz (vu pour la dernière fois dans 2X25) conduit l'expertise. Il porte des lunettes protectrices et un casque de tir, tout comme Mulder et Skinner. Kautz utilise une loupe connectée à un appareil de contrôle vidéo, et compare à l'écran les nouveaux impacts de balles avec celle qui a tué Thomas. Le groupement des rayures est identique.

– Alors, on peut considérer que c'est l'arme du crime ? demande Mulder.

– Si je devais être appelé à témoigner, dit Kautz, je l'affirmerais sans l'ombre d'un doute. Où avez-vous trouvé cette arme ?

Personne ne répond. Skinner garde la tête baissée. Finalement, Mulder rompt le silence pesant :

– Dans une bouche d'égout, au coin de la rue où le crime a eu lieu. Parfois, on a de la chance... dit Mulder.

Skinner cherche le regard de l'agent.

– ... Et parfois, on n'en a pas, réplique Kautz.

– Qu'est-ce que vous voulez dire ? s'informe Mulder.

– Eh bien, le numéro de série de l'arme a été limé... Désormais, à moins que les experts n'obtiennent une empreinte, cette arme n'est pratiquement plus identifiable.

Cette même nuit, l'Homme à la cigarette pénètre dans un appartement plongé dans l'obscurité, et tend la main vers le commutateur.

– Laissez ça, dit la voix de Skinner. Je commence à m'habituer aux ténèbres.

Skinner est assis derrière le bureau de l'Homme à la cigarette, son arme pointée vers son tortionnaire.

– Cela fait-il partie de notre marché ? demande le grand fumeur en souriant d'un air affecté.

– Nous n'avons jamais passé de marché.

– Non ?

– L'agent Scully va mourir. Et vous n'avez pas remué le petit doigt, lui reproche Skinner.

Le sourire de l'Homme à la cigarette s'élargit.

– Vous trouvez cela drôle ? dit Skinner, le menaçant de son arme.

– J'apprécie juste l'ironie de la chose, monsieur Skinner. Hier encore, vous affirmiez que vous ne vouliez pas participer à un meurtre. Et regardez où vous en êtes, aujourd'hui, lance-t-il d'un ton provocant.

– Votre arme n'est pas la première qu'on ait braquée sur moi, monsieur Skinner. La mort ne me fait pas peur. Mais si vous me tuez maintenant, vous tuerez aussi l'agent Scully.

– Vous n'avez jamais eu la moindre intention de la sauver.

– En êtes-vous certain ? demande le Fumeur. Je l'ai déjà sauvée par le passé, lorsque je l'ai fait rendre à l'agent Mulder. Il se pourrait que je la sauve à nouveau. Mais vous n'en saurez rien si vous appuyez sur la détente, n'est-ce pas ?

Le téléphone sonne bruyamment.

– Maintenant, à moins que vous n'ayez l'intention de me tuer, poursuit-il, l'air tendu, j'apprécierais de pouvoir répondre.

Skinner reste de glace. Alors que la sonnerie retentit de nouveau, le directeur adjoint fait feu à trois reprises, puis quitte l'appartement.

L'Homme à la cigarette se tient droit. Seul son regard trahit la peur qui l'a envahi. Il décroche enfin le téléphone. De ses doigts tremblants, il allume une Morley et la porte à ses lèvres.

– Il sort juste d'ici, dit-il. Il m'a menacé de mort. Je suis certain que Mulder va vous contacter ; il voudra savoir si Skinner a vu tout ce qu'il y avait à voir.

À l'autre extrémité de la ligne se trouve Marita Covarrubias. Une silhouette vague se tient derrière elle.

– Je lui dirai ce que vous voudrez que je lui dise, affirme la jeune femme.

L'Homme à la cigarette frotte une allumette, allume sa cigarette et inhale la fumée.

– Donnez-lui la réponse qu'il veut entendre.

Coulisses

Si l'on en croit Frank Spotnitz, « Nid d'abeilles » est le fruit d'un heureux hasard.

Cela correspond à la version courte de l'histoire. C'est en apprenant, à la mi-saison, que Gillian Anderson serait absente une semaine pour tourner *The Mighty* avec Sharon Stone, que s'élabora la version longue de l'histoire ; le scénario fut bâti, comme il est désormais habituel chez les *X-Files*, dans une lutte constructive visant à surmonter cet obstacle de taille.

– Nous avons dû construire un scénario dans lequel elle n'apparaissait pas, et cela ne semblait pas juste de faire reposer tout le poids sur David alors qu'elle s'absentait toute une semaine, se souvient Spotnitz.

La solution consistait à jouer sur le personnage du directeur adjoint Walter Skinner, ce qui permettait de renouer avec la tradition de l'épisode annuel centré autour de Mitch Pileggi. Cela impliquait nécessairement l'assistance de Howard Gordon, spécialiste reconnu de Skinner depuis « La Visite » (3X21).

– Après tout, Skinner avait déjà signé son pacte faustien avec l'Homme à la cigarette dans « Journal de mort » (4X15). Le moment semblait opportun et logique d'en tirer les conséquences. C'était aussi l'occasion rêvée de réintroduire les abeilles qui avaient été présentées au début de « Tout ne doit pas mourir », mais qui n'avaient jamais fait l'objet d'une explication développée. Nous voulions de toute façon éviter de remettre Skinner face à un événement paranormal, comme cela avait été le cas dans « La Visite ». Une fois suffit dans la vie d'un homme.

Gordon possède des souvenirs assez différents de l'épisode. Mettre au point un scénario sans Scully et avec une intervention minimale de Mulder représentait pour lui le fait de se battre avec une main attachée derrière le dos. Il se souvient également que Spotnitz et lui terminèrent le travail d'écriture d'arrache-pied au cours d'un week-end marathon, alors que le tournage en cours des « Frontières du jamais » subissait les offres d'un programme très serré.

– Nous avons essayé de préserver l'intégrité du personnage de Skinner tandis qu'il signe un pacte avec le diable… et en même temps nous avons eu la possibilité de mieux comprendre sa psychologie, et ses relations avec Mulder et Scully, en l'entraînant dans la zone grise située entre le bien et le mal. Il fallait qu'il détermine le niveau de son sacrifice. Jusqu'où pouvait-il compromettre sa conscience pour eux ? Où devait se situer la limite ?

– Qui sait ? commente avec bonne humeur Mitch Pileggi. Personne ne me dit jamais rien, dans cette série.

Il raconte en effet qu'on ne lui a jamais donné d'indication sur les motivations de son personnage à l'écran. De plus, il a appris quelques jours à l'avance seulement qu'il apparaîtrait devant le public américain en sous-vêtements, arborant à l'écran un slip plutôt qu'un caleçon, suivant la décision de Chris Carter. Cela lui laissa peu de temps pour entreprendre une remise en forme, mais elle fut de toute façon insuffisante pour faire face à la saisie d'une scène dont *TV Guide* s'empara pour la publier postérieurement.

– Ce ne fut pas un de mes meilleurs moments, avoue Pileggi.

Le retour des abeilles ne fut pas non plus accueilli par des cris de joie. Chacun dans l'équipe des *X-Files* savait que leur nom était synonyme de difficultés, et cela n'a pas failli à la tradition. Mettre en place les scènes comportant les insectes fut une tâche malaisée. Leur représentation à l'écran donnant de piètres résultats, le problème dut être résolu, comme toujours, en postproduction, par Laurie Kallsen-George, le superviseur des effets spéciaux.

– Laurie Kallsen-George disposait de neuf jours pour créer des séquences de qualité. Ce qui représenterait des mois de travail dans le monde du cinéma, dit Howard Gordon. Mais elle a fait preuve d'un courage inébranlable durant cette période où elle n'a pas dû avoir plus de douze heures de sommeil.

Laurie Holden, qui joue Marita Covarrubias, remarque avec satisfaction que la scène finale de l'épisode lui fournit enfin des indications concernant la loyauté de son personnage, à savoir de quel côté elle se situe. Bien que ces dispositions puissent changer, bien sûr, lorsque l'agent de l'ONU opérera dans la cinquième saison.

Kim Manners, qui a mis en scène « Nid d'abeilles », semble être l'unique personne – à part Anderson, naturellement – à se tenir avec sérénité au-dessus de la mêlée.

– Ce fut un épisode intéressant pour moi, car j'avais la chance de pouvoir travailler avec Mitch, et, croyez-le ou non, je n'avais à ce jour tourné que trois épisodes mythologiques. Ils m'ont écrit là un superbe scénario, vous savez ? C'était vraiment une matière dont il a pu tirer le maximum. Bill Davis s'est aussi montré excellent dans cet épisode.

C'est le deuxième épisode dans lequel n'apparaît pas l'agent spécial Dana Scully. Le premier était « Les Vampires » (2X07). Dans l'« L'Homme à la cigarette », on ne la voit que lors de flash-back.

Amour fou

(Elegy)

Des apparitions fantomatiques annoncent une série de meurtres perpétrés sur le territoire de Mulder et Scully.

Épisode : 4X22
Première diffusion US : 4 mai 1997
France : 15 novembre 1997
Scénario : John Shiban
Montage : Jim Gross
Mise en scène : James Charleston

Distribution :
Steven M. Porter (Harold Spüller) ;
Alex Bruhanski (Angelo Pintero) ;
Sydney Lassick (Chuck Forsch) ;
Nancy Fish (infirmière Innes) ;
Daniel Kamin (inspecteur Hudak) ;
Lorena Gale (attorney) ;
Mike Puttonen (Martin Alpert) ;
Christine Willes (Karen Kosseff) ;
Ken Tremblett (officier en uniforme) ;
Gerry Nairn (sergent Conneff) ;
Fawnia Mondey (jeune femme blonde, joueuse de bowling).

Site principal :
Washington, D.C.

Angelo Pintero, âgé d'une soixantaine d'années, patron d'un bowling nocturne Chez Angie, situé au centre de Washington, s'apprête à fermer l'établissement. En passant devant les rayonnages de chaussures de location, il a la surprise d'y trouver Harold Spüller, un homme trapu d'une quarantaine d'années, souffrant d'une perturbation du comportement. Ce dernier, poseur de quilles, range laborieusement les chaussures de bowling dans les rayons.

– Sapristi ! Rentre donc chez toi ! fait Angie.

– Non, pas encore fini ! dit Harold en s'acharnant.

Alors qu'Angie se met à placer les chaussures dans les casiers, Harold, profondément troublé, contemple la scène avec une anxiété croissante. Il hurle bientôt avec colère que son travail n'est pas terminé. Regardant alors Harold avec sympathie, le patron le rassure, les mains posées amicalement sur ses épaules.

– Allez, mon gars, tu as fait du bon travail aujourd'hui, mais si tu rentres en retard, les médecins vont s'inquiéter !

Quelque peu calmé, Harold s'éloigne en marmonnant une longue succession de chiffres apparemment sans signification.

Alors que Pintero inspecte le bowling, il observe que le distributeur de quilles de la piste six fonctionne toujours, pour une raison inconnue. Il appuie sur le bouton de remise à zéro et une boule arrive dans la glissière. Horrifié, il constate que les trois trous pour les doigts du joueur sont remplis de sang. Le patron s'agenouille pour examiner les quilles, qui sont également couvertes de sang. En scrutant la machinerie au-dessus de lui, il découvre une jeune femme blonde, suspendue dans le mécanisme, la gorge tranchée. Les yeux fixés sur lui, elle essaie en vain de parler.

– Ô mon Dieu ! Ô mon Dieu ! Je vais chercher de l'aide ! dit l'homme, frappé d'horreur.

Alors qu'il se précipite dans son bureau pour appeler la police, des sirènes résonnent déjà dans la rue ; il sort en courant.

– Monsieur l'agent, venez vite ! Il y a une femme ensanglantée à l'intérieur...

– Circulez ! Cela ne vous concerne pas !

Angie, respirant péniblement, tente d'insister. Il remarque alors, derrière l'agent, le corps d'une jeune femme blonde, étendu sur la chaussée, la gorge tranchée.

– Mon Dieu ! C'est elle... c'est la femme que j'ai vue !

Le lendemain, le bowling a retrouvé une activité intense ; seule la piste six ne fonctionne pas. Pintero est en compagnie de Mulder et de Scully ; il leur indique l'endroit où il a vu la femme assassinée. Son poids a déformé le mécanisme de remise en place automatique des quilles. Et, lorsqu'il est retourné avec l'agent sur les lieux, la femme et les traces de sang avaient disparu. Scully lance un regard peu convaincu à son coéquipier, que relève Pintero :

– Je ne suis pas en train d'inventer tout cela !

Mulder lui assure que personne ne l'insinue, et lui demande d'avoir la gentillesse de lui apporter un Coca. L'homme s'éloigne vers le bar, intrigué.

– À quoi ressemble cette histoire, Scully ?

– J'aurais pensé qu'après quatre ans de travail aux Affaires non classées, tu saurais exactement ce que cela signifie, réplique-t-elle.

– Quoi, tu ne crois pas aux fantômes ?

– Tu veux dire que cet homme a vu le fantôme de la victime ?

– Cela fait plutôt penser à une âme désincarnée, dit Mulder. Selon Mr Pintero, l'apparition essayait de communiquer. Elle lui parlait comme si elle voulait lui transmettre quelque chose ; cela ressemble à un augure, un présage de mort.

– Un présage de mort ?

– Ouais, un esprit messager, précurseur de la mort...

Mulder s'interrompt pour lancer avec maîtrise une boule bleu de cobalt sur la piste, faisant un strike, naturellement. Il reprend :

– Le cas s'est produit à trois reprises. Chaque fois, la victime est apparue près du lieu du crime, essayant de communiquer quelque chose.

– Que voulait-elle communiquer ? dit Scully.

– Je ne sais pas encore, mais si tu veux bien patienter une seconde, j'aurai peut-être une réponse à te donner.

Mulder se dirige vers les quilles avec la boisson apportée par Pintero, et verse le liquide pétillant à l'endroit de la tache de sang fantôme. Un motif insolite se dessine dans la cire du bowling : SHE IS ME (Elle est moi). Scully demeure abasourdie.

Dans un commissariat de police du district de Columbia, un inspecteur de la brigade criminelle, Hudak, présente une série de diapositives à une douzaine d'agents, leur relatant que trois femmes ont été assassinées dans le même quartier. Elles possédaient des caractéristiques communes : approximativement le même âge, le même poids ; les yeux et les cheveux de la même couleur.

– Nos spécialistes pensent qu'il s'agirait d'un homme de race blanche, d'une petite trentaine d'années. Les victimes lui seraient étrangères et représenteraient d'autres femmes qu'il aurait connues, ou peut-être les femmes en général.

Au fond de la salle, Mulder se penche vers Scully et lui chuchote à l'oreille.

– Hé, vous là-bas, est-ce que je vous ennuie ?

– Pas du tout, lance Mulder, mais je voudrais ajouter quelque chose. Je crois que, si nous procédons suivant le schéma habituel, nous n'allons rien obtenir, si ce n'est de nouvelles victimes.

– On peut savoir qui vous êtes et ce qui vous fait penser cela ?

– Je suis l'agent spécial Mulder et voici l'agent Scully, du FBI. Nous suivions une piste, mais il semble que la police n'a pas donné suite à la déposition du propriétaire du bowling. Angie Pintero a vu une apparition, ce qu'une légende irlandaise nomme un « fetch », un esprit « visitant les familiers au moment qui précède la mort de ceux qu'ils représentent ». Dans l'Antiquité romaine, il existe le lémure. Y avait-il des messages écrits dans les cas que vous signalez ? Est-ce que l'expression « Elle est moi » a une quelconque signification pour vous ?

Le policier, sceptique au départ, éprouve à présent de la difficulté à cacher sa surprise. Il dit que ce sont les derniers mots d'une victime nommée Penny Timmons, du moins d'après l'appel anonyme qu'ils ont reçu la nuit de sa mort.

– Qui téléphonait ? demande Mulder.

– Un dingue, dit Hudak. Penny Timmons n'aurait pas été en mesure d'articuler une parole, avec la gorge tranchée.

– Personne ne s'est intéressé à cet aspect de l'affaire ? interroge Mulder.

– Non, ricane Hudak. Mais quelqu'un peut vous fournir le numéro, à partir duquel vous pourrez poursuivre vos recherches.

Au centre psychiatrique du Nouvel Horizon, Martin Alpert, un ergothérapeute au bon naturel, à la voix douce, et Innes, une infirmière psychiatrique d'âge moyen, plutôt rébarbative, réunissent les vingt-quatre malades, parmi lesquels se trouve Harold Spuller. Mulder et Scully, un peu à l'écart, observent la scène.

– Salut, dit Mulder avec douceur. Je voudrais savoir si quelqu'un parmi vous s'est servi de la cabine téléphonique située près de l'entrée pour signaler un meurtre, vendredi dernier.

Chacun garde le silence. Harold Spüller baisse la tête. Au bout d'un moment, un vieillard portant des lunettes épaisses s'écrie :

– Oh ! c'est moi, j'avoue tout ! je l'ai fait ! Je ne suis qu'un être humain, après tout !

Alpert le regarde d'un air réprobateur :

– Chuck, dites la vérité.

– D'accord, je suis désolé, je ne l'ai pas fait exprès, j'ai menti, mais je ne suis qu'un être humain, après tout !

Alpert interroge ses patients avec respect mais fermeté ; quand il leur demande si quelqu'un a utilisé la cabine pour appeler la police, ils le regardent tous d'un air déconcerté, sauf Harold, qui se balance d'avant en arrière sur sa chaise, en proie à une détresse manifeste.

Mulder tend une photographie de Penny Timmons, la jeune fille assassinée près du *Midnight Bowl*, et leur demande s'ils la reconnaissent. Tous les patients lèvent la main, sauf Harold.

– C'est la jeune fille qui a été assassinée, dit Chuck.

Scully exhibe la couverture d'un magazine de télévision où figure la photo de Jay Leno.

– Quelqu'un reconnaît-il cet homme ? dit-elle.

Des réponses fusent : « C'est lui l'assassin ! » « Il l'a fait ! » « C'est un homme très amusant ! » « Il sourit beaucoup ! » Seul Harold ne se joint pas à la cacophonie générale. Mulder le remarque et interroge le thérapeute à son sujet.

– Il a tendance à avoir les nerfs en boule, dit-il.

– Est-ce que je peux lui parler ?

– Bien entendu.

Mulder rejoint Scully, qui étudie scrupuleusement les photos correspondant aux trois meurtres, dans le couloir du centre psychiatrique. Elle lui signale que l'assassin a chaque fois déplacé une alliance, de la main gauche vers la main droite de sa victime, selon un rituel. C'est le syndrome d'une dystonie de l'ego, qui produit une conduite compulsive obsessionnelle. Cependant, elle ne mène que rarement au meurtre.

– Il se peut qu'il y ait des forces psychologiques complexes à l'œuvre ; je ne suis pas sûr que le tueur soit dans cet établissement. Mais la personne qui a appelé se trouve ici. Je pense que son nom est Harold Spüller, dit Mulder.

– Est-il accusé d'avoir donné le coup de téléphone ? demande Scully.

– Non, mais il est sur le point de l'être.

Harold, l'air abattu, est assis sur le bord de son lit, dans la chambre qu'il partage avec son compagnon Chuck. Les deux agents du FBI sont debout près de lui. L'infirmière Innes se tient à l'autre extrémité de la pièce, écoutant.

– Je ne sais rien ! dit Harold en se balançant. Je n'ai rien fait ! Laissez-moi seul !

– Vous avez passé le coup de fil, n'est-ce pas, Harold ? dit Mulder patiemment.

– Non.

– Avez-vous prononcé les mots « Elle est moi » ?

– Non.

– Avez-vous déjà entendu ces mots ?

– Non !

Mulder fait une pause puis reprend :

– Avez-vous déjà vu un fantôme ?

Harold cesse de se balancer. Il hésite quelques secondes avant de répondre.

– Non, dit-il. (Puis il hurle :) Non ! Non ! Non ! Non !... Laissez-moi seul !...

Il crie une sorte de mélopée lugubre et l'infirmière intervient pour le calmer. Mulder regarde Harold avec sollicitude. À présent, le malade ponctue son violent balancement de séries de nombres : « Dix-sept, trente, trente-sept, quarante-cinq, cinquante-trois. »

Dans la salle de loisirs du centre, Scully se plonge dans l'étude d'un épais dossier médical. Elle en fournit quelques extraits à Mulder qui la rejoint :

– Harold souffre d'une grave perturbation du comportement, représentée chez lui par un autisme atypique. Il a passé sa vie entière dans des centres, avec des aménagements lui permettant d'aller et venir pour ses occupations. Il a suivi un traitement médical, accompagné d'électro-thérapie. En plus d'autres handicaps, le diagnostic révèle une sévère névrose obsessionnelle. Ce qui expliquerait l'inversion des anneaux des victimes.

– Mais pourquoi tout d'un coup ?... dit Mulder.

– Tu te demandes pourquoi il y aurait eu ce passage à l'acte soudain, cette cassure ? Eh bien, il nous a démontré que le déchaînement de sa violence provenait d'une pulsion refoulée qu'il libérerait quand il se trouve en situation de défi.

– Il ne s'est emporté qu'après que je lui ai demandé s'il avait déjà vu un fantôme, réplique l'agent.

Mulder soutient que la situation d'Harold n'explique ni la vision d'Angie Pintero, ni la phrase : « Elle est moi ».

Alors que Scully se penche sur l'imprimé listant Harold dans les salariés du bowling nocturne, une goutte de sang tombe sur la table.

– Oh, Scully ! dit Mulder, éprouvant de l'inquiétude.

Mulder essuie avec délicatesse un filet de sang qui perle sous son nez. Sa coéquipière lui assure qu'elle va bien et se rend aux toilettes. En réalité, elle se sent très lasse. Elle presse un mouchoir en papier sur son nez, se rafraîchit le visage. Quand elle relève la tête, elle voit une inscription, en lettres de sang, qui dégoutte le long du miroir au-dessus des lavabos : ELLE EST MOI.

Ébranlée, Scully scrute la pièce autour d'elle. Une jeune femme lui apparaît alors, portant un

sweat-shirt orné du blason d'une université. Elle fixe Scully, dans une attitude hiératique, le visage pâle, presque gris. Du sang s'écoule d'une longue entaille sur son cou. Scully se recule, horrifiée.

Mulder frappe à la porte, appelle sa coéquipière. Celle-ci se tourne de nouveau vers la jeune fille : elle a disparu, ainsi que les lettres de sang. Mulder entre, lui annonce qu'une nouvelle victime vient d'être retrouvée, la gorge tranchée, près du centre psychiatrique.

Dans une impasse sombre, Mulder et Scully se joignent aux forces de police. Scully examine le cadavre ; il s'agit de la jeune fille qui vient de lui apparaître. L'agent demeure hébétée par le choc.

– Lauren Heller avait vingt et un ans, elle était célibataire, annonce Mulder. Elle regagnait son domicile, après avoir travaillé dans un bar, après ses cours. Sa bague a également été transférée à la main droite, sur l'auriculaire. Elle a été retrouvée moins d'une heure après sa mort.

Scully émerge partiellement de sa rêverie :

– Cela signifierait qu'Harold ne peut être le tueur.

– Pas pour l'instant. Mais l'infirmière qui l'avait enfermé dans sa chambre vient de me signaler qu'il s'est échappé du centre. Je voudrais que nous soyons les premiers à le retrouver pour savoir ce que signifie : « Elle est moi. »

Scully lui fait un signe indiquant son nez.

– Je crois que je vais te laisser le soin de t'occuper de cela, Mulder. Je dois aller me faire examiner, par précaution.

Mulder lui propose de l'accompagner jusqu'à l'hôpital, mais elle refuse.

– Je t'assure que ça va ; les médecins me surveillent de près. C'est juste une mesure de prudence, dit-elle à son coéquipier, toujours soucieux.

Elle s'éloigne vers sa voiture, se raidissant contre la fraîcheur du vent.

Dans une pièce sombre, quelque part dans les environs, Harold continue de marmonner des séries de nombres. Il affiche une feuille comportant des scores de parties de bowling, à côté d'autres feuilles de résultats ; le mur en est couvert. En dirigeant son regard vers le haut du mur, il découvre l'inscription : « Elle est moi » en lettres de sang, sur une ancienne feuille de score.

– Non ! gémit-il. Non ! Je veux juste qu'on me laisse tranquille !

Pendant ce temps, Scully demeure silencieuse et pensive dans une salle d'examen où une infirmière lui fait une prise de sang. Peu de temps après, elle se rend chez la psychiatre Karen Kosseff, présentée dans l'épisode 2X13.

– Nous avons déjà parlé de vos peurs, dit Karen, vous craignez de les partager avec les autres, avec l'agent Mulder.

– Cette fois-ci, c'est différent.

– De quelle façon ?

Scully narre alors à la thérapeute la situation que nous connaissons déjà : son cancer rhinopharyngé, qui ne peut être traité par la médecine traditionnelle. Néanmoins, ajoute-t-elle, cet amas cancéreux n'a pas d'incidence, pour l'instant, sur sa vie quotidienne.

– Je suis désolée, dit la thérapeute, émue, dont le regard dénote beaucoup de sollicitude. Vous continuez de travailler ?

– Oui, c'est très important pour moi.

– Pourquoi ?

Scully garde soudain le silence. Peut-être n'a-t-elle jamais réfléchi au sujet.

– L'agent Mulder s'est montré assez inquiet. Il a été d'un grand réconfort pour moi, durant ces derniers temps.

– Vous considérez que vous lui devez de continuer à l'aider dans son travail ?

Scully médite profondément.

– Je... je crois que je n'avais jamais réalisé jusqu'à cet instant à quel point j'ai toujours compté sur lui. Je puisais des forces dans sa passion, j'y trouvais une source d'énergie.

– Racontez-moi ce qui s'est passé la nuit dernière, Dana.

– J'ai vu quelque chose, dit Scully, frissonnant et s'efforçant de se contrôler. Je ne sais que croire. L'image qui m'est apparue était-elle due à l'affaire en cours ou bien représentait-elle l'effet du stress ? Correspondait-elle aux peurs que j'éprouve ?

– Craignez-vous de ne pas être digne de la confiance de l'agent Mulder ?

– Peut-être, répond Scully, au bord des larmes.

– Qu'avez-vous vu ?

– Une femme qui vient d'être assassinée. Elle semblait vouloir me communiquer quelque chose.

– Savez-vous quoi ?

– Non, répond vivement Scully.

– En êtes-vous sûre ? dit Kosseff, son doux regard plongé dans celui de Scully.

De retour au bowling, Mulder annonce au propriétaire qu'Harold Spuller est recherché pour le meurtre de Penny Timmons. Angie secoue la tête car il ne peut pas y croire.

– Harold travaille pour moi depuis dix ans, dit-il. Il est sans doute un peu fou, mais il serait incapable de faire du mal à quelqu'un. C'est un très gentil garçon.

– Savez-vous où il se trouve en ce moment ?

– Il était là ce matin quand je suis arrivé, mettant en ordre les chaussures.

– A-t-il une clé ?

– Non, il rejoint l'établissement par un immeuble désaffecté qui se trouve à côté d'ici.

De sa cachette, Harold observe, effrayé, Mulder parlant avec Pintero.

– Avez-vous remis en marche la piste six ?

– Non. Pas depuis que j'y ai vu la jeune fille.

Mulder jette un coup d'œil par-dessus son épaule à la piste en question, quand une boule tombe bruyamment du mécanisme. Il se précipite vers l'endroit, et a juste le temps d'apercevoir Harold qui s'enfuit en rampant, après avoir provoqué la chute de la boule, derrière les machines.

– Harold ! Harold ! Je veux seulement vous parler ! crie Mulder.

L'agent le poursuit à travers le palier sombre et poussiéreux et trouve bientôt Harold effondré dans un coin de la plate-forme, dans un état proche de la catatonie, psalmodiant sans fin :

– SHE IS ME... (Elle est moi elle est moi elle est moi...)

Dans la salle d'interrogatoire d'un poste de police, Harold Spüller se balance en marmonnant sur sa chaise, son avocat commis d'office à ses côtés, une femme à l'aspect redoutable. L'inspecteur Hudak est bien déterminé à le traiter comme un suspect ordinaire.

– Dites-moi pourquoi vous avez tué ces femmes, Harold.

Celui-ci se balançant plus vigoureusement, l'avocate menace de faire suspendre l'interrogatoire. Mulder, qui se tenait dans le fond de la salle, s'avance vers eux.

– Harold, vous connaissiez ces femmes qui ont été assassinées, n'est-ce pas ? Et c'est pourquoi vous avez peur qu'elles ne viennent se présenter de nouveau à vous, dit l'agent. Penny Timmons, murmure Mulder.

– Huit, dix-sept, trente, trente-sept, poursuit Harold. Cinquante-trois, soixante et onze, quatre-vingts...

– Risa Shapiro ? continue Mulder.

– Quatorze, vingt-neuf, trente-huit, cinquante-sept, soixante et onze, soixante-dix-neuf, quatre-vingt-huit...

– Michelle Chamberlain.

– Dix-sept, trente-deux, quarante-neuf...

– Quelle était sa pointure ? le coupe Mulder.

– Trente-huit, dit Harold dans un sanglot.

– Voilà, vous avouez ! triomphe Hudak.

Son avocate récuse cette accusation, arguant qu'il ne s'agit pas d'une confession.

Alors que Hudak demeure persuadé qu'Harold est l'assassin, Mulder s'adresse au suspect avec force et gentillesse :

– Harold, des gens croient que vous avez tué ces femmes. Pour ma part, je sais que vous ne l'avez pas fait, mais j'ai besoin de votre aide pour le leur prouver. Pensez-vous pouvoir m'aider ? Je crois que oui.

Mulder retourne au bowling pour demander au propriétaire d'inspecter l'établissement. L'agent du FBI, Hudak, Harold et son avocate, ainsi que deux policiers en uniforme s'y rendent en cortège. Harold conduit le groupe dans l'espace sombre situé derrière la machinerie.

– Il va nous montrer quelque chose qui pourrait l'innocenter ? dit Hudak, sceptique.

– Je le pense, déclare Mulder.

Harold stoppe devant le mur couvert de feuilles de résultats de

parties de bowling. On y remarque trois noms : « Penny T. », « Risa S. » et « Michelle C. ». « Cela ne prouve rien », commente l'avocate. Mulder les invite alors à choisir un nom totalement au hasard.

– Craig Graham, dit Hudak.

Le suspect énonce alors une liste de nombres. Et Mulder explique qu'Harold a mémorisé les scores de deux cents parties, y compris ceux des victimes.

– De quelle façon cela prouve-t-il son innocence ? interroge son avocate.

– Je n'en suis pas vraiment sûr, mais je pense que…

La phrase de Mulder reste en suspens, alors qu'Harold pousse une plainte profonde. Spüller vient de voir apparaître Angie Pintero, la peau teintée de gris-bleu ; ses lèvres bougent, mais aucun son ne sort de sa bouche. Harold se rue jusqu'au bar, suivi des autres. Ils le trouvent agenouillé près du corps inerte de son patron, pleurant une sorte de mélopée funèbre. Les soignants pratiquent un massage cardiaque.

– Cela vient juste d'arriver, dit l'un d'eux. Nous avons fait ce que nous avons pu. Il a sûrement eu une crise cardiaque.

Harold demeure inconsolable.

Plus tard, cette nuit-là, Scully, vêtue d'un peignoir, est plongée dans ses pensées. On frappe à la porte : c'est Mulder, qu'elle fait entrer.

– J'ai besoin de ton avis de médecin, Scully.

– À quel sujet ?

– Harold Spüller… oh, je suis désolé. Je ne t'ai pas demandé comment tu allais, qu'a dit le médecin ?

Bien que Scully tienne à le rassurer sur son état de santé, Mulder ne semble pas convaincu, mais lui raconte néanmoins la mort d'Angie Pintero, due à une syncope mortelle.

– C'est là-dessus que tu veux mon avis ?

– Non, Scully. Mais Harold Spüller a eu une vision prémonitoire de la mort de son patron.

– Comment le sais-tu ?

– J'étais à côté de lui lorsqu'il a vu l'apparition.

– Mais tu ne l'as pas vu toi-même ?

– Non. Je n'ai pas ce don, ce lien avec les victimes, qui pourrait rendre possible le phénomène.

– Quels rapports Harold Spüller établissait-il avec les victimes ? demande Scully.

– Je pense qu'Harold éprouvait un profond attachement pour les victimes. Mais à cause de son autisme, il ne pouvait exprimer naturellement la force de son amitié. Une relation métempsychique s'est donc substituée à une relation temporelle.

– Même si ce que tu avances est vrai, Harold n'est pas le seul qui ait vu une apparition.

– Non, mais il possède en commun avec ceux qui en ont vu un élément capital. Les gens qui ont eu les visions étaient atteints d'une maladie grave ou en train d'en mourir : emphysème, cancer, maladie de cœur.

Scully est ébranlée par cette information, mais elle essaie de masquer sa détresse.

– Et si Harold Spüller n'était pas sur le point de mourir ?

– J'en serais très étonné. Qu'est-ce qu'un triste présage, sinon une vision de notre propre mortalité ? Et qui, parmi nous, serait le plus en mesure de voir la mort ?

Au centre psychiatrique du Nouvel Horizon, Chuck observe que l'on emmène son compagnon de chambre. Dans une salle d'examen, Martin Alpert recommande avec bonne humeur à Harold de prendre ses cachets, mais ce dernier marmonne des nombres doucement. Quand l'infirmière Innes entre, il se contracte insensiblement. Alpert lui confie le malade et le quitte en lui souriant, mais Harold est trop effrayé pour lui répondre. L'infirmière lui fait alors face, le regardant avec mépris.

– Prends ton poison, Harold, lance-t-elle en ricanant. Allez !

Harold est au supplice et se balance plus vite.

– Pourquoi continuer à vivre, Harold ? Que leur as-tu raconté ? Leur as-tu dit que tu étais amoureux de ces filles ?

– Non ! crie-t-il.

– Leur as-tu montré tes photos ?

– Non !

L'infirmière sourit d'un air supérieur.

– Harold, que pouvaient penser ces filles de toi ? Crois-tu qu'elles t'aimaient à leur tour ?

Elle empoigne la tête d'Harold d'un geste brusque et le force à regarder son image dans une glace.

– Personne ne pourrait t'aimer, Harold. Ces jeunes filles ne pouvaient pas t'aimer ; elles ne voyaient en te regardant qu'un horrible crapaud, un demeuré !

Dans le couloir, Mulder s'entretient avec Alpert de la nécessité de faire examiner Harold par Scully, quand un cri de femme retentit. Ils courent vers la salle d'examen et trouvent l'aide-soignante étendue sur le sol, une légère entaille sur le front. Mulder observe la scène attentivement alors qu'Alpert aide l'infirmière à se relever. Celle-ci applique une compresse sur sa blessure.

– Il vient juste de s'échapper, dit-elle. J'essayais de lui faire prendre ses médicaments, quand il est devenu fou furieux. Il a sauté sur moi et m'a frappée comme s'il voulait me tuer.

– A-t-il dit quelque chose ? interroge Mulder.

– Non, il a seulement crié comme un fou. Quelque chose ne va pas chez lui. Il n'est pas question que je m'en occupe plus longtemps.

Elle demande à rester seule quelques instants pour recouvrer ses esprits.

Mulder demande à Alpert d'informer Hudak de la disparition d'Harold. Le soignant acquiesce gravement et sort.

– Tu avais peut-être tort, commente Scully.

– Il ne s'agit que d'une blessure superficielle, réplique-t-il. Il n'avait pas l'intention de la tuer ou de la mutiler. Ce n'est pas l'œuvre d'un assassin, si tu veux mon avis.

Mulder aperçoit alors Chuck qui jette des coups d'œil furtifs en direction des deux agents. Il le reconnaît.

– Tu pourrais interroger quelqu'un au sujet d'Harold, dit Mulder. Pourquoi n'irais-tu pas voir son compagnon de chambre, pendant que je m'occupe de le retrouver ?

Dans la salle d'examen, l'aide-soignante manie machinalement un scalpel, le regard mauvais.

Scully entre dans une chambre du centre, en referme doucement la porte.

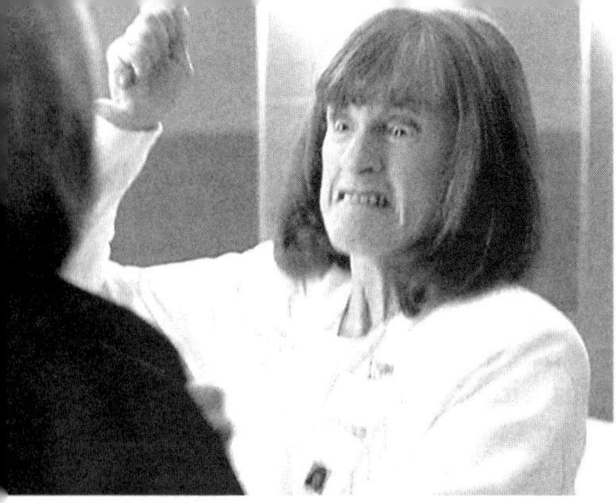

– Oh, salut ! dit Chuck nerveusement.

– Vous vous appelez bien Chuck ? demande gentiment Scully.

– Oui ! oui, bien sûr. Chuck Forsch. F-O-R-S-C-H.

Il confie à Scully qu'Harold n'est pas seulement son compagnon de chambre, mais aussi son meilleur ami.

– Savez-vous où il se trouve ?

– Il est en train de mourir, n'est-ce pas ? répond Chuck.

Pour des raisons évidentes, cette réponse ébranle Scully.

– Pourquoi dites-vous cela ?

– L'infirmière Innes essayait de l'empoisonner. Elle a dit à Harold qu'elle mettait du poison dans ses médicaments. C'est lui qui me l'a raconté.

– Harold ne prenait pas ses médicaments ? interroge Scully.

– Je ne sais pas. Je ne peux pas tout savoir ; je ne suis qu'un être humain, après tout. Mais je suis sûr qu'Harold est mon ami. Il ne pourrait faire du mal à quelqu'un. Il les aimait vraiment.

– Qui ? s'informe l'agent.

Chuck sourit en se dirigeant vers un meuble dont il ouvre le tiroir supérieur. Il en extrait les photos de Penny Timmons, Risa Shapiro et Michelle Chamberlain, qu'il montre à Scully.

– Harold me les avait données, dit Chuck. Il avait peur.

– Quelqu'un d'autre connaît-il l'existence de ces photos ?

– L'infirmière Innes, répond-il.

L'agent Scully traverse le hall pour se rendre à la salle de repos des infirmiers. L'infirmière Innes est penchée sur un lavabo, se rafraîchissant le visage. L'entrée de l'agent du FBI la fait sursauter.

– Comment vous sentez-vous ?

– Eh bien, vous savez, je me sens encore un peu faible.

– C'est bien normal.

– Travailler avec ces gens finit par vous rendre dingue, aussi. Je m'apprêtais à rentrer chez moi.

– Votre famille est un réconfort, pour vous ?

– Je vis seule.

– Vous n'avez pas d'enfants ?

– Un seul, avec lequel mon mari s'est enfui.

Le regard de Scully se porte alors sur la main gauche de l'infirmière. Inconsciemment, elle frotte son pouce sur l'annulaire dépourvu d'alliance. Plusieurs cachets, destinés à Harold, qu'elle tenait serrés dans sa main, s'échappent. Scully a vite tiré ses conclusions.

– Je vais vous demander de me suivre.

L'espace d'un instant, la femme reste immobile. Puis elle dégage lentement un scalpel de sa poche et, avec un cri sauvage, déclenche une attaque brutale contre Scully. Celle-ci détourne désespérément les coups de scalpel que donne l'imposante aide-soignante dans sa direction. L'agent parvient à lui saisir le poignet pour la forcer à lâcher l'instrument. Mais la folie décuplant ses forces, elle jette Scully à l'autre bout de la pièce, puis avance vers elle, brandissant le scalpel. Scully, à terre, réussit à sortir son arme et la braque sur la femme, qui continue néanmoins d'avancer, la lame tendue.

Scully fait feu.

En entendant la détonation, Mulder et Alpert se précipitent dans la pièce. Innes est étendue sur le sol, une blessure à l'épaule.

Scully se penche vers elle. Mulder regarde avec inquiétude une légère entaille sur la main de sa coéquipière. Alors qu'il s'apprête à ramasser le scalpel, Scully l'arrête :

– Tu ne devrais pas y toucher. Je suis pratiquement sûre qu'il s'agit de l'arme des meurtres.

Tandis que des auxiliaires médicaux transportent Innes, attachée sur un brancard, vers une ambulance, Scully et Mulder sortent dans le couloir.

– Elle prenait les médicaments d'Harold, explique Scully. Clonazépan et clonidine, dont les effets secondaires sont la violence et un comportement imprévisible.

– Mais pourquoi a-t-elle tué ces jeunes femmes, à ton avis ? s'enquiert son coéquipier.

– Je ne sais pas. Elle était sans doute la proie d'une confusion mentale qui la poussait à tuer le bonheur d'Harold. Elle détruisait les amours d'Harold, peut-être parce que ces jeunes filles lui rappelaient quelque chose qu'elle n'avait pas connu ou qu'elle ne retrouverait plus.

– Et comment expliquer : « Elle est moi » ?

Scully ne peut que hocher la tête, encore troublée par ces événements.

– Ont-ils retrouvé Harold ? s'enquiert-elle.

L'expression de Mulder se fait plus grave, ses yeux s'assombrissent.

– Ils l'ont retrouvé à quelques pâtés de maisons d'ici, dans une allée, le visage contre la chaussée. Il a été réanimé pendant vingt minutes, en vain. Selon le diagnostic, c'est une crise d'apnée, une défaillance respiratoire.

Il regarde attentivement sa coéquipière, alors qu'elle semble en proie à une lutte intérieure.

– J'ai vu quelque chose, Mulder, se libère-t-elle enfin. J'ai vu la quatrième victime dans les toilettes avant que tu ne m'apprennes sa mort.

– Pourquoi ne me l'as-tu pas dit ? murmure avec tendresse son coéquipier.

– Parce que je ne voulais pas le croire. Parce que je ne veux pas le croire.

Mulder incline la tête, plein de compréhension à son égard.

– Es-tu donc venue ici pour me prouver que cela n'existait pas ?

– Non, je suis venue parce que tu me l'as demandé.

– Pourquoi ne te montres-tu pas honnête avec moi ? dit-il d'un air désapprobateur.

– Que veux-tu que je te dise ? Que tu as raison, même si je ne le pense pas ?

– Crois-tu que c'est ce que je veux t'entendre dire ?

Scully se livre à une brève introspection.

– Non, avoue-t-elle enfin.

– Tu peux croire ce que tu veux, Scully, dit-il énergiquement. Mais ne me cache jamais la vérité, parce que, en faisant cela, tu travailles contre moi, et contre toi.

Scully regarde fixement son coéquipier. Mulder radoucit le ton qu'il a pris auparavant.

– Je sais de quoi tu as peur, souffle-t-il. J'en ai peur, moi aussi.

– Les médecins m'ont dit que j'allais bien, dit-elle, la voix brisée.

– J'espère que c'est vrai, dit Mulder, dont l'esprit est troublé par un mélange de compassion, de peur et de doute.

Un long silence s'ensuit.

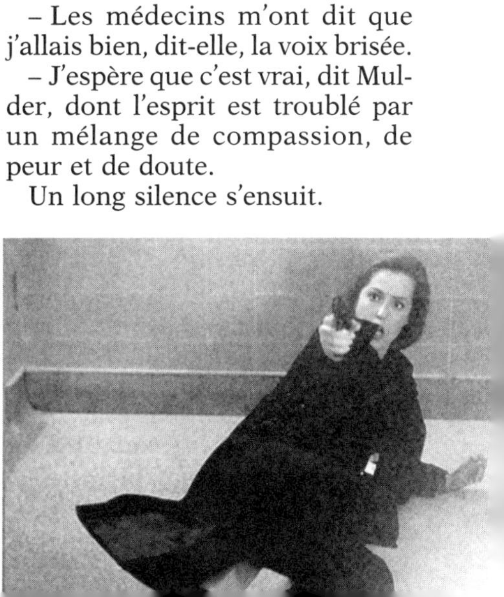

– Je rentre chez moi, chuchote Scully.

Elle s'éloigne vers le parking, ouvre la portière de sa voiture, se glisse derrière le volant et, là, fond en larmes silencieusement.

Une ambulance, sirène hurlante, fend les ténèbres environnantes. Dans son rétroviseur, Scully voit alors le visage d'un homme. Harold, immobile et très pâle. Elle se retourne et examine le siège arrière : il est vide.

Coulisses

Au départ, John Shiban donna comme titre à cet épisode : « Le Bowling hanté ». L'auteur le conserva pendant une année entière ; il lui semblait correspondre tout à fait à la source mystérieuse de son histoire. Ce n'est qu'après « Memento Mori », où Scully lutte contre son cancer, que l'inspiration finale et l'élaboration du scénario prirent toute leur ampleur.

– Ma femme m'a rappelé un événement que nous avions vécu dix années auparavant. Son père, Jerry Tanner, se mourait d'un cancer du poumon. Janet et moi n'étions pas mariés, à l'époque ; nous lui avons rendu visite à l'hôpital. Son cancer était en phase terminale.

» Le regard de Jerry se dirigea derrière nous, puis revint sur Janet, et il demanda : "Combien de personnes y a-t-il dans la pièce ? – Il y a juste John et moi", lui répondit ma femme. Son regard a de nouveau balayé la pièce, jusqu'à l'autre extrémité, avant de se poser une nouvelle fois sur nous. Il a finalement murmuré : "O.K."

» Le fait qu'une personne mourante soit capable de percevoir des éléments à travers les portes de l'au-delà est resté fixé dans mon esprit. J'ai fait part à Chris Carter de mon idée d'une apparition que seuls les gens gravement malades pouvaient voir. Il a été convaincu, et a trouvé que cela représentait un facteur intéressant dans le cas de Scully.

Cet épisode démontre aussi de façon manifeste la fascination qu'a éprouvée John R. Shiban pour l'univers du bowling, au style légèrement rétro ; pour sa machinerie, ses moyens mécaniques qui opèrent les changements de décor, comme au théâtre.

Shiban avait travaillé dans un bowling, lorsqu'il était très jeune. Il a régalé son fils d'anecdotes sur cette expérience.

Les scènes du « Angie's Midnight Bowl » furent tournées au vénérable « Thunderbird Bowling Center », dans le nord de Vancouver. Ce bowling très plaisant, géré par Louisa Gradnitzer, fut loué plusieurs jours, durant la période du tournage. La distribution et l'équipe de tournage reçurent de strictes instructions pour préserver l'intégrité du revêtement du bowling. Ceux qui arrivaient trop tard pour recevoir des chaussures spéciales étaient priés de glisser sur le parquet avec des chaussons de papier.

Un autre élément capital de l'épisode 4 X 22 est constitué par le désordre mental dont souffre le personnage Harold Spüller. Shiban trouva l'inspiration de ce type de comportement dans l'un de ses films préférés : *Vol au-dessus d'un nid de coucou*, avec Jack Nicholson. Le personnage d'Innes rappelle l'infirmière en chef de l'hôpital psychiatrique, une femme dure et sans cœur. Quant à Chuck Forsch, le compagnon et ami d'Harold, interprété par Sydney Lassick, il serait le pendant de l'associé – du compagnon de Jack Nicholson : l'Indien Cheswick.

Le vocable « Chuck Forsch » n'est vraiment pas accidentel, puisqu'il s'agit du nom de l'assistant de Chris Carter, basé à Los Angeles.

Steven M. Porter, qui joue le rôle de Harold Spüller, est un acteur expérimenté (et totalement équilibré) ; il fut invité à auditionner pour les *X-Files* par un ancien camarade d'UCLA, Frank Spotnitz. Membre d'une troupe théâtrale bien connue, *Actor's Gang*, il avait déjà joué un rôle semblable à celui de Spüller dans une de ses productions, une pièce inédite nommée « Asylum ».

Steven Porter se souvient d'avoir fait un effort surhumain pour effectuer l'audition.

– Quand j'ai quitté la pièce, j'ai pensé : « Ou bien j'ai fait une grande impression, ou je me suis couvert de ridicule. »

Beaucoup des gestes et des tics qu'utilise Harold ont été étudiés par S. Porter à travers la recherche documentaire qu'il a effectuée dans plusieurs hôpitaux psychiatriques et maisons de repos. En fait, relate-t-il, le battement de la main lui était devenu un rituel si fondamental qu'il l'a gardé même lors du montage des dialogues dans le studio de postsynchronisation.

En dépit du temps libre imparti, Gillian Anderson se souvient d'« Amour fou » comme d'un épisode qui dégage une grande charge émotionnelle.

– D'étroites relations authentiques se sont créées entre Scully et Mulder, durant certaines scènes, dit-elle.

Cependant, elle a été un peu déçue que la prise de vues, la plus forte à son sens, de la scène finale soit supprimée. Dans la première version, elle aperçoit Harold dans le rétroviseur ; elle fond en larmes en voyant cette apparition. Cet ordre des choses sera inversé, selon une décision du metteur en scène. Dans la version diffusée, Scully pleure avant de voir l'image d'Harold. Selon Gillian Anderson, la première idée était meilleure.

Pour David Duchovny, l'épisode fut mémorable pour une raison tout autre.

– J'ai découvert que je vieillissais, dit-il avec son humour pince-sans-rire. Après m'être entraîné au bowling, j'étais tout endolori, et quand il vous arrive ce genre de chose, il est temps de penser à ce que cela signifie, et de faire le point sur sa vie.

Le metteur en scène, Jim Charleston, joua quelques parties amicales avec D. Duchovny, et se rappelle qu'il lui doit quatre-vingts dollars.

– Quatre-vingts dollars canadiens, cela fait beaucoup moins d'argent qu'il ne croit, signale Duchovny.

Pour la deuxième fois, Dana Scully a besoin d'aide pour affronter un problème lié à son travail. Elle consulte la même psy que dans « Le Fétichiste » (2X13) interprétée par Karan Kossoff, laquelle apparaissait également dans « Les Calusaris » (2X21).

Lorsque Mulder interroge Harold Spüller, il lui cite le nom d'une de ses victimes « Risa Shapiro ». Or, la véritable Risa n'est autre que l'agent de David Duchovny.

Le rôle de l'attorney est tenu par Lorena Gale, qui apparaissait sous les traits d'une infirmière dans « Coma » (2X08) et sous ceux d'un médecin dans « L'Ombre de la mort » (1X05).

Après avoir subi des séries de pertes de connaissance et d'attaques d'apoplexie, résultant de régressions hypnotiques antérieures (ce qui pourrait déclencher des souvenirs refoulés), Mulder a des flashes concernant l'enlèvement de sa sœur. Mais, pendant ces voyages intérieurs, il aurait aussi tué deux personnes.

Distribution :
Jay Acovone (inspecteur Joe Curtis) ;
Mike Nussbaum (Dr Charles Goldstein) ;
Chris Owens (l'Homme à la cigarette jeune) ;
Rebecca Toolan (Mrs Mulder) ;
Andrew Johnston (coroner) ;
Terry Jang Barclay (officier Imhof) ;
Vanessa Morley (Samantha Mulder enfant) ;
Erik Breker (officier des admissions) ;
Rebecca Harker (femme de ménage) ;
Shelley Adam (Mrs Mulder jeune) ;
Dean Aylesworth (Bill Mulder jeune) ;
Alex Haythorne (Fox Mulder enfant).

Sites principaux :
Quonochontaug, Massachusetts ;
Providence, Chepachet et Warwick, Rhode Island ;
Greenwich, Connecticut.

Crime de mémoire

(Demons)

Épisode : 4X23
Première diffusion US : 11 mai 1997
France : 29 novembre 1997
Scénario : R.W. Goodwin
Montage : Heather MacDougall
Mise en scène : Kim Manners

Un éclair de lumière blanche aveuglante... Un sourd battement, frénétique et cadencé, comme les palpitations d'un cœur. Étendu dans son lit d'enfant, Mulder se réveille au son d'une cacophonie de cris. Une fillette brune se penche sur lui :

– Fox, réveille-toi !

– Samantha ?

– Chut ! Ils vont t'entendre !

Samantha s'éloigne. Mulder se trouve dans un monde étrangement déformé, empli d'éclairs, et de sons sourds et caverneux. Mulder suit sa sœur à travers une chambre et se voit dans le lointain alors qu'il avait douze ans.

Du palier, Samantha observe ses parents qui sont en bas dans le salon, assis sur un divan. Ils discutent avec violence, leurs paroles demeurant inintelligibles.

– J'ai peur, Fox, murmure Samantha, j'ai peur.

Le Mulder adulte se réveille en sursaut. Il se trouve en réalité dans une chambre d'hôtel. Il transpire abondamment. Une barbe de deux jours lui dévore les joues. L'agent chancelle et lutte pour se retrouver en position assise.

Un peu plus tard, un téléphone sonne dans une autre chambre ; une femme décroche le récepteur et entend une voix incertaine qui prononce : « Scully... » Elle reconnaît la voix de Mulder.

– Mulder, quelle heure est-il ?

– Je ne sais pas.

– Il est 4 h 50, indique-t-elle après avoir consulté son réveil. Y a-t-il quelque chose qui ne va pas ? Où es-tu ?

Il farfouille autour de lui, s'empare du porte-clés, y lit l'adresse où il se trouve :

– Je pense que je suis dans un motel à Providence, Rhode Island.

– Que fais-tu là ?

– Je ne sais pas, répond-il avec inquiétude. Il y a plein de sang sur moi.

– Es-tu blessé, Mulder ?

– Je ne crois pas, dit-il avec un léger tremblement dans la voix. Je crois que ce n'est pas mon sang.

Quelque temps plus tard, la voiture de Scully stoppe dans un crissement de pneus devant le motel Hansen's. Elle frappe à la porte de la chambre six ; celle-ci n'étant pas fermée à clé, elle entre et entend le bruit d'un jet de douche. Elle appelle son coéquipier en se dirigeant vers la salle de bains, dont la porte est entrouverte. Scully découvre Mulder recroquevillé dans la cabine de douche, nu, de l'eau chaude cascadant sur son corps.

– Je n'arrive pas à me réchauffer, indique-t-il faiblement.

– Tu es en état de choc ! lui dit-elle.

Elle ferme l'eau, enveloppe Mulder dans une serviette et le recouvre d'une couverture, puis lui demande s'il se sent fiévreux, s'il éprouve des vertiges, s'il a des nausées.

– Non, mais je me suis réveillé par terre, avec un mal de tête qui me martelait les tempes.

Scully examine ses pupilles, lui fait suivre son doigt qu'elle déplace devant ses yeux.

– Étais-tu seul ici ?

– Je pense que oui. Je ne me souviens de rien.

– Sais-tu quel jour nous sommes ?

Mulder l'ignore ; sa coéquipière lui signale que c'est le dimanche 12, et l'interroge sur la dernière chose dont il se souvient.

– J'étais dans mon appartement... nous parlions au téléphone.

Scully lui rappelle que c'était un vendredi et, dominant sa peur, elle observe la pièce d'un regard circulaire, remarque son sac de

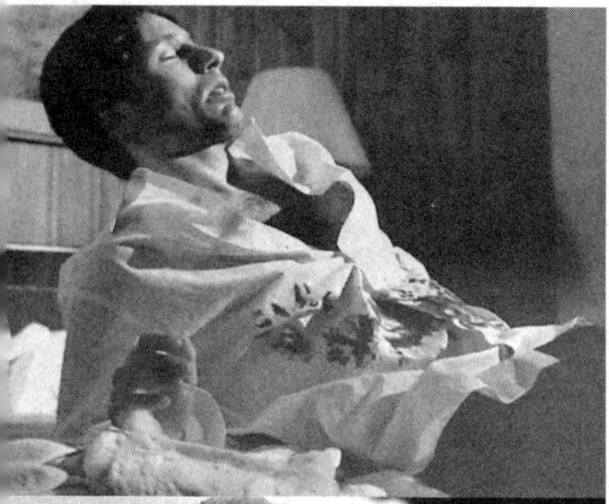

voyage, s'enquiert s'il a reçu un coup sur la tête, ou pris des médicaments, s'il s'est coupé. Elle a retrouvé sa chemise couverte de sang dans la salle de bains. Consterné, Mulder lui avoue aussi qu'il ne sait où se trouve son arme. Sa coéquipière la découvre dans son sac de voyage et constate qu'il y manque deux balles. Abasourdi, Mulder ne trouve aucune explication à ce fait.

Soucieuse, Scully insiste pour qu'il se fasse examiner dans un hôpital. Seul un neurologue pourrait déterminer s'il souffre d'un début d'encéphalite ou d'une hémorragie méningée.

– Si un crime a été commis, je dois savoir ce qui s'est passé, murmure Mulder.

Malgré les sévères recommandations de Scully, son collègue se lève pour examiner un trousseau de clés, posé sur la commode. Une plaque de cuivre y est fixée, portant le nom : *AMY*.

Après s'être renseignée à la réception de l'hôtel, Scully informe son coéquipier qu'il est arrivé le samedi matin, en voiture. Il n'a pas téléphoné, n'a reçu aucune visite, et a inscrit sur le registre un numéro d'immatriculation qui n'est pas celui de sa voiture.

Mulder, à présent vêtu d'un jean et d'un T-shirt blanc, se rend sur le parking en compagnie de Scully, pour inspecter la voiture. Scully remarque des traces de sang sur le volant. Ils ouvrent le véhicule avec les clés qu'ils ont trouvées, et découvrent ainsi, sur la carte grise, que la voiture appartient à un certain David Cassandra, résidant à Providence.

Mulder s'interroge sur l'identité d'« Amy ». Sa coéquipière tient à déterminer qui est cette personne, mais, malgré les réticences de Mulder, elle veut tout d'abord lui faire quitter ce motel.

– Si j'ai tiré sur quelqu'un, si mon arme a été utilisée dans le cadre d'un crime, j'ai besoin de le savoir, Scully, lui répond-il.

– Je sens que tu vas prendre de trop gros risques, Mulder.

Dans un lieu inconnu, une pièce non identifiée est remplie de photographies. Plusieurs des instantanés présentent la particularité d'avoir été retouchés avec grand soin : les personnages sont dépourvus de visage. Un homme jeune, qui se dégarnit, découpe au cutter en tremblant d'autres photos. Du sang dégoutte d'une plaie à la tête sur les clichés.

Les deux agents se rendent à l'adresse indiquée sur la carte grise de la voiture : le domicile des Cassandra. La jeune femme de charge qui leur ouvre est étonnée de voir Mulder en possession des clés, et leur signale qu'Amy et David Cassandra sont absents. En jetant un coup d'œil à l'intérieur, Mulder repère une peinture accrochée au mur de l'entrée. Elle représente une maison blanche entourée d'un jardin luxuriant planté d'arbustes et de massifs de fleurs.

– Cette peinture, derrière vous, ça vous dérangerait que je la regarde ?

Devant une Scully intriguée, Mulder va observer attentivement le tableau. La femme de charge lui apprend qu'Amy a peint cette toile ; elle représente son sujet préféré : la maison où Amy a passé son enfance.

– Je connais cette maison, dit Mulder. Je l'ai déjà vue.

Devant l'intérêt manifeste de Mulder, la femme convie l'agent et Scully, qui demeure perplexe, à entrer au salon. Le même tableau reproduisant la demeure aux murs blancs orne chaque parcelle disponible sur les murs de la pièce.

– Je suis persuadé d'y être allé... mais je ne sais pas quand, poursuit Mulder.

Cette maison se trouve située à Chepachet, lui dit la femme de charge.

– Où est-ce ? demande Scully.

C'est Mulder qui répond :

– C'est à vingt kilomètres environ d'ici, au bord de la Route 8. Mes parents y avaient une maison, dans le Rhode Island.

Quelque temps après, les deux agents arrivent devant le cottage en question ; il est à présent abandonné, envahi par la végétation.

– Si tu es déjà venu ici, remarque Scully, cela doit remonter à un certain temps.

Alors que Mulder observe la maison, il porte soudain les mains à ses tempes dans une crispation de douleur, puis s'affale en un mouvement de grande souffrance. Un flash de lumière blanche intense l'enveloppe.

Il perçoit la voix de Scully qui appelle frénétiquement son nom. Bientôt, dans son esprit, les sons deviennent sourds, caverneux, avant qu'il ne sombre dans l'inconscience.

Mulder se retrouve projeté dans la même maison que dans sa vision précédente – un univers distordu et irréel. Par une porte entrouverte à l'extrémité d'un sombre couloir, on aperçoit ses parents qui poursuivent leur discussion passionnée ; des bribes de phrases assourdies lui parviennent. À présent, c'est le jeune Fox Mulder qui observe la scène. Son père lui lance alors un regard fixe et irrité et lui ferme la porte au nez.

Un autre visage d'homme se profile à l'autre extrémité du couloir.

– Tu n'es qu'un petit espion, ricane-t-il.

Le jeune Mulder contemple avec terreur l'Homme à la cigarette, lorsqu'il avait une trentaine d'années. Puis il entend une voix de femme. C'est celle de Scully.

– Mulder ! Mulder, m'entends-tu ?

Étendu sur l'herbe devant la maison blanche, l'agent reprend lentement conscience.

– Je me souviens de ce que j'ai vu ; une suite d'images de mon enfance. Tout semblait vrai. J'étais dans cet endroit.

Scully lui raconte qu'il semblait souffrir beaucoup, qu'après être tombé à genoux, il est resté sans réaction. Elle pratique un examen sommaire, lui prend le pouls ; à son avis, il aurait pu avoir une crise de tachycardie, un trouble physiologique aigu et très brutal. Son comportement suggérait une décharge électrique dans le cerveau. Scully enjoint son coéquipier de consulter un neuropsychiatre, qui serait à même de diagnostiquer ses troubles.

– Je me sens parfaitement bien, rétorque Mulder en regardant le cottage.

Ignorant l'inquiétude de Scully, il se dirige vers la maison, en ouvre la porte avec la clé d'Amy. Le salon est sombre et désert.

– Je suis sûr que je suis déjà venu ici, répète-t-il.

– Quand ? Dans ton enfance ? dit Scully. Cette maison est manifestement occupée depuis longtemps.

Alors que Mulder se propose d'examiner l'étage, Scully l'arrête brusquement. Elle vient d'apercevoir le corps ensanglanté d'une femme, étendu sur le sol. Un peu plus loin, près de la fenêtre, gît le corps d'un homme.

– Elle a une blessure par balle au cœur, dit Scully. Je pense que ce doit être Amy Cassandra. Et voilà son mari.

Mulder s'agenouille près du cadavre de l'homme, le retourne : le visage barbu ne lui est pas familier. L'agent lève les yeux sur sa coéquipière d'un air atterré.

Peu de temps après, la maison est envahie de policiers. Les corps sont emportés dans le fourgon du coroner. Mulder est effondré sur le siège d'une voiture de police. Sa coéquipière le rejoint, après s'être brièvement entretenue avec deux inspecteurs.

– Ils aimeraient te poser quelques questions. Je leur ai fait part de ton état. Tu n'es pas obligé de leur parler si tu ne le souhaites pas.

– Tu veux dire sans la présence de mon avocat ?

– Mulder, je refuse de croire que tu es mêlé à ces meurtres.

Le regard de l'agent se porte au loin, puis il répond avec détermination :

– Le sang de ces personnes est sur ma chemise, je ne me souviens pas de ce que j'ai fait durant ces deux derniers jours. Des balles ont été tirées avec mon arme. Les clés de leur appartement et de leur voiture sont en ma possession ; je représente le suspect idéal.

L'inspecteur Curtis, l'expression concentrée, s'approche d'eux.

– Comment vous sentez-vous, agent Mulder ? s'enquiert-il d'un air soupçonneux.

– Un peu sonné.

Curtis enregistre avec scepticisme les explications de l'agent concernant sa présence au cottage. Le badge du FBI ne l'incite pas à relâcher son attention.

– Nous avons trouvé des empreintes dans la maison, dont certaines portent des traces de sang. Elles vont être analysées, agent Mulder. Désirez-vous vous en tenir à cette version des faits ?

– Pour l'instant.

Alors que Curtis veut conduire Mulder au poste de police pour qu'il y fasse sa déposition, Scully proteste, arguant que l'agent Mulder doit d'abord être emmené à l'hôpital. Curtis accepte avec un léger sourire, à condition de les accompagner.

– Je te conseille de ne rien dire avant l'autopsie par nos médecins, dit Scully à son collègue.

À l'autopsie d'Amy Cassandra, le médecin légiste dicte ses notes et commentaires. Scully l'écoute attentivement.

– Amy Ann Cassandra, femme de race blanche, âgée de soixante-deux ans, soixante-dix kilos pour un mètre soixante-dix. L'examen préliminaire du corps ne montre aucun trauma, et indique que la cause de la mort est due à une blessure par balle au niveau de la

poitrine. Les tissus déchiquetés au niveau de la balle et les traces de brûlure révèlent qu'elle a été tuée à bout portant.

Scully s'approche pour examiner le corps ; en dégageant les cheveux de la défunte, elle fait apparaître une croûte d'un brun sombre.

– C'est une trace de piqûre antérieure au meurtre, commente le médecin légiste.

Scully extrait délicatement la croûte avec une pince, puis observe la blessure avec une loupe. Finalement, elle propose au médecin de procéder à une craniectomie et d'effectuer un examen histologique.

– Je pense que la cause de la mort de ces personnes a été clairement définie, réplique le médecin légiste, froissé.

– Je le pense aussi, dit Scully, mais j'aimerais savoir pourquoi on a voulu les tuer.

Pendant ce temps, Mulder, non rasé, l'air fatigué, se tient dans une salle d'interrogatoire de la police, plongé dans ses pensées. Un sparadrap au bras indique l'endroit où une prise de sang lui a été faite.

L'inspecteur Curtis le rejoint, déposant sur la table devant lui un sac en papier.

– Est-ce que la mémoire vous revient, agent Mulder ? Voulez-vous modifier votre histoire ?

– Non, pourquoi ?

– Parce que je détiens ici une pièce à conviction qui contredit votre version des faits.

Mulder s'appuie sur son dossier, et croise les bras.

– Mais je ne vous ai rien raconté de précis.

Curtis rappelle à l'agent les éléments qu'il a fournis lors de leur première confrontation, à savoir qu'il ne connaissait pas les Cassandra et qu'il n'est pas retourné dans la maison abandonnée depuis son enfance.

Mulder est pleinement conscient du piège que lui tend l'inspecteur.

– Êtes-vous en train d'insinuer que le contenu de ce sac prouve que je mens ?

– Je ne dis pas que vous êtes un menteur, rectifie Curtis, comprenant que Mulder se montre lucide sur sa démarche. Mais je pense que vous êtes victime d'une amnésie, et que vous avez tué ces gens sous l'emprise de la folie.

– Qu'y a-t-il dans ce sac ? demande l'agent d'un ton uni.

L'inspecteur lui annonce que son arme de service n'y figure pas, mais que des analyses balistiques ont révélé qu'elle était bien l'arme des meurtres. Comme l'inspecteur s'informe de nouveau, avec une pointe de mépris dans la voix, si un quelconque souvenir lui revient à présent, Mulder, répondant toujours par la négative, découvre avec lassitude et dégoût le contenu du sac. La chemise ensanglantée est bien la sienne et comporte deux types de sang : ceux d'Amy et de David Cassandra.

L'agent Fox Mulder ne peut fournir aucune explication ; alors qu'il se renseigne sur les résultats d'analyse des empreintes digitales, Curtis demeure muet. Mulder ne pouvant avouer ce dont il ne se souvient pas, l'inspecteur Curtis se résout à lui lire ses droits avant de l'incarcérer.

Alors que Curtis escorte l'agent, à présent menotté et vêtu d'une combinaison orange, Scully les intercepte.

– Mulder, je vais te sortir de là !

– Tu es médecin, pas avocate...

Scully révèle alors à l'inspecteur Curtis que le sang d'Amy Cassandra contenait de la kétamine, un anesthésiant puissant, utilisé par voie veineuse en anesthésiologie. De la famille des psychodysleptiques, cette substance entraîne chez le sujet sain, selon la dose et à des degrés divers, amnésie, modifications de l'humeur, de l'activité intellectuelle, du contact avec le monde extérieur, et suscite parfois des hallucinations psychosensorielles. C'est un produit qui a été utilisé en psychiatrie. Or, ajoute-t-elle, des traces de cette substance ont également été relevées dans le sang de Mulder. On lui a donc fait une injection de ce produit...

– Mais qui aurait fait ça ? demande Curtis avec impatience.

– Je ne sais pas, dit Scully. Mais la présence d'une telle drogue expliquerait les trous de mémoire et les pertes de connaissance de l'agent Mulder.

– Ça peut aussi bien confirmer les faits qui lui sont imputés, rétorque Curtis, sceptique.

– Tu n'es pas obligée de faire tout cela, dit Mulder à sa coéquipière.

– Il faut que tu m'aides, Mulder, le supplie-t-elle. Rien ne prouve directement ta culpabilité. À moins qu'on ne me démontre de façon indubitable que tu as bien tué ces deux personnes, tous les autres arguments me paraissent bien trop commodes et suspects. Et puis la présence de cette drogue suggère d'autres explications.

– Lesquelles ? Que j'ai fait la bringue avec quelques personnes âgées ?

Mais Scully n'est pas en état d'apprécier son humour. Exaspérée, elle s'adresse à Curtis :

– C'est un innocent que vous incarcérez.

– Ouais. Eh bien, au moins, il ne se perdra pas deux jours dans la nature, pour faire quelque chose d'autre dont il n'aurait plus le souvenir.

En spectatrice impuissante, Scully regarde Mulder se diriger vers sa cellule, sous la conduite de Curtis.

À ce moment-là, un officier des admissions – l'homme qui découpait fébrilement des photographies un peu plus tôt dans l'épisode – sort d'un bureau et pénètre dans une cellule vide. Il examine alors un de ces clichés singulièrement retouchés, et extrait son arme de service, serrée dans son holster.

Une détonation retentit dans le bâtiment. Les policiers se précipitent en direction du bruit soudain. Scully se fraie un chemin à travers la foule qui s'est formée.

– Je suis médecin. Appelez une ambulance ! crie-t-elle.

Scully examine la blessure à la tête de l'officier, et constate qu'il est mort. À la racine des cheveux, l'homme présente une petite croûte brunâtre.

– Je dois parler à l'inspecteur Curtis immédiatement, ordonne-t-elle.

Dans le bureau de la victime, Scully et l'inspecteur observent des photographies découpées qui recouvrent toute la surface des murs.

– L'officier souffrait-il de dépression ? s'enquiert-elle.

Curtis hausse les épaules, lui disant que l'officier a été transféré voilà un an. La rumeur disait que son comportement était désordonné et qu'il avait tendance à mentir.

– C'était un de ces types qui croient aux enlèvements extraterrestres.

Scully cache sa surprise. Elle regarde de plus près la photographie souillée de sang. Le visage découpé est celui de l'officier qui s'est suicidé. Elle désigne du doigt à l'intention de Curtis les photos découpées.

– Je pense que le fait de faire disparaître systématiquement l'image de soi indique un comportement compulsif. Cela m'amène à en déduire que non seulement il croyait à ces histoires d'extraterrestres, mais qu'elles le traumatisaient.

– Et moi qui pensais que vous pourriez en tirer une explication concernant les crimes de votre collègue, dit Curtis, irrité.

Scully ne répond rien ; elle observe soudain attentivement une revue posée sur une table basse. C'est un magazine sur les disparitions mystérieuses, où figure en couverture la photographie d'Amy Cassandra.

Pendant ce temps, cette nuit-là, étendu sur un lit de camp dans sa cellule, Mulder subit une autre crise. Au milieu de lumières étincelantes, il est de nouveau propulsé dans le couloir de son cauchemar. L'Homme à la cigarette argumente avec son père. La porte claque encore à son nez. Paniqué, il grimpe une échelle pour regagner sa mezzanine. Samantha, terrifiée, se pelotonne dans son lit. Il scrute du regard pardessus la balustrade du palier. Sa mère frappe *Cancer Man*, jeune, sur la poitrine en criant : « Non ! Mon bébé ! », tandis que son père les regarde d'un air coupable.

Mulder reprend conscience, se lève péniblement, agrippe les barreaux de sa cellule et hurle :

– Garde ! Il faut que je parle à quelqu'un ! *Garde !*

Le lendemain matin, Scully et Curtis se rendent à la cellule de Mulder. L'inspecteur accepte de les laisser seuls.

– Je n'ai pas tué ces personnes, Scully, lui dit-il.

– Je le sais, Mulder. Et je pense avoir rassemblé suffisamment de preuves pour te faire sortir, et que ton innocence soit reconnue.

Les rapports d'expertise indiquent que les points d'impact des balles n'auraient pas pu provoquer ces éclaboussures sur sa chemise, en cas de tir à bout portant. Ainsi, la thèse des spécialistes s'oriente vers le suicide.

– Mais j'étais là, proteste Mulder. Et je ne me rappelle toujours pas pourquoi.

– Je pense avoir une idée là-dessus aussi.

Scully explique qu'Amy Cassandra prétendait avoir été enlevée par des extraterrestres et avoir trouvé un moyen de se rappeler les détails de cet événement.

– Et je l'aurais contactée ? s'informe Mulder.

– Oui, apparemment. Selon un article que j'ai lu à son sujet, elle avait commencé, après son enlèvement, un traitement psychiatrique qui l'aidait à retrouver les données de son passé. Sa névrose obsessionnelle lui imposait des tâches répétitives, ainsi que l'exécution sans fin de ces peintures le montrait ; cela découlait de son traitement.

– Mais pourquoi se serait-elle suicidée ? Et pourquoi son mari est-il mort ?

– Je ne sais pas exactement, dit Scully. Mais à en juger par le suicide presque identique d'un officier de police qui avait suivi le même traitement, je crois que les victimes souffraient du syndrome de Waxman-Geschwind : il provoque des transes à travers lesquelles resurgissent des rêves précis du passé. Il est aussi appelé syndrome de Dostoïevski, parce que l'écrivain russe en était affligé.

– Qu'est-ce que je faisais là-bas ? Et pourquoi est-ce que je n'ai rien fait pour tout arrêter ? dit Mulder en hochant la tête de droite à gauche.

– Je ne peux encore l'expliquer.

Scully a pu obtenir sa mise en liberté provisoire, qu'ils vont mettre à profit pour glaner le maximum d'informations nécessaires à sa relaxe.

Plus tard dans la journée, les deux agents se rendent au cabinet du Dr Charles Goldstein, psychiatre à Warwick.

La voiture de Mulder se trouve garée devant le cabinet, les portes sont fermées, la carrosserie recouverte d'une couche de poussière.

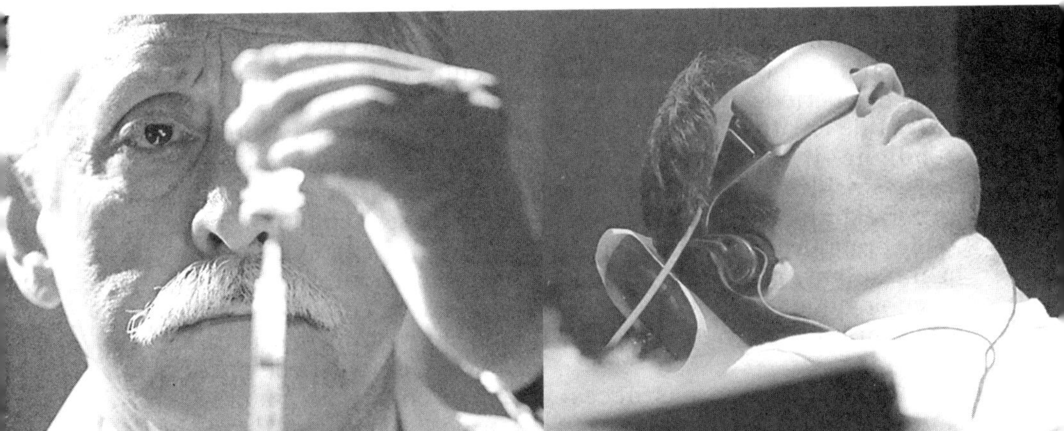

– Elle a dû rester là plusieurs jours, commente Scully.

Le Dr Goldstein reçoit les agents du FBI dans son bureau ; c'est un vieil homme aux cheveux gris.

– Est-ce que nous nous sommes déjà rencontrés ? demande d'emblée Mulder.

– Je ne crois pas, répond poliment le docteur.

Scully lui précise qu'ils enquêtent sur la mort des Cassandra, et que, selon leurs informations, Amy était une de ses patientes.

– La mort d'Amy m'a beaucoup peiné, soupire le vieil homme. Elle souffrait beaucoup et luttait contre les effets d'une période particulièrement sombre de son existence.

– Vous faites allusion au fait qu'elle était persuadée d'avoir été enlevée par des gens d'une autre planète ?

Goldstein se montre prudent. Sans admettre qu'il donnait crédit à ses récits, il reconnaît avoir pratiqué sur elle des stimulations assez violentes par décharge électrique, pour qu'elle accède à des souvenirs enfouis ou refoulés.

– Avez-vous fait suivre le même traitement à un officier de police, nommé Michael Fazekas ? interroge Scully.

– En effet. Pourquoi ? demande Goldstein.

– Mr Fazekas s'est tiré une balle dans la tête, hier.

Le médecin semble bouleversé par cette nouvelle. Cependant, devant l'interrogatoire serré mené par Scully, il est amené à défendre ses méthodes qui entrent, dit-il, dans le cadre des techniques médicales reconnues et ne présentant aucun danger. Scully se montre extrêmement sceptique

quant à ses affirmations, et s'engage dans une autre voie :

– Connaissez-vous bien le syndrome de Waxman-Geschwind, docteur Goldstein ? dit-elle d'une manière accusatrice. Savez-vous qu'Amy Cassandra en souffrait ?

Goldstein reste sur la défensive.

– Waxman-Geschwind n'implique pas forcément un état destructeur. En réalité, Amy, après avoir subi son traitement, a traversé des périodes de grand bonheur et de créativité.

Indigné, il refuse d'admettre que le suicide de ses patients soit en corrélation avec ses thérapies.

– Je pratique mon métier depuis quarante ans, respectant le code déontologique ; mes états de service sont bons, si vous voulez vérifier.

– Non, ce ne sera pas nécessaire, dit Mulder en sortant.

– Je sais ce que j'ai à faire, achève Scully avec mépris.

À l'extérieur, Mulder avoue à Scully qu'il est certain d'être venu ici, et d'avoir rencontré le Dr Goldstein avec Amy Cassandra.

– Je pense effectivement que cet homme ment et qu'il cache bien des choses. Je crois qu'il vous a injecté de la kétamine, à Amy et à toi. Vous étiez sous traitement ; ton amnésie et tes cauchemars en sont le résultat. Ce médecin est dangereux.

Scully lui demande pourquoi il a entrepris une démarche aussi dangereuse. Sur le point de répondre, Mulder se tord de douleur. Une vive lumière annonce une crise passagère : il voit l'Homme à la cigarette, jeune, saisir sa mère d'un geste brusque – sous l'emprise de la colère, ou peut-être de la passion... La vision s'atténue et s'éteint.

Scully le somme alors encore une fois de se rendre à l'hôpital, mais il refuse ; sa coéquipière lui interdit de conduire et de faire quoi que ce soit jusqu'à la disparition de ses symptômes.

– Scully, ces symptômes me sont sans doute nécessaires ; je veux savoir ce qui est enfoui au fond de mon inconscient. La vérité est en moi, et elle me devient de plus en plus accessible. La raison de l'enlèvement de ma sœur m'apparaît plus clairement. Je vais chez ma mère...

Plusieurs heures plus tard, Scully et Mulder stoppent devant la demeure de Mrs Mulder, à Greenwich, Connecticut. Fox jaillit à l'intérieur.

– J'ai besoin de te parler, dit-il à sa mère, l'esprit en ébullition.

– Que se passe-t-il, Fox ? Pourquoi es-tu venu ici ?

– Tu m'as caché tes secrets, la vérité ! tu m'as dit que l'enlèvement de Samantha s'est produit

parce que tu devais faire un choix. Or, il ne s'agissait pas de ton propre choix.

– Qu'espères-tu m'entendre dire ?

– Je veux savoir ce qui s'est réellement passé cette nuit-là à Quonochontaug, et je souhaite te parler en particulier.

Ils s'éloignent de Scully, vers le salon.

– Tu entretenais des relations avec lui, attaque Mulder avec colère.

– Avec qui ? dit sa mère, déconcertée.

– Tu le sais ; l'homme qui travaillait avec mon père, qui est venu te voir cette nuit-là, quand j'avais douze ans, pour te demander de choisir Samantha. Tu as trahi mon père... ton mari !

– Jamais ! se récrie-t-elle.

– Depuis combien de temps le connaissais-tu ?

Mrs Mulder le gifle, exaspérée.

– Comment oses-tu venir ici pour m'accuser ?

– Qui est mon père ? demande l'agent du bout des lèvres.

– Que cherches-tu ? À le tuer de nouveau ?

– Je veux juste une réponse à ma question, maman !

– Je suis ta mère, dit-elle amèrement. Et je ne tolérerai pas plus longtemps tes questions.

Montrant de la détermination, elle lui dit d'un air de défi :

– Tu as du sang sur le front, Fox.

Mrs Mulder se dirige vers l'escalier. L'agent essuie le sang qui provient d'une blessure située à la racine des cheveux. Il quitte la maison, monte dans sa voiture et s'éloigne, seul.

À 21 h 25, ce soir-là, le Dr Goldstein quitte son cabinet, les bras chargés de dossiers qu'il empile dans une camionnette. Mulder se gare derrière lui, et le rejoint précipitamment.

– Que m'avez-vous fait, docteur ? demande-t-il.

Goldstein, effrayé, ne répond pas.

– Je vous ai demandé de subir un traitement pour retrouver des éléments de mon passé, n'est-ce pas ?

– Je n'ai rien fait de mal ! proteste Goldstein.

– Pourquoi m'avez-vous fait un trou dans le front ?

– Pour faire passer un courant qui a stimulé vos neurones, dit le psychiatre.

– Cela stimule ma mémoire, dit Mulder sinistrement. À présent, il faut aller jusqu'au bout.

Dans la demi-obscurité de son cabinet, Goldstein remplit une seringue de kétamine. Il lui fait une injection dans la hanche, et l'installe dans un fauteuil de relaxation.

– Je veux que tout me revienne, marmonne Mulder, chancelant.

Goldstein place des écouteurs sur ses oreilles et lui ajuste des lunettes métalliques opaques panoramiques. Il règle le courant sur son pupitre de commande.

Un éclairage stroboscopique intense est émis à travers les lunettes de Mulder. Les flashes de lumière blanche se déclenchent dans son esprit avec plus de brillance et de puissance que jamais. Les visions sont plus rapides et plus fragmentées. Il saisit des moments de ce week-end à Quonochontaug : Samantha qui pleure, effrayée ; l'Homme à la cigarette le traitant de petit espion ; ses parents qui discutent violemment ; sa jeune mère qui étreint le Fumeur ; les portes claquant devant lui ; les pièces du jeu de Samantha vibrant follement.

Le corps de Mulder est maintenant ébranlé par de violentes secousses ; il halète. Le médecin lui immobilise les bras avec des sangles de velcro. Les mêmes fragments de vie réapparaissent. Une lumière blanche illumine la fenêtre de la maison de campagne ; une poignée ronde tourne...

Goldstein ajuste une petite pièce dans un instrument perforateur médical, et le dirige sur le front de Mulder.

À l'extérieur de la clinique, plusieurs voitures de la police de Providence stoppent dans un crissement de pneus. L'inspecteur Curtis pénètre à grandes enjambées dans le cabinet du psychiatre, et lui signifie qu'il est en état d'arrestation. Le fauteuil du patient est vide.

Scully arrive à son tour dans sa voiture au moment où Goldstein est emmené. Elle se rue vers la voiture de police et tire violemment la portière arrière.

– Que lui avez-vous fait ? Je sais qu'il est revenu ici. C'est le seul endroit où il aurait pu aller. Est-ce que vous l'avez opéré ? Répondez-moi !

– Oui, dit Goldstein, sans énergie.

– Où est-il, maintenant ?

– J'ignore où il est allé.

– Quelle est la dernière chose qu'il vous ait dite ?

– Qu'il lui restait à exorciser ses démons.

La police locale a déjà dressé un cordon autour de la vieille maison d'été de Quonochontaug, lorsque Scully y arrive. Un des agents en faction lui signale qu'ils ont vu de la lumière et des signes de mouvement à l'intérieur.

– Très bien, dit-elle. Cet homme est armé, c'est un agent du FBI ; en ce moment, il n'a plus ses esprits. Sa santé impose qu'il soit traité avec douceur. Je vais le rejoindre. Si à un moment donné, il s'enfuyait, vos officiers ne devront pas tirer.

Scully pénètre dans la maison ; elle découvre Mulder, assis, les yeux fermés, au supplice. Il tient son arme à la main.

– Mulder, c'est moi, dit-elle.

– Laisse-moi seul, Scully.

Il est de nouveau atteint par les secousses d'une nouvelle crise ; d'autres images jaillissent dans son esprit. L'une d'elles présente le Fumeur étreignant paternellement Samantha sur son cœur.

– Tout s'ordonne, gémit Mulder, dans une sorte d'état extatique.

– Pose ton arme, Mulder.

– Essaie donc de m'arrêter, dit-il, braquant le canon de son automatique vers sa bouche.

Scully se rapproche insensiblement de lui :

– S'il te plaît, Mulder.

Un autre flash de lumière lui montre Samantha emportée au loin dans une lumière blanche scintillante, criant :

– J'ai peur, Fox. J'ai peur !

La vision se brise en éclats, révélant l'Homme à la cigarette, jeune.

Scully essaie de s'avancer encore un peu vers lui, mais il émerge trop vite de son état.

– Va-t'en ! hurle-t-il en la visant.

– Tu me tuerais ? dit-elle, combattant sa peur. Mulder, écoute-moi, on t'a administré un puissant hallucinogène. Rien ne prouve que ces images correspondent à ton passé. Tu dois avoir confiance en moi. Arrête tout ça.

– Tais-toi !

– Donne-moi ton arme.

Mulder faiblit.

– Fais-le, murmure-t-elle.

Mulder tire – sept fois. Les policiers envahissent la maison. Mulder tient son arme baissée. Scully, indemne, se trouve derrière lui. L'agent a tiré en l'air. Elle le réconforte alors qu'il fond en larmes.

Plus tard, au siège du FBI, Scully tape son rapport :

L'agent Mulder a été lavé de tout soupçon dans l'affaire Amy et David Cassandra. Néanmoins, il ne conserve aucun souvenir des événements qui ont provoqué leur mort. Ses crises se sont atténuées et rien ne laisse penser qu'il garde des lésions cérébrales.

Je redoute que cette expérience n'ait des conséquences à long terme. Il a entrepris un traitement dans l'espoir de récupérer son passé. Il pensait qu'accéder à ses souvenirs perdus lui ferait comprendre la route qu'il avait empruntée, mais si cette connaissance demeure incertaine et s'il lui est toujours indispensable de regarder en arrière pour avoir la chance de comprendre où il va, l'agent Mulder risque fort de perdre le cap. Les vérités qu'il recherche dans son enfance continueront à lui échapper et le contraindront en vain à une éternelle fuite en avant dans son impossible quête.

Coulisses

Au début de la saison 1996-1997, Bob Goodwin eut une vision :

– Je voyais Mulder se réveillant en un étrange endroit qu'il ne pouvait identifier. J'ai étoffé un peu cette idée, avant de soumettre l'histoire à Chris, et d'écrire le scénario, ainsi qu'il l'a souhaité.

Goodwin, qui dirige le bureau de la production des *X-Files* à Vancouver, est le metteur en scène du premier et du dernier épisode de chaque saison. Il avait écrit de nombreux scénarios pour la télévision et des longs métrages – mais le dernier d'entre eux, une série de NBC, *Mancuso, FBI*, remontait à 1990. C'est donc en maîtrisant ses émotions qu'il s'est mis à écrire « Crime de mémoire », sacrifiant tout son temps libre.

Goodwin reconnaît volontiers qu'il a puisé une partie de son inspiration pour cette histoire dans l'ouvrage du neurologue Oliver Sacks : *An Anthropologist on Mars*, qui présente de courts essais. Dans une étude de cas, intitulée « L'Univers des rêves », le Dr Sacks raconte l'histoire de Franco Magnani, Italien d'origine, résidant à San Francisco : il présente l'étrange particularité – en partie attribuée au syndrome de « Waxman-Geschwind » ou au syndrome de Dostoïevski – de se souvenir des sons, des odeurs et des images évoquant son enfance. Magnani a composé des peintures de son village natal, en Toscane, avec un soin méticuleux et une précision rigoureuse. Elles ont fait l'objet de plusieurs symposiums médicaux et furent présentées à des expositions d'art.

Le concept utilisé dans le film, selon lequel le syndrome de Waxman-Geschwind pourrait être provoqué par l'action de médicaments ou des impulsions électriques est une liberté que s'est octroyée l'auteur dans son inspiration créatrice. Il en est de même quant à l'effet produit par les lunettes du présomptueux Dr Goldstein, à travers lesquelles Mulder voit se dérouler des moments de son enfance sous forme de flashes.

– L'idée m'a été donnée par un de ces « stimulateurs cérébraux » New Age que nous avions achetés, raconte Goodwin. Ils sont censés aider à la relaxation et favoriser l'activité créatrice. Mais leur action est troublante. Mon fils de douze ans en a été complètement bouleversé, et ma femme (l'actrice Sheila Larken, qui interprète Margaret Scully) n'a pas pu dormir pendant plusieurs nuits, après avoir utilisé l'appareil.

Des téléspectateurs ont constaté un niveau rarement atteint de réalisme, allant jusqu'à la nausée, dans la description des souffrances infligées aux héros, à ces heures de grande écoute. Mais, selon Goodwin, Chris Carter considère que cet épisode constitue un excellent lien entre « Amour fou », où Scully est aux prises avec les implications mortelles de son cancer, et les événements apocalyptiques du dernier épisode de la saison.

Les épreuves qu'ont connues les autres personnages paraissent presque insignifiantes, comparées aux crises affaiblissantes qui affectent Mulder. Le pittoresque cottage qu'Amy Cassandra peint de façon obsessionnelle – et où elle meurt – se situait sur un terrain plat, marécageux, dans le sud du Surrey ; non loin de la masure des Peacock dans « La Meute », et de la ferme de « Tunguska ». Elle fut découverte puis louée par l'équipe de Todd Pittston ; restaurée, redécorée et replantée en arbustes et en massifs de fleurs, par le département des arts décoratifs de Graeme Murray, le service de la construction de Rob Maier, et le responsable des espaces verts, Frank Haddad.

Néanmoins, le « Cottage Wisteria » n'apparaît pas au cours de l'épisode dans son aspect restauré, mais seulement sur les photographies prises en préproduction par le directeur artistique Gary Allen. Ces photographies ont ensuite été scannées sur ordinateur par la technicienne Sally Hudson. Le scanner à plat est indispensable pour numériser les images (ici les photographies) et permettre leur intégration sur écran. Grâce à la photographie numérique et l'utilisation des deux logiciels Adobe Photoshop et Fractal Painter, il a été possible d'intégrer et de modifier les images. Sally Hudson a ainsi pu saisir les transformations que subit la maison au fil du temps. Elle a obtenu des douzaines de peintures en sortie laser, destinées à orner les murs du salon d'Amy Cassandra.

Durant les scènes pendant lesquelles Mulder souffre d'hallucinations, on fit varier sans cesse l'ouverture du diaphragme de l'objectif de la caméra, de façon à

faire entrer plus ou moins de lumière, créant cette illusion d'intemporalité.

Cependant, de nombreuses séquences présentant les aspects d'une étrangeté inquiétante, irréels, des retours en arrière de Mulder furent préparées au service de postproduction ; les couleurs furent modifiées lors du développement du film. Le négatif fut impressionné par un éclairage stroboscopique. Les dialogues enregistrés et les fréquences des bruits de fond ont été filtrés et remaniés par l'équipe de montage et de mixage du coproducteur Paul Rabwin.

Pour sa part, David Duchovny se trouva confronté à une tâche délicate, pour lier deux éléments dissemblables du scénario.

– Il me fallait assumer presque dans le même temps le fait qu'on me perce un trou dans la tête, mes visions hallucinatoires, et avoir la faculté de reprendre mon enquête avec lucidité. Le challenge consistait à rendre crédibles les remises sur pied rapides du personnage après ses crises intenses.

Gillian Anderson a trouvé l'épisode frustrant, car elle devait répéter à intervalles réguliers : « Mulder, il faut que tu ailles à l'hôpital... Mulder, tu dois aller à l'hôpital... » Ce leitmotiv finissait par être lassant.

Quant à Goodwin, bien qu'il soit fier du résultat obtenu, il n'envisage pas vraiment de réécrire pour la série dans un futur proche.

– C'était devenu une véritable contrainte pour ma famille, explique-t-il. Nous étions allés passer trois jours de vacances à Whistler, une station de ski au nord de Vancouver, au moment du seizième anniversaire de mon fils. Ma femme et les enfants occupaient un appartement ; ils ont skié et se sont amusés pendant que je demeurais seul, enfermé dans une chambre proche de chez eux, où j'ai passé tout mon temps à écrire !

Cet épisode, le seul écrit par le producteur de Vancouver R.W. Goodwin, est le second écrit par un non-scénariste, l'autre étant « Hallucinations » (3X23), né de l'imagination de Mat Beck, grand maître des effets spéciaux.

La date : 25/9 est celle de l'anniversaire de la fille de Gillian Anderson, la petite Piper, née le 25 septembre.

Les personnages d'Amy et de David Cassandra portent un nom ô combien symbolique ! Tout comme Mulder, la prophétesse grecque Cassandre prédisait toujours la vérité sans que nul la croie jamais.

Si vous regardez attentivement la scène où Dana Scully et l'inspecteur Curtis visitent l'appartement d'un policier qui vient de se suicider, vous apercevrez une ombre mouvante sur le mur, derrière Dana. Il s'agit d'un membre de l'équipe de tournage.

Andrew Johnston, qui apparaît ici dans le rôle du médecin, avait déjà joué le personnage du colonel Budahas dans « Gorge profonde » (1X02) et de l'agent Weiss dans « La Colonie », épisode en deux parties. Quant à Jay Acovone, qui joue l'inspecteur Curtis, il faisait partie des vedettes de la série de Howard Gordon, aujourd'hui producteur exécutif des *X-Files*.

Quand un scientifique controversé prétend avoir découvert la preuve incontestable de l'existence d'une vie extraterrestre, Mulder et Scully se retrouvent en danger de mort et voient leurs convictions respectives remises en question.

Le Baiser de Judas

(Gethsemane)

Épisode : 4X24
Première diffusion US : 18 mai 1997
France : 29 novembre 1997
Scénario : Chris Carter
Montage : Michael S. Stern
Mise en scène : R.W. Goodwin

Distribution:
Matthew Walker (Arlinsky) ;
James Sutorius (Babcock) ;
Sheila Larken (Mrs Scully) ;
Pat Skipper (Bill Scully Jr) ;
John Finn (Michael Kritschgau) ;
John Oliver (Rolston) ;
Charles Cioffi (chef de section Scott Blevins) ;
Steve Makaj (Ostelhoff) ;
Nancy Kerr (agent Hedin) ;
Barry W. Levy (Vitagliano) ;
Arnie Walters (père McCue) ;
Rob Freeman (inspecteur Rempulski) ;
Craig Brunanski (le scientifique à la scie).

Sites principaux :
Boston, Massachusetts ; monts Saint-Élie, territoire du Yukon, Canada ;
Washington D.C. ; Sethsburg, Virginie.

En 1972, à l'université de Boston, un panel d'éminents scientifiques, incluant Carl Sagan, se sont réunis pour réfléchir et trouver une réponse à la préoccupante question : que se passerait-il si nous découvrions la présence d'une autre forme de vie intelligente dans l'univers ?

L'astronome Richard Berendzen prend la parole :

– Nous avons vu s'accroître d'année en année la probabilité d'une vie extraterrestre, en même temps que notre capacité de la percevoir. De plus en plus de scientifiques considèrent qu'une prise de contact avec d'autres civilisations ne représente plus une chimère mais une simple étape dans l'histoire de l'humanité ; cet événement pourra peut-être survenir dans la vie de beaucoup d'entre nous. L'enjeu est à présent trop important pour faire marche arrière ou pour ne plus accorder d'importants moyens financiers afin de poursuivre nos recherches en vue de découvrir d'autres formes d'existence intelligentes. En fin de compte, cette quête pourrait constituer l'une des plus importantes démarches scientifiques, et fournir des apports fondamentaux pour le genre humain et notre civilisation.

L'intrigue reprend de nos jours. Très tôt, le matin, un essaim d'officiers de police en uniforme, d'inspecteurs et d'experts légistes ont fait irruption dans l'appartement de Mulder. Scully y pénètre à son tour, présentant rapidement son badge, et se fraie un chemin à travers la foule. Un inspecteur d'Arlington, nommé Rempulski, l'accueille avec une mine sinistre.

Il la conduit vers un corps recouvert d'un drap, étendu face en dessous, entre le divan et la table du salon. Soulevant un coin du drap, il lui demande :

– Est-ce que c'est lui ?

– Oui, murmure Scully.

Tournant les talons, elle quitte les lieux.

Dans une grande salle de conférences, située au siège du FBI, se tient une commission d'enquête de haut niveau, présidée par le chef de section Scott Blevins.

Scully fait son entrée ; Blevins lui indique son siège.

– Agent Scully, nous avons déjà eu une brève discussion. Mais voudriez-vous nous exposer de nouveau l'objet de cette réunion.

– Oui, monsieur.

Elle s'arme de tout son courage et, sans se reporter à ses notes, commence :

– Il y a quatre ans, le chef de section Blevins a souhaité que je m'occupe des Affaires non classées. Docteur en médecine, ayant une formation dans les sciences exactes, j'ai reçu pour mission d'analyser d'un point de vue critique le travail de l'agent spécial Fox Mulder. Mon collègue menait des enquêtes sur le paranormal. Ce problème le préoccupait d'autant plus qu'il avait l'intime conviction que sa sœur s'était fait enlever par des extraterrestres alors qu'il avait douze ans…

La voix se trouble.

– … Je suis en mesure aujourd'hui, après quatre ans de recherches, de témoigner de l'illégitimité des travaux de l'agent Mulder. Je certifie en toute objectivité qu'il est devenu, au cours de ces quatre années, une victime des faux espoirs qui l'animaient et de sa confiance aveugle en la pire des escroqueries.

Un hélicoptère vole au ras des pics enneigés des monts Saint-Elie, dans le nord-ouest du Canada.

Assis derrière le pilote, transportant un équipement d'alpinisme, deux anthropologues, nommés Arlinsky et Babcock, discutent *via* leurs casques, reliés au système de communication de l'hélicoptère.

– Nous retrouverons le guide au camp de base, il nous amènera sur le site, annonce Arlinsky.

– Est-ce qu'il l'a vu ? demande Babcock.

– Oh ouais ! Il dit que c'est incroyable.

L'hélicoptère les dépose au camp de base enneigé. En compagnie de leur guide, Rolston, ils vont effectuer un trajet long et pénible vers le sommet de la montagne.

À la tombée de la nuit, ils atteignent l'étroite entrée d'une épaisse grotte de glace, à voûte hémisphérique. Une équipe d'alpinistes expérimentés attend à l'intérieur. Ils échangent de solennelles poignées de main et s'engagent plus profondément dans la caverne.

Les faisceaux lumineux de leurs lampes-torches percent l'obscurité, jusqu'à ce qu'ils parviennent à un mur de glace. Une petite ouverture ronde a été creusée à travers la paroi recouverte de givre. Arlinsky scrute la surface de la glace.

– Mon Dieu ! s'exclame le scientifique. Que c'est beau !

Sous la couche de glace, est emprisonné le corps d'un alien. Ses yeux noirs au regard éteint semblent observer fixement les scientifiques qui l'ont découvert.

Dans la salle de conférences du FBI, l'audition de Scully se poursuit :

– Agent Scully, je suppose que votre désaccord avec l'agent Mulder repose sur un fondement précis, dit Blevins.

– Oui, monsieur le directeur. Des événements récents sont venus apporter un nouvel éclairage sur des données factuelles qui devaient servir à montrer l'existence de créatures extraterrestres. Elles constituaient le cœur des travaux que menait de façon passionnée l'agent Mulder.

– Quelles sont ces données factuelles ? intervient Scott Blevins.

– L'agent Mulder a récemment été contacté par une personne dont la volonté de trouver des indices semblait être aussi forte que la sienne. À cause de la naïveté de sa foi, l'agent Mulder est vite tombé dans un piège. Il s'est fait berner par un récit dénué de toute rigueur scientifique, destiné à répandre des contre-vérités.

» Un mensonge gigantesque que je veux démasquer ici en dénonçant le mécanisme du piège dans lequel moi aussi j'ai failli tomber. Et cela, sans minimiser l'apport des travaux de mon collègue.

Dans la grande maison bien aménagée de Margaret Scully, une douzaine d'invités savourent quelques cocktails avant le dîner. Scully, sa fille cadette, et son fils Bill Scully Jr., capitaine de corvette, s'étreignent affectueusement. Scully remercie son frère d'avoir pour une fois pensé à lui envoyer une carte d'anniversaire.

– Eh bien, une tous les dix ans... plaisante-t-il.

Mrs Scully souhaite la bienvenue à un prêtre catholique d'une soixantaine d'années, le Père McCue.

Scully observe cette scène avec un soupçon de méfiance.

– Comment te sens-tu, Dana ? demande son frère d'un ton redevenu sérieux.

– Je vais bien, répond-elle vivement ; allons dîner, hein ?

À la fin du dîner, Bill Jr. laisse Scully seul à seul avec le prêtre. Ils se sentent assez embarrassés.

– Je connais votre famille depuis des années. C'est votre mère

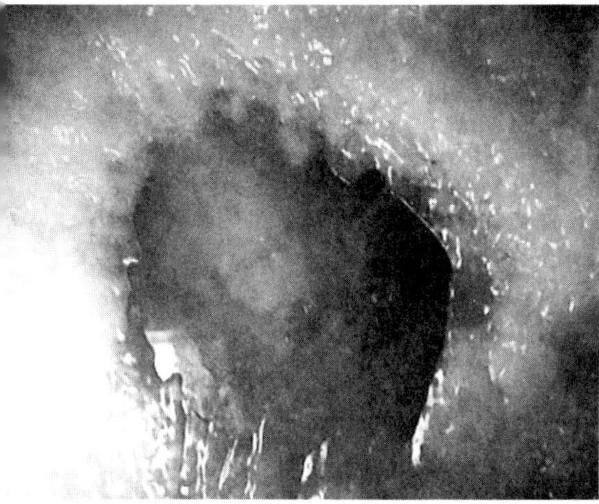

qui m'a demandé de venir ; elle souhaitait que je vous parle.

Scully lance un regard accusateur à sa mère.

– Il y a déjà longtemps que nous avons conversé ensemble, depuis que vous vous êtes éloignée de l'Église... poursuit le Père McCue.

– Père McCue... le coupe gentiment Scully.

– Mais dans ces moments de difficultés importantes, comme la menace qui pèse sur votre santé, le fait de retrouver votre foi est essentiel.

– J'apprécie l'intérêt que porte ma mère à ma santé, et le vôtre, Père, déclare Scully en soupirant. Mais les médecins me soignent pour mon cancer, et j'observe leurs recommandations.

– La foi pourrait vous rendre plus forte, dit McCue.

– Je n'ai pas besoin d'aide ; je me sens assez forte, et je n'ai pas l'intention de revenir en arrière.

Je suis ainsi faite : ce serait vous mentir et me mentir à moi-même.

Leur échange est interrompu ; le frère de Scully l'informe qu'elle a un appel téléphonique. C'est Mulder. Il s'excuse de la déranger pendant une réunion de famille, car il a besoin de son aide. Arlinsky l'a contacté de son bureau du Smithsonian Institute de Washington, au sujet d'une dé-

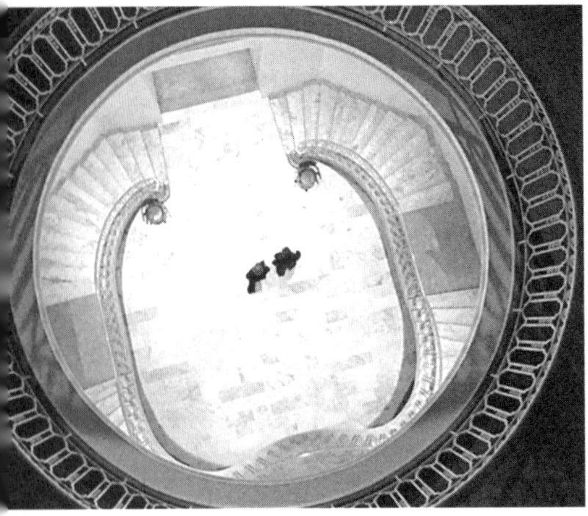

couverte qu'il a faite dans une montagne du Canada. Aussi Mulder souhaite-t-il que sa coéquipière le rejoigne au Smithsonian.

– Quand ?

– Immédiatement.

Scully jette un coup d'œil à son frère, qui a entendu et la regarde d'un air désapprobateur.

– J'arrive, lui dit-elle.

Alors que les agents gravissent l'escalier de marbre du Smithsonian, Mulder apprend à Scully qu'il correspond avec l'anthropologue depuis quatre ans. Arlinsky a été impliqué dans le scandale d'une photographie embarrassante d'OVNI, il y a plusieurs années de cela, mais il affirme toujours son innocence.

– Que vais-je voir ? s'enquiert Dana.

– Je préfère te laisser constater par toi-même.

Dans le bureau encombré du scientifique, les deux agents assistent à une projection de diapositives représentant l'alien prisonnier de la glace.

– Ce corps que vous voyez là est vieux de deux cents ans, selon la datation de la glace, annonce Arlinsky.

– Il semble parfaitement intact, remarque Mulder.

– Oui, dit l'anthropologue.

Arlinsky explique que l'entité biologique extraterrestre a été protégée de toute dégradation et des attaques des bêtes sauvages grâce à sa prison de glace. On ne relève aucune trace de fermentation, et la glace l'a également mise à l'abri des bactéries.

Alors que Mulder continue de chercher les lacunes de cette histoire, le scientifique lui affirme que des relevés géodésiques ont été pratiqués sur la montagne ; de plus, deux carottes de glace ont été prélevées par sondage, et ont démontré que le site n'avait jamais subi de perturbations. Le corps bien conservé fut découvert dans la calotte glaciaire par une équipe de scientifiques travaillant avec son collègue Babcock. Ils se trouvent toujours sur la montagne.

– Qui d'autre est au courant ? interroge Mulder.

– Personne, dit Arlinsky. (Devant le regard sceptique de Mulder, il ajoute :) Je sais ce que vous pensez. Mais les monts Saint-Elie se situent bien loin pour y faire un canular.

Arlinsky certifie que les carottes de glace ne peuvent être fausses. Il propose aux agents de les soumettre à des tests.

– Si vous révélez cette histoire, personne ne vous croira, dit Mulder. Vous ne serez jamais certain de rien, car les autorités chargées de l'authentification vous cacheront assidûment la vérité.

– C'est pour cela que j'ai fait appel à vous, dit Arlinsky avec agitation. Vous êtes sur le point d'avoir en main la preuve matérielle !

– Que recherchez-vous ? dit Mulder.

– Nous voulons juste acquérir du crédit.

En se dirigeant vers l'extérieur du Smithsonian, Mulder interroge sa collègue sur ce qu'elle pense de la requête d'Arlinsky. Scully annonce à un Mulder incrédule qu'elle n'a pas d'opinion sur le sujet.

– Il s'agit de ton Saint-Graal, pas du mien, dit-elle.

– Qu'est-ce que c'est censé signifier ?

– Simplement que prouver l'existence d'une forme de vie extraterrestre ne constitue pas mes dernières volontés.

– Et que dire du Père Noël ? dit Mulder.

Scully grimace un peu ; Mulder se renfrogne devant sa réaction.

– Cela n'a rien à voir avec mes sujets de prédilection personnels, Scully. Je suis aussi sceptique que toi au sujet de cet homme. Mais peux-tu concevoir la preuve absolue d'autres formes de vie partageant notre temps et notre existence ? Cela bouleverserait nos modes de pensée. Toutes les connaissances dont nous vivons seraient partagées par l'humanité entière. Il n'existe pas de révélation supérieure imaginable, pas de plus grande découverte scientifique.

– Ta conviction était déjà bien ancrée, Mulder, qu'est-ce que cette preuve changerait pour toi ?

– Si quelqu'un pouvait te prouver l'existence de Dieu, est-ce que cela changerait quelque chose pour toi ?

– Seulement si on m'avait démontré la fausseté de cette hypothèse.

– Alors, tu acceptes la possibilité que la foi en Dieu puisse être un mensonge ?

– Je ne réfléchis pas à ce genre de chose en ce moment, dit Scully. Et je pense qu'on ne peut pas le prouver.

– Mais si on le pouvait ? La recherche de cette connaissance ne serait-elle pas risquée ? Ou cela faciliterait-il la vie de continuer à croire au mensonge ?

Scully réfléchit un instant, puis détourne le visage.

– Veux-tu alors que nous allions examiner ces carottes de glace ; tu me diras si c'est une imposture, c'est tout ce que je te demande, dit Mulder en souriant.

Dans la salle de conférences du FBI, Scully poursuit son rapport :

– Je n'ai pas pu informer l'agent Mulder de ce que je venais juste d'apprendre. À savoir que le cancer qu'on m'avait diagnostiqué il y a plusieurs mois faisait une métastase ; au dire des médecins, à moins d'un miracle, il devrait continuer à envahir mon organisme, m'acheminant de jour en jour vers l'inévitable.

Le chef de section Blevins l'observe avec une réelle tristesse.

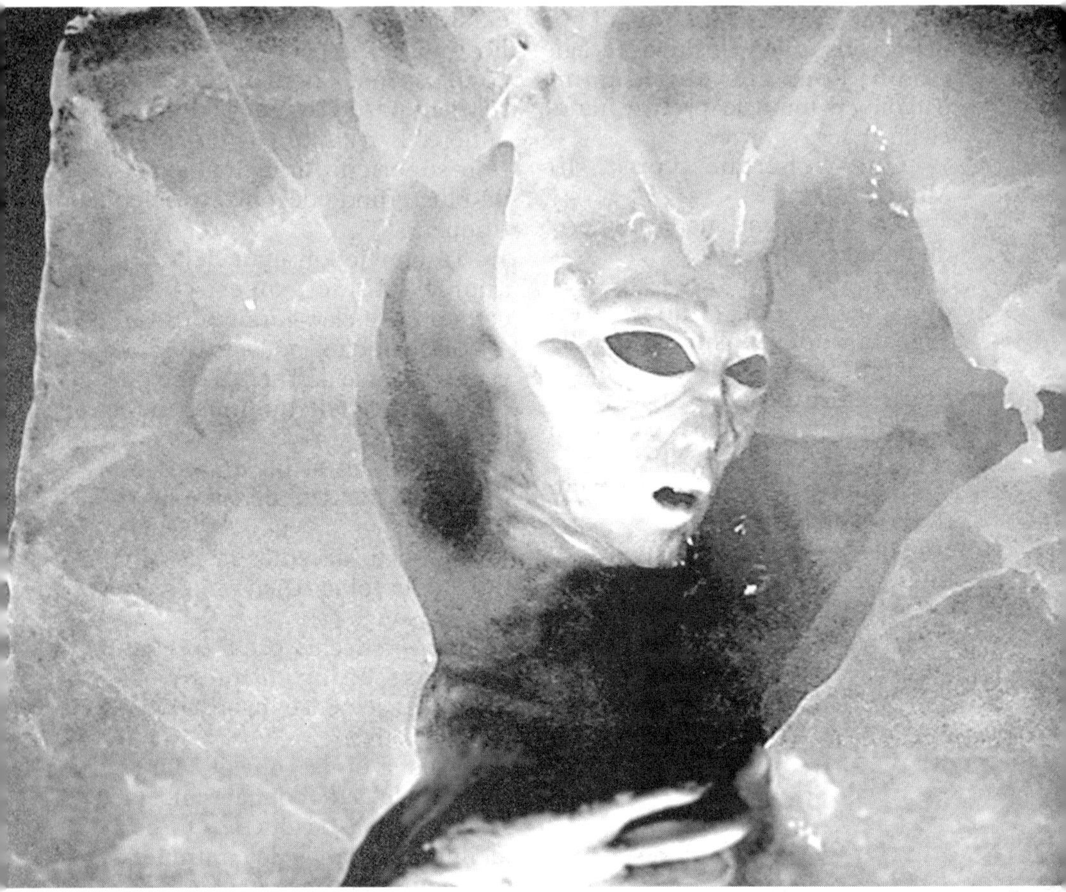

Dans les montagnes canadiennes, un des membres de l'équipe découpe à l'aide d'une tronçonneuse électrique le bloc de glace contenant l'alien, pour l'arracher au glacier. Pendant ce temps, Babcock, assis dans sa tente, charge un revolver.

– Que voulez-vous en faire ? demande le guide, Rolston.

– Je ne connais pas bien tous ces gens, et vous ?

Alors que Babcock range son arme, l'homme qui creuse la glace les interpelle. Il vient de détecter une étrange anomalie, indiquant peut-être un trou fait de main d'homme ou une rigole d'écoulement. L'angle ne correspond à rien.

– Nous ne comprendrons pas tant que nous ne l'aurons pas sorti de là, dit-il d'une voix forte.

L'équipe laisse voir sa perplexité ; Rolston fait un effort pour masquer ses propres peurs. Alors que la tronçonneuse se remet en marche, il quitte le camp, parcourant le chemin inverse, en descendant la montagne, à celui effectué le jour d'avant.

Au laboratoire de paléoclimatologie de l'American University de Washington, Vitagliano, le scientifique qui étudie les prélèvements de glace, confirme d'une manière générale la thèse avancée par Arlinsky. Cependant, il a également observé des traces de tissus cellulaires hybrides dans les carottes extraites, sous plusieurs couches de sédiments. Aussi aimerait-il examiner ces cellules au microscope électronique. Scully, intriguée, l'encourage à poursuivre l'analyse et le remercie.

Cette nuit-là, au sommet de la montagne, une sombre silhouette, faisant légèrement crisser la neige sous ses pas, pénètre dans la grotte où sont montées les tentes. Les hommes y dorment. L'intrus sort un fusil de chasse, l'arme, et fait feu en tous sens et à plusieurs reprises à travers la toile. Babcock s'extirpe de son sac de couchage et soulève brusquement un pan de sa tente. Un autre coup de feu retentit.

Le lendemain matin, l'hélicoptère dépose Mulder et Arlinsky au camp de base. À la grande consternation et à la surprise d'Arlinsky, le site est désert.

– Vous disiez que quelqu'un devait nous retrouver, dit Mulder.

– Oui, un guide, Rolston. Il savait qu'il devait nous emmener jusqu'au sommet.

Mulder inspecte la tente du camp de base. Le téléphone par réseau satellite ne fonctionne plus, la cuisinière est froide : les lieux sont manifestement inoccupés depuis un moment. L'expression de Mulder se fait sinistre. Les deux hommes se mettent en route pour gravir la montagne en suivant la piste du guide. À mi-chemin, ils repèrent un homme étendu dans la neige, à quarante mètres d'eux, sur le bas-côté du sentier.

– Plaisant endroit pour faire un petit somme, dit Mulder.

Ils rejoignent en courant la silhouette immobile, et découvrent Rolston, tué d'une balle, son sang dégouttant sur la neige. Arlinsky est terrifié. Mulder reprend l'ascension.

Ce soir-là, au laboratoire de l'American University, Scully se trouve en présence d'un homme de grande taille, en costume sombre.

– Excusez-moi, je cherche le Dr Vitagliano, dit-elle.

L'homme, maniant quelque chose maladroitement sur la paillasse, marque un temps avant de lui répondre qu'il est désolé de ne pouvoir la renseigner. Puis il saisit vivement un tube cylindrique en métal – destiné à contenir les échantillons des carottes de glace – et s'en va.

Scully remarque alors que la porte de l'appareil frigorifique est restée ouverte. Elle poursuit l'inconnu dans le couloir ; comme la porte d'accès à une cage d'escalier vient de se refermer avec un bruit sec, elle s'engage dans le passage sombre, cherchant une autre sortie. L'homme tout de noir vêtu, tenant l'échantillon, surgit alors de derrière la porte. Quand Scully s'agrippe à lui et lutte pour l'empêcher de s'enfuir, il la jette à terre, la faisant culbuter douloureusement dans l'escalier.

À la nuit tombante, Arlinsky et Mulder pénètrent dans la grotte de glace. Mulder sort son revolver. À la lumière des torches, ils découvrent d'autres morts à l'intérieur des tentes – y compris, apparemment, Babcock, immobile dans son sac de couchage.

– Le corps de l'alien ! se rappelle Arlinsky.

Devant le mur de glace où se trouvait emprisonné l'extraterrestre, une cavité rectangulaire se présente maintenant à leurs yeux.

– Ils l'ont pris ! se lamente Arlinsky.

Mulder lui attrape alors le bras. Il a perçu une sorte de gémissement dans le fond.

– Quelqu'un est encore vivant, dit Mulder.

C'est Babcock. Ils lui donnent un peu d'eau, et Mulder constate que sa blessure ne semble pas trop grave ; le sang ne coule plus. Quand Arlinsky demande à son associé qui a fait cela, Babcock ne peut que hocher la tête, mais il leur apprend qu'il a enfoui l'alien sous sa tente, dans la neige. Après que Mulder a transporté Babcock à l'extérieur de la tente, Arlinsky gratte la surface de la neige et fait bientôt apparaître un bloc de glace rectangulaire, contenant le corps.

Dans un hôpital de Washington, une Scully meurtrie et contusionnée, ses vêtements encore ensanglantés à la suite de la péripétie de la nuit précédente, se prépare à se faire examiner. Son frère Bill lui rend visite. Ayant entendu la conversation téléphonique de sa sœur avec sa mère, il lui apporte des vêtements de rechange, sans avoir prévenu Mrs Scully.

– J'ai été renversée dans un escalier, explique Scully. Mais je vais bien à présent, par bonheur.

Bill considère sa sœur avec un mélange d'inquiétude, d'affection et de désapprobation.

– Tu ne vas pas si bien, Dana. Je suis au courant, pour ton cancer.

Scully n'apprécie pas que sa mère lui en ait parlé.

– C'est très personnel, confie-t-elle. Je ne veux pas qu'on me regarde avec pitié.

– Tu devrais prendre soin de toi ; maman m'a dit que ça avait empiré, que le cancer avait métastasé. Ton travail t'amène à te faire malmener, à te battre. Qu'essaies-tu de prouver ? Que tu peux lutter toute seule ? Sais-tu ce que maman endure ? Tu as des responsabilités vis-à-vis de toi-même, mais aussi de ta famille.

Scully se met alors en colère :

– Ce n'est pas parce que je n'ai pas mis mon âme à nu devant toi, le Père McCue ou Dieu que je ne

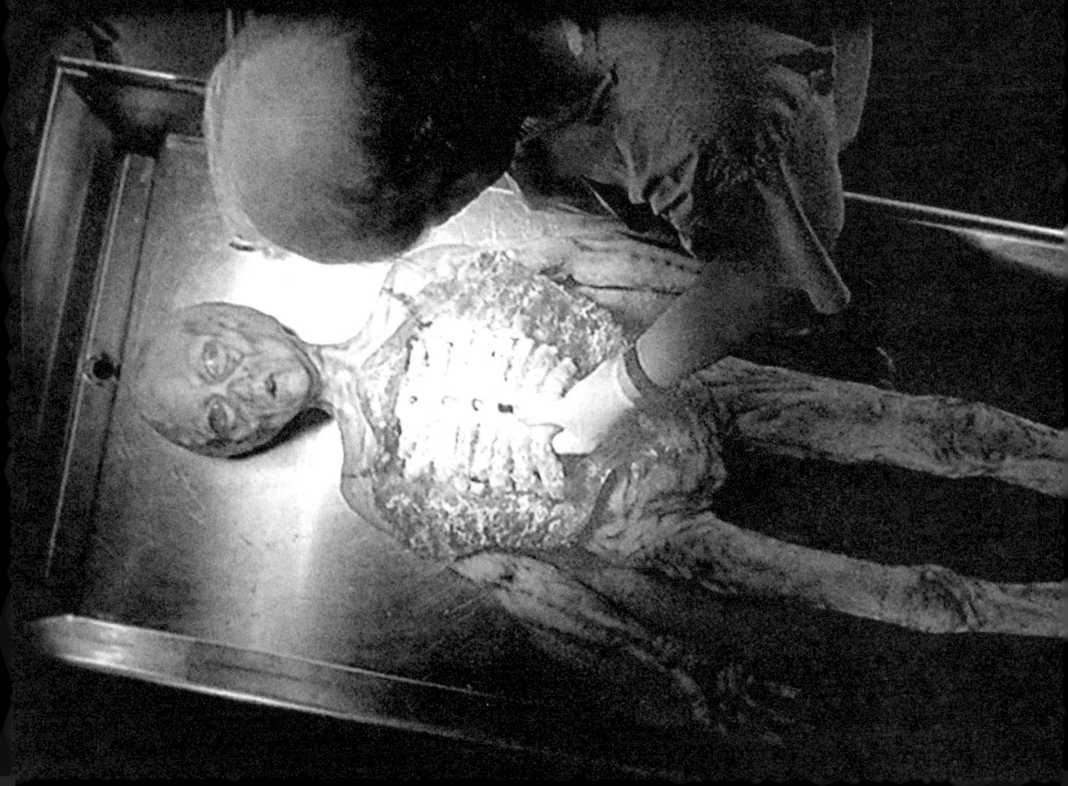

me sens pas responsable de ce qui concerne ma vie.

– Alors, qui te soutient, dans ce cas ? Encore ce Mulder ? Mais où est-il justement, Dana ? Que fait-il pendant ce temps-là ?

Scully marque un temps, réfléchit, puis refoule ce qu'elle avait l'intention d'exprimer.

– Merci de ta visite, dit-elle finalement.

Elle quitte la pièce, prenant les vêtements que son frère a apportés.

Dans un entrepôt sombre d'un quartier sud-est de Washington, un camion décharge son contenu. Mulder et Arlinsky descendent une grande caisse en bois et l'ouvrent à l'aide d'une pince à levier. L'alien dans son pan de glace est amené sur un chariot élévateur jusqu'à une cuve en fibre de verre, contenant une solution aqueuse chaude, dans laquelle il est plongé. Les deux hommes regardent fixement le bloc de glace se dissoudre rapidement.

– Nous devrions être en mesure d'effectuer un examen suffisant à présent pour dissiper tout doute, dit Arlinsky avec passion.

– Nous ne pourrons déterminer l'origine avec certitude qu'après avoir pratiqué une datation au carbone 14, répond Mulder d'un ton ferme.

– Je peux escompter que seule l'étude de sa physiologie apportera des éléments révélateurs.

– La farce maladroite concernant l'homme de Piltdown n'a pas été dévoilée pendant quarante ans, jusqu'à ce qu'il échoue au test du carbone 14. Et encore, ça n'a pas vraiment suffi ! dit Mulder en grinçant des dents.

Babcock, l'épaule bandée et le bras en écharpe, s'approche d'eux :

– Si c'était un canular, pourquoi y aurait-il six hommes assassinés dans la montagne ? Quelqu'un d'autre que nous croit sûrement que ce n'en est pas un.

Au laboratoire de la police scientifique du FBI, Hedin, une femme agent, entre dans son ordinateur l'empreinte digitale de l'individu qui a agressé Scully, provenant du laboratoire de l'American University. Il n'y a pas de réponse dans le fichier des recherches.

– Essayez la base de données fédérale, suggère Scully, regardant par-dessus l'épaule de l'agent.

L'agent Hedin exécute une série de manipulations, et observe son écran.

– Oh ! ça alors ! dit-elle avec un sursaut d'étonnement. Il était effectivement employé par le gouvernement.

– Où travaille-t-il ? s'enquiert Scully.

– « Michael Kritschgau, lit-elle. Travaillait au laboratoire de recherche de l'armée des États-Unis. À présent attaché à la division de la recherche du Pentagone, en Virginie. »

Hedin fait apparaître le dossier personnel de Kritschgau, comprenant sa photo.

Scully reconnaît son agresseur.

Dans l'entrepôt transformé en salle d'autopsie de fortune, Mulder examine des radiographies de l'extraterrestre sur un panneau lumineux. Arlinsky dissèque le corps, tandis que Babcock enregistre au caméscope ses faits et gestes. Le scientifique dicte ses observations :

– « Le corps mesure 1,47 mètre. Il pèse 24 kg dégelé. Il présente un derme glabre, une texture éléphantine. Sa peau grisâtre est dépourvue d'odeur. De petites éruptions parsèment la surface de la peau, dues sans doute à la présence de phosphate de fer dans la glace. D'autre part, on ne décèle

aucune cicatrice ni signe spécifique. Le tour de tête est de 64 centimètres. On relève 4 doigts sur chaque main, 3 doigts sur les pieds. Le sexe est indéterminé. Les yeux noirs ne présentent pas de paupières, ils sont recouverts d'une mince membrane que je retire. Le tissu interne est gélatineux, parcouru par un réseau de veines très fines. »

Arlinsky met des gants chirurgicaux et applique un masque sur son visage, puis, après avoir jeté un coup d'œil à Mulder, il pratique une incision dans la cage thoracique ; il continue de dicter :

– « L'examen de la cavité thoracique montre la présence de ce qui ressemble à un appareil cardiorespiratoire. Un cœur et des poumons à l'intérieur d'un épais tissu blanc de consistance fibreuse, qui ne correspond pas à celui d'un organisme humain. »

Scully est en stationnement devant un immeuble de bureaux, à Sethsburg, Virginie. De son poste d'observation, elle voit des flots d'employés qui sortent du ministère de la Défense, division de la Recherche. Parmi eux, elle aperçoit Kritschgau, vêtu d'un imperméable noir et portant une mallette, qui se dirige vers un parking souterrain ; elle le suit, et l'intercepte plus loin dans le garage. Il la repère et prend la fuite. Elle descend de sa voiture et dégaine.

– Arrêtez-vous ! Agent fédéral ! crie-t-elle.

Scully poursuit l'homme grand et presque chauve. Alors qu'il atteint sa voiture et tente de s'échapper, elle s'élance dans les escaliers du parking et lui coupe le chemin, son arme braquée sur sa tête. Il se rend.

– Ne tirez pas, je vous en prie, dit-il. Je ne voulais pas vous blesser. Je n'avais pas le choix.

Scully projette l'homme sur le capot de la voiture pour le fouiller.

– Si vous m'arrêtez, ils me tueront ! insiste-t-il.

– Je ne vois pas de quoi vous parlez, dit Scully.

– Ce sont les mêmes personnes qui essaient également de vous tuer, reprend-il, ces personnes qui vous ont inoculé votre cancer.

Dans l'entrepôt aménagé, Arlinsky pèse un alien non identifiable sur une balance numérique.

– Il va falloir faire une culture des tissus, dit-il à Mulder. Une recherche d'ADN et des analyses. Il serait aussi prudent de faire une chromatographie en phase gazeuse, ainsi que la datation au carbone que vous suggériez.

» Mais... si ce n'est pas un extraterrestre, je ne vois pas ce que ça peut être, soupire-t-il.

Le téléphone cellulaire de Mulder sonne ; il prend la communication.

Scully poursuit son récit devant la commission d'enquête du FBI.

– J'ai joint l'agent Mulder dans un entrepôt à l'extérieur de Washington. Il était à Sethsburg, en Virginie. Ils avaient transporté le corps encore glacé par hélicoptère pour le descendre de la montagne et l'ont mis dans un camion frigorifique pour franchir la frontière du Canada. À la suite d'examens médicaux rudimentaires, l'agent Mulder était pratiquement convaincu qu'il avait devant lui le corps d'une entité biologique extraterrestre et qu'il détenait la preuve dont la recherche l'obsédait. La preuve qui confirmait que les extraterrestres existaient réellement, mais aussi qu'ils avaient pu enlever sa sœur.

– Mais ce Kritschgau vous a persuadée d'autre chose. De quoi ?

– Il m'a fait un récit qui développait point par point les raisons pour lesquelles des gens avaient dupé l'agent Mulder pour se servir de lui. J'ai su comment, étant sa collègue, j'ai été amenée aussi à suivre ce chemin. Où j'ai perdu un membre de ma famille pour ne pas m'être insurgée, et où j'ai également contracté une maladie mortelle qui m'a été inoculée par les personnes responsables de la mystification de l'agent Mulder.

– Avez-vous pu convaincre l'agent Mulder de tous ces faits ? dit Blevins.

– J'ai seulement pu le convaincre de passer me voir afin qu'il entende à son tour ce qu'on m'avait dit.

Mulder quitte l'entrepôt et se dirige vers sa voiture. Une silhouette sombre se découpe, non loin de là, dans un autre véhicule. L'homme arme son fusil en regardant Mulder s'éloigner. À l'intérieur, Arlinsky et Babcock continuent leur travail ; la porte de l'entrepôt s'ouvre, laissant apparaître la silhouette sombre : le nommé Ostelhoff s'avance vers eux.

– Que diable se passe-t-il ? dit Arlinsky.

L'homme pointe son arme sur lui avec une expression de dédain et s'adresse à Babcock :

– Comment va ta blessure ?

– Je survivrai.

Arlinsky se tourne vers son associé, comprenant qu'il a été trahi. Tandis que Babcock surveille l'entrée, Ostelhoff abat le scientifique. Babcock signale à l'homme que Mulder est parti à la suite d'un appel téléphonique, et qu'il a marché dans l'histoire.

– Donc nous sommes les seuls à connaître la vérité, conclut Ostelhoff.

– Oui, répond son compagnon en hochant la tête.

Ce soir-là, dans l'appartement de Mulder, les deux agents et Kritschgau sont réunis. Scully se tient les bras croisés près de la porte, tandis que Mulder est affalé sur le canapé, les regardant d'un air de défi.

– Vous avez été amené à croire un vaste mensonge, agent Mulder, commence Kritschgau. À savoir qu'il existe d'autres formes de vie intelligentes que la nôtre, avec lesquelles nous aurions été en contact.

– Vous voulez dire qu'il s'agirait de supercheries qu'on aurait savamment orchestrées ? dit Mulder.

– Et on vous utilisait afin de les perpétuer.

– Comment avez-vous appris tout cela ?

– Je travaille au ministère de la Défense, où j'ai pu surveiller de près un complexe industriel de recherche militaire qui a mené des expériences hors de tout contrôle pendant la guerre froide ; il a ainsi créé des diversions pour éloigner l'attention de ses activités répréhensibles, en montant de toutes pièces des histoires suffisamment convaincantes aux yeux de gens amateurs de scénarios fantastiques, dans votre genre.

– Et par le plus grand des hasards, vous êtes tombé sur l'agent Scully, commente Mulder, sarcastique.

– Voilà bien une réaction digne de vous, agent Mulder, dit Kritschgau avec un sourire à peine perceptible. Vous êtes habituellement très soupçonneux, mais vous ne vous méfiez pas de ce qu'il faudrait.

» J'ai dirigé l'Agitprop pendant dix ans. Je peux vous fournir des registres qui attestent les campagnes de désinformation datant de la guerre de Corée – une époque à laquelle vous n'étiez pas né !

– Pourquoi venez-vous me voir maintenant ? Pourquoi ne pas m'avoir contacté il y a quatre ans ?

– Mon fils est gravement malade, il a fait la guerre du Golfe, dit Kritschgau, après avoir marqué un temps d'arrêt.

Il ferme les yeux, puis reprend avec un regard sévère :

– Leurs mensonges sont si complexes ! Le seul moyen de les couvrir est de créer d'autres mensonges plus invraisemblables encore. Ils vous ont inventé, agent Mulder ; votre régression sous hypnose, l'histoire de l'enlèvement de votre sœur, les mensonges qu'ils ont dits à votre père. Vous aviez un tel besoin de croire... et qui pourrait vous en blâmer ?

– Et les milliers d'OVNIs vus à différentes reprises ?

– Des appareils militaires tenus au secret, destinés à nourrir l'hystérie collective.

– Les preuves biologiques de l'existence d'une vie extraterrestre ?

– Ce ne sont que des indices biologiques non classifiés. Des anomalies de la nature auxquelles la science apportera toujours une réponse.

– Et le corps qu'on a trouvé dans la glace ?

– C'est un agencement méticuleux, élaboré à partir de tissus vivants, réalisé à travers des tests d'hybridations cellulaires. C'est ce que l'on appelle des chimères.

» Le corps a été soumis au gel sur place, pendant toute une année ; du matériau organique et des sédiments ont été utilisés, afin de corroborer l'âge avancé par les scientifiques, et coulés dans un petit tunnel, creusé dans le rocher même où a été enfoncé le corps.

– La datation au carbone 14 aurait pu démasquer l'arnaque, dit Mulder.

– Il n'a jamais été question de soumettre le corps au test, agent Mulder. Il n'existait que pour vous être montré. Ils devaient vous faire gober leur imposture afin que vous témoigniez au niveau du monde entier.

Mulder regarde Scully.

– Cet homme est un menteur, dit-il.

Elle ne répond pas.

– Vous pourrez juger par vous-même, agent Mulder. Il n'y a plus trace du corps en question.

De retour à l'entrepôt, Mulder appelle Arlinsky. Pas de réponse. Le corps de l'alien a également disparu. Scully entre derrière son coéquipier. À ce moment-là, Mulder s'arrête net et s'agenouille. Il vient de découvrir le corps d'Arlinsky. Scully, quant à elle, a trouvé Babcock. Il gît dans la cuve de décongélation, une mince mousse ensanglantée flottant à la surface.

Mulder le regarde et se dirige avec détermination vers la porte.

– Qui a fait cela, Mulder ?

Dana, n'obtenant pas de réponse, insiste.

– Nous avions ici une preuve, Scully, dit-il en s'éloignant rapidement. Il est absolument impossible qu'il ait pu être truqué.

Scully le rejoint très vite.

– C'est toi qui l'affirmes, Mulder ! Il était nécessaire d'effectuer d'autres tests.

– Les carottes de glace ont été analysées. Si la glace n'a pas été altérée, comment le corps pourrait-il être un faux ?

– Les tissus organiques résiduels apparaissant dans les carottes correspondent à ce que Kritschgau nous a décrit. Ce sont des hybridations cellulaires à l'intérieur de la matrice, des chimères.

– Savons-nous de façon certaine que ces cellules ne sont pas d'origine extraterrestre ?

– Mulder ! Tout ce que cet homme a exposé... Tu ne pouvais deviner précisément les informations. Je suis désolée, mais les faits ici contredisent tout argument en faveur de ta thèse.

– Les faits sont détruits par les mensonges créés pour les appuyer.

– Mulder, le seul mensonge est celui auquel tu continues de croire !

Il regarde fixement Scully, bouillonnant de rage.

– Après tout ce que j'ai vu et expérimenté, je refuse de croire que tout est faux.

– Parce qu'il est plus facile de croire en un mensonge, n'est-ce pas ?

– Mais bon sang ! Qu'est-ce que ce type a bien pu te dire pour te faire croire à son histoire ?

– Il m'a dit que les gens qui ont mis au point cette imposture m'ont inoculé le germe du cancer dans le seul but que tu tombes dans le panneau.

Abasourdi, Mulder la regarde un moment, puis s'éloigne.

Lors de la conférence à l'université de Boston, c'est au tour de l'anthropologue Ashley Montagu de prendre la parole :

– Nous pensons souvent que toute vie intelligente est forcément de même nature que celle des humains. Il est probable qu'il y ait des êtres intelligents qui peuplent actuellement certaines galaxies de l'univers, et plus probable encore que de nombreuses formes de vie aient une intelligence beaucoup plus développée que la nôtre.

L'orateur suivant est le biologiste George Wald :

– La question de savoir s'il existe d'autres formes de vie que la nôtre ne se pose plus. La vie est présente dans tout l'univers.

Assis sur son canapé, Mulder regarde attentivement sur l'écran de télévision la cassette vidéo qui retransmet la conférence de Boston.

Il ne semble pas particulièrement troublé, mais on perçoit dans son attitude que des éléments fondamentaux chez lui paraissent s'être modifiés.

On entend à présent Carl Sagan :

– À force d'explorer l'espace sidéral, de chercher d'autres civilisations, nous finissons par créer un contexte qui donne à notre vie un sens plus riche.

Ashley Montagu poursuit :

– Je ne crois pas que nous devions attendre qu'une rencontre se produise. Il faut faire tout ce qui est en notre pouvoir pour se tenir prêt, le moment venu.

À présent, Mulder ressent visiblement de la souffrance. Il ferme les yeux, comme si quelque chose à l'intérieur de lui venait de s'éteindre.

C'est au tour de George Wald :

– En ce qui me concerne, je n'imagine pas de cauchemar plus terrifiant que d'établir une telle communication avec un être prétendument supérieur à l'homme – ou une technologie plus avancée – qui surgirait du fin fond de l'espace.

En entendant cela, Mulder éprouve une profonde tristesse qui se lit sur son visage. Des larmes de désespoir coulent sur ses joues.

Dans la salle de conférences du FBI, Scully, les yeux embués de larmes, achève son récit :

– Tôt ce matin, j'ai reçu un appel téléphonique de la police, me demandant de me rendre à l'appartement de l'agent Mulder. L'inspecteur m'a demandé... il voulait que j'identifie un corps.

Elle ne peut poursuivre.

– Agent Scully ? dit doucement Blevins.

– L'agent Mulder est mort la nuit dernière... apparemment d'une balle qu'il se serait tirée dans la tête.

Coulisses

40 °C : c'est ce qu'indiquait le thermomètre dans l'entrepôt sans fenêtres de Burnaby, à l'est de Vancouver.

À l'intérieur d'un espace caverneux, les membres de l'équipe et la distribution d'*X-Files* durent lutter pour soutenir les conditions climatiques imposées et protéger du froid leurs extrémités glacées, pour la cause sacrée de l'art.

Pour évoquer aux yeux des spectateurs et des acteurs le désert glacial où se déroulait l'action, un des décors les plus coûteux élaborés dans l'histoire de la série fut entièrement conçu par l'équipe de Rob Maier, chargée de l'architectonique. Cette construction fut exécutée dans un bâtiment frigorifique destiné à l'origine à entreposer des quartiers de porc. Plusieurs camions chargés de matériel de construction, de bois de charpente, furent nécessaires à l'exécution du décor.

La charpente du bâtiment fut entièrement recouverte de mousse de polystyrène ; la pulvérisation d'eau sur l'assemblage a provoqué la glaciation de l'édifice.

– Je crois que j'ai dû laisser un ou deux orteils dans cette entreprise, plaisante David Duchovny.

Toutes les personnes participant au tournage devaient s'habiller chaudement. Mais personne ne pouvait prévoir que les deux blocs de glace soigneusement congelés, contenant les aliens de latex mis au point par Toby Lindala, imploseraient littéralement à cause du froid extrême. En dernier recours, Bob Goodwin leur substitua l'alien en plastique prévu pour les scènes du bain chaud et de l'autopsie ; il fut fabriqué par l'équipe des effets spéciaux de David Gautier. (L'alien devait être extrait de la glace par les anthropologues.) Il est important d'avoir des pièces de rechange...

Un autre défi logistique se posa pour tourner les scènes de montagne en extérieurs. C'était en effet au début du mois de mai, au moment de la fonte des neiges. À la grande frustration du producteur J.P. Finn, il a fallu jongler à maintes reprises avec les conditions climatiques existantes. Les tempêtes de neige aveuglantes gênaient la visibilité, la mobilité et les opérations en hélicoptère, aux alentours du mont Seymour.

Il faut ajouter à ces difficultés le fait que, « Le Baiser de Judas » étant le dernier épisode de la saison, les acteurs et l'équipe auraient souhaité que le tournage s'achève à la date convenue : demander des jours de travail supplémentaires présenta des complications. Les acteurs principaux avaient besoin de vacances. L'équipe avait accompli un travail épuisant. David Duchovny devait se marier une semaine plus tard ; il reçut la visite de sa fiancée, Tea Leoni, sur le tournage de 4X24. Quant à l'émission scientifique qui ouvre l'épisode et le clôt, il s'agit des extraits de la véritable conférence qui se tint en 1972.

Les interventions des scientifiques (bien connus outre-Atlantique) furent difficilement retransmises, la bande son étant très mauvaise. Et un autre enregistrement, un doublage devenait impossible puisque la plupart de ceux qui figurent dans ces scènes d'archives sont décédés. Ainsi Carl Sagan, qui participait à la conférence, est un astronome américain, qui s'intéressa, entre autres, à l'existence de vies intelligentes en dehors de la Terre. Il est l'auteur de nombreux ouvrages de vulgarisation scientifique et de science-fiction.

L'infortuné James Sutorious, qui joue la scène de l'autopsie de l'alien, dut rester allongé, immobile, sous l'eau pendant plus d'une minute – en conséquence, la responsable des effets visuels, Laurie Kallsen-George, effaça avec grand soin les minuscules bulles qui lui échappaient, en postproduction. Elle eut aussi à réaliser des images numérisées de la fine couche de mousse ensanglantée qui doit se former à la surface de la cuve.

L'épisode fut amputé de douze minutes.

– On a dû couper certaines scènes d'escalade dans la montagne, au montage, dit John Shiban.

Ainsi, « Le Baiser de Judas » fut aussi complètement remanié à nouveau par Chris Carter, seulement deux jours avant la diffusion. Mais apparemment, le résultat fut prometteur. Le dernier épisode de la série bénéficia de l'un des plus importants indices d'écoute de la saison. Et, étonnamment, déclencha de

THE X FILES

MEMO

DATE: April 28, 1997

TO: Department Heads of the Shooting Crew

FROM: Louisa Gradnitzer

RE: Filming "Summit Cave" set at subzero temperatures
Location: 6228 Beresford Street, Burnaby, BC

Please be advised that our cave set is extremely cold with temperatures ranging from 0° to -15° F.

Here is a list of recommended protection from the elements.

Goretex or Similar Shell Clothing, Jacket and Pants
Fleece or Wool Clothing Underneath
or
Warm Winter Ski Suit
Extra Insulated Jacket, Sweater, or Vest
Wool Hat
Warm Gloves or Mitts
Thin Working Gloves (glove liners)
Winter Boots ("Sorrels", etc...)

Also, please help to keep the snow clean. So please do not:
- wear muddy boots to and from set
- smoke, eat or drink on set
- throw confetti on set

Spelunking is not advised due to harsh weather conditions and please do not suntan using reflector boards

Enjoy the trek!

larges spéculations sur la question de savoir si Mulder était réellement mort.

Par exemple, un article dans le *Wall Street Journal* a rapporté les théories de fans selon lesquelles la folie de Mulder serait feinte. Un dessin humoristique dans le *New Yorker* présentait un homme profondément déprimé, allongé sur le divan d'un psychanalyste.

– Je ne vois rien de grave dans le fait que vous éprouviez du chagrin pendant un certain temps, dans la mesure où vous gardez à l'esprit que l'agent Mulder était un personnage de fiction, dit le psy barbu.

Même Chris Carter demeura stupéfait devant cette réaction. Il ne s'en plaint pas cependant, et interprète comme un bon signe le fait que les téléspectateurs aient regardé en masse la première partie d'une histoire qui se présente en deux épisodes (ou en trois épisodes, si l'on considère 4X24), et qui annonce la cinquième saison. En d'autres termes, les téléspectateurs se sont laissé prendre à l'appât.

– Toute l'intrigue du « Baiser de Judas » est centrée sur une imposture, nous dit Carter. Mais on y fait réellement d'énormes révélations. Et il est étonnant que nous ayons pu amener les gens à croire que Mulder s'est donné la mort parce que ses convictions s'effritaient.

» L'étude de ce thème sera prolongée au début de la prochaine saison. Je vous promets de régler les derniers détails.

L'accroche de cet épisode est « Croyez le mensonge ».

« Le Baiser de Judas » est un titre à forte résonance religieuse. Dans la Bible, le jardin de Gethsémani du mont des Oliviers est le lieu où, trahi par Judas, Jésus se retira pour prier avec ses disciples, la veille de sa crucifixion.

Les frères de Dana Scully ont déjà été évoqués dans la série ; nous les avons même vus, adolescents, dans un flash-back de l'épisode « Le Message » (1X12) mais c'est la première fois que l'un d'eux fait une véritable apparition. La sœur de Dana, Melissa, a été tuée lors de la troisième saison, dans « Le Chemin de la bénédiction » (3X01).

Scully parle ici d'une « chimère » pour désigner une cellule hybride. Ce nom vient de la mythologie grecque dans laquelle il évoquait un monstre crachant le feu, à la tête de lion, au corps de chèvre et doté d'une queue de serpent. Le mot est employé dans le langage courant pour évoquer une pure création de l'esprit.

Scully mentionne la loi d'Occam. Celle-ci pose que, dans le domaine scientifique, lorsque le choix se présente entre deux théories, toutes choses étant par ailleurs égales, c'est la plus simple qui est généralement la bonne.

Depuis le pilote de la série, « Le Baiser de Judas » est le premier épisode qui nous permet de retrouver l'acteur Charles Cioffi dans le rôle de Blevins.

REDUX

première partie

(le titre français n'a pas encore été fixé
au moment où nous écrivons.)

Après avoir simulé un suicide pour tromper la surveillance du FBI et du syndicat, Mulder cherche en secret la cause du cancer de Scully, désormais en phase terminale, avec l'espoir d'y trouver un antidote.

Première diffusion US : 2 novembre 1997
Scénario : Chris Carter
Montage : Heather McDougall
Mise en scène : R.W. Goodwin

Distribution:
Mitch Pileggi (dir. adj. Walter Skinner) ;
William B. Davis (l'Homme à la cigarette) ;
John Finn (Michael Kritschgau) ;
Steve Makaj (Scott Ostelhoff) ;
Ken Camroux (responsable FBI) ;
Charles Cioffi (chef de section Blevins) ;
Barry W. Levy (Vitagliano) ;
Don S. Williams (le doyen) ;
Bruce Harwood (Byers) ;
Tom Braidwood (Frohike) ;
Dean Haglund (Langly) ;
Julie Arkos (Holly) ;
John D. Sampson (la sentinelle).

Sites principaux :
Washington, D.C. ; Alexandria et Sethsburg, Virginie.

À la faveur d'un rapide flash-back sur « Le Baiser de Judas », nous trouvons Mulder, chez lui, en train de visionner une cassette de la conférence de 1972 consacrée à la possibilité d'une vie extraterrestre.

Comme nous l'avons appris au cours de l'épisode, Mulder ne peut se défaire d'un profond sentiment de culpabilité à l'égard de Scully. Il se sent responsable de sa terrible maladie et ne croit plus en grand-chose depuis qu'il a été prouvé que ce qu'il prenait pour un cadavre d'extraterrestre était un faux. Il lui semble que tout s'effondre autour de lui.

Puis l'action démarre. Mulder saisit son arme de service, vérifie si elle est chargée et stoppe la vidéo. À ce moment, le téléphone sonne. C'est Kritschgau, le fonctionnaire de la Défense qui a révélé à Mulder que lui, Scully et le service des Affaires non classées étaient totalement manipulés par le gouvernement. Ce disant, Kritschgau sous-entend qu'il dispose d'informations susceptibles d'intéresser Mulder.

Mais aujourd'hui, ce n'est pas la préoccupation principale de Fox.

– Est-ce que c'est eux qui ont provoqué le cancer de Scully ? Est-ce qu'ils lui ont fait cela à cause de moi ?

– Je vous conseillerais d'être prudent, lui répond son informateur, il est probable qu'ils nous écoutent en ce moment même, qu'ils épient le moindre de vos mouvements.

Mulder lève machinalement les yeux, et son regard se pose sur un minuscule point sombre à côté du plafonnier.

Dans une pièce proche, on aperçoit une ombre indistincte. L'individu ne quitte pas des yeux un moniteur vidéo. Brusquement, la porte s'ouvre et Mulder surgit, l'arme au poing, découvrant Ostelhoff, un meurtrier ayant plus d'une demi-douzaine de victimes à son actif dans l'épisode précédent.

L'homme réagit aussitôt en mettant le feu à une corbeille à papier.

– Reculez ! hurle Fox en s'efforçant d'éteindre les flammes à coups de talon. Mais Ostelhoff se précipite sur son pistolet.

On entend un coup de feu.

La même nuit. Un peu plus tard. Comme Dana, épuisée, tout juste rentrée chez elle, commence à se déshabiller dans l'obscurité, elle sursaute au son d'une voix familière :

– Continuez, agent Scully !

C'est Fox, qui l'attendait.

Aussitôt, il montre à sa partenaire la carte d'identification officielle d'Ostelhoff et la met brièvement au courant de ce qu'il vient de découvrir : la surveillance dont il faisait l'objet depuis au moins deux mois, l'appartenance d'Ostelhoff, tout comme Kritschgau, au département d'État à la Défense, la façon dont il a abattu l'assassin d'une « balle en plein visage », la nécessité de garder cette mort secrète le plus longtemps possible et l'implication du FBI dans ce complot – implication que les enregistrements de conversations entre Ostelhoff et le Bureau attestent, sans doute possible.

– Selon toi, ça fait combien de temps qu'on nous manipule ainsi ? s'enquiert Dana.

– Peut-être depuis le début. Depuis que tu m'as rejoint au service des Affaires non classées.

– Alors, cela voudrait dire que depuis quatre ans nous nous sommes fait blouser?

Des larmes de rage et de frustration lui montent aux yeux. Elle reprend :

– Bon sang ! Et dire que tu leur faisais confiance ! Que tu remettais ta vie entre leurs mains !

– Je pense qu'ils ne sont pas tous impliqués dans cette trahison. Le problème, c'est de savoir lesquels sont intègres. Cela dit, il faut mettre un terme à ces pratiques ignobles. Surtout s'ils sont responsables de ce qui t'arrive.

– On ne peut pas débarquer comme des fleurs au FBI et leur lâcher tout ça de but en blanc !

– Ils nous ont menti ? Eh bien, à notre tour ! Nous allons prêcher le faux pour savoir le vrai.

Sur une paillasse de laboratoire, un scientifique dont on n'aperçoit que les mains prépare quelque mystérieuse analyse, répartissant quelques gouttes d'un liquide transparent entre divers compartiments d'un récipient en verre.

Encore un flash-back dans « Le Baiser de Judas ». On se retrouve dans l'appartement de Mulder, envahi dès les premières heures du lendemain par une armée de policiers, en uniforme et en civil, et de spécialistes de médecine légale. Scully entre, montre brièvement son badge d'agent fédéral, et se fraie difficilement un passage. Un inspecteur de la police d'Arlington, Rempulski, lui adresse un sourire contraint avant de la conduire auprès d'un cadavre recouvert d'un drap, allongé face contre terre entre le sofa et la table basse. Soulevant un coin du tissu, il demande :

– C'est bien lui ?

– Oui... murmure Dana.

Retour dans le présent (5X02). Sur le palier devant l'appartement de Mulder, Scully est interceptée par Skinner, directeur adjoint du FBI. Elle confirme à son patron, qui paraît sceptique, qu'elle a bien identifié Fox. Skinner en profite pour informer la jeune femme que Blevins, celui qui l'a affectée au service des Affaires non classées, désire lui parler.

– Il semble croire que vous détenez des informations que vous ne nous avez pas communiquées, lui explique Skinner, d'un air soupçonneux.

Nous voyons Mulder entrer dans le bâtiment du centre de recherche avancée de la Défense nationale. Après avoir traversé le hall, il pénètre sans difficulté dans la zone de haute sécurité grâce à une carte d'identification.

Un peu plus tard, au siège du FBI, Scully pénètre dans le bureau de Blevins, Skinner sur ses talons. L'un des grands pontes est également présent.

– Selon les informations dont je dispose, commence Blevins, votre travail au service des Affaires non classées vous a permis de côtoyer de très près l'agent Mulder.

– Oui, monsieur.

– Pas mal de gens, dans cette maison, sont persuadés qu'il est parvenu à vous faire partager sa passion pour le paranormal, et à vous convaincre de l'existence d'une vie extraterrestre.

– Non, monsieur. Rien ne saurait être plus faux.

Blevins explique à Scully la raison de sa convocation. Le FBI a appris qu'un fonctionnaire de la Défense lui aurait communiqué certaines informations confidentielles juste avant le décès « accidentel » de Mulder et lui demande de quoi il retourne.

– Selon lui, le cadavre que l'on voudrait faire passer à Mulder pour celui d'un extraterrestre ne constituait que l'un des éléments d'une gigantesque supercherie.

– A-t-il fourni des preuves pour étayer ses dires ?

– Aucune preuve directe.

– Qui est cet informateur ?

Comme Dana refuse de répondre, Blevins lui annonce qu'il a convoqué un jury spécial de hauts responsables du FBI devant lequel elle devra révéler tout ce qu'elle sait.

La jeune femme ne manifestant aucune réaction à cette menace, Skinner se lève et lui fourre sous le nez une photo qu'il vient d'extraire d'une enveloppe kraft.

– Est-ce lui ? Michael Kritschgau ? demande-t-il d'un ton accusateur.

– Oui, admet Scully avec réticence.

Au centre de recherche, Kritschgau aperçoit Mulder dans la cohue matinale des employés et lui saisit le poignet.

– Comment avez-vous fait pour entrer ici, avec la sécurité ?

– Aucun problème ; j'ai montré la carte, répond Mulder en lui montrant le passe d'Ostelhoff.

Kritschgau paraît affolé.

– Rangez ça tout de suite ! le somme-t-il.

Mulder s'exécute calmement et demande à son informateur comment celui-ci a appris que son appartement était sous surveillance.

Kritschgau, au comble de la nervosité, pousse Fox dans son bureau et lui apprend qu'au terme de leur première entrevue dans son appartement, il a été suivi. Mulder révèle à Kritschgau qu'Ostelhoff travaillait pour le FBI. Comme son informateur s'étonne qu'il soit en possession de la carte d'identification du meurtrier, Fox se borne à répondre qu'il l'a récupérée sur un cadavre.

Kritschgau n'a pas besoin d'autres explications et précise à Mulder que la carte dont il dispose lui ouvrira toutes les portes.

– Désormais, tout vous est accessible. Absolument tout, monsieur Mulder. Des informations qui me demeurent secrètes, et dont je ne connais que l'existence.

– Je dois savoir qui a fait ça à Scully.

– Vous pouvez découvrir encore plus.

– Un traitement pour le cancer de Scully ?

Kritschgau opine, puis demande qui est au courant de la mort d'Ostelhoff.

– L'agent Scully, c'est tout.

– Ça ne vous laisse pas beaucoup de temps. Dès qu'ils se seront aperçus de ce qui lui est arrivé, ils scanneront sa carte et sauront que vous êtes ici.

Plus tard, dans la matinée. Gros plan sur la serrure de l'appartement de Mulder qu'on est en train de crocheter. La porte s'ouvre sur l'Homme à la cigarette. Il entre. Il regarde avec tristesse les contours du corps dessinés sur le sol et se perd dans la contemplation d'une vieille photographie représentant le jeune Fox et sa sœur Samantha. Attiré par un rai de lumière, son regard se lève vers le plafond. Sa surprise paraît réelle lorsqu'il découvre le trou minuscule utilisé pour la caméra de surveillance.

Sur la paillasse de laboratoire que nous avons déjà vue, une main précautionneuse prélève une goutte de liquide de l'un des alvéoles de verre et la dépose dans une boîte de Petri, qu'elle place dans le champ d'un microscope électronique. Une cellule isolée à la surface d'un sérum rosé.

De retour au bureau du service des Affaires non classées, Scully communique à Holly, spécialiste des télécommunications, les dates et heures des appels d'Ostelhoff au FBI et lui demande de trouver leur destination.

– J'ai cinq appels qui correspondent. Tous pour la direction.

– Qui à la direction ?

– C'est une ligne commune ; impossible de le savoir.

– Cette ligne dessert-elle également le bureau de Skinner ?

– Oui.

Dana a à peine raccroché que le téléphone sonne, la faisant sursauter. C'est Vitagliano, le paléoclimatologiste. Il lui rappelle (voir épisode 4 X 24) qu'elle lui a demandé d'examiner les échantillons de glace prélevés près du lieu où a été trouvé le présumé extraterrestre.

– Mon Dieu ! Excusez-moi de ne pas vous avoir recontacté, j'ai été si occupée...

– Je crois que vous feriez bien de venir au laboratoire. Il y a là quelque chose que vous voudrez voir de vos propres yeux.

Midi, au centre de recherche. Kritschgau conduit Mulder en zone de sécurité maximale.

– Que suis-je supposé chercher ? lui demande Fox.

– Le niveau 4 est l'aile de mise en quarantaine biologique. Il héberge une série de laboratoires et d'installations médicales, de même qu'un dispositif de stockage de masse d'échantillons d'ADN.

– De l'ADN de qui ?

– En théorie, de tout le monde. Enfin, de tout Américain né depuis 1945 ayant subi un prélèvement sanguin ou tissulaire effectué par un organisme officiel.

L'importance de cette information n'échappe pas à Mulder. Bouleversé, il suit Kritschgau à travers le dédale de couloirs et l'écoute lui exposer ce qu'il connaît du projet.

– Le piège dans lequel vous avez été attiré trouve ses racines à la fin de la Seconde Guerre mondiale. Jouant sur l'appétit frénétique du grand public pour les révélations fracassantes et sur la peur de la bombe atomique, les militaires américains n'ont pas hésité à laisser se développer complaisamment ce que l'on appelait alors les histoires de « soucoupes volantes ». Certaines vérités peuvent mettre en péril la stabilité du pouvoir en place. À l'époque, il fallait à tout prix détourner l'attention du public de la politique d'armement des États-Unis et de leurs projets de domination du monde, fût-ce au prix d'une destruction totale de l'ennemi. Le hic, c'est que la carte nucléaire n'a été efficace qu'aussi longtemps que nous en étions les seuls détenteurs. Dès lors que d'autres puissances l'ont acquise, elle s'est muée en une menace fortement ressentie par les citoyens américains, menace contre laquelle toutes les stratégies de relations publiques des responsables militaires et politiques se révélaient impuissantes.

» Les photos d'Hiroshima et de Nagasaki ont déjà été dures à avaler par l'Américain moyen et Oppenheimer lui-même, connaissant les ravages de l'arme qu'il avait contribué à mettre au point, s'opposait à son utilisation, mais on l'a fait taire. Dès que les Russes ont eu la bombe, la grande peur des militaires de ce pays n'était pas les risques d'anéantissement de la planète, mais plutôt l'inévitable signature des traités de paix imposés par l'équilibre de la terreur. Car ce qui rapporte le plus d'argent à l'industrie américaine, monsieur Mulder, c'est la guerre. La guerre constitue un facteur clé de notre économie. Quand elle n'a plus de raison objective d'être, nous en inventons une. Ce que l'on appelle la guerre froide n'était rien d'autre qu'une colossale mise en scène, alimentée de part et d'autre par quelques insultes de temps en temps. De la comédie. Et le grand public a marché. Lorsque Khrouchtchev déclarait haut et fort : « Nous vous enterrerons », tout le monde l'a cru. Il faut dire qu'après McCarthy, le pays était habitué à tout avaler. On a morflé quelquefois, au Vietnam et en Corée, mais personne n'a jamais utilisé l'arme nucléaire contre nous. Personne n'a osé.

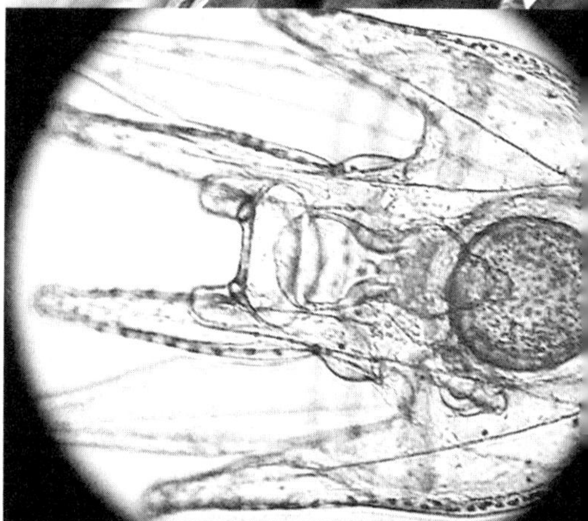

– Qu'est-ce que tout cela a à voir avec les soucoupes volantes ? l'interrompt Mulder.

Kritschgau explique, poursuivant sa démonstration :

– Au moment de Roswell, en 1947, les militaires n'ont pas manqué l'occasion. Plus les démentis officiels étaient nombreux, plus le public était persuadé qu'on lui cachait la vérité. Le coup des extraterrestres avait été orchestré de main de maître pour ranimer un patriotisme chancelant. Aussi, au moment de la prétendue enquête, on n'a pas hésité à en rajouter : noms de code mystérieux comme Twinkle et Grudge, projets Blue Book et Majestic 12. Un aréopage de scientifiques et de membres du Congrès a subi lui aussi un bourrage de crâne intensif, à coups de témoignages bidon, de photos truquées, de données falsifiées.

Même McArthur s'y est laissé prendre.

» Il me faudrait trop de temps pour vous expliquer par le menu tout le profit qu'on a pu tirer de l'affaire de Roswell. Ainsi, lorsque ont commencé les premiers essais d'avions supersoniques, en 1947 – comme par hasard –, le moindre vol expérimental était utilisé pour alimenter la légende des soucoupes volantes. Et lorsque les bruits d'enlèvement ont commencé à circuler, ç'a été la cerise sur le gâteau ! On a failli se faire piquer la main dans le sac en Corée. On était trop sûrs de nous. Les Chinois et les Russes l'ont su. Et l'ONU en a eu des sueurs froides.

» La guerre bactériologique ? C'est vrai, on nous en a accusés pendant les événements de Corée.

» Et encore, à l'époque, tout ça n'en était qu'au stade expérimental. Rien de comparable à ce dont nous et les Russes disposons à l'heure actuelle. Les armes biologiques quasiment indétectables utilisées pendant la guerre du Golfe ont été mises au point dans ce bâtiment même.

– Ces enlèvements, insiste Mulder, vous êtes certain que ce ne sont que des mensonges ?

– Pas exactement. Disons que des gens au-dessus de tout soupçon ont été escamotés pour faire l'objet de tests. Un projet militaire plus que top secret qui continue de nos jours.

– Pourtant, j'ai *vu* des extraterrestres. De mes yeux vu !

Conduisant Mulder vers l'ascenseur, Kritschgau répond laconiquement :

– Vous avez vu ce qu'on voulait que vous voyiez.

– Alors pourquoi cet extraterrestre bidon ?

– Le corps que vous avez trouvé est si bien conçu que seul un examen scientifique au plus haut niveau est capable de déterminer qu'il s'agit d'un faux.

– Impossible. Scully l'aurait vu tout de suite.

– D'après le plan initial, la découverte du corps aurait dû survenir après le décès de l'agent Scully.

La porte de l'ascenseur s'ouvre, mais Mulder bloque Kritschgau à l'intérieur.

– Dois-je comprendre que vous avez participé à tout ça ? lui demande-t-il, accusateur.

– J'ai payé, agent Mulder, et largement. Lorsque mon fils est revenu de la guerre du Golfe, j'ai compris que j'avais été châtié. L'aide que je vous apporte maintenant n'est pas totalement désintéressée.

– Vous pensez qu'il existe aussi un espoir de guérison pour lui, dans ces murs ?

– Je *dois* le croire.

Mulder et son informateur parviennent au sas de sécurité du niveau 4, qui s'ouvre dès que Fox y glisse sa carte. Kritschgau fait demi-tour, il est arrêté par deux gardes.

– Ordre du département de la Défense, lui dit l'un d'eux : nous devons vous arrêter pour interrogatoire, monsieur Kritschgau. Veuillez nous suivre.

Le doyen, installé à la tribune d'un champ de courses, observe un jockey et sa monture à l'entraînement.

L'Homme à la cigarette, qui se trouvait un peu plus loin, vient le rejoindre et lui reproche de ne pas l'avoir informé qu'Ostelhoff était chargé de surveiller Mulder, lui demandant si l'opération a été mise au point par le département de la Défense. Le doyen nie avec une mauvaise foi flagrante avoir eu connaissance de l'affaire. Son interlocuteur n'est pas dupe.

– J'ai toujours parfaitement contrôlé Mulder ! s'exclame l'Homme à la cigarette. Depuis que j'ai mis au point toute cette stratégie, rien ne m'a jamais échappé. Mulder est ma création.

– L'agent Mulder est mort, lâche froidement son interlocuteur.

– En êtes-vous certain ?

– Le FBI nous a informés ce matin de son suicide. Certes, Mulder était un atout dans notre jeu, mais vous pourriez bien avoir sous-estimé sa fragilité en l'absence de son équipière.

– Je n'ai jamais sous-estimé Mulder. Je ne le *sous-estime* pas, rétorque-t-il en appuyant sur le présent.

Laboratoire universitaire de paléoclimatologie. Le Dr Vitagliano annonce à Scully qu'il a fini l'examen des cellules trouvées dans les échantillons de glace. Celles-ci se sont révélées inclassifiables selon les normes, ni végétales ni animales. Placées dans un milieu nutritif, elles ont commencé à se diviser.

– Regardez, la mitose est bien entamée. La prophase, la métaphase et l'anaphase ont déjà eu lieu.

– Elles ont entamé la télophase ? demande Scully, abasourdie.

Vitagliano opine, se lève de son fauteuil et amène Dana au microscope électronique. Tandis qu'elle observe, le savant commente :

– Le début d'une forme de vie. Mais je suis bien incapable de préciser laquelle.

Mulder avance précautionneusement dans l'un des couloirs du niveau 4. Soudain, il repère les deux gardes lancés à sa recherche. Crochetant une serrure, il se tapit dans l'ombre en attendant que la voie soit de nouveau libre. Trouvant un commutateur, il allume

pour découvrir une pièce remplie de civières. Sur chacune d'elles repose un corps d'extraterrestre exactement semblable à celui qu'il a découvert dans la glace lors de l'épisode 4X24. Une lumière clignotante se met en action, provenant d'un minuscule judas vitré. Mulder traverse la pièce pour l'atteindre et ouvre la porte dans laquelle il a été pratiqué, se retrouvant dans un long couloir obscur, doté d'un battant similaire. C'est de là qu'émane le clignotement stroboscopique. Mulder continue dans cette direction.

Laboratoire de l'université. Vitagliano prélève du sang à Scully à la demande de celle-ci, incertain de comprendre ce qu'elle lui demande.

– Je veux que vous mettiez mon ADN en contact avec la culture tissulaire que vous venez de me montrer. Vous m'avez bien dit qu'au microscope électronique, ces cellules mystérieuses étaient porteuses de virus ?

– C'est exact, mais où voulez-vous en venir exactement ?

– J'ai besoin que vous trouviez les points communs entre mon ADN et ce virus. D'ici ce soir sept heures.

– Ce soir ? Vous demandez l'impossible !

– Il le faut. Ma vie en dépend.

En se retournant, Dana aperçoit Skinner à travers la porte vitrée. Selon toute évidence, il l'observe depuis un moment. Elle sort en toute hâte, mais il a déjà disparu. Comme elle tourne le coin du couloir, elle tombe brusquement face à face avec lui et lui demande avec rudesse pourquoi il l'a suivie, si c'est encore pour le compte du département de la Défense.

Skinner lui répond par une autre question :

– Et, agent Scully, pourriez-vous m'expliquer ce que vous faites ici ?

Dana se tait.

– Votre mensonge a été enregistré, agent Scully.

– Et les vôtres ? Qui en prend note ?

– Ici sur mon bureau, j'ai le compte rendu d'autopsie du corps trouvé dans l'appartement de l'agent Mulder. Dans cinq heures, il vous faudra répondre de vos paroles et de vos actes. Vous n'avez pas intérêt à compliquer les choses.

– Tous les mensonges finissent par mener à la vérité.

– Le vôtre aussi, vous pensez ?

Niveau 4 du centre de recherche. Mulder colle le visage contre la vitre. De l'autre côté de la porte apparaît une salle d'opération. Une femme est étendue sur la table, poignets et chevilles attachés par des bandes velcro, yeux ouverts. Un tuyau dépasse de son abdomen distendu. Au-dessus d'elle, à travers une grille d'aération, se déverse une lumière bleue.

Mulder regagne le couloir qu'il avait quitté en apercevant les gardes et s'engage dans une espèce de long tunnel, qui aboutit à une issue de secours. Utilisant une fois de plus sa carte, Mulder pénètre dans l'entrepôt où depuis des années l'Homme à la cigarette archive tous les matériaux réunis par Fox sur les extraterrestres. Dans le gigantesque fichier qui trône de l'autre côté de la vaste salle, Mulder repère la lettre S.

Il ouvre le tiroir en grand sur des milliers de cartes et trouve finalement celle qu'il cherche : DANA KATHERINE SCULLY.

Laboratoire de paléoclimatologie. Dana Katherine Scully, dûment protégée par les gants, le masque et les lunettes de rigueur, procède à l'opération délicate consistant à isoler l'ADN de son sang – l'ADN, précieuse carte d'identité génétique dans laquelle sont inscrites nos moindres particularités. Parvenue au terme de ses efforts, Dana en dépose plusieurs échantillons dans différentes éprouvettes remplies d'une sorte de gel.

Centre de recherche de la Défense nationale. Mulder examine la fiche concernant Scully, noircie de lignes et de lignes de lettres et de chiffres avec, en bas à droite, ce qui lui paraît être une référence d'archivage : SEP.

Ouvrant un autre tiroir, Mulder n'a aucune peine à dénicher les cartes intitulées : MICHAEL LEE KRITSCHGAU. MICHAEL LEE KRITSCHGAU, JUNIOR. Cette dernière ne comporte aucune indication.

Une chambre noire. Scully expose son ADN à un rayonnement ultraviolet. Aussitôt, l'échantillon vire au rose fluorescent. Imbibant de gel un papier absorbant ultrarésistant, elle y dépose quelques gouttes d'un colorant bleu. Retirant le papier, elle le place dans

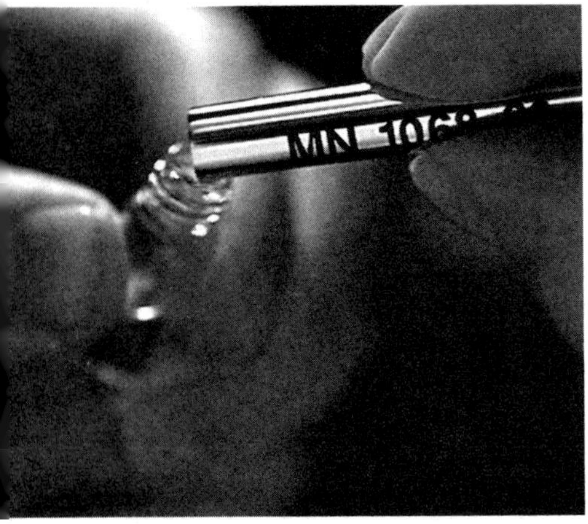

un sachet empli de liquide, auquel elle ajoute une partie du contenu d'un tube à essais. Alors seulement elle récupère le papier, qu'elle dépose avec d'infinies précautions sur un morceau de pellicule photographique.

Mulder a découvert un autre fichier dans l'entrepôt, sous la forme d'une multitude de boîtes empilées du sol au plafond. Mettant la main sur celle dont la référence SEP correspond à la fiche de Dana Scully, il l'ouvre, pour découvrir à l'intérieur une manière de présentoir supportant de petits récipients métalliques.

Quand Dana achève le développement, il est 18 h 37. Le Dr Vitagliano arrive au moment où elle allume, découvrant sur le tirage une série de bandes noires.

– Ça y est, commente la jeune femme en pointant deux bandes parfaitement symétriques et distinctes des autres. Mon ADN s'est apparié avec l'ADN du virus contenu dans cette culture.

Vitagliano a du mal à croire ce qu'il voit.

– Mais alors... balbutie-t-il... mais alors, cela signifie que votre corps contient des cellules génétiquement inclassables !...

– Je le savais, répond Scully d'un ton grave.

– Mais comment est-ce possible ? Et comment avez-vous pu le savoir ?

– Je crois que j'ai été irradiée par un corps étranger, qui a provoqué ma maladie.

– Une maladie ? Quel genre de maladie ?

– De celles dont on ne guérit pas.

À peu près au même moment, Mulder, toujours dans l'entrepôt du département de la Défense, s'empare de l'un des petits récipients opaques et demeure quelques instants songeur, se disant que la vie de Scully dépend peut-être du liquide qui s'y trouve contenu. Il est 19 h 7 quand il s'en va.

Nouveau flash-back dans l'épisode 4X24, avec quelques modifications toutefois. Dans la grande salle de conférences du FBI est réunie la commission d'enquête extraordinaire présidée par Scott Blevins. À l'entrée de Scully, celui-ci lui désigne une chaise, puis commence :

– Agent Scully, je vous prie de bien vouloir exposer clairement à cette assemblée les tenants et les aboutissants de ce qui a motivé sa convocation.

– Bien, monsieur.

Elle semble prendre son élan, puis, sans notes, commence son exposé :

– Il y a quatre ans, Mr Blevins m'a affectée au service que nous appelons ici celui des Affaires non classées. En tant que médecin et scientifique, il m'incombait de seconder l'agent Mulder, de façon à contrebalancer sa propension à expliquer par des interventions extraterrestres une bonne partie des cas en souffrance – à commencer par la disparition de sa propre sœur, à l'âge de douze ans, enlevée selon lui par des « visiteurs ».

Mulder retraverse le niveau 4, toujours sur le qui-vive pour échapper à d'éventuels poursuivants.

Salle de réunion du FBI. La voix de Scully perd de son assurance comme elle poursuit :

– Au terme de ces quatre années, je viens affirmer devant vous que la tâche confiée à l'agent Mulder reposait sur une imposture dont il est, au fil du temps, devenu la victime, se prenant lui-même au piège de ses illusions et de sa conviction la plus profonde.

Mulder a atteint le sas de sécurité. Quand il insère la carte d'identification dans l'appareil de contrôle, la lumière rouge s'éteint un instant, puis se rallume.

Scully poursuit :

– Des événements récents ont apporté un éclairage nouveau sur la nature de ce qui pouvait jusqu'alors passer pour des preuves d'une vie extraterrestre qui se serait manifestée à nous, réduisant à néant tout le travail de l'agent Mulder.

» C'est de ce mensonge que je suis venue vous parler. Pour démonter devant vous les rouages de cette machine infernale dans laquelle lui et moi nous sommes laissé prendre.

L'un des participants aiguille plus précisément encore la démonstration :

– D'après nos renseignements, c'est un certain Michael Kritschgau, prétendument fonctionnaire à la Défense, qui vous aurait révélé ce montage dont le corps

trouvé dans le Yukon était le dernier élément.

– Oui, en fait, le cadavre avait été apporté du Canada dans un camion réfrigéré. Au terme d'un examen sommaire, l'agent Mulder, compte tenu de ses présupposés sur la question, a accepté sans peine l'hypothèse extraterrestre. Quoi de plus tentant pour lui ? Enfin, il tenait la preuve irréfutable qui lui avait toujours fait défaut. Et grâce à cela, la disparition de sa sœur trouvait enfin une réponse.

Blevins intervient :

– Pour parvenir à vous convaincre, je sais que Kritschgau a dû recourir à d'autres démonstrations. Pourriez-vous nous les résumer ?

– Il m'a raconté point par point comment l'agent Mulder avait été manipulé, comment, également, ses ennemis s'en sont pris à moi. Il m'a expliqué que la perte d'un membre de ma famille et la terrible maladie dont je souffre ne doivent absolument rien au hasard.

– Êtes-vous parvenue à faire partager vos convictions à l'agent Mulder ? s'enquiert Blevins.

Le centre de recherche. Nouvelle tentative de Mulder pour déverrouiller le sas avec sa carte, nouvel échec.

Dana répond à son supérieur :

– La seule chose que je n'ai pu lui dire, c'est que mon cancer s'était largement métastasé.

Mulder tente d'ouvrir la porte, en vain. Il se retourne juste à temps pour voir les deux gardes émerger du coin du couloir et se diriger vers lui à vive allure.

– Les médecins m'ont confirmé qu'à moins d'un miracle, la maladie n'allait cesser d'évoluer, de plus en plus vite, et qu'il n'y avait aucun remède.

Les gardes s'approchent.

– L'ensemble de ces faits, tant à propos du faux extraterrestre que concernant mon état de santé avaient gravement perturbé l'agent Mulder et, ce matin, la police m'a convoquée à son appartement afin d'identifier son corps...

Elle n'a pas la force de poursuivre.

– Agent Scully ? demande doucement Blevins.

Dana doit faire appel à toute sa volonté pour achever son récit.

– L'agent Mulder est mort tard la nuit dernière. Apparemment un suicide par balle.

Quand Scully, levant les yeux, croise le regard de Skinner, qui vient d'entrer dans la pièce, un dossier à la main, il la toise d'un air sévère.

Mulder, au désespoir, recourt une troisième fois à sa carte. Cette fois, la lumière passe au vert, et Fox a tôt fait de disparaître.

L'Homme à la cigarette, tirant une bouffée, sourit.

– Parfait, dit-il aux gardes. Laissez-le filer.

Skinner dévisage Scully sans aménité. Dana détourne le regard. C'est Blevins qui ouvre les hostilités :

– Agent Scully, l'accusation que vous portez sur les causes de votre maladie est d'une exceptionnelle gravité, je pense que vous en êtes consciente.

– Oui, monsieur.

Dana brandit un dossier.

– J'ai des preuves de tout ce que j'avance ; sur la machination dont j'ai fait l'objet ; sur ceux qui l'ont fomentée.

Sortant la photo prise sous le microscope électronique, elle ajoute, sans parvenir à dominer sa colère :

– Ce que vous voyez là constitue la preuve irréfutable que ma maladie et les pressions psychologiques qui ont poussé l'agent Mulder au désespoir ont une même origine. Je peux même vous préciser que les auteurs de ce plan diabolique se trouvent dans cette salle.

Tumulte dans la salle.

Scully reprend :

– Cette photographie constitue la démonstration scientifique de ce que j'avance.

Soudain, des gouttes de sang viennent maculer le cliché. Scully porte la main à son nez. Elle vacille. Skinner la rattrape de justesse.

– Vous... articule Dana péniblement.

– Un médecin, vite ! hurle le directeur adjoint du FBI.

Byers transvase avec précaution une petite quantité de liquide de la fiole métallique dans un spectromètre de masse, sous les yeux des deux autres Justiciers solitaires, Langly et Frohike, et sous ceux de Mulder.

Lorsque les indicateurs de l'instrument affichent les mesures, Byers se tourne vers ses camarades.

– Alors qu'est-ce que c'est ? s'impatiente Mulder.

Byers a le plus grand mal à parler. Il parvient tout de même à articuler :

– De l'eau distillée. Rien que de l'eau distillée...

à suivre...

REDUX II

deuxième partie

(le titre français n'a pas encore été fixé au moment où nous écrivons.)

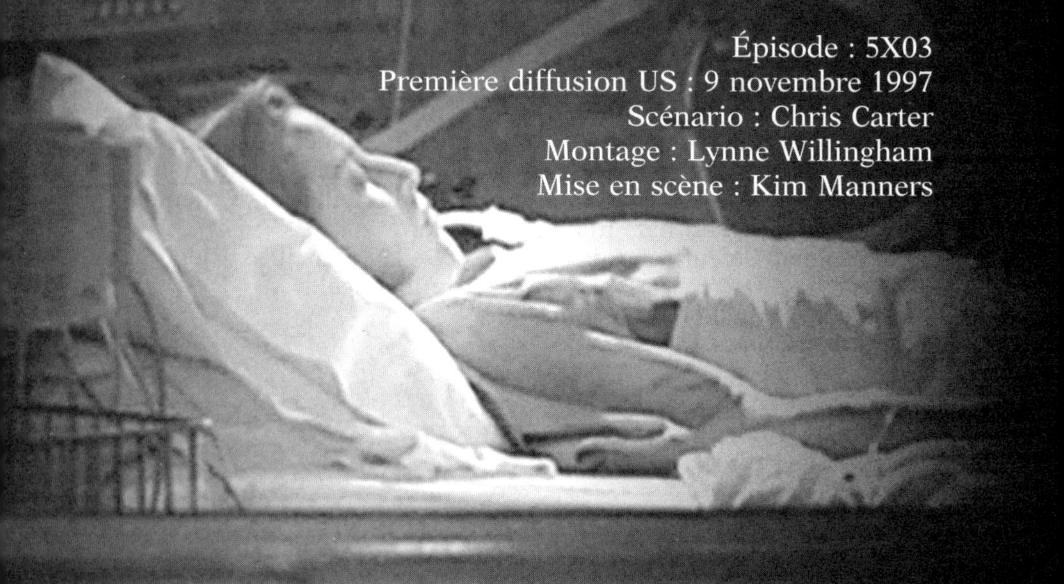

Épisode : 5X03
Première diffusion US : 9 novembre 1997
Scénario : Chris Carter
Montage : Lynne Willingham
Mise en scène : Kim Manners

Tandis que Scully, en train de mourir de son cancer, s'apprête à subir un traitement expérimental grâce au contenu de la petite fiche métallique cherchée pour elle par Mulder, ce dernier est sur le point de mettre au jour la gigantesque conspiration à laquelle le FBI se trouve mêlé, allant ainsi au-devant non seulement de la vérité, mais aussi de maints dangers, douleurs et désillusions.

Distribution :
Mitch Pileggi (dir. adj. Walter Skinner) ;
William B. Davis (l'Homme à la cigarette) ;
Ken Camroux (responsable FBI) ;
Charles Cioffi (chef de section Blevins) ;
Don S. Williams (le doyen) ;
Megan Leitch (Samantha Mulder) ;
Bruce Harwood (Byers) ;
Tom Braidwood (Frohike) ;
Dean Haglund (Langly) ;
Sheila Larken (Mrs Scully) ;
Pat Skipper (Bill Scully Junior) ;
John Finn (Michael Kritschgau) ;
Robert Wright (Dr Zuckerman) ;
Arnie Walter (Père McCue) ;
Willy Ross (l'assassin silencieux) ;
Brent Sheppard (un médecin) ;
Erin Fitzgerald (la serveuse) ;
Catherine Barroll (une secrétaire).

Site principal :
Washington, D.C.

Il est 5 heures 3 du matin au service des urgences du Trinity Hospital de Washington. Mulder, surgi telle une tornade, demande où se trouve la chambre de Scully, manquant d'exploser lorsque l'infirmière prend tout son temps pour consulter ses registres. Un médecin, affolé, s'empresse de lui indiquer que sa coéquipière se trouve aux soins intensifs. Mulder s'y dirige lorsqu'il voit déboucher devant lui Skinner, accompagné de plusieurs agents du FBI. Fox poursuit son chemin en faisant mine de ne pas l'avoir remarqué (rappelons-nous que, dans l'épisode 5X02, Mulder considère que Skinner est l'un des membres du complot ourdi contre Scully et lui par le Bureau), mais Skinner ne l'entend pas de cette oreille. Pivotant, il se lance à sa poursuite et a tôt fait de le rattraper.

– Dites-moi, pour un mort, vous avez de sacrés réflexes !

– Ouais.

– Vous avez beaucoup de choses à nous dire, agent Mulder, reprend le directeur adjoint.

L'ignorant, Fox pénètre dans l'unité de soins intensifs et a tôt fait d'apercevoir Scully, au-delà d'une baie vitrée. Elle est sans respirateur.

– Que lui est-il arrivé ? demande Mulder.

– Elle est extrêmement faible. Elle vient d'avoir une énorme hémorragie.

– Pourquoi ?

Silence.

– Qu'est-ce qui a provoqué cette hémorragie ? rugit Fox.

Skinner consent enfin à répondre.

– Elle est en train de mourir, Mulder. Allons-nous-en.

– Allez-y. Moi je reste.

Skinner secoue la tête :

– On ne peut plus rien pour elle.

Il prend le bras de Mulder qui le repousse violemment et se dirige vers la chambre.

– Foutez-moi la paix, Skinner !

Avec une force surprenante, le directeur adjoint l'agrippe de nouveau.

– Ne m'obligez pas à vous arrêter, agent Mulder.

– Laissez-moi, nom de Dieu !

Mais Skinner tient bon, et Fox se débat en vain. Les autres agents, qui ont observé l'affrontement de loin, franchissent la porte vitrée pour prêter main-forte à Skinner et ramènent Mulder dans le couloir.

Fox jette un dernier regard à Dana.

Mulder est escorté, bon gré mal gré, jusqu'au bureau de Blevins, chef de section du FBI. Skinner et l'un des grands pontes présent lors de l'audition de Scully dans l'épisode précédent l'assistent.

Après avoir fait remarquer à Mulder que sa réapparition rouvre l'enquête sur le cadavre trouvé chez lui et sollicite son aide en la matière, Blevins poursuit :

– Agent Mulder, donnez-nous une chance de vous aider.

– De m'aider ? Que voulez-vous dire ?

– Nous vous saurions gré de ne rien nous cacher de ce que votre dernière enquête vous a permis d'apprendre.

– Je vois bien le bénéfice que vous en tirerez, vous, mais moi, en quoi cela pourrait-il m'aider ?

Sous le regard meurtrier de Skinner, Fox laisse donc sans réponse les questions dont l'assaille Blevins.

– Agent Mulder, s'enquiert celui-ci, nous savons que l'agent Scully nous a menti. Pourquoi ?

Silence.

– Qui protège qui dans cette affaire ?

Silence.

– Vous êtes libre de ne pas parler, finit par lâcher Blevins. Je vous signale tout de même que cette attitude fera on ne peut plus mauvaise impression lors de l'audience officielle.

– Bon, ça y est ? demande Fox d'un ton sec.

Il se lève et part. Skinner lui emboîte le pas et, au grand étonnement de Fox, l'encourage à persister dans son mutisme vis-à-vis de ses supérieurs.

– Merci du conseil, mon pote ! lui rétorque ironiquement Mulder.

– Vous avez grand besoin d'un « pote », repartit Skinner d'un ton glacial. En ce moment, vous avez besoin de toute l'aide que vous pourrez trouver !

– Vous auriez dû me dire cela, à l'hôpital, au moment où vous me fichiez dehors à coups de pied aux fesses !

– Précisément, vos fesses, je les ai sauvées, agent Mulder.

Skinner baisse la voix avant de reprendre :

– J'ai dissimulé les résultats des analyses médico-légales pratiquées sur le cadavre retrouvé chez vous. Je n'ai révélé à personne que vous étiez en vie. Mais je n'avais pas le choix, il fallait que je vous amène ici. Scully pourra tout vous confirmer.

Fox a un petit sourire triste.

– Le lieu de votre révélation est on ne peut plus judicieux ! Et vous référer à une mourante me paraît du plus mauvais goût.

– Vous voulez que je vous dise tout cela moi-même, agent Mulder ? Le légiste a trouvé deux blessures par balles, une tirée à bout portant à la tempe gauche, l'autre tirée au visage, après la mort, pour empêcher l'identification du cadavre. Je me ferai un plaisir de m'occuper des analyses balistiques.

Mulder est piégé. Il n'a d'autre choix que d'entrer dans le jeu de Skinner.

– En quoi pouvez-vous m'aider ? demande-t-il malgré tout.

– Dites-moi pourquoi Scully a menti à votre sujet.

Fox lui explique alors qu'une taupe œuvrant à l'intérieur du FBI est responsable de la maladie de Dana.

– Qui ?

– Je ne sais pas, soupire Mulder. Je n'ai pas réussi à mettre la main dessus. C'est un échec. Un échec total.

Skinner hoche la tête, soulagé.

– N'oubliez surtout pas qui sont vos amis, Mulder. Ne vous trompez pas.

Non loin du champ de courses déjà aperçu dans l'épisode 5X02. Le doyen et son taciturne compagnon regardent la retransmission télévisée d'un congrès international consacré à l'éthique en matière de clonage humain.

Comme l'Homme à la cigarette les rejoint, le Doyen lâche tout à trac :

– Mulder est vivant.

Le nouveau venu a du mal à dissimuler sa jubilation.

– Je vous l'avais dit, commente-t-il, il ne faut pas sous-estimer l'agent Mulder.

– Vous nous l'aviez dit, répète le doyen. Mais j'ai cru apprendre que vous n'étiez pas étranger à sa réapparition en public.

– Exact.

– À quoi pensez-vous ! Nous sommes extrêmement vulnérables. Notre informateur au FBI risque d'être identifié, mettant en péril notre projet. Mulder pourrait tout compromettre par son témoignage.

– Tout ce que pourra dire Mulder tournera à notre avantage et ne fera qu'assurer nos arrières.

Le doyen paraît pour le moins sceptique.

Son interlocuteur reprend :

– Mulder est en danger. Il a besoin d'aide. Nous pouvons l'aider.

– En échange de quoi ?

– De sa loyauté envers nous.

Le doyen regarde avec mépris l'Homme à la cigarette au visage de marbre.

Celui-ci continue :

– Comme je vous l'ai souvent répété, il nous est infiniment plus utile vivant que mort.

Sur quoi, il s'éloigne, sous le regard du Doyen, lequel, se tournant vers son associé, lui délivre ce laconique message :

– Vous pouvez y aller, maintenant.

L'homme acquiesce.

L'état de Dana Scully s'est légèrement amélioré. On l'a installée dans une chambre.

Mulder, venu la voir, lui annonce son intention de mettre au jour tout ce qu'il sait sur la conspiration ourdie par le FBI et le département de la Défense.

Mais Dana le met en garde : s'il procède à ces révélations, Skinner

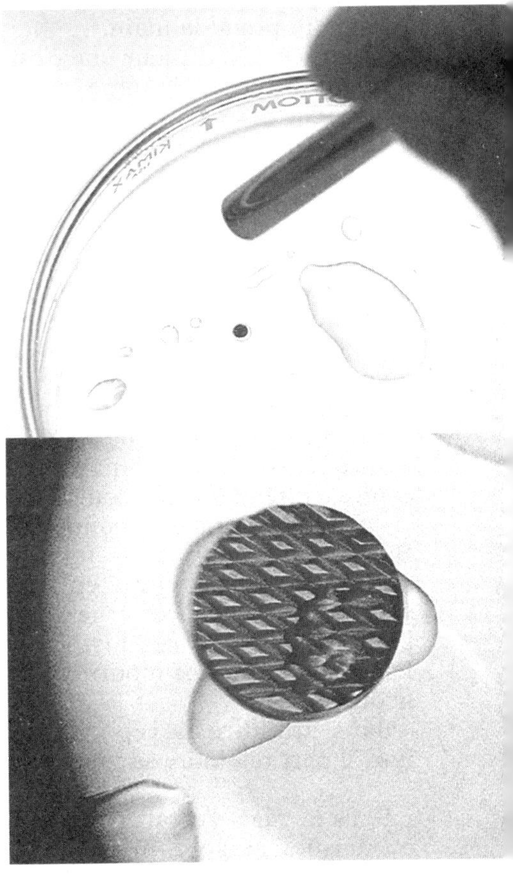

dévoilera les résultats de l'analyse médico-légale.

– Mulder, insiste-t-elle, Skinner est un salaud, il te déteste.

– Je ne le pense pas.

– Il va se servir de ton témoignage pour te détruire. Il va déballer tout ce qu'il sait sur toi, sur tes activités ces quatre dernières années.

Fox réaffirme sa décision. Avec les preuves qu'il a accumulées, aucun des conspirateurs, quoi qu'il fasse, ne pourra échapper à la justice.

– Il faut que tu sois absolument sûr de toi, Fox. Si tu ne les écrases pas, ce sont eux qui t'écraseront. Ils n'auront aucun mal à faire de toi un assassin.

– Scully, si je ne témoigne pas maintenant, ils vont se débrouiller pour faire disparaître à jamais la vérité.

Dana lui prend la main.

– Dans ce cas, dis-leur que c'est moi qui ai tué cet homme, murmure-t-elle.

– Je ne peux pas.

– Si, tu le peux. Que ce qui m'arrive en ce moment ait au moins un sens.

Mulder hoche la tête au moment où la mère de Scully entre dans la pièce. Il la salue gauchement et s'en va.

Le frère aîné de Dana Scully, que nous avons vu pour la première fois dans l'épisode 4X24 mais que Mulder n'a jamais rencontré, l'attend dans le couloir.

– Monsieur Mulder, commence Billy Scully Junior, je sais tout ce que Dana a dû endurer en travaillant avec vous. Ne venez pas l'importuner avec ces histoires. Laissez-la au moins mourir dans la dignité.

Sans attendre la réponse de Fox, il part rejoindre sa mère.

Dans la cage d'escalier menant au dernier étage d'un parking,

nous voyons une porte s'ouvrir, livrant passage au compagnon silencieux du doyen, porteur d'une valise en fibre de verre. Lorsqu'il l'ouvre, nous apercevons les diverses pièces d'une arme de précision.

Mulder est en train de sortir de l'hôpital quand il aperçoit l'Homme à la cigarette qui se dirige vers la chambre de Scully.

Mulder lui bloque le passage :

– Rassurez-moi, dites-moi que vous êtes ici pour vos poumons !

– Vous devriez être content de me voir. Je suis venu vous présenter mes félicitations...

– Allez vous faire voir !

– ... mes félicitations pour votre intelligence et votre astuce.

– De quoi parlez-vous ?

– Vous introduire ainsi dans un bâtiment sous haute surveillance du département de la Défense et trouver le remède à la maladie de Scully, chapeau !

– Ce que j'ai trouvé n'est d'aucune utilité.

– Détrompez-vous. Vous avez mis la main sur l'une des clés de sa survie.

Sur la paillasse du laboratoire entrevu lors de l'épisode précédent, Mulder finit de vider l'eau distillée du petit récipient de fer.

À son grand étonnement et à celui des trois Justiciers solitaires qui se trouvent à ses côtés, une minuscule puce électronique est dissimulée au fond.

– C'est le remède contre le cancer, ce truc ? fait Frohike.

– Pour celui de Scully, peut-être, souffle Mulder.

– Comment est-ce possible ? ronchonne Byers.

Mulder explique :

– Peu de temps après son enlèvement, Scully a trouvé une puce du même genre implantée sous la peau de son cou. Son cancer a commencé à se développer juste après qu'elle l'a retirée.

Langly hausse le sourcil.

– Tu sais, Mulder, que d'habitude tu prêches des convaincus, mais là... je n'ai jamais entendu parler d'un truc pareil !

Fox reprend :

– Scully a rencontré un groupe de femmes qui avaient, comme elle, été enlevées. Toutes avaient découvert une puce dans leur cou et toutes l'avaient fait retirer. Elles sont toutes mortes d'un cancer depuis.

Le lendemain matin. La commission d'enquête du FBI s'est à nouveau réunie. À présent, c'est Michael Kritschgau qui témoigne. Blevins parvient à lui faire avouer qu'il est allé trouver Mulder et Scully peu de temps avant la mort de Scott Ostelhoff et leur a livré des informations top secret.

– Pourquoi ? demande Blevins.

– Je savais que le gouvernement était impliqué dans une gigantesque conspiration contre le peuple américain.

Légère réaction de la salle. L'un des membres de l'assemblée juge bon de mettre les choses au point :

– Avant que nous n'entrions dans les détails, j'aimerais vous poser une question bien précise : savez-vous qui a tué Scott Ostelhoff ?

Après un long silence, le témoin répond :

– Non.

Blevins reprend la parole :

– À votre connaissance, cette mort a-t-elle, de près ou de loin, quelque chose à voir avec les agents Mulder et Scully ?

– Pas celle-ci, non, mais une autre, oui. Celle de mon fils. Il est décédé ce matin.

Kritschgau a du mal à contenir sa douleur. Le temps qu'il se ressaisisse, et l'interrogatoire reprend, mené par l'homme qui est intervenu peu de temps auparavant.

– Monsieur Kritschgau, vous travaillez bien pour le département de la Défense, n'est-ce pas ?

– Officiellement, oui.

Après un temps d'arrêt, il précise :

– En fait, une partie de mon salaire provient d'une autre source. Un lobby du Congrès qui se fait appeler Roush.

Pour la première fois depuis le début de la séance, Skinner prend alors la parole :

– Savez-vous qui se cache derrière ce nom ?

– Non, monsieur.

Blevins et Skinner échangent un rapide regard.

À l'hôpital, sous les yeux du Dr Zuckerman, l'oncologiste chargé de son suivi, Mulder essaie avec passion de convaincre la mère et le frère de Dana que lui implanter la puce récupérée dans l'entrepôt est peut-être le seul moyen de la sauver.

– C'est de la démence ! s'écrit Billy Junior. De la démence pure et simple !

– En quoi ? rétorque Mulder. Parce que cela pourrait sauver votre sœur ?

– Vous n'êtes même pas médecin ! Comment osez-vous nous raconter en un tel moment une histoire à dormir debout ?

Mulder prend alors le Dr Zuckerman à témoin :

– Est-ce que, si on lui implante la puce, on devra renoncer au traitement ?

– Pour être tout à fait franc, répond le médecin, au point où elle en est, aucune thérapie classique ne saurait la tirer d'affaire. Alors, pourquoi ne pas essayer autre chose ?

Un mouvement attire leur attention à tous. Dana vient de bouger, pointant le doigt sur le petit récipient de métal.

– J'aimerais essayer, déclare-t-elle, tendant l'objet à Zuckerman.

Celui-ci le saisit et soupire d'un air de feinte consternation :

– J'imagine qu'on ne vous a pas livré le mode d'emploi avec.

Scully sourit.

Dans l'escalier du parking, l'homme achève d'assembler son fusil. Il y fixe un vieux laser, le charge puis consulte sa montre.

Mulder est assis, seul, dans le couloir de l'hôpital à côté de la porte de Scully. Bill Junior, sortant de la chambre, passe devant lui sans le regarder, puis se ravise et vient s'asseoir à ses côtés.

– Vous croyez vraiment à ces conneries ? fait-il sombrement.

– De quelles conneries parlez-vous ?

Billy lui lance un regard consterné en hochant la tête.

– Elle prend votre parti, mais j'ai l'impression qu'elle le fait surtout pour vous faire plaisir.

– Si elle guérit, votre opinion sur ce que Dana peut penser est le cadet de mes soucis !

– Vous êtes un drôle de numéro, Mulder.

– Ah bon ! Et pourquoi donc ? Parce que je ne raisonne pas comme vous ? Parce que je refuse

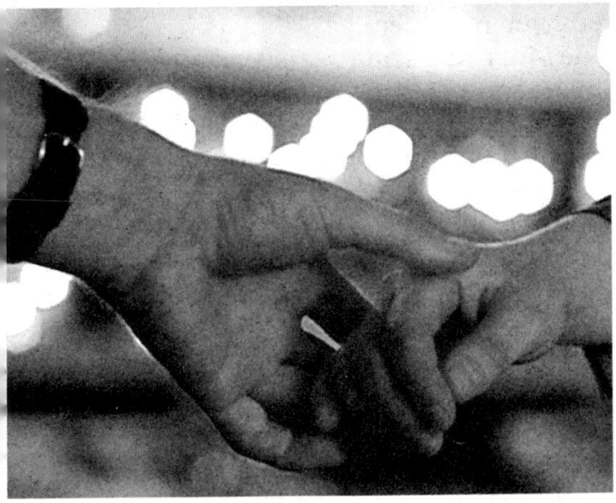

d'accepter le scénario de la tragédie ?

– La tragédie ! Parlons-en ! S'il y en a une, elle est entièrement de votre fait. Vos recherches absurdes m'ont déjà coûté une sœur, et voilà que je suis en train de perdre la deuxième. Est-ce que cela en valait la peine ? Cela vous a-t-il permis de trouver ce que vous cherchiez, agent Mulder ?

Après un silence qui paraît durer une éternité, Fox murmure d'une voix blanche :

– Non.

– C'est tout ce que vous trouvez à dire : non ! Pouvez-vous imaginer ce que je ressens ?

Mulder a un petit rictus.

– Je crois que oui. Moi aussi, j'ai perdu des êtres chers : une sœur, puis mon père. À cause de mes recherches.

– Vous voulez parler des petits hommes verts ?

– Je ne sais plus ! souffle Fox, désespéré.

Bill le toise. Mulder semble vidé de toute énergie.

– Vous êtes un sacré salaud, agent Mulder ! lâche Billy en se levant.

Fox le regarde partir puis replonge dans sa douleur. Soudain, la sonnerie de son téléphone cellulaire le rappelle à la réalité.

Une voix familière résonne à l'autre bout de la ligne :

– Alors, comment va notre malade ? Vous avez découvert la puce, bien entendu.

– Oui.

– Je suppose que certains membres du corps médical n'ont pas été faciles à convaincre...

– Le débat n'est pas clos.

– Donc, malgré mes efforts, je n'ai pas encore gagné votre confiance.

– On peut envisager les choses sous cet angle.

– Eh bien, j'ai autre chose à vous proposer, pour sceller notre alliance.

– Il va falloir des tonnes de béton !

– Faites-moi confiance, agent Mulder, vous ne regretterez pas un instant d'être allé au rendez-vous que j'ai organisé à votre intention, conclut l'Homme à la cigarette.

Un petit restaurant, plus tard dans la nuit. Mulder, attablé devant une tasse de café, observe machinalement les allées et venues de la serveuse.

– Un peu de Tabasco ? lui propose-t-elle. Ça guérit tout.

– J'en prends bonne note.

21 h 30. Un véhicule se gare devant le restaurant. Deux personnes assises semblent ne pas se décider à sortir. Le moteur tourne toujours. Intrigué, Mulder va regarder par la fenêtre.

Enfin, les phares s'éteignent et Fox parvient enfin à distinguer les visages : l'Homme à la cigarette et une jeune femme, aperçue dans « La Colonie » (2X17).

– Vous les connaissez ? s'enquiert la serveuse.

– Elle, c'est ma sœur.

Mulder sort et s'approche du véhicule. C'est bien Samantha qu'il a en face de lui. Les larmes aux yeux, elle descend et vient à sa rencontre.

Elle parle la première :

– J'avais si peur de ne jamais te revoir ! Il m'a toujours dit que tu avais eu un accident cette nuit-là.

– Qui ça, « lui » ?

– Lui, répète Samantha en indiquant l'Homme à la cigarette. Mon père.

Samantha et Fox sont assis face à face dans le restaurant.

– Je n'ai jamais su ce qui s'est passé, explique la jeune femme. Les morceaux du puzzle n'arrivaient pas à se remettre en place dans ma mémoire. En fait, je crois que j'essayais surtout d'oublier.

– Pourquoi donc ?

– J'avais huit ans à l'époque, murmure Samantha, et j'étais morte de peur. Ils m'ont dit que j'étais orpheline.

Fox la regarde fixement comme une apparition.

Dehors, l'homme qui l'a accompagnée, assis au volant, continue de fumer.

– Pourquoi l'appelles-tu ton père ? s'enquiert Fox en le désignant de la tête.

– Peu de temps après les événements, ma famille d'accueil m'a conduite dans une chambre d'hôtel où, m'a-t-elle dit, j'allais rencontrer mon père.

– Mais tu connaissais parfaitement ton père !

– Je le pensais. Mais cet homme m'a raconté que lui et maman s'étaient mis d'accord pour ne jamais rien dévoiler, pour préserver la famille d'un éventuel scandale.

– Et tu l'as cru ? s'exclame Mulder, estomaqué.

Samantha opine, puis explique qu'elle s'est d'autant plus volontiers laissé circonvenir que son prétendu père avait fait preuve d'une grande gentillesse à son égard et que, surtout, elle ne se rappelait strictement rien concernant sa disparition.

– Samantha, tu as été enlevée ! Je vais t'aider à te souvenir !

– Je ne veux pas, Fox.

– Dans ce cas, pourquoi es-tu venue ?

– Mon père m'a dit que tu désespérais de me revoir, que tu me

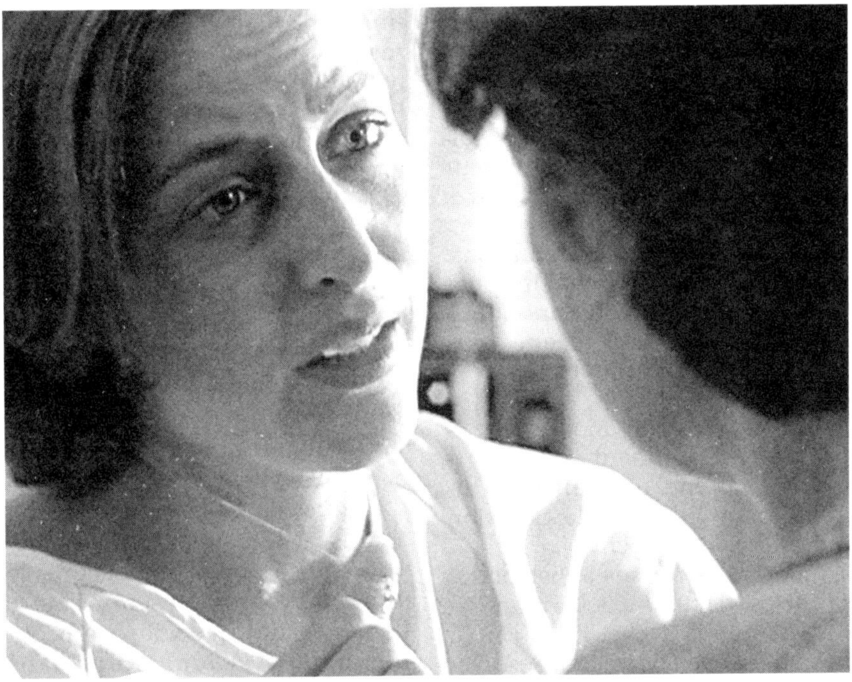

cherchais depuis des années. Est-ce vrai ?

– Oui.

Elle lui prend la main.

– Samantha, murmure Fox, tu dois me faire confiance. Il faut que tu découvres par toi-même si cet homme ne t'a pas menti.

Sa sœur rejette cette hypothèse. Fox lui propose alors d'aller voir leur mère. Samantha, surprise d'apprendre qu'elle n'est pas morte, refuse catégoriquement.

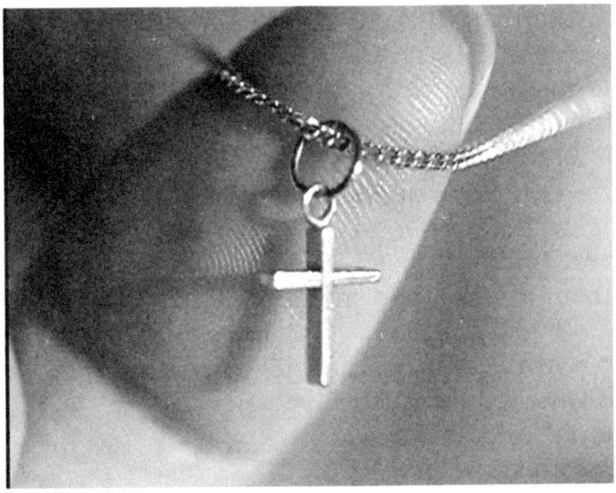

– Pourquoi ?

– Je ne pourrais pas le supporter. J'ai dû me faire violence pour venir te voir, Fox. J'avais terriblement peur. Tu dois me comprendre. J'ai ma propre vie, maintenant, j'ai des enfants...

Mulder la supplie de rester, ou du moins de lui donner une adresse où la joindre mais elle se lève et ôte sa main de la sienne.

– Laisse-moi partir, s'il te plaît.

Fox, effondré, la regarde s'éloigner. Elle se retourne soudain :

– S'il te plaît... Je te promets de réfléchir à ce que tu m'as demandé.

À l'hôpital, le Dr Zuckerman injecte à Scully une dose de Fluorouracite, substance destinée à stopper l'évolution du cancer.

– J'espère que le scanner montrera une amélioration, commente-t-il.

– Vous ne me cachez rien, j'espère.

Zuckerman lève les yeux vers sa patiente.

– Dana, j'attaque votre cancer de la façon la plus agressive qui soit. Si je peux donner un coup de fouet à votre système immunitaire, si je peux obliger vos cellules à reconnaître votre tumeur comme un ennemi à détruire, vous serez en bonne voie.

– Je ne me fais pas d'illusions. Je sais que le cancer rhinopharyngé est presque toujours fatal.

– Vous faites tout ce que vous pouvez pour le combattre.

– Vraiment ?

– Et même plus ! ajoute le médecin en la taquinant.

Scully attend qu'il ait ôté l'aiguille pour lui poser la question qui lui brûle les lèvres :

– Avez-vous jamais assisté à des miracles, docteur Zuckerman ?

– Pas que je sache. Mais j'ai vu des guérisons spectaculaires. Des gens qui revenaient de si loin que je ne me les suis jamais expliquées.

– Ne peut-on qualifier ces cas de miraculeux ?

Zuckerman réfléchit :

– Lorsque j'étais petit, quelques phrases de mes cours de religion m'ont frappé, et je ne les ai jamais oubliées : Quiconque détruit une seule vie est aussi coupable que s'il avait détruit le monde entier. Et quiconque sauve une vie a autant de mérite que s'il avait sauvé le monde entier. Peut-être que les miracles existent dans cette acception-là. Mais dans le cadre de mon métier, jamais je n'oserais employer ce terme.

– Merci, murmure Scully en lui souriant.

Washington, D.C. Mulder déambule tranquillement sur un trottoir, parfaitement inconscient de l'arme que l'on braque sur lui.

Le meurtrier en puissance ajuste sa mire, depuis le coin d'un parking voisin. Arrivé à un croisement, Fox s'arrête devant un immeuble de brique. Il paraît attendre quelqu'un et manifeste quelque nervosité. Bientôt, l'Homme à la cigarette le rejoint et, sous la menace invisible, tous deux s'engagent dans une rue animée.

– Que voulez-vous de moi ? interroge brusquement Mulder.

– Ce que je veux de vous ? répète son interlocuteur en s'esclaffant.

– Vous m'offrez sur un plateau d'argent toutes les réponses que je cherchais depuis des années. Vous demandez sûrement une contrepartie.

– Vous n'avez pas tort. Aucun acte n'est totalement gratuit. Cependant, aujourd'hui encore, je suis venu vous proposer une autre de ces vérités que vous soupçonnez depuis si longtemps sans avoir jamais pu les mettre au jour. Cela concerne le « Projet » et ceux qui l'ont élaboré.

– Là-dessus, je sais de quoi il retourne.

– Vous me surprenez, agent Mulder. Vous êtes plus exigeant, d'habitude. Pour l'instant, vous avez entrevu quelques bribes de vérité, mais certes pas l'ensemble du Projet.

– Que vous proposez-vous de m'apprendre ?

L'Homme à la cigarette révèle à Fox que Kritschgau a menti en affirmant qu'il n'existe pas de vie extraterrestre et que lui seul connaît la vérité à ce sujet.

– Qu'attendez-vous de moi en échange de ces explications ?

– Que vous quittiez le FBI pour travailler à mon service. Vous verrez, tous vos problèmes disparaîtront comme par enchantement.

– Pas question !

– Après tout ce que je vous ai donné ! fait l'autre avec un rire étouffé.

Mulder éclate :

– Que m'avez-vous donc donné ? Vous avez prétendu que je détenais le remède à la maladie de Scully, mais est-elle guérie ? Vous m'avez fait retrouver ma sœur pour me la reprendre aussitôt. Vous ne m'avez rien donné du tout !

L'Homme à la cigarette, imperturbable, énonce calmement :

– Ce que l'on a donné, on peut aussi le reprendre... Pour tenir mes promesses, j'attends de vous une collaboration bien minime.

Fox, hors de lui, regarde son interlocuteur droit dans les yeux et rugit :

– Vous avez tué mon père ! Vous avez tué la sœur de Scully ! Si Dana meurt également, je vous en tiendrai pour seul responsable et, croyez-moi, je vous abattrai comme un chien. Oui, je vous tuerai !

Même calme de l'interpellé qui réplique simplement :

– Je ne doute pas une seule seconde que vous en soyez capable. J'ai d'ailleurs entendu dire que demain vous passez devant une commission d'enquête pour répondre de ces pulsions meurtrières qui semblent chez vous une seconde nature.

Dans le parking, l'assassin ajuste son arme une dernière fois et s'apprête à tirer. Mais la proximité des deux hommes l'empêche de passer à l'acte. Quand Mulder s'éloigne, il baisse son fusil. Une occasion ratée...

L'état de Dana ne s'est pas modifié. Elle a demandé que l'on appelle sa mère, à qui elle a des choses importantes à dire. Quand Mme Scully entre dans sa chambre, la jeune femme ne peut contenir ses larmes. Sa mère la prend dans ses bras.

– J'ai lutté et encore lutté, sanglote Dana. Mais j'ai eu tort ! Ça ne sert à rien !

– De quoi parles-tu, ma chérie ?

– J'ai vécu toute ma vie avec la foi et, maintenant, au moment où j'en ai le plus besoin, je ne peux plus l'avoir.

Scully repousse doucement sa mère et retire de son cou une petite croix.

– Est-ce que porter ceci a encore un sens, maman ? On va m'implanter sous la peau un objet dont j'ignore tout et, en acceptant cette loufoquerie, je me donne l'illusion que je fais tout ce que je peux. Mais je sais que c'est de la blague.

– Tu n'as pas perdu la foi, Dana, murmure Mrs Scully.

– En un sens, si. Tu te souviens du soir où tu as invité le Père McCue à dîner (épisode 4X24) ? Tu lui avais demandé de soutenir ma foi, et moi, je l'ai envoyé promener !

Sa mère essaie de la calmer. En vain.

– Mon état ne s'améliore pas, maman. Mon scanner ne montre aucun signe encourageant.

– Je sais que tu as peur, Dana. Je sais que tu as honte de le

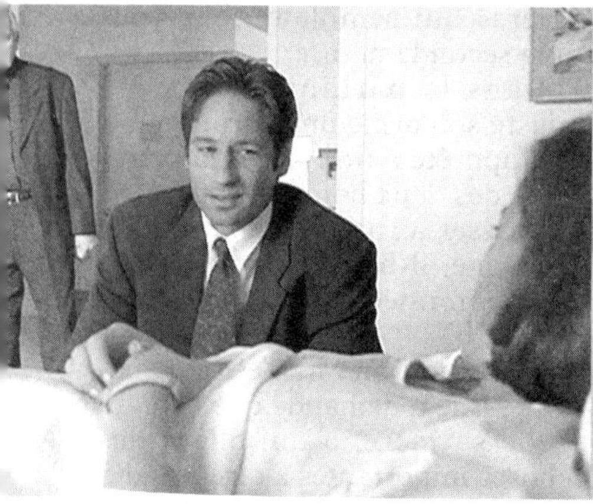

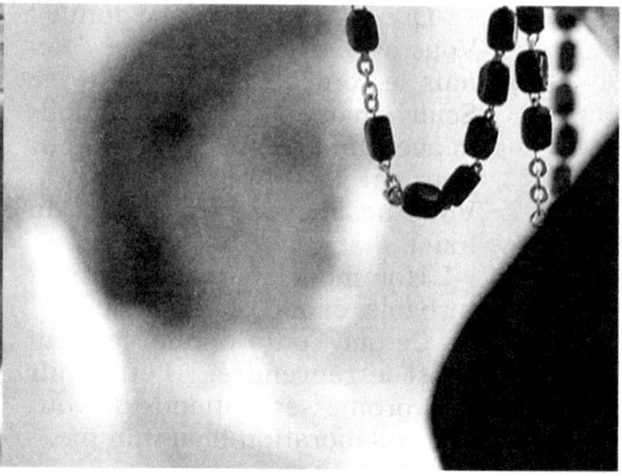

reconnaître devant moi. Mais tu dois en parler à quelqu'un.

Scully acquiesce.

– Il prie pour toi, murmure sa mère.

– Le Père McCue ? Pourrais-tu lui demander de venir me voir ?

– Bien sûr.

Même soir. Le quartier général d'une mystérieuse organisation appelée « le Syndicat ». Le doyen suit à la télévision la retransmission des débats de la commission du Sénat. Après un plan général sur le public, la caméra zoome sur Walter Skinner, en grande conversation avec son voisin. Le doyen saisit aussitôt son téléphone et compose quelques numéros à la hâte.

– Allumez la télé ! Est-ce que vous suivez la retransmission ? Vous avez vu qui est là ? Vous avez vu avec qui il parle ? Il est en train de rassembler des informations. Mais pour qui ?

Une réponse indistincte lui parvient, qui semble contrarier le doyen.

– Mais notre homme était supposé régler le problème du FBI ! hurle-t-il. Il faut régler ça immédiatement ! Allez-y ! Je me chargerai des finitions.

Il raccroche, furieux.

La nuit est tombée. Dans sa chambre d'hôpital, Scully dort. Mulder entre sans faire de bruit et l'observe. Son visage est empreint de douleur. Il ne sait pas s'il doit réveiller Dana pour lui faire part de ses dernières réflexions. En désespoir de cause il pose un genou à terre et place sa tête sur un coin du lit, rongé d'angoisse.

Le lendemain matin, c'est un Mulder déprimé, pratiquement réduit à l'état de zombie qui entre dans le bureau de Blevins. Ce dernier lui montre le dossier que nous avons vu en la possession de Skinner dans l'épisode 5X02 et annonce à Fox qu'il détient toutes les preuves de sa culpabilité dans le meurtre d'Ostelhoff.

– D'où proviennent ces documents ? demande Mulder.

– Je n'ai pas le droit de vous le dire. Mais, à moins que vous ne puissiez me donner le nom d'un autre coupable, votre sort est scellé.

Mulder ne répond rien.

– Êtes-vous prêt à témoigner sous serment que vous n'avez pas tué Ostelhoff ?

Fox lui répond par une autre question :

– Pourquoi m'avez-vous convoqué ici ?

Blevins lui lance à la figure comme une accusation une information que Mulder connaît déjà : Ostelhoff travaillait pour le département de la Défense.

– Cela n'empêche pas qu'il m'espionnait !

– Savez-vous pour le compte de qui ?

Nouveau silence.

Blevins reprend :

– L'agent spécial Scully était sur le point de nous désigner le membre du FBI ayant comploté contre vous deux lorsqu'elle a eu son malaise. Nous pensons qu'elle allait nommer Walter Skinner, l'un de nos directeurs adjoints. Depuis, nous avons effectivement découvert que Mr Skinner est un traître.

– Je refuse de le croire !

– Nous avons accumulé les preuves contre lui.

– Montrez-les-moi !

Blevins ne bronche pas, mais il change de tactique et propose à Mulder de ne pas l'accuser de meurtre s'il dénonce publiquement Skinner.

Il conclut :

– Vous vouliez savoir pourquoi je vous avais fait venir ? Eh bien, voilà. C'était pour vous donner ce conseil d'ami : acceptez la proposition que je viens de vous faire.

Mulder se lève :

– Je vous verrai à l'audience.

Plus tard. Scully, les traits tirés, reçoit son ami. Lorsqu'il lui fait part de son passage, la nuit précédente, elle lui demande ce qu'il aurait voulu lui dire.

– Oh ! rien de spécial. Je me sentais perdu. Mais petit à petit, j'ai retrouvé espoir. En fait, quand je suis sorti d'ici, j'étais sur le point d'accepter un marché que j'avais refusé il y a peu. Un marché qui, d'une certaine façon, m'offrait une porte de sortie.

– Avec qui, ce marché ?

– Aucune importance. Je ne l'accepte plus. Pas après ce qui s'est passé ce matin.

– Que s'est-il passé ce matin ?

Mulder lui raconte son entretien avec Blevins.

– Il veut que je témoigne contre Skinner. En échange, il clamera mon innocence.

– Tu vas le dénoncer ?

– Non.

– Dans ce cas, Mulder, tu vas avoir des petits ennuis avec la justice.

Il baisse la tête.

– Je sais. Ils ont des preuves contre moi, ils savent que je l'ai tué.

– Même avec les rapports balistiques, il est possible de leur faire croire que c'est moi qui ai tiré.

– Pas question de te laisser porter le chapeau. Pense à ce que ressentiraient ta mère et ton frère. Et moi, je me le reprocherais jusqu'à la fin de mes jours.

» Pour vivre dans un mensonge il faut croire à ce mensonge, tout comme ces hommes qui nous manipulent et à cause de qui tu es malade. Chacun de nous a foi en quelque chose. Moi je crois en la vérité. Cela fait si longtemps que je me bats pour elle que je ne saurais la nier.

Scully contemple Mulder avec tristesse.

– Pourquoi es-tu venu, si tu as pris ta décision ?

– Parce que je savais que, si je me trompais, tu me le dirais.

Elle lui prend la main et la serre doucement.

La porte s'ouvre. Ils sursautent. Le Père McCue entre dans la chambre.

Comme Mulder s'éloigne, Scully lui glisse :

– Tu seras dans mes prières, Fox.

Plus tard dans l'après-midi, au siège du FBI, Blevins s'impatiente. Enfin Mulder arrive, et s'excuse pour son retard.

– Agent spécial Fox Mulder, commence Blevins, cette commission avait initialement été réunie pour enquêter sur votre mort présumée. Or, nous n'avons pas tardé à découvrir que vous étiez vivant, et que le cadavre trouvé dans votre appartement, que nous pensions être le vôtre, était en fait celui de votre victime – les rapports balistiques ayant démontré que

– Il y a quatre ans alors, je travaillais déjà sur aux Affaires non classées, vous m'avez affecté l'agent Dana Scully. J'ai toujours pensé que vous comptiez sur elle pour m'espionner et réduire à néant mes recherches sur le paranormal. Le fait que l'agent Scully n'ait pas suivi les instructions qui lui avaient été données prouve son intégrité professionnelle et personnelle. Elle la paie bien cher, aujourd'hui...

cet homme avait été tué avec l'une de vos armes de service.

Mulder l'interrompt :

– Sauf votre respect, monsieur, je voudrais mettre immédiatement les choses au point afin que cette commission dispose de tous les éléments pour déterminer les culpabilités dans cette affaire.

Skinner se lève et demande une courte suspension de séance. Mais Mulder ne lui adresse pas un regard.

– Parlez, agent spécial Mulder, ordonne Blevins.

Blevins bondit :

– Agent Mulder, l'agent Scully nous a menti, nous le savons ! Devant cette commission, elle a déclaré que vous étiez mort.

Mulder rétorque :

– Elle a menti sur ma demande. Quand elle a témoigné, je détenais la preuve qu'une conspiration était à l'œuvre au sein de cette maison. Une conspiration contre le peuple américain. Et je savais que tous ceux qui en révéleraient l'existence seraient impitoyablement éliminés.

Le tireur est à son poste dans le parking. Il vise soigneusement l'Homme à la cigarette à travers son viseur. Pour l'instant, impossible de faire feu : lampadaires, arbres et piétons empêchent toute tentative.

Mais il garde sa future victime dans sa mire... jusqu'à ce que celle-ci disparaisse dans le hall d'un bâtiment.

Pendant ce temps, Mulder poursuit son exposé :

– Cette conspiration a pour but de fournir à des chercheurs des milliers de cobayes. Ainsi des expériences ultrasecrètes peuvent être menées à l'insu de tous. Les instigateurs de cette machination font partie du gouvernement de notre pays, ce qui leur laisse une totale liberté de manœuvre. Ils trahissent ceux qu'ils prétendent servir avec un mépris souverain de la vie humaine.

Bref plan sur Scully dans son lit d'hôpital, le Père McCue à ses côtés.

Mulder poursuit :

– L'agent Scully, actuellement hospitalisée pour un cancer en phase terminale, est l'une des victimes de ces expériences. Ceux qui les ont ordonnées, se sachant sur le point d'être découverts, essaient de couvrir leurs arrières en sollicitant de faux témoignages, voire en menaçant leurs victimes d'actions en justice. Je les ai démasqués. Voici leurs noms.

L'un des membres de la commission l'interrompt :

– Agent Mulder, avez-vous, oui ou non, tué l'homme qui a été retrouvé chez vous ?

– Je vais répondre à cette question, mais...

– Avez-vous tué Scott Ostelhoff ?

– Je vais répondre à cette question, répète Mulder, mais...

À l'hôpital, Scully, en larmes, continue de prier avec le Père McCue.

Dans son appartement, l'Homme à la cigarette exhale une bouffée et étudie attentivement une photo représentant Samantha et Fox Mulder.

La pièce où il se trouve donne directement sur le parking en étages.

Mulder reprend, pour la troisième fois :

– Je vais répondre à cette question, mais, avant toute chose, je tiens à vous révéler l'identité du principal responsable de cette conspiration, celui qui a, entre autres, provoqué le cancer de l'agent Scully et fait surveiller mes allées et venues par des hommes du département de la Défense. Ce criminel se trouve ici, dans cette salle.

– Agent Mulder, intervient celui qui l'a déjà interrompu, le chef de section vous a posé une question précise ! Vous allez y répondre.

– C'est impossible, monsieur, car l'homme que je souhaite dénoncer ici n'est autre que Mr Blevins lui-même.

Tollé dans la salle.

L'Homme à la cigarette contemple toujours la photo. Soudain, son attention est attirée par un point rouge – un laser, fixé sur sa poitrine.

Il se penche au-dehors et voit nettement le tireur appuyer sur la détente.

Siège du FBI. Le chef de section Blevins s'est brusquement levé et hurle à l'intention de Mulder des mots que le brouhaha ambiant rend inaudibles. Fox, qui, lui, s'est assis, sent sur lui le regard de Skinner. L'homme qui a tenté de l'empêcher de parler se rue hors de la pièce, dans le couloir désert.

La photo de Mulder et Samantha gît sur le sol, couverte de sang. Le verre a été brisé par l'impact de la balle.

L'Homme à la cigarette, couché sur le ventre, a un dernier sursaut. Ses yeux se rouvrent un instant et il tend la main vers le cliché. À peine l'a-t-il touché que ses yeux se referment.

Parvenu dans le bureau de Blevins, le ponte du FBI est au téléphone. Il parle avec une telle précipitation qu'il en est incohérent. Quand Blevins, totalement paniqué, pénètre dans la pièce, son supérieur pivote vers lui et pointe son arme. Un coup de feu claque. Blevins s'effondre. Enjambant le corps, l'homme ressort aussitôt.

Assis dans le couloir devant la porte de Dana, Mulder voit soudain apparaître Skinner qui, le saluant d'un bref signe de tête, s'installe sur un siège voisin.

– L'Homme à la cigarette est probablement mort, lâche-t-il.

– Comment ?

– Tué d'une balle, chez lui, par la fenêtre.

Skinner tend à Fox la photo le représentant avec sa sœur.

– Les légistes ont trouvé ça sur le lieu du crime. Nous pensons que le sang qui macule la photo est le sien.

Mulder reste interdit.

– *Probablement* ? Vous *pensez* ?

– Nous n'avons pas retrouvé le corps. Mais étant donné l'importance de l'hémorragie, il est forcément mort.

Mulder lève les yeux, l'air dubitatif, avant de reporter son attention sur le cliché.

Skinner reprend :

– Tout à l'heure... Comment avez-vous appris, pour Blevins ?

– Je ne savais rien. Je l'ai senti.

– Sacré flair ! Cela fait quatre ans qu'il touchait de grosses sommes d'une entreprise de biotechnologie du nom de Roush, très compromise dans ces machinations.

– Vous avez sans doute raison, mais je suis persuadé que toutes les preuves ont déjà été effacées.

Skinner hausse les épaules, fataliste :

– Oui, ils nettoient tout, ils détruisent tout.

– Pas tout. Le cancer de l'agent Scully n'évolue plus.

L'étonnement de Skinner est tel qu'il lui faut un temps pour réagir.

– C'est incroyable !

Mulder ne parvient plus à dissimuler ses émotions.

– C'est... c'est la meilleure chose qui me soit jamais arrivée... Je n'aurais osé l'espérer... bafouille-t-il.

Quand Skinner s'enquiert du traitement qui a eu un effet aussi radical :

– Je ne sais pas, répond Fox. Je crois que nous ne le saurons jamais.

– Puis-je la voir ?

Mulder fait signe que oui.

– Elle sera heureuse de vous voir.

Skinner frappe et entre.

Scully est assise sur son lit, sa mère et son frère, le Dr Zuckerman et le Père McCue à ses côtés. Elle sourit à Skinner.

Resté seul dans le couloir, Mulder regarde une dernière fois la photo, et laisse enfin libre cours à ses émotions.

prix et récompenses

1996-1997

EMMY AWARDS

Les Emmy Awards sont les Oscars de la télévision américaine.

- Nomination au titre de meilleure actrice principale dans une série dramatique – Gillian Anderson.
- Nominations au titre de la meilleure direction artistique sur une série – Graeme Murray, directeur artistique, Gary P. Allen, Shirley Inget, décoratrice de plateau pour « Journal de mort ».
- Nominations au titre du meilleur montage sonore sur une série – Thierry J. Couturier, Stuart Calderon, Ira Leslie, Maciek Malish, Debby Ruby-Winsburg, Chris Fradkin, Jay Levine, Chris Reeves, Susan Welsh, Jeff Charbonneau, Gary Marullo, Mike Salvetta pour « Tempus Fugit ».
- Nomination au titre de meilleure série dramatique.
- Nomination au titre de meilleur acteur principal dans une série dramatique – David Duchovny.
- Nominations au titre de meilleur scénario pour une série dramatique – Chris Carter, Vince Gilligan, John Shiban, Frank Spotnitz pour « Journal de mort ».
- Nomination au titre de la meilleure mise en scène sur une série dramatique – James Wong pour « L'Homme à la cigarette ».
- Nominations au titre du meilleur maquillage pour une série – Laverne Basham, Toby Lindala pour « Régénérations ».
- Nomination au titre de la meilleure composition musicale sur une série – Mark Snow pour « Cœurs de tissu ».
- Nomination au titre du meilleur montage de série, pour une production avec une seule caméra – Jim Gross pour « Tunguska ».
- Nomination au titre du meilleur montage de série, pour une production avec une seule caméra – Heather MacDougall pour « Tempus Fugit ».
- Nominations au titre du meilleur mixage sonore pour une série dramatique – Michael Williamson, David J. West, Nello Torri, Harry Andronis pour « Tempus Fugit ».

GEORGE FOSTER PEABODY AWARDS

- Lauréat au titre de meilleure série télévisée.

GOLDEN GLOBE AWARDS

- Lauréat au titre de la meilleure série dramatique.
- Lauréat pour la meilleure interprétation par un acteur dans une série dramatique – David Duchovny.
- Lauréate pour la meilleure interprétation par une actrice dans une série dramatique – Gillian Anderson.

PRIX DE LA SCREEN ACTORS GUILD

- Lauréate pour la meilleure interprétation par une actrice dans une série dramatique – Gillian Anderson.
- Nomination pour la meilleure prestation d'ensemble sur une série dramatique.
- Nomination au titre de la meilleure interprétation par un acteur dans une série dramatique – David Duchovny.

TELEVISION CRITICS ASSOCIATION (TCA) AWARDS

Prix de l'association des critiques de télévision

- Nomination au titre d'émission de l'année.

- Nomination au titre de série dramatique de l'année.
- Nomination au titre de meilleure actrice de l'année – Gillian Anderson.

GOLDEN SATELLITE AWARDS

- Lauréat au titre de la meilleure série dramatique.
- Lauréat au titre de meilleur acteur de série dramatique – David Duchovny.
- Nomination au titre de meilleure actrice de série dramatique – Gillian Anderson.

PRIX DE LA PRODUCERS GUILD OF AMERICA (GOLDEN LAUREL)

- Nomination au titre de la meilleure série.

PRIX DE LA WRITERS GUILD OF AMERICA

- Nomination au titre du meilleur scénario sur une série dramatique – Darin Morgan pour « Voyances par procuration ».

PRIX DE L'AMERICAN SOCIETY OF CINEMATOGRAPHERS
(décerné par l'association corporative des directeurs de la photographie)

- Nomination pour la meilleure direction de la photographie dans une série – John Bartley pour « Le Visage de l'horreur ».

MOTION PICTURE SOUND EDITORS GOLDEN REEL AWARDS

- Nomination au titre de meilleur montage musical pour « Âmes damnées ».
- Nomination au titre du meilleur montage sonore numérique pour « La Règle du jeu ».

PRIX DE LA CINEMA AUDIO SOCIETY

- Nomination au titre du meilleur mixage sonore pour « Tunguska ».

PRIX SATUUN, DÉCERNÉ PAR L'ACADEMY OF SCIENCE-FICTION AND FANTASY

- Lauréat au titre de meilleure série télévisée de genre.

diffusion à l'étranger

Au cours de la saison 1996-1997, les *X-Files* ont été diffusés dans les pays suivants :

AFRIQUE DU SUD
ALLEMAGNE
ARGENTINE
AUSTRALIE
AUTRICHE
BALI
BELGIQUE
BOLIVIE
BORNÉO
BRÉSIL
BRUNEI
CANADA
CHILI
COLOMBIE
CORÉE DU SUD
DANEMARK
ÉQUATEUR
ESPAGNE
FIDJI (îles)
FINLANDE
FRANCE
GRÈCE
GROENLAND
HONG-KONG
INDONÉSIE
IRLANDE
ISLANDE
ISRAËL
ITALIE
JAMAÏQUE
LIBAN
LUXEMBOURG
MALAISIE
MALTE
MEXIQUE
NASSAU
NICARAGUA
NORVÈGE
NOUVELLE-ZÉLANDE
PARAGUAY
PAYS-BAS
PÉROU
PHILIPPINES
PORTUGAL
PORTO RICO
SALVADOR
SINGAPOUR
SRI LANKA
SUÈDE
SUISSE
TAÏWAN
THAÏLANDE
TRINITÉ-ET-TOBAGO
ROYAUME-UNI DE GRANDE-BRETAGNE ET D'IRLANDE DU NORD
URUGUAY
VENEZUELA

indice d'écoute de la quatrième saison

Diffusion	Épisode	Indice d'écoute/ parts de marché	Foyers (en millions)
4/10/96	Tout ne doit pas mourir	13,2/23	21,11
11/10/96	La Meute	11,9/21	18,85
18/10/96	Teliko	11,3/20	18,01
27/10/96	Les Hurleurs	11,7/18	19,10
3/11/96	Le Pré où je suis mort	12,3/18	19,85
10/11/96	Sanguinarium	11,1/16	18,85
17/11/96	L'Homme à la cigarette	10,7/15	17,09
24/11/96	Tunguska (1)	12,2/18	18,85
1/12/96	Tunguska (2)	10,6/15	17,34
15/12/96	Cœurs de tissu	10,7/16	16,59
12/1/96	El Chupacabra	13,3/19	22,37
26/1/96	Régénérations*	17,2/29	29,15
2/2/96	Plus jamais	13,0/19	21,36
9/2/97	Journal de mort	11,5/17	19,10
16/2/97	La Prière des Morts	10,3/15	16,56
23/2/97	L'Homme invisible	10,9/16	16,56
16/3/97	Tempus Fugit (1)	11,9/18	18,85
23/3/97	Tempus Fugit (2)	11,6/18	18,34
13/4/97	Aux frontières du jamais	11,3/18	18,09
20/4/97	La Queue du diable	13,0/20	20,86
27/4/97	Nid d'abeilles	11,7/17	18,60
4/5/97	Amour fou	10,6/16	17,10
11/5/97	Crime de mémoire	11,8/18	19,10
18/5/97	Le Baiser de Judas	12,7/19	19,85

Chaque point d'indice d'écoute correspond à 970 000 foyers, soit 1 % des foyers américains.
Source : Nielsen Media Research.

* Cet épisode, diffusé après le Super Bowl, a obtenu les parts de marché et l'indice d'écoute les plus importants de toute l'histoire de la série.

annexe

PREMIÈRE SAISON

Nous ne sommes pas seuls (Pilot) 1X79
L'agent du FBI Dana Scully devient la partenaire d'un agent excentrique, Fox Mulder, qui a consacré sa vie à étudier les phénomènes inexpliqués. Tous deux vont enquêter sur la mort mystérieuse d'un certain nombre de lycéens appartenant à la même classe. (*Titre français* © Patrick Siniavine)

Gorge Profonde (Deep Throat) 1X01
Agissant sur une information donnée par un initié (Gorge Profonde), Mulder et Scully se rendent en Idaho pour enquêter sur la disparition mystérieuse de nombreux pilotes d'essai de l'armée. (*Titre français* © Philippe Videcoq)

Compressions (Squeeze) 1X02
Mulder et Scully essaient d'arrêter un tueur mutant, Eugene Tooms, qui peut se faufiler par les plus petits interstices et sort de son hibernation tous les trente ans pour commettre des meurtres. (*T.f.* © P. Siniavine)

L'Enlèvement (Conduit) 1X03
Une adolescente est enlevée par des extraterrestres, ce qui oblige Mulder à affronter ses sentiments vis-à-vis de l'enlèvement de sa sœur. (*T.f.* © P. Videcoq)

Le Diable du New Jersey (The Jersey Devil) 1X04
Scully et Mulder enquêtent sur des meurtres attribués à un être légendaire, mi-homme, mi-bête, qui vivrait dans les forêts du New Jersey. (*T.f.* © P. Siniavine)

L'Ombre de la mort (Shadows) 1X05
Mulder et Scully enquêtent sur des meurtres étranges, commis par une force inconnue qui protège une jeune femme. (*T.f.* © P. Videcoq)

Un fantôme dans l'ordinateur (Ghost in the Machine) 1X06
Un ordinateur doté d'une intelligence artificielle commence à tuer pour préserver son existence. (*T.f.* © P. Siniavine)

Projet Arctique (Ice) 1X07
Mulder, Scully et une petite expédition sont prisonniers dans l'Arctique, après la mort inexpliquée d'une équipe de chercheurs en mission. (*T.f.* © P. Videcoq)

Espace (Space) 1X08
Une force mystérieuse sabote le programme de la navette spatiale américaine, et Mulder et Scully doivent l'arrêter avant le prochain lancement. (*T.f.* © P. Siniavine)

L'Ange déchu (Fallen Angel) 1X09
Scully et Mulder enquêtent sur le lieu présumé d'un crash d'OVNI, que Mulder soupçonne le gouvernement de vouloir étouffer. (*T.f.* © P. Videcoq)

Ève (Eve) 1X10
Deux meurtres bizarres sont commis en même temps sur les deux côtes américaines. Dans les deux cas, une petite fille étrange y est mêlée. (*T.f.* © P. Siniavine)

L'Incendiaire (Fire) 1X11
Mulder et Scully affrontent un assassin capable de déclencher des incendies d'un simple contact de la main. (*T.f.* © P. Videcoq)

Le Message (Beyond the Sea) 1X12

Pour arrêter un tueur en liberté, Scully et Mulder font appel à un condamné à mort, Luther Lee Boggs, qui prétend posséder des dons psychiques. (*T.f.* © P. Siniavine)

Masculin Féminin (Genderbender) 1X13

Scully et Mulder cherchent le fin mot d'une étrange série de meurtres perpétrés par une personne qui tue sous une apparence tantôt masculine, tantôt féminine. (*T.f.* © P. Videcoq)

Lazare (Lazarus) 1X14

Un agent du FBI et un voleur de banque sont tous deux abattus durant un braquage. Le voleur décède, mais l'agent commence à endosser la personnalité du criminel. (*T.f.* © P. Siniavine)

Vengeance d'outre-tombe (Young at Heart) 1X15

Mulder découvre qu'un criminel qu'il avait contribué à arrêter et qu'on affirmait mort en prison, est de retour et qu'il le nargue au fil d'une nouvelle vague de crimes. (*T.f.* © P. Videcoq)

Entité biologique extraterrestre (E.B.E.) 1X16

Quand Scully et Mulder apprennent qu'un OVNI abattu au-dessus de l'Irak a été transféré en secret aux USA, ils découvrent une tentative du gouvernement pour étouffer l'affaire. (*T.f.* © P. Siniavine)

L'Église des miracles (Miracle Man) 1X17

Les agents mènent l'enquête sur un jeune guérisseur dont les pouvoirs semblent tantôt bénéfiques, tantôt néfastes. (*T.f.* © P. Videcoq)

Métamorphoses (Shapes) 1X18

Mulder et Scully se rendent sur une réserve indienne pour examiner des morts apparemment causées par une bête fauve. (*T.f.* © P. Siniavine)

Quand vient la nuit (Darkness Falls) 1X19

Lorsque des bûcherons disparaissent mystérieusement dans une forêt reculée sur la côte Pacifique nord-ouest, Mulder et Scully sont appelés à la rescousse. (*T.f.* © P. Videcoq)

Le Retour de Tooms (Tooms) 1X20

Quand Eugene Tooms, le tueur en série qui arrache et dévore le foie de ses victimes, est libéré de prison, Mulder prend un intérêt personnel à l'affaire. (*T.f.* © P. Siniavine)

Renaissance (Born Again) 1X21

Une petite fille, qui pourrait être la réincarnation d'un policier assassiné, semble impliquée dans une série de meurtres. (*T.f.* © P. Videcoq)

Roland (Roland) 1X22

Mulder et Scully enquêtent sur le décès de deux chercheurs dans un laboratoire de propulsion, des affaires auxquelles un employé retardé ne serait pas étranger. (*T.f.* © P. Siniavine)

Les Hybrides (The Erlenmeyer Flask) 1X23

Enquêtant sur une information fournie par Gorge Profonde, Mulder et Scully découvrent que le gouvernement se sert de cobayes humains pour expérimenter sur l'ADN extraterrestre, avec des conséquences effrayantes. (*T.f.* © P. Videcoq)

DEUXIÈME SAISON

Les Petits Hommes verts (Little Green Men) 2X01
Le service des Affaires non classées est fermé. Mulder se rend clandestinement à Porto Rico, sur un site de contact éventuel, tandis que Scully fait son possible pour le couvrir. (*T.f.* © P. Siniavine)

L'Hôte (The Host) 2X02
En enquêtant sur un meurtre perpétré dans le système des égouts du New Jersey, Mulder découvre par hasard un mutant, l'homme douve. (*T.f.* © P. Videcoq)

Mauvais Sang (Blood) 2X03
Plusieurs résidents d'une petite communauté fermière deviennent soudain violents, dangereux, sous l'impulsion de messages sur écrans numériques qui leur enjoignent de tuer. (*T.f.* © P. Siniavine)

Insomnies (Sleepless) 2X04
Mulder se voit attribuer un nouveau partenaire, Alex Krycek, et ils enquêtent sur une expérience secrète remontant à la guerre du Vietnam : des tentatives de suppression du sommeil qui se révèlent fatales pour leurs derniers survivants. (*T.f.* © P. Videcoq)

Duane Barry, première partie (Duane Barry) 2X05
Mulder est chargé des négociations au cours d'une prise d'otages, dont le responsable, Duane Barry, prétend avoir été le cobaye d'extraterrestres. (*T.f.* © P. Siniavine)

Duane Barry, deuxième partie (Ascension) 2X06
Mulder poursuit Duane Barry pour tenter à tout prix de retrouver Scully. (*T.f.* © P. Siniavine)

Les Vampires (3) 2X07
Mulder enquête à Hollywood sur une série de meurtres vampiriques et commence à tomber amoureux d'une femme qui est sa suspecte numéro un. (*T.f.* © P. Videcoq)

Coma (One Breath) 2X08
Scully réapparaît, vivante, mais dans le coma, et Mulder doit se battre pour la sauver. (*T.f.* © P. Videcoq)

Intraterrestres (Firewalker) 2X09
Mulder et Scully sont confrontés à une forme de vie mortelle, au cours d'une enquête sur la mort d'un savant qui étudiait un volcan en activité. (*T.f.* © P. Siniavine)

Le Musée rouge (Red Museum) 2X10
Mulder et Scully enquêtent sur les rapports qui lient peut-être une secte religieuse rurale à la disparition de plusieurs adolescents. (*T.f.* © P. Videcoq)

Excelsis Dei (Excelsis Dei) 2X11
Mulder et Scully mettent au jour des activités étranges dans une maison de retraite, après qu'une infirmière a été attaquée par une force invisible. (*T.f.* © P. Siniavine)

Aubrey (Aubrey) 2X12
En remontant la piste d'un tueur en série, Mulder et Scully envisagent la possibilité que la personnalité puisse se transmettre par hérédité au fil des générations. (*T.f.* © P. Videcoq)

Le Fétichiste (Irresistible) 2X13
Un psychopathe collectionneur de cheveux et d'ongles prélevés sur les morts fait monter son obsession d'un cran quand il décide de tuer lui-même ses futures pièces de collection. (*T.f.* © P. Siniavine)

La Main de l'Enfer (Die Hand Die Verletzt) 2X14
Mulder et Scully vont enquêter sur l'assassinat d'un adolescent

dans une petite ville, et se retrouvent pris entre deux feux : les zélateurs de la religion sataniste pratiquée dans la ville, et une femme dotée de pouvoirs étranges. (*T.f.* © P. Videcoq)

Mystère vaudou (Fresh Bones) 2X15
Mulder et Scully visitent un camp de réfugiés haïtiens après une série de morts suspectes, et se retrouvent pris dans une guerre secrète entre le commandant du camp et un prêtre vaudou. (*T.f.* © P. Siniavine)

La Colonie, première partie (Colony) 2X16
Mulder et Scully sont sur la piste d'un tueur à gages extraterrestre, qui assassine des médecins liés par une particularité étrange. (*T.f.* © P. Videcoq)

La Colonie, deuxième partie (End Game) 2X17
Mulder remonte la piste d'un tueur à gages extraterrestre qui a capturé Scully. Par ailleurs, il découvre que sa sœur lui cache peut-être quelque chose. (*T.f.* © P. Videcoq)

Parole de singe (Fearful symmetry) 2X18
Mulder et Scully enquêtent sur des enlèvements d'animaux dans un zoo proche d'un site où se multiplient les apparitions d'OVNIs. (*T.f.* © P. Siniavine)

Le Vaisseau fantôme (Død Kalm) 2X19
À bord d'un destroyer de la marine américaine, Mulder et Scully sont victimes d'une puissance mystérieuse qui provoque une sénescence accélérée. (*T.f.* © P. Siniavine)

Faux Frères siamois (Humbug) 2X20
Mulder et Scully enquêtent sur la mort étrange d'un magicien champion de l'évasion à la retraite, dans une ville peuplée d'anciens phénomènes de cirque et de foire. (*T.f.* © Jean-Louis Sarthou)

Les Calusari (The Calusari) 2X21
Le trépas singulier d'un jeune enfant conduit Mulder et Scully jusqu'à une vieille femme superstitieuse et à son petit-fils, qui est peut-être possédé par le mal. (*T.f.* © Liliane Talut)

Contamination (F. Emasculata) 2X22
Lorsqu'une maladie infectieuse tue dix hommes dans un pénitencier, Scully est appelée dans la zone de quarantaine, tandis que Mulder traque deux évadés. (*T.f.* © Christian Agullo)

Ombre mortelle (Soft Light) 2X23
Une expérience sur les corps noirs change l'ombre d'un savant en instrument de mort subite. (*T.f.* © J.-L. Sarthou)

Une ville bien tranquille (Our Town) 2X24
Mulder et Scully enquêtent sur un meurtre dans une petite ville du Sud, et sur les secrets qui entourent une usine de conditionnement de poulets. (*T.f.* © Catherine Sourd)

Anasazi (Anasazi) 2X25
Les vies de Mulder et de Scully sont mises en péril quand un pirate informatique amateur accède par hasard à des dossiers secrets du gouvernement, prouvant l'existence des OVNIs. (*T.f.* © P. Siniavine)

TROISIÈME SAISON

Le Chemin de la bénédiction (The Blessing Way) 3X01

Alors que Mulder a disparu et que l'Homme à la cigarette est à la recherche des dossiers secrets prouvant la réalité des visites d'extraterrestres et la nature des expériences faites sur eux, la carrière et la vie de Scully sont en danger. (*T.f.* © P. Siniavine)

Opération Presse-Papiers (Paper Clip) 3X02

Mulder et Scully cherchent à prouver que des savants nazis se sont livrés à des expériences sur des extraterrestres, tandis que Skinner tente de négocier leurs vies avec l'Homme à la cigarette. (*T.f.* © P. Siniavine)

Coup de foudre (D.P.O.) 3X03

Mulder et Scully enquêtent sur une série de décès provoqués par un adolescent capable de contrôler la foudre. (*T.f.* © P. Siniavine)

Voyances par procuration (Clyde Bruckmans' Final Repose) 3X04

Mulder et Scully, sur la trace d'un tueur en série qui s'attaque aux diseurs de bonne aventure, mettent à contribution le don d'un homme capable de prédire la mort des gens. (*T.f.* © P. Videcoq)

La Liste (The List) 3X05

Un condamné à mort jure de se réincarner et de tuer cinq personnes qui lui ont fait du tort.

Après son exécution, les personnes ainsi désignées commencent à mourir. (*T.f.* © P. Videcoq)

Meurtres sur Internet (2SHY) 3X06

Mulder et Scully traquent un tueur en série qui s'en prend, grâce à Internet, aux femmes fortes solitaires. (*T.f.* © P. Videcoq)

Corps astral (The Walk) 3X07

Une tentative de suicide suivie de meurtres dans un hôpital militaire met Mulder et Scully en contact avec un soldat amputé qui a peut-être le pouvoir d'utiliser son corps astral. (*T.f.* © P. Siniavine)

Souvenir d'oubliette (Oubliette) 3X08

L'enlèvement d'une jeune fille contraint Mulder à demander l'aide d'une femme kidnappée par le même homme, des années auparavant, et qui peut ressentir ce qu'endure la victime. (*T.f.* © P. Siniavine)

Monstres d'utilité publique, première partie (Nisei) 3X09

Une cassette montrant l'autopsie d'un extraterrestre entraîne Mulder et Scully sur la piste d'une conspiration impliquant des savants japonais, qui apporte des éclaircissements sur l'enlèvement de Scully. (*T.f.* © J.-L. Sarthou)

Monstres d'utilité publique, deuxième partie (731) 3X10

En compagnie d'un tueur à la solde du gouvernement, Mulder est prisonnier à bord d'un train en marche qui transporte peut-être un extraterrestre, tandis que Scully cherche sa propre solution à la conspiration. (*T.f.* © J.-L. Sarthou)

Révélations (Revelations) 3X11

Mulder et Scully cherchent à protéger d'un tueur un jeune garçon stigmatisé. Scully doit remettre sa foi en question, lorsqu'elle devient la protectrice de l'enfant. (*T.f.* © P. Siniavine)

La Guerre des coprophages (War of the Coprophages) 3X12

Plusieurs décès apparemment associés à des cafards provoquent une panique générale dans une petite ville. (*T.f.* © P. Siniavine)

Ames damnées (Syzygy) 3X13

À cause d'un rare alignement planétaire qui provoque des conduites étranges, deux lycéennes nées le même jour sont impliquées dans une série de morts. (*T.f.* © P. Videcoq)

Le Visage de l'horreur (Grotesque) 3X14

Un tueur en série assure qu'un esprit malin l'a poussé à agir. Quand la série de crimes se poursuit, la santé mentale de Mulder commence à être mise en question. (*T.f.* © P. Videcoq)

L'Épave, première partie (Piper Maru) 3X15

Un bateau français de sauvetage découvre une mystérieuse épave datant de la Seconde Guerre mondiale. Il en sort une entité étrange qui provoque la maladie des radiations et qui entraîne Mulder dans un maelström d'intrigues. (*T.f.* © P. Siniavine)

L'Épave, deuxième partie (Apocrypha) 3X16

Mulder traque Krycek et les secrets de l'épave de la Seconde Guerre mondiale, tandis que l'attentat contre Skinner fournit à Scully de nouveaux indices sur la mort de sa sœur. (*T.f.* © P. Siniavine)

Autosuggestion (Pusher) 3X17

Mulder et Scully enquêtent sur un homme qui a le pouvoir de plier les gens à sa volonté. Un duel de cerveaux s'engage avec Mulder. (*T.f.* © P. Videcoq)

Malédiction (Teso dos Bichos) 3X18

La découverte d'une antiquité équatorienne entraîne une série de morts dans un musée de Boston, peut-être causées par le fantôme d'une femme chamane. (*T.f.* © P. Videcoq)

La Règle du jeu (Hell Money) 3X19

La mort de plusieurs immigrants chinois auxquels manquent des organes internes conduit Mulder et Scully vers un jeu mystérieux, aux conséquences fatales. (*T.f.* © P. Videcoq)

Le Seigneur du magma (José Chung's « From Outer Space ») 3X20

Un romancier interviewe Scully sur l'enlèvement de deux adolescents par une soucoupe volante. Les faits paraissent conduire à des interprétations très différentes. (*T.f.* © J.-L. Sarthou)

La Visite (Avatar) 3X21

En pleine procédure de divorce, Skinner devient le principal suspect dans une affaire de meurtre. L'apparition dans ses rêves d'une étrange femme éclaircira peut-être l'énigme. (*T.f.* © Christine de Cherisey)

Les Dents du lac (Quagmire) 3X22

Mulder et Scully s'intéressent à une série de morts auxquelles un monstre lacustre que les habitants de la région ont baptisé Big Blue (le Grand Bleu) n'est peut-être pas étranger. (*T.f.* © P. Siniavine)

Hallucinations (Wetwired) 3X23

Mulder et Scully mettent au jour une conspiration basée sur le contrôle des esprits par des postes de télévision. Elle est responsable d'une série de meurtres dans une petite ville et commence à provoquer d'étranges changements de comportement chez Scully elle-même. (*T.f.* © P. Siniavine)

Anagramme (Talitha Cumi) 3X24

Mulder et Scully sont à la recherche d'un mystérieux guérisseur, dont l'existence risque de révéler une conspiration entourant la présence des extraterrestres sur Terre. En même temps, différentes factions tentent de s'approprier une arme étrange qui tombe entre les mains de Mulder. (*T.f.* © P. Siniavine)

Les titres français des épisodes de la 4e saison
sont en ce qui concerne :

Tout ne doit pas mourir ; Les Hurleurs ; Teliko ; Tunguska 1 et 2 ;
El Chupacabra ; Régénérations ; Journal de mort ; Tempus Fugit 1 et 2 ;
La Queue du diable ; Nid d'abeilles ; Amour fou
de © Patrick Siniavine

La Meute ; Le Pré où je suis mort ; Sanguinarium ;
Cœurs de tissu ; Plus jamais ; L'Homme invisible
de © Philippe Videcoq

et

L'Homme à la cigarette ; La Prière des morts ;
Aux Frontières du jamais ; Crime de mémoire
de © Jean-Louis Sarthou.

Déjà parus

Penny STALLINGS

Friends

Guide officiel des saisons 2 et 3

Stephen KING

La ligne verte

La Tour Sombre

1 - Le Pistolero

2 - Les Trois Cartes

3 - Terres Perdues

4 - Magie et Cristal

David WILD

Friends

Le guide officiel

Kevin ANDERSON

Aux frontières du réel - 5

Anticorps

Rob MCGIBBON

Spice Power

L'histoire secrète des Spice Girls

Rick MOODY

Ice Storm

éditions 3A

Cet ouvrage a été composé et réalisé par Nord Compo
et imprimé par Hérissey à Evreux
pour le compte des Éditions 84
84, rue de Grenelle, 75007 Paris
diffusion France et étranger : Flammarion

Achevé d'imprimer en août 1998

Dépôt légal : août 1998
N° d'édition : 5030 - N° d'impression : 81401

Imprimé en France